THOMAS WÜRTENBERGER JUN.

Die Legitimität staatlicher Herrschaft

Schriften zur Verfassungsgeschichte

Band 20

Die Legitimität staatlicher Herrschaft

Eine staatsrechtlich-politische Begriffsgeschichte

Von

Dr. Thomas Würtenberger jun.

DUNCKER & HUMBLOT / BERLIN

Gedruckt 1973 bei Buchdruckerei Alb. Sayffaerth, Berlin 61
Printed in Germany

ISBN 3 428 02955 0

Meinen Eltern

Vorwort

Die erste Fassung der Abhandlung lag im Jahre 1971 der Rechtswissenschaftlichen Fakultät der Universität Freiburg i. Br. als Dissertation vor. Sie enthielt in einem Schlußkapitel eine Darstellung des zeitgenössischen Legitimitätsverständnisses. Um den Charakter der Arbeit als einer Geschichte des Legitimitätsbegriffes zu betonen, wurde auf die Ausführungen zur gegenwärtigen Interpretation des Legitimitätsgedankens verzichtet. Statt dessen wurde größeres Gewicht auf die Hervorhebung der staatsrechtlich-politischen Bedeutung des Terminus „legitimus" in den frühen Quellen gelegt. Im übrigen wurden die weiteren Kapitel der Abhandlung überarbeitet und zum Teil erheblich ergänzt.

Meinem Freiburger Lehrer, Herrn Professor Dr. Konrad Hesse, sei an dieser Stelle mein herzlicher Dank ausgesprochen. Seine wertvollen Ratschläge förderten den Gang der Untersuchung wesentlich. Herrn Professor Dr. Alexander Hollerbach danke ich für wichtige kritische Hinweise. Mein Dank gilt auch Herrn Professor Dr. Reinhold Zippelius, der mir bei der letzten Fassung der Arbeit fruchtbare Anregungen gab.

Für die Aufnahme der Abhandlung in sein Verlagsprogramm sei Herrn Ministerialrat a. D. Dr. J. Broermann besonders gedankt.

Erlangen, im Oktober 1972

Thomas Würtenberger jun.

Inhaltsverzeichnis

Fünftes Kapitel

Das deutsche staatsrechtliche Schrifttum bis zur Reichsgründung von 1871 162

Sechstes Kapitel

Das Legitimitätsverständnis des beginnenden 20. Jahrhunderts 241

„Große Seelen haben ein Bedürfnis nach Legitimität. Man ahnt in erhabenen Stunden die senkrechte Strenge des Alls. Und der Kaufmann, obwohl er die Welt beherrscht, achtet das Königtum, Adel und Geistlichkeit als Träger des Irrationalen. Nur das Legitime ist einfach, wie alles Große einfach ist und keines Verstandes bedarf."

Robert Musil, Der Mann ohne Eigenschaften

Einleitung

I. Legitimität staatlicher Herrschaft als Problem der Staatslehre

Legitimität ist ein staatsrechtlich-politischer Begriff, dem in Geschichte und Gegenwart des Staatsdenkens hoher Rang zukommt. Gilt es in der vorliegenden Untersuchung, Entstehung und Wandel des Legitimitätsbegriffes durch die Jahrhunderte zu verfolgen, so ist es unerläßlich, daß Klarheit besteht über Inhalt und Grenzen des Legitimitätsbegriffes sowie über seine Funktion innerhalb der Lehre vom Staat. Außer Betracht muß die Darstellung des Legitimitätsbegriffes im Völkerrecht bleiben[1]. Sollen Wesen und Funktion des Legitimitätsbegriffs in Bezug auf staatlich-politisches Handeln im Raume staatlicher Herrschaft bestimmt werden, so bieten sich eine soziologische, eine anthropologische und eine ethisch-rechtliche Betrachtungsweise an.

Der soziologische Begriff der Legitimität verdankt seine Entstehung dem Bemühen, in der Theorie von den sozialen Systemen, zu denen auch

---

[1] Zu den völkerrechtlichen Legitimitätsvorstellungen wird verwiesen auf: *Friedrich Brockhaus*, Das Legitimitätsprinzip (1868); *Raymond Gaudu*, Essai sur la légitimité des gouvernements dans les rapports avec les gouvernements de fait (1913); *Karl Griewank*, Der Wiener Kongreß und die europäische Restauration (1954); *Johannes Kraft*, Prinzipien Talleyrands in der Außen- und Innenpolitik (1958); *Heinrich O. Meisner*, Die Lehre vom monarchischen Prinzip im Zeitalter der Restauration und des Deutschen Bundes (1913); *Robert Rie*, Der Wiener Kongreß und das Völkerrecht (1957); *ders.*, Das Legitimitätsprinzip des Wiener Kongresses, in: Archiv des Völkerrechts, Bd. 5 (1955/56), S. 272 ff.; *Alexandre de Stieglitz*, De l'équilibre politique, du légitimisme et du principe des nationalités, Bd. 1 (1893); ein Überblick über die historische Entwicklung des völkerrechtlichen Legitimitätsgedankens sowie weitere Literaturnachweise finden sich bei *Alexander Gauland*, Das Legitimitätsprinzip seit dem Wiener Kongreß (1971).

der Staat und seine Institutionen gehören, der Frage nach Art und Verlauf der Legitimierung sozialen Handelns Rechnung zu tragen[2]. Der soziologische Begriff der Legitimität zielt auf das Bestehen und die Wirksamkeit eines tatsächlichen Motivationsmechanismus innerhalb des Lebens sozialer Gruppen. Vor allem sucht man „das tatsächliche Funktionieren sozialen Geschehens (zu) beschreiben“[3]. Der einer soziologischen Betrachtung zugängliche Begriffskern der Legitimität hat die empirisch feststellbare tatsächliche Überzeugung in der Gemeinschaft von der Rechtmäßigkeit ihrer sozialen Ordnung zum Inhalt. Die allgemeine Überzeugung von der Rechtmäßigkeit einer sozialen Ordnung besteht in der Anerkennung der die Ordnung tragenden Leitideen und Werte seitens der ihr unterworfenen Individuen. Ob diese allgemeine Anerkennung bestimmter Leitideen und Werte auch nach rechtlich-sittlichen Maßstäben gerechtfertigt erscheint, wird im Rahmen der rein soziologischen Fragestellung nicht erörtert. Die die Herrschaft in den sozialen Gruppen legitimierenden Leitideen und Werte brauchen nicht ausnahmslos von allen Mitgliedern der Gemeinschaft anerkannt zu werden. Jahrhunderte hindurch war es nur eine kleinere Gruppe von Personen[4], die das politische Bewußtsein der Gemeinschaft bildeten und sich mit dem Problem der Legitimität staatlicher Herrschaft beschäftigten. Erst seit der Aufklärung beginnt die Frage nach der Rechtmäßikeit staatlicher Herrschaft in weiteren Kreisen lebhaft diskutiert zu werden. Wenn man jetzt von einer allgemeinen Überzeugung von der Rechtmäßigkeit der sozialen Ordnung spricht, muß man zugleich auch „die soziologische Struktur der Gemeinschaft kennen“, um die Gewichtigkeit der in ihren Gruppen vertretenen Thesen über die Rechtmäßigkeit staatlicher Herrschaft beurteilen zu können[5]. Wenn Entstehung und Wandel des Legitimitätsbegriffes im einzelnen hier verfolgt werden sollen, kann es sich allerdings nicht um „soziolo-

---

[2] Allerdings kann noch nicht davon gesprochen werden, daß der Begriff der Legitimität, worauf *Peter Graf Kielmansegg* (Legitimität als analytische Kategorie, in: Politische Vierteljahresschrift, Jg. 1971, S. 367) hinweist, „in der Theorie der politischen Systeme einen festen Platz gefunden hätte“ und „seine heuristische Bedeutung erkannt und systematisch entfaltet worden wäre“. Hier soll nicht auf die Bedeutung des Legitimitätsbegriffes in der modernen Systemtheorie eingegangen werden, da es uns nur um den historischen Aspekt der Kategorie Legitimität geht. Zum Inhalt des Legitimitätsbegriffes in der Systemtheorie sei hingewiesen auf: *Niklas Luhmann,* Legitimation durch Verfahren (1969); *Karl Deutsch,* Politische Kybernetik (1969), S.219 ff.; *David Easton,* A Systems Analysis of Political Life (1965), S. 278 ff.; *Eberhard Lang,* Zu einer kybernetischen Staatslehre (1970), S. 117, 281; *Peter Pernthaler,* Das Staatsoberhaupt in der parlamentarischen Demokratie, in: Veröffentlichungen der Vereinigung deutscher Staatsrechtslehrer, Heft 25 (1967), S. 182, 188, 206; vgl. auch *Peter Berger* u. *Thomas Luckmann,* Die gesellschaftliche Konstruktion der Wirklichkeit (1969), S. 98 ff.

[3] Zur Unterscheidung des soziologischen und ethischen Begriffes der Legitimität: *Reinhold Zippelius,* Allgemeine Staatslehre, 4. Aufl. (1973), § 39.

[4] Gemeint sind hier u. a. die politische Führungsspitze des Adels an den Höfen, die Verfasser staatsphilosophischer Schriften etc.

gische Momentaufnahmen" von Legitimitätsideen handeln, die in einer staatlichen Gemeinschaft zu einer bestimmten Epoche geherrscht haben. Es geht nur darum, eine Reihe den Gemeingeist und das politische Bewußtsein mehr oder weniger widerspiegelnde Schriften von Juristen, Staats- und Rechtsphilosophen sowie Politikern herauszugreifen und auf ihre spezifischen Legitimitätsvorstellungen hin zu untersuchen.

Voraussetzung für eine jede Untersuchung des Legitimitätsphänomens ist das Wissen um den anthropologischen Aspekt des Bestehens einer legitimen sozialen Ordnung. Der anthropologische Grundsachverhalt, den der Legitimitätsbegriff erfaßt, sei hier nur angedeutet: Die Bejahung der Legitimität einer sozialen Ordnung vermag nicht nur ihre Stabilität zu fördern, sondern auch zur Selbstverwirklichung des Individuums entscheidend beizutragen. Der Mensch ist seiner Natur nach darauf angewiesen, will er nicht zum Desperado werden, sich in seinem Verhalten an und in einem System sozialer und rechtlicher Ordnungsnormen zu orientieren. Das soziale System selbst ist ihm vorgegeben und seiner alleinigen Disposition entzogen. Soll das Individuum nicht in psychische Konflikte beim Befolgen der Anforderungen des sozialen Systems geraten, in dem es lebt, muß es von der Rechtmäßigkeit, der Legitimität, dieses sozialen Systems überzeugt sein. Außerdem vermag nur das für legitim gehaltene soziale System dem Freiheitsbedürfnis des Individuums voll Genüge zu leisten. Denn Gehorsam gegenüber der legitimen Staatsgewalt wird das Individuum kaum als unerträglichen Zwang empfinden, wenn diese Staatsgewalt sich durch die Verwirklichung der Idee des Richtigen zu rechtfertigen vermag. Auch in anderer Hinsicht liegt der Drang zur legitimierenden Anerkennung staatlicher Herrschaft in der anthropologischen Natur des Menschen begründet. Auf Grund der „konstitutionellen Weltoffenheit" des Menschen, „in der bereits der Konflikt zwischen Ordnung und Chaos angelegt ist"[6], besteht eine stete Gefährdung der gesellschaftlichen Wirklichkeit durch den Zustand der Gesetzlosigkeit. Aufrechterhaltung und Legitimierung staatlicher Herrschaft erscheinen insofern als eine auch von der Anthropologie her gebotene soziale Notwendigkeit[7].

---

[5] *Reinhold Zippelius,* Das Wesen des Rechts, 2. Aufl. (1969), S. 40; *Karl Engisch,* Auf der Suche nach Gerechtigkeit. Hauptthemen der Rechtsphilosophie (1971), S. 73. *Helmut Quaritsch,* Artikel Legalität, Legitimität, in: Evangelisches Staatslexikon (1966), Sp. 1227 bezeichnet diejenige staatliche Herrschaftsausübung als legitim, „die mit den überwiegend anerkannten Rechtsvorstellungen der Kulturgemeinschaft übereinstimmt, welcher der Staat nach seiner Geschichte und dem Willen des Volkes angehört". Auch hier scheint die Kenntnis der soziologischen Struktur der Gemeinschaft nötig, will man die überwiegend anerkannten Rechtsvorstellungen der Kulturgemeinschaft erfassen.

[6] *Peter Berger* und *Thomas Luckmann,* S. 112 f.

[7] Vgl. auch *Peter Berger* und *Thomas Luckmann.* S. 111 f.

Der ethisch-rechtliche Begriff der Legitimität beschreibt nicht soziologisch erfaßbare Rechtfertigungsmechanismen, sondern sucht mit Hilfe sittlicher und rechtlicher Maximen eine bestehende Staatsgewalt zu rechtfertigen. Vornehmlich dieser ethisch-rechtliche Legitimitätsbegriff vermag die spezifisch juristischen Aspekte für die Bestimmung der staatstheoretischen Kategorie „Legitimität“ zu liefern. Jetzt geht es nicht allein darum, den Prozeß der Legitimierung staatlich-politischen Handelns aus empirisch zu erforschenden sozialen und individuellen Mechanismen soziologisch oder anthropologisch zu erklären, sondern die ethisch-rechtliche Frage nach der Legitimität staatlicher Herrschaft orientiert sich an der „Würde des Normativen“[8]. Dies bedeutet, daß für die Theorie vom Staat der in Ethik und Jurisprudenz verankerte Legitimitätsgedanke im Mittelpunkt des Interesses stehen muß. Dieser ethisch-juristische Aspekt des Legitimitätsbegriffes ist es, dessen Entwicklung in der Geschichte der Lehre vom Staat verfolgt werden soll.

Der ethisch-juristische Legitimitätsbegriff beschäftigt sich letztlich mit der Suche nach der Rechtmäßigkeit staatlicher Machtentfaltung, sei es eines Herrschers, einer Dynastie oder einer Regierung. Bei dieser Diskussion steht allerdings nicht das Problem einer Rechtfertigung der Institution Staat schlechthin im Vordergrund. Das Faktum, daß eine Vielzahl von Menschen, die in einer Gesellschaft oder Nation geeint zusammenleben, einer gewissen übergeordneten und damit staatlichen Machtentfaltung zwecks Vermeidung von Chaos und Anarchie bedürfen, wird seit Entstehen des modernen Staates allgemein anerkannt. Außerdem besteht Einigkeit darüber, daß die Legitimität der als notwendig empfundenen staatlichen Herrschaft[9] eine der wichtigsten Grundlagen ist, auf der die Stabilität eines jeden staatlichen Herrschaftsgefüges, jeder staatlichen

[8] *Peter Berger* und *Thomas Luckmann*, S. 100.

[9] Fraglich ist allerdings, ob die Kategorien von „Herrschaft“ und „Gehorsam“ überhaupt brauchbar sind, um die Verhaltensmechanismen in dem sozialen Phänomen Staat zu umschreiben. Dies könnte zweifelhaft sein, wenn man der Meinung von *Horst Ehmke* („Staat“ und „Gesellschaft“ als verfassungstheoretisches Problem, in: Festgabe für Rudolf Smend [1962], S. 24) und *Konrad Hesse* (Grundzüge des Verfassungsrechts der Bundesrepublik Deutschland, 5. Aufl. [1972], S. 8 f.) folgt, daß der demokratische Staat der Gegenwart kein einheitliches Subjekt der Herrschaft mehr kenne, daß er vielmehr zu einem Stück Selbstorganisation der modernen Industriegesellschaft geworden sei, deren Konflikte in den Prozeß politischer Einheits- und staatlicher Willensbildung eingehen und hier ausgetragen und befriedigt werden müssen. Der Staat, als eine politische Einheit begriffen, stehe im Gegensatz zu dem herkömmlichen Verständnis des Dualismus von Staat und Gesellschaft. Diese Trennung sei nur solange sinnvoll gewesen, als die Gesellschaft, d. h. das Staatsvolk von politischer Bestimmung und Gestaltung weitgehend ausgeschlossen war, wie in Deutschland etwa bis 1918 (kritisch hierzu: *Ernst-Wolfgang Böckenförde*, Die Bedeutung der Unterscheidung von Staat und Gesellschaft im demokratischen Sozialstaat der Gegenwart, in: Festgabe für W. Hefermehl [1972], S. 11; *Ernst Forsthoff*, Der Staat der Industriegesellschaft

Grundordnung ruht[10]. Erst die Behauptung und Anerkennung der Rechtmäßigkeit der Herrschaftsordnung vermögen dieser selbst festen Bestand und zeitliche Dauer zu verleihen. Jede Persönlichkeit, die im Staat herrscht[11], jede Schicht von Menschen, die eine führende Stellung im Gemeinwesen inne hat, sucht den Glauben an die Legitimität ihres Daseins und Wirkens immer von neuem zu wecken und sorgsam zu pflegen[12]. Jede Herrschaft ist in höchstem Maße legitimierungsbedürftig und ihrem Wesen nach bestrebt, sich vor sich selbst und der Welt zu rechtfertigen[13]. Auf der Seite der herrschenden Schicht wird das Bedürfnis nach Rechtfertigung faktischer Machtübung durch den Machterhaltungs- und Machtmehrungstrieb hervorgerufen. Denn der Legitimitätsglaube des Volkes ist die wichtigste Grundlage für den dauernden Bestand einer Machtposition[14]. Diese Erkenntnis wurde von Talleyrand dahin formuliert, daß

[1971], S. 21 ff.). Für eine historische Analyse der Wandlung der Legitimitätsvorstellungen können jedoch der im wesentlichen monarchischen Staatsstruktur entsprechend die Kategorien von Macht und Herrschaft verwendet werden. Auf die Entstehung des Gedankens vom Dualismus von Staat und Gesellschaft und die Auswirkungen auf das Legitimitätsprinzip wird weiter unten (5. Kap. II.) einzugehen sein.

[10] Zur Bedeutung der Legitimitätsidee bei der Stabilisierung sozialer Systeme: *Peter Graf Kielmansegg*, S. 389 ff.

[11] In Anlehnung an *Hermann Heller*, Die Souveränität (1927), S. 35 soll unter „Herrschen" verstanden werden, daß Gehorsam gefunden wird und zwar ohne Rücksicht darauf, ob der Gehorchende dem Befehl innerlich zustimmt und vor allem unabhängig von der vom Gehorchenden vorgestellten Interessenförderung. Auf die Anerkennung der Herrschaft als verbindliche Ordnung kommt es zunächst nicht an. Vgl. zu diesem Fragenkomplex: *Max Weber*, Wirtschaft und Gesellschaft, 2. Aufl. (1925), Kap. I, § 16; *Theodor Geiger*, Vorstudien zu einer Soziologie des Rechts (1947), S. 278; *Paul Tillich*, Philosophie der Macht (1956), S. 6; *Rudolf Smend*, Verfassung und Verfassungsrecht (1928), S. 43.

[12] *C. J. Friedrich*, Die Legitimität in politischer Perspektive, in: Politische Vierteljahresschrift, Jg. 1960/61, S. 129 und *Dolf Sternberger*, Grund und Abgrund der Macht (1962), S. 20 beschreiben unter anderem die Legitimierungsversuche Napoleons, die trotz seiner Verschwägerung mit dem Hause Habsburg und einer plebiszitären Akklamation zum Scheitern verurteilt waren. Denn einen Diktator legitimiert persönliches Charisma und militärischer Erfolg. Zur Frage der staatlichen Bekämpfung von Legitimitätsgegnern sei auf *Albert Spiegel*, Die Möglichkeiten eines effektiven Schutzes der normativen Legitimität in der Demokratie (Freiburger jur. Dissertation, 1969), S. 4 ff. hingewiesen.

[13] Zur „Produktion" von Legitimitätsvorstellungen vgl. z. B. *Peter Graf Kielmansegg*, S. 374.

[14] Allerdings wollen nicht alle Soziologen den Legitimitätsbegriff auf eine zweck- oder wertorientierte Überzeugung in der Bevölkerung zurückführen. So möchte etwa *Peter Graf Kielmansegg*, S. 367 ff. Legitimität als „soziale Geltung als rechtens" definieren und meint, für das Individuum gründe sich die Geltung eines sozialen Systems nicht auf die Anerkennung, sondern die Anerkennung des Individuums resultiere aus der Geltung des sozialen Systems. Ohne das Problem der Rechtsgeltung (hierzu: *Reinhold Zippelius*, S. 33 ff.; *Karl Engisch*, S. 56 ff.) vertiefen zu wollen, sei zu dieser Umschrei-

man mit Bajonetten alles machen, nur nicht darauf sitzen könne. „Legitimität als Eigenschaft einer den Gebrauch der Machtfaktoren regulierenden sozialen Ordnung ist somit die Voraussetzung dafür, daß die durch die Ordnung angesprochenen Mitglieder einer menschlichen Gruppe an die Verbindlichkeit dieser Regelung für ihr Tun und Lassen deshalb glauben, weil ihrem Rechtfertigungsbedürfnis Genüge geschehen ist[15]." Allein eine als legitim voll anerkannte Ordnung vermag es zu verhindern, daß bei dem Einzelnen Gewissenskonflikte entstehen, wenn ihm die Befolgung bestimmter Verhaltensweisen geboten wird. Hier zeigt sich der enge Bezug des Legitimitätsgedankens zur anthropologischen Betrachtungsweise. In der Bejahung der Rechtmäßigkeit staatlicher Ordnung liegt inzidenter die Bejahung der von ihr statuierten Verhaltensvorschriften. Erst diese positive Einstellung seiner Bürger vermag dem Staatswesen inneren Bestand, Festigkeit und Kontinuität zu verleihen.

Auf zwei Wegen können ein Herrscher oder eine herrschende Schicht versuchen, ihre Herrschaftsmacht rechtlich und sittlich zu legitimieren. Der erste Weg besteht darin, daß jene Mächte ihr Verhalten den in der Gemeinschaft vorherrschenden Überzeugungen und Wertvorstellungen anpassen, indem sie gewisse Handlungen vollziehen, die ihre Stellung den Gewaltunterworfenen gegenüber legitimieren könnten. Die andere Methode zielt darauf ab, die in der Gemeinschaft vorhandenen Anschauungen über die Legitimität, also über das anerkannte Recht auf Herrschaft zu ändern. Ein Beispiel für solche Versuche sind die modernen totalitären Diktaturen. Welches im einzelnen die Maßstäbe und obersten

bung des Legitimitätsbegriffes angemerkt: Es ist zwar zutreffend, daß begrifflich sich Anerkennung immer nur auf ein bereits geltendes soziales System beziehen kann, damit aber Geltung bereits vorausgesetzt ist (*Karl Larenz*, Das Problem der Rechtsgeltung (1929), S. 15 f.). Daß die Anerkennung einer Ordnung als rechtens aus ihrer Geltung folgen kann, scheint sich auch bei der Analyse des gewaltsamen Umsturzes zu bestätigen: Die neue revolutionäre Ordnung kann zunächst als Zwangsordnung betrachtet werden, die nach und nach durch Anerkennung „soziale Geltung als rechtens" und damit Legitimität erlangt (6. Kap. II.). Diese Einsicht läßt aber nicht den Schluß zu, daß die Geltung einer Ordnung etwas Statisches ist, das allein bereits Anerkennung erzeugt. Will eine soziale Ordnung als rechtmäßig und damit als legitim fortgelten, muß sie gegenüber Überzeugungswandlungen in der Gesellschaft offen sein; ein allzu starkes Auseinanderklaffen der die soziale Ordnung tragenden Leitprinzipien und der Rechtmäßigkeitsvorstellungen in der Gesellschaft muß vermieden werden. Die Geltung einer sozialen Ordnung vermag bei den unterworfenen Individuen bereits die Überzeugung ihrer Rechtmäßigkeit zu einem gewissen Teil hervorzurufen, — insoweit ist Graf Kielmansegg zuzustimmen. Übersehen werden darf aber nicht, daß die Anerkennung von Ordnungsvorstellungen auch ein Prozeß kritischer Reflexion, des Abwägens des Vor- und Nachteils verschiedener Ordnungsentwürfe ist. Das Ergebnis dieser Reflexion wird nicht durch die Geltung einer sozialen Ordnung als rechtens präjudiziert, wie Kielmanseggs Formulierung es vermuten läßt.

[15] *Ernst Hirsch*, Macht und Recht, in: Juristenzeitung, Jahrgang 1962, S. 3; *Raymond Polin*, Analyse philosophique de l'idée de légitimité, in: L'idée de légitimité (1967), S. 19.

Leitpunkte sind, nach denen der Versuch einer Rechtfertigung staatlicher Herrschaft sich richtet, kann nicht eindeutig gesagt werden. Stets bezieht sich jedoch der Vorgang der Legitimierung staatlicher Herrschaft auf die Vorstellung von der Verbindlichkeit bestimmter sittlich-rechtlicher Werte und Leitideen[16]. Diese Werte und Leitideen begegnen uns in der Staatstheorie vornehmlich als „Staatszwecklehren"; sie prägen jedoch gleichzeitig auch in entscheidendem Maß den jeweiligen Inhalt des ethisch-juristischen Legitimitätsbegriffes.

Wertbewußtsein und Werterkennen bedeuten in erster Linie ein unmittelbares Fühlunghaben mit dem Wertvollen schlechthin. Dieses einem jedem im Gefühl liegende Wertbewußtsein berührt sich mit dem, was wir „Gewissen" nennen. Ein solches Wertbewußtsein spricht ungerufen und nach eigener Gesetzlichkeit zum Menschen[17]. In der Bildung und

---

[16] Die Verknüpfung von Legitimitäts- und Wertvorstellungen ist immer wieder vorgenommen worden: *Werner von Simson*, Zur Theorie der Legitimität, in: Festschrift für K. Löwenstein (1971), S. 462; *Peter Graf Kielmansegg*, S. 368 ff.; *C. J. Friedrich*, S. 120 f.; *Reinhold Zippelius*, Allgemeine Staatslehre, § 39.

[17] Das bewußt wertsuchende Denken vollendet sich erst in einer eigenständigen Wertphilosophie. Ihr Entdecken von Werten ist jedoch ein sekundäres, das ein primäres, naives Werterleben voraussetzt. Dies kann sich z. B. für die sittlichen Werte dadurch vollziehen, daß jeder Lebenskonflikt den Menschen vor neue Aufgaben stellt und zum Erfassen neuer Werte führen kann. In dieser Hinsicht arbeitet die Menschheit unausgesetzt an der primären Entdeckung von Werten, ohne diese Arbeit bewußt als Zweck zu verfolgen. Es gibt keinen absoluten Stillstand in der Entwicklung des Wertbewußtseins. Freilich können die geprägten Wertbegriffe Stillstand vortäuschen, da sie oft dauerhafter als die Grenzen jeweiliger gefühlsmäßiger Wertschau sind. Die Begriffe hinken gleichsam den unmerklichen Verschiebungen des Lichtkreises nach, der vom Wertgefühl auf die ideale Ebene der Werte fällt, ohne sie jemals endgültig erreichen zu können. Sind die Werte an sich ihrem Wesen nach überzeitlich und übergeschichtlich, so verschiebt sich dennoch unaufhörlich das Wertbewußtsein. Bei der Umwertung der Werte werden aus ihrem Reich bisher nicht geschaute Werte herauskristallisiert. Dabei geraten notgedrungen andere Werte in die Vergessenheit. So ändert sich die Auslese der Werte, die als Maßstab des Wirklichen gelten. Zur Wertphilosophie vgl. etwa *Nicolai Hartmann*, Ethik, 3. Aufl. (1949), S. 138 ff.; *August Messer*, Wertphilosophie der Gegenwart (1930), S. 16 ff.; *Robert Reininger*, Wertphilosophie und Ethik, 2. Aufl. (1946), S. 46 ff.; *Reinhold Zippelius*, Das Wesen des Rechts, S. 96. Was die Herkunft und philosophiegeschichtliche Lage des Wertbegriffes betrifft, so wird seit dem 19. Jahrhundert das Denken in Werten mehr und mehr üblich. Vor allem Nietzsches Schriften haben das Reden von Werten populär gemacht. Man erörtert den Lebenswert, die Kulturwerte, die Ewigkeitswerte, die Rangordnung der Werte etc. Bei der Umbildung des Neukantianismus gelangt man zu der Wertphilosophie. Man baut Systeme von Werten auf und verfolgt in der Ethik die Schichtungen von Werten. Der Wert und das Werthafte werden zum „positivistischen" Ersatz für das Metaphysische (*Martin Heidegger*, Holzwege [1950], S. 209 f.). Ob der von *Carl Schmitt* (Die Tyrannei der Werte, in: Säkularisation und Utopie [1967], S. 37 ff.) scharf geführte Angriff gegen das Denken in Werten zutreffend ist, kann hier dahingestellt bleiben. Zum mindesten ist das Denken in Werten nämlich dazu brauchbar, um einen Teilaspekt des abstrakten Begriffes der Legitimität plastisch zu machen.

Aufrechterhaltung von Wertvorstellungen im Bewußtsein des Einzelnen und der Gemeinschaft beruht der wichtigste Teil des Legitimierungsprozesses im Leben des Staates. Hinter und über jeder staatlichen Herrschaftsform steht eine Hierarchie von Werten, denen die Rolle von integrierenden Faktoren zukommt, und von denen jene den Sinn ihres Daseins und die Aufgaben ihres Handelns ableitet. Im Verlauf der geschichtlichen Entwicklung verändern sich Gewicht und Prägung dieser Wertordnung ständig. Die vielfältige Gestalt jener Werthierarchie hängt in Wesen und Zusammensetzung aufs engste mit der jeweils herrschenden Staatsidee zusammen. Der Wandel der Staatsidee drückt sich in der Änderung der Rangordnung der legitimierenden Werte entscheidend aus. Es ist ein charakteristischer Grundzug einer solchen Umwertung der Werte, daß im Vordergrund der staatstheoretischen Überlegungen in ausgeprägter Weise das Verhältnis des Individuums zur Gesellschaft steht: Sei es, daß die Unterordnung des Individuums unter die Gesellschaftsordnung und ihre normativen Werte gefordert wird, sei es, daß die Auflehnung des Einzelnen gegen das erdrückende Übergewicht der Gattung gepriesen und gerechtfertigt wird[18]. Überspitzt formuliert findet beim Wandel der Legitimitätsvorstellungen stets ein Kampf einer Vielzahl von Werten statt, wobei die Möglichkeit besteht, daß die von der Gemeinschaft oder von der staatstragenden Schicht oben angestellten Wertvorstellungen durch andere rechtlich-sittliche Anschauungen verdrängt werden.

Im Legitimitätsgedanken kommt nicht nur der Kampf der Werte, sondern auch die Auseinandersetzung zwischen politischen Ideologien zum Ausdruck. Ja, man kann für den Bereich der in der geschichtlichen Entwicklung sich Geltung verschaffenden Legitimitätsansprüche ein hohes Maß von „Ideologieanfälligkeit“[19] feststellen. Wenn die Lehre vom Staat künftig mehr als bisher auch die Ideologiekritik in sich aufnimmt[20], so würde damit auch für die Erfassung des Sinngehalts des Legitimitätsbegriffes ein Erkenntnisweg erschlossen, der sicherlich wichtige Aspekte beitragen könnte, in den folgenden Untersuchungen aber nicht zu verfolgen ist[21].

Bei einer historischen Betrachtung fällt auf, daß das Streben nach Legitimierung staatlicher Herrschaft in denjenigen Epochen besonders akzentuiert in Erscheinung tritt, in denen die Macht einer bestehenden Herrschaft in Frage gestellt, ganz beseitigt oder neu begründet werden soll.

---

[18] *Windelband-Heimsoeth*, Lehrbuch der Geschichte der Philosophie, 15. Aufl. (1957), S. 571.

[19] *Alexander Hollerbach*, Ideologie und Verfassung, in: Ideologie und Recht, hrsg. von W. Maihofer (1969), S. 58.

[20] *Alexander Hollerbach*, S. 61.

[21] Zur ideologiekritischen Betrachtung des Legitimitätsbegriffes vgl. z. B. *Kurt Lenk*, Ideologie, 2. Aufl. (1964), S. 41 f.

Dann sucht der alte oder neue Herrschaftsträger durch Berufung auf solche Werte, die seine Herrschaft zu stützen vermögen, ihren Bestand zu stärken und zu festigen. Der Gedanke der Legitimität dient der Erhöhung des Ranges des Herrschaftsträgers gegenüber seinen Machtunterworfenen. Insbesondere zeigt sich die Notwendigkeit einer Legitimierung, wenn die Herrschaft nach einer gelungenen Revolution vorerst allein auf bloße Gewalt gestützt wird, und die Verbindung zwischen der neuen Herrschaft und der traditionalen Wertwelt der alten Herrschaft unterbrochen ist. Hier zeigt sich erneut, daß eine noch so machtvolle Herrschaft niemals ohne Rechtfertigung ihres Seins und Bestandes existieren kann.

Bei allen Versuchen der Legitimierung staatlicher Herrschaft geht es letztlich um das schwierige Problem der Rechtfertigung staatlicher Machtübung vor dem Forum des Rechts und der Sittlichkeit. Gerät somit die Erörterung der Rechtmäßigkeit staatlicher Machtbildung und Machtentfaltung unentrinnbar in das Spannungsfeld zwischen Macht und Recht, so ist zugleich ein schwieriges Problem der Rechts- und Staatsphilosophie angesprochen. Die Auseinandersetzung zwischen Macht und Recht läßt sich unter verschiedenartigen Blickwinkeln beleuchten[22]: Man kann den ethischen Charakter des Rechts besonders hervorheben und die Macht „als an sich böse" abstempeln[23]. Oder bei einer historischen Betrachtung kann man zu dem Ergebnis kommen, daß erst die Macht, also die Gewalt des Starken über den Schwachen das Recht als Recht begründe[24]. Für den modernen Staat liegt die Auffassung nahe, daß das Recht als solches des Schutzes durch den staatlichen Machtapparat bedarf, will es seinen allseitig verbindlichen Charakter bewahren[25]. Wer die Legitimitätsdiskussion in die Erörterung des Spannungsfeldes von Macht und Recht einordnen will, darf unter Macht nicht lediglich bloße Gewalt oder Zwangsübung verstehen. Die Betrachtung des Machtphänomens in Beziehung zu Recht und Legitimität muß ausgehen von der Machtbildung in der Gesellschaft, dem „menschlichen Vermögen, das Verhalten anderer Menschen im sozialen Bereich zu steuern"[26]. Diese

---

[22] *Adolf Menzel*, Zum Problem „Recht und Macht", in: Zeitschrift für öffentliches Recht, Bd. V (1926), S. 1 ff. gibt eine Übersicht über die einzelnen Theorien.

[23] *Jakob Burckhardt*, Weltgeschichtliche Betrachtungen (o. J.), S. 61; Charles Montesquieu, De l'esprit des lois (1748), 11. Buch, Kap. 4; *Karl Engisch*, S. 128; *Heinrich Henkel*, Einführung in die Rechtsphilosophie (1964), S. 80.

[24] Vgl. die Nachweise zu den griechischen Sophisten bei *Erik Wolf*, Griechisches Rechtsdenken, Bd. 2: Rechtsphilosophie und Rechtsdichtung im Zeitalter der Sophistik (1952), S. 112 ff. und *Julius Binder*, Recht und Macht (1921), Anm. 24; des weiteren sei nur noch auf *K. L. von Haller*, Die Restauration der Staatswissenschaft, Bd. I, 2. Aufl. (1820), S. 340 hingewiesen.

[25] Vgl. die Beispiele bei *Karl Engisch*, S. 127 f.

[26] *Heinrich Henkel*, S. 78; *Karl Engisch*, S. 129.

soziale Macht stützt sich in ihrem Bestreben nach Verrechtlichung und Legitimierung weniger auf Gewaltmechanismen als vielmehr auf die Macht der Überzeugung und des Geistes. Soziale Macht erscheint dann als legitim, wenn sie mit dem rechtlich-sittlichen Empfinden übereinstimmt. Auf dieser Basis geht es z. B. um ethische Forderungen und rechtliche Maßstäbe wie: gerechte Entscheidung für den Einzelfall und Verwirklichung sozialer Gerechtigkeit für ganze Klassen; Wahrung von Ordnung und Sicherheit sowie Gewährung eines Freiheitsraumes für die Entfaltung der Persönlichkeit; religiöse Neutralität der Staatsgewalt oder ihre Bindung an methaphysische Ordnungsvorstellungen; Steuerung des Staates durch den Volkswillen mit entsprechenden Repräsentationsmechanismen oder seine Lenkung durch eine zum Regieren geeignete Klasse (Aristokratie, Technokratie); Wahrung des internationalen Friedens oder Politik staatlicher Eroberung.

Solche Versuche der Legitimierung sozialer Macht durch das sittliche Empfinden des Menschen spielen auch eine wichtige Rolle bei der Unterscheidung von Legalität und Legitimität[27]. Das Problem der Legalität bezieht sich vornehmlich auf die bloße Gesetzlichkeit staatlicher Machtausübung. Die Frage nach der Legitimität geht hingegen über die Macht verleihende staatliche Rechtsordnung hinaus und blickt gleichsam hinter sie auf die sie tragenden ethisch-rechtlichen Grundprinzipien. Das positive gesetzte Recht, die an der staatlichen Willensbildung beteiligten Institutionen, die im Vordergrund stehenden Träger staatlicher Gewalt werden überprüft, ob ihr Bestehen und ihre Wirksamkeit noch Allgemeinverbindlichkeit gegenüber dem Einzelnen und der Gesellschaft beanspruchen können. Welcher Maßstab bei dieser Prüfung der Legitimität staatlicher Herrschaft angelegt wird, kann nicht ein für alle Male gesagt werden. Die legitimierenden Werte, die der in der Rechtsordnung verkörperten Macht den Schein der Verbindlichkeit im Sinne einer Übereinstimmung mit den Ideen von Recht und Sittlichkeit verleihen, entstammen oft nicht der Welt des Rechts im engeren Sinne. Die Geschichte lehrt, daß mannigfache mehr oder weniger wertgebundene Topoi der Formen einer Legitimitätsbegründung aus vielfältigen Seins- und Erfahrungsbereichen dem Zeitgeist entsprechend herangezogen worden sind. Sie können u. a. in dem Festhalten an der geheiligten Tradition, in einem rational nicht begründbaren Glauben, in bestimmten herrschenden ethisch-rechtlichen Wertvorstellungen, im Vertrauen auf die Richtigkeit der bestehenden Legalordnung oder in der Anerkennung bestimmter politischer Ideologien begründet liegen.

---

[27] Zur Unterscheidung zwischen Legalität und Legitimität vgl. *Ulrich Klug*, Der Legalitätsbegriff, in: Deutsche Landesreferate zum V. Internationalen Kongreß für Rechtsvergleichung (1958), S. 49 mit weiteren Nachweisen; *Thomas Würtenberger*, Die Legalität, in: Festschrift für Rudolf Laun, hrsg. von D. Constantopulos u. H. Wehberg (1953), S. 607 ff.

Die entscheidende Rolle der Ansprüche auf Allgemeinverbindlichkeit legitimierender Werte offenbart sich nicht zuletzt angesichts einer gelungenen Revolution. Bei ihr verliert die alte Ordnung durch den Konsens der Masse oder durch eine sozialreformerische militante Minderheit ihre staatstragende Funktion und wird umgestoßen. Die neuerrichtete Ordnung wird jetzt auf neue Prinzipien gestützt, das positive Recht, der Prozeß staatlicher Willensbildung und die Träger der staatlichen Gewalt passen sich den neuen Ideen an. Dadurch entsteht von neuem eine legitime Ordnung mindestens insoweit, als sie von der staatstragenden Schicht oder der Mehrheit des Volkes als allgemeinverbindlich anerkannt wird[28]. Kommt es in der Geschichte der Staaten, vor allem auf Grund gelungener Revolution, zu lebhaften Auseinandersetzungen zwischen in verschiedene Richtungen gehenden Werthaltungen, Ideologien und Machtansprüchen, so zeigt sich mit aller Deutlichkeit, welch ausgeprägte historische Relativität dem jeweiligen Inhalt des Legitimitätsbegriffes zukommt. Dieses hohe Maß an Relativität der in der Geschichte des Staatsdenkens auftauchenden Legitimitätsvorstellungen darf jedoch nicht darüber hinwegtäuschen, daß eine jede Staatsgewalt vor der oft schwer zu bewältigenden Aufgabe steht, ihre Geltung und rechtliche Verbindlichkeit vor dem Forum von Recht und Sittlichkeit zu rechtfertigen, will sie in der Zeit Bestand haben. Der hohe Rang der Legitimität als einer unentbehrlichen Begriffskategorie der systematischen Staatslehre läßt sich mit voller Überzeugungskraft nur unter der Voraussetzung dartun, daß gemäß dem Ziel der vorliegenden Untersuchung Entstehung und Wandel des Legitimitätsbegriffs zugleich unter Hervorhebung seiner jeweiligen Funktion im Ganzen der zeitgenössischen Staatstheorie sorgfältig erforscht werden.

II. Zur Methode der staatsrechtlich-politischen Begriffsgeschichte

Gehört die Darstellung des historischen Gehalts des Legitimitätsbegriffes in den weiten Bereich staatsrechtlich-politischer Begriffsgeschichte, so ist sie mit den Schwierigkeiten behaftet, die heute noch diesem Zweig menschlicher Erkenntnis eigen sind[29].

[28] *Ernst E. Hirsch,* Rationale Legitimierung eines Staatsstreiches als soziologisches Problem, in: Kölner Zeitschrift für Soziologie und Sozialpsychologie, Jg. 1965, S. 632 ff.; vgl. auch *R. Polin,* Analyse philosophique de l'idée de légitimité, in: L'idée de légitimité (1967), S. 26 f.: „Il n'y a donc pas de légitimité en soi, de légitimité absolue puisqu'il n'y a pas de valeur objective, absolue capable de s'imposer universellement à une opinion unanime."

[29] *H. G. Meier,* Art. „Begriffsgeschichte", in: Historisches Wörterbuch der Philosophie, Bd. 1 (1971), Sp. 789 weist darauf hin, daß eine Theorie der Begriffsgeschichte zur Zeit noch Desiderat sei. Zwecks einer umfassenden Theorie der Begriffsgeschichte müßte man sich mit reiner Wortgeschichte, umgreifender Terminologiegeschichte, hermeneutischer Begriffsgeschichte und allgemeiner Begriffsbedeutungsgeschichte befassen. Zu den Schwierigkeiten begriffs-

Ausgangspunkt einer begriffsgeschichtlichen Analyse ist die Wort- und Terminologiegeschichte. Hier ist sichtbar zu machen, welche Worte und Termini das Denken über den Staat geprägt haben, wann diese erstmals aufgetreten sind und welcher Sinn sich mit ihnen verbindet. In der vorliegenden Untersuchung geht es um die Worte der lateinischen Sprache wie „legitimus", aber auch um Ausdrücke der französischen Sprache wie „légitime", „légitimité" und schließlich auch des deutschen Sprachgebrauchs wie „Legitimität, Legitimierung, legitim". Es wird zu zeigen sein, wie erstmals in den Quellen des römischen Rechts das Wort „legitimus" in Zusammensetzung mit verschiedenen Substantiven („legitimus heres, legitimum imperium, magistratus legitimus") auftaucht. Auch in lateinisch geschriebenen, politisch-staatsrechtlich bedeutsamen Quellen und Schriften des Mittelalters und der beginnenden Neuzeit findet sich das Wort „legitimus" in verschiedener Bedeutung, wie z. B. „legitima potestas" oder „legitimum regnum" etc. Es ist entscheidend für die Geschichte des Legitimitätsbegriffes, daß seit dem 16. Jahrhundert das lateinische Wort „legitimus" von der französischen Sprache rezipiert worden ist und in der Form von „légitime" und später „légitimité" in zahlreichen französischen staatsrechtlich-politischen Quellen vorkommt. Im deutschen Sprachraum wird der Terminus „legitim" und „Legitimität" relativ spät, nämlich erst seit Beginn des 19. Jahrhunderts im staatsrechtlich-politischen Schrifttum verwendet[30]. Es wird zu prüfen sein, ob das Auftauchen dieses Wortes in den deutschen staatsrechtlich-politisch bedeutsamen Quellen entweder auf einer Rezeption der französischen Terminologie beruht oder ob es aus den lateinisch geschriebenen Quellen der deutschen Naturrechtslehre (Pufendorf, Wolff u. a.), die das Wort „legitimus" häufig verwenden, geschöpft worden ist.

So wichtig es sein mag, die einzelnen Entstehungsgründe und Ausbreitungsstufen eines staatsrechtlich-politischen Terminus wie Legitimität und verwandter Worte durch die Geschichte zu verfolgen, so darf Begriffsgeschichte doch nicht bei reiner Wort- und Terminologiegeschichte stehen bleiben[31]. Vielmehr muß diese zur Geschichte der Bedeu-

geschichtlicher Forschung vgl. auch *Hans Heinrich Eggebrecht,* Das Handwörterbuch der musikalischen Terminologie, in: Archiv für Begriffsgeschichte, Band 12 (1968), S. 117 ff.

[30] Zur Geschichte des Wortes „légitime": *Paul Robert,* Dictionaire alphabétique et analogique de la langue française (1970), S. 981. Im deutschen Sprachraum bürgert sich der Wortstamm „Legitim-" seit dem 17. Jahrhundert in einer spezifisch zivilrechtlichen Bedeutung ein (vgl. die Nachweise bei *Schulz - Basler,* Deutsches Fremdwörterbuch, 2. Bd. [1942], S. 16 f.): So etwa „Legitima" als gesetzlicher Erbteil, „Legitimation" für Beglaubigung, Nachweis, „legitimieren" für das Anerkennen eines unehelichen Kindes wie auch des Nachweisens einer Beglaubigung. Die Erweiterung des Wortfeldes zu der spezifisch staatsrechtlich-politischen Bedeutung, um die es hier allein geht, erfolgte beim Legitimitätsbegriff freilich erst zu Beginn des 19. Jahrhunderts.

[31] Vgl. dazu *H. G. Meier,* Sp. 790.

tung politisch-staatsrechtlicher Begriffe erweitert werden. Versucht man, die in geschichtlichen Fällen auftauchenden Begriffe aus der politisch-staatsrechtlichen Sphäre in ihrer inhaltlichen Bedeutung und in ihrem systematischen Zusammenhang mit anderen Begriffen adäquat zu erfassen, so wird evident, daß der sprachliche Ausdruck eines Terminus wie Legitimität auf den Sinngehalt des Begriffes in vielerlei Gestalt zurückwirkt[32]. Mit Recht sagt Blumenberg[33], daß Begriffsbildungen stets als Vorgänge mit Folgen, d. h. mit geistigen Nachwirkungen mannigfacher Art aufzufassen seien.

Entscheidend ist für die folgende Untersuchung, daß sich in der Sprache verschiedenartige inhaltliche Aspekte spiegeln. Mehr noch als die Termini der Umgangssprache[34] sind die Ausdrücke der Sprache in staatsphilosophischen Quellen einem steten Bedeutungswandel unterworfen[35]. In der geschichtlichen Entwicklung verändert sich der innere Sachgehalt der Worte ununterbrochen. Es wechselt vor allem die ursprüngliche Assoziation zwischen dem Terminus und der durch ihn bezeichneten inhaltlichen Vorstellung. Bei politischen Begriffen ist deren Bedeutungswandel auf mannigfache Einflüsse wechselnder Anschauungen und geschichtlicher Veränderungen zurückzuführen: gesellschaftliche Umschichtungen, Schaffung neuer Wertmaßstäbe, Übernahme von Ideologien, aber auch Erkenntnisse philosophischer, politologischer und soziologischer Art vermögen die ursprüngliche Aussage eines politischen Begriffes grundlegend inhaltlich zu verändern. Neue Ideen siedeln sich in einem Begriff an, überlieferte Vorstellungen werden verdrängt oder geraten in Vergessenheit.

Im Bereich der politisch-staatsrechtlichen Begriffsgeschichte darf das hohe Maß an Vieldeutigkeit von Begriffen nicht übersehen werden. Vor allem ist davor zu warnen, daß voreilig der Schluß von der Identität des Wortes auf die Identität des Sachgegenstandes gezogen wird. Dies gilt vor allem, wenn ein zeitgenössischer Begriff auf historisch zurückliegende Sachverhalte bezogen wird. Aber auch in einer konkreten Epoche haben gleichlautende Begriffe nicht immer einen übereinstimmenden

[32] Hierzu allgemein *H. G. Meier*, Sp. 793 f. und *Hans-Georg Gadamer*, Begriffsgeschichte als Philosophie, in: Archiv für Begriffsgeschichte, Band 14 (1970), S. 149 ff.

[33] *H. Blumenberg*, Nachbemerkung zum Bericht über das Archiv für Begriffsgeschichte, in: Jahrbuch der Akademie für Wissenschaften und Literatur (1967), S. 80.

[34] *Kuno Lorenz*, Elemente der Sprachkritik (1970), S. 37 f. unterscheidet zwischen Umgangssprache, Bildungssprache und Wissenschaftssprache.

[35] Generell zum Bedeutungswandel von Begriffen siehe *K. Reisig*, Vorlesungen über lateinische Sprachwissenschaft, hrsg. von Heerdegen u. a. (1888), Bd. 2 §§ 171 ff.; *Wilhelm Wundt*, Grundriß der Psychologie, 15. Aufl. (1922), S. 369 f.; *F. Mauther*, Wörterbuch der Philosophie, 2. Aufl. (1923), 1. Bd., S. 149 f.; *Rudolf Eucken*, Geschichte der philosophischen Terminologie (1879).

Sinn. Derartige Sinnvariationen begegnen besonders häufig bei Begriffen, die die rechtliche und staatliche Ordnung des Gemeinwesens betreffen. Bei ihnen besteht besonders häufig Uneinigkeit über die den Begriff bestimmenden Kriterien[36]. Um das Phänomen des Bedeutungswandels und der Mehrdeutigkeit eines Terminus deutlich zu machen, muß nicht zuletzt auf die jedem Begriff notwendig vorgegebene Abstraktion hingewiesen werden[37]. Das geistige Erfassen eines Begriffes ist ein psychologischer Vorgang, der durch ein sprachliches Zeichen ausgelöst wird. Die Sprache stellte einen Tresor von Begriffen zur Verfügung[38], die durch Kategorisierung von Objekten oder Ereignissen sowie durch Klassifikation von Merkmalen oder Beziehungen gewonnen sind[39]. Erst durch Bezugnahme auf konkrete Geschehensabläufe oder geistige Zusammenhänge gewinnen die von der Sprache zur Verfügung gestellten abstrakt-generellen Begriffe ihr eigenes Leben, indem sie bestimmte Sachverhalte und Gegenstände individualisieren. Diese Einsicht in psychologische Reproduktions- und Assoziationsabläufe erscheint für das Erfassen und Interpretieren politischer Begriffe von Wert. Auch politischen Begriffen liegt zunächst eine abstrakt-generelle Aussage zugrunde. Dieser Bereich der politischen Begriffe soll mit „Kernbereich" bezeichnet werden. So verbindet sich etwa mit dem Auftauchen des Legitimitätsbegriffes innerhalb der staatsrechtlich-politischen Sphäre eine Vorstellung von der Rechtfertigung der Staatsgewalt. In diesem Kernbereich der politischen Begriffe offenbart sich die Wirksamkeit staatstragender Ideen und Entwürfe staatlicher Ordnung.

Will man die konkrete Bedeutung politischer Begriffe erfassen, so muß man stets nach dem inhaltlichen Kontext fragen, in dem sie ge-

---

[36] Der Demokratiebegriff des 20. Jahrhunderts ist ein Beispiel dafür, daß sich ein Terminus auf einen bestimmten Gegenstand beziehen („Herrschaft des Volkes") und dennoch mehrdeutig sein kann. Im westlichen Kulturkreis gehört zur Demokratie eine liberale, an den persönlichen Freiheitsrechten festhaltende Ordnung, während in den sozialistischen Staaten der Demokratiebegriff die Vollendung des Kommunismus und Sozialismus intendiert.

[37] *Hans Lipps*, Die Verbindlichkeit der Sprache, 2. Aufl. (1968), S. 31 ff.; man kann sagen, daß Begriffe die Funktion haben, Zeichen für alle jene Gegenstände zu sein, deren Eigenschaften sämtliche Merkmale des Begriffes erfüllen. Bezeichnet man als Abstraktion das „Wegdenken der näheren Bestimmung" (so Arthur Schopenhauer, Die Welt als Wille und Vorstellung (1844, I, § 9, 12), dann sind alle Begriffe „abstrakte, nicht anschauliche, allgemeine Vorstellungen". So gesehen gibt es keine eigentlich konkreten Begriffe; es gibt nur Begriffe, die im Geist leichter konkretisierbar sind (wie z. B. „Haus") und weniger leicht repräsentiert werden können (wie z. B. „Tugend"). Zum philosophischen Problem der Abstraktion siehe *K. Acham*, Art. Abstraktion, in: Historisches Wörterbuch der Philosophie, Bd. 1 (1971), Sp. 59 ff.

[38] *Alfred Hoppe*, Sprache und Denken, in: Philosophie und Kybernetik, hrsg. von Karl Steinbuch und Simon Moser (1970), S. 57 ff., 61 ff.

[39] Vgl. *John Lyons*, Einführung in die moderne Linguistik (1971), S. 410 ff.; allgemein zu den Bedeutungstheorien der Sprachphilosophie, die hier nicht dargestellt werden sollen: *Franz von Kutschera*, Sprachphilosophie (1972), S. 117 ff.

braucht werden[40]. Erst der umfassende Sinnzusammenhang vermag die Bedeutung eines Begriffes im konkreten Sprachgebrauch zu erhellen. Durch Interpretation des Kontextes und des Sinnzusammenhanges vermag man die inhaltsgebundenen Strukturen eines Begriffes herauszuarbeiten. Während der Begriffskern als solcher konstant bleibt, lassen sich beim Begriffswandel Strukturelemente herauskristallisieren, die bei einem bestimmten Philosophen, Politiker und Rechtsdenker oder in einer bestimmten Gesamtepoche die hinter dem Begriff stehenden Ideen, Denksysteme, politischen Situationen und anderes mehr widerspiegeln. Strukturelement des Legitimitätsbegriffs ist beispielsweise das Akzeptieren der Staatsgewalt durch das Volk oder die Beachtung des Gemeinwohls als Grundmaxime staatlichen Handelns. Zu fragen wäre, bei welchem Staatsphilosophen und mit welcher Begründung sich beispielsweise der Legitimitätsgedanke wesentlich auf die Gemeinwohlidee stützt. Bei einer solchen Begriffsanalyse ist eine Interpretation der Quellen, eine Aufbereitung der einem Begriff zugrunde liegenden Vorstellungen und eine Aufdeckung der Tendenz und Stellung des Begriffes im wissenschaftlichen Gesamtgefüge erforderlich. Hierbei muß man sich streng an den zu interpretierenden Text halten. Das bedeutet freilich nicht, daß sich eine solche Begriffsanalyse lediglich auf das Anlegen eines Zitatenschatzes beschränken müßte. Die Hauptaufgabe ist zunächst, die einzelnen Strukturelemente des Begriffes durch Vergleichen der Kontexte aufzudecken, wobei auf die zeitgenössischen Begriffszusammenhänge einzugehen ist. Danach sind die einzelnen Strukturelemente zu klassifizieren und gegeneinander abzugrenzen. Schließlich sind die die Strukturelemente tragenden politischen und rechtlichen Ideengehalte herauszuarbeiten[41].

Erfordert das Klarlegen eines zeitgenössischen Begriffes bereits verschiedenartige geistige Operationen, so tritt bei einer jeden begriffsgeschichtlichen Analyse eine weitere Schwierigkeit hinzu. Stets muß ein Begriff aus dem staatstheoretischen Denksystem der Vergangenheit und der für dieses eigentümlichen Zeitsituation heraus interpretiert werden. Dies setzt jedoch voraus, daß man nicht nur gewisse, bei jeder Interpretation mitschwingende Vorurteile so weit wie möglich ausschaltet, sondern sich auch völlig in die Ideenwelt der jeweiligen Epoche mit der ihr eigenen Sprache zu versetzen sucht. Hier liegt freilich das methodische Hauptdilemma begriffsgeschichtlicher Forschung. Spricht man heute von Staat, Souveränität, Bürger etc. so versteht man darunter meist andere Sachverhalte als etwa im 16. oder selbst im 19. Jahrhundert. Bei der Erklärung des Legitimitätsbegriffes aus seinem historischen Kontext müßten je-

---

[40] *John Lyons*, S. 419: „Sage mir den Zusammenhang, in dem das Wort vorgekommen ist, und ich sage Dir seine Bedeutung."

[41] *H. G. Meier*, Sp. 789.

weils auch die anderen Kontextbegriffe auf ihre historische Situation projiziert werden. Man müßte vom Gebrauch der wissenschaftlichen Sprache in der zweiten Hälfte des 20. Jahrhunderts absehen und die historisch ausgeprägten Strukturelemente der jeweiligen Kontextbegriffe darlegen. Das heute vorherrschende Begriffsverständnis der für die Erfassung des Legitimitätsbegriffes relevanten Kontextbegriffe wäre somit auf seine historische Situation zurückzuführen. Dieses Ziel zu erreichen, war insofern allerdings nicht immer möglich, als die systematische Aufbereitung historischer Begriffe aus der staatsrechtlich-politischen Sphäre weitgehend Desiderat ist[42]. In der vorliegenden Arbeit wird versucht, dieser Aporie begriffsgeschichtlicher Forschung durch Mitteilen und Interpretation der wichtigsten lateinischen, französischen und deutschen Quellenstellen beizukommen. Außerdem sollen auch die wichtigsten Kontextbegriffe aus ihren jeweiligen Quellen heraus kurz bestimmt werden, soweit es zum Verständnis des Begriffes „Legitimität" nötig erscheint.

Die historische Analyse staatstheoretischer Begriffe muß als ein „eigenständiges methodisches Instrument" für die Staatsphilosophie und Staatslehre anerkannt werden[43]. Die Geschichte staatstheoretischer Begriffe steht in enger Verbindung zur Geschichte der politischen Ideen und staatsrechtlichen Dogmen. Die politisch-rechtliche Begriffsgeschichte kann daher als wichtige Vorstufe der politischen Ideengeschichte angesehen werden, insofern als sie den jeweiligen Sprachgebrauch in den repräsentativen Zeugnissen politischer Meinungsäußerung und juristischer Doktrin zu erhellen versucht. An diesem Punkt zeigt sich jedoch, daß Begriffsgeschichte nicht scharf von der Geschichte politisch-staatsrechtlicher Probleme getrennt werden kann. Denn oft wird dem Wortbedeutungswandel zugleich auch ein Wandel in der Formulierung des Sachproblems entsprechen[44]. Es ist jedoch zu beachten, daß der Radius der in der vorliegenden Untersuchung herauszuarbeitenden Begriffsgeschichte der Legitimität ein wesentlich engerer ist als jener, der sich auf die Legitimitätsidee in einer staatsrechtlich-politischen Problemgeschichte bezieht. Hinter der begriffsgeschichtlichen Erfassung der Legitimität und anderen mit ihr zusammenhängenden Termini steht das große staatsrechtlich-philosophische Problem einer sittlichen Rechtfertigung der Staatsgewalt. In der vorliegenden Untersuchung kann diese vordringliche Fragestellung der Staatstheorie jedoch nicht in toto be-

---

[42] Als Ausnahme ist Paul-Ludwig Weinachts Arbeit über den Begriff „Staat" (1968) zu nennen. Erst das „Historische Wörterbuch der Philosophie", hrsg. von Joachim Ritter, das zur Zeit (1972) im Erscheinen begriffen ist, wird hier teilweise Abhilfe schaffen können.

[43] Vgl. die ähnliche Forderung von *H. G. Meier*, Sp. 788 für die philosophische Theorie.

[44] Vgl. dazu *H. G. Meier*, Sp. 798.

handelt werden. Vielmehr wird auf das Problem der Rechtfertigung staatlicher Herrschaft nur insoweit einzugehen sein, als in den Quellen die Worte „Legitimität, legitim, légitimité, légitime“ und „legitimus“ verwendet werden. Es wird aber nicht übersehen, daß es Epochen des Staatsdenkens gegeben hat, in denen ohne die Verwendung jener Termini die Problematik der Rechtfertigung der Staatsgewalt im Bewußtsein der Zeit lebendig war.

Die vorliegende Arbeit wird nicht allein durch das Ziel geleitet, die Genese, Funktions- und Inhaltswandlung des Begriffes Legitimität im Zusammenhang mit der geschichtlichen Entwicklung der Lehre vom Staat zu bestimmen; sie soll gleichfalls ein Beitrag zu der Erkenntnis der systematischen Bedeutung des heutigen Legitimitätsbegriffes sein. Denn bei Erhellung des Sinnes politisch-staatsrechtlicher Begriffe dürfen historisches und systematisches Denken nicht völlig getrennt bleiben[45]. Im Feld politischer Ideengeschichte strebt die historische Betrachtung des Legitimitätsbegriffes somit auch den Gegenwartsbezug an. Allerdings wird dieser Bezug zur Gegenwart nicht dadurch hergestellt, daß auf Grund historischer Präzedenzfälle ein dem gegenwärtigen Urteil unterworfener Wahrheits- oder Richtigkeitsanspruch im Hinblick auf bestimmte Topoi aufgestellt wird. Ein Zweck der vorliegenden Arbeit wird vielmehr das Verständlichmachen der Gegenwart durch Aufdecken Ihrer Verwurzelung in der Vergangenheit sein. Das volle Verständnis eines politisch-staatsrechtlichen Begriffes setzt einen bestimmten Horizont, ein historisches Bewußtsein voraus, in dem der Verstehende lebt, — nicht gemeint ist hier der historische Horizont, in den er sich versetzt[46]. Dieser geschichtliche Horizont ist etwas, in das wir hineinwandern und das mit uns wandert. Von diesem Standpunkt aus ist die Geschichte kein Abgrund, der überbrückt werden muß, sondern sie ist der tragende Grund des Geschehens, in dem das Gegenwärtige wurzelt. Erst das Erkennen der Kontinuität des Herkommens und der Tradition gewährleistet das Verständnis der Gegenwart[47]. Wilhelm Hennis hat diese These plastisch dahin formuliert, daß alle politischen Begriffe ein Stück in Wort gefaßter geschichtlicher Erfahrung sind, sie die Narben politischer Kämpfe tragen und die Geschichte der Völker mit ihren Sehnsüchten, Erwartungen und ihrem Leid vergegenwärtigen[48].

---

[45] Vgl. hierzu *Klaus von Beyme*, Politische Ideengeschichte (1969), S. 18; ähnlich auch für die Erforschung philosophischer Begriffe: *Hermann Lübbe*, Säkularisierung (1965), S. 11 ff.

[46] *Hans-Georg Gadamer*, Wahrheit und Methode, 2. Aufl. (1965), S. 286 ff.

[47] *Hans-Georg Gadamer*, S. 281; *Konrad Hesse*, Besprechung von Eberhard Schmidt-Aßmann, Der Verfassungsbegriff in der deutschen Staatsrechtslehre der Aufklärung und des Historismus (1967), in: Der Staat, 7. Bd. (1968), S. 393; zur historischen Faßbarkeit eines komplexen Sachverhaltes siehe *Heinrich Rombach*, Substanz, System, Struktur, 2 Bände (1966).

Der Gang der Darstellung ist gekennzeichnet durch das vorsichtige Tasten der Empirie, durch das Aufdecken der historischen, sozialen, kulturellen, politischen und ideologischen Zusammenhänge und ihrer Einwirkung auf Rechtsbewußtsein und Rechtslehre. Der Bemühung um solche Erkenntnis darf kein vorentworfenes Bild oder eine allgemeine Theorie von der Entwicklung der Dinge vorangestellt werden, um hierdurch das Arbeitsfeld von vornherein zu begrenzen. Ein vorangestelltes festes theoretisches Konzept würde dem geschichtlichen Verständnis des Legitimitätsbegriffes nicht förderlich sein, da es in seiner Beschränkung auf vereinzelte Gesichtspunkte ein Vorverständnis schaffen würde, das infolge seiner Unvollständigkeit und seinem Anspruch auf absolute Verbindlichkeit der weiteren Erörterung hinderlich wäre. Durch bewußten Verzicht auf einen absoluten Standpunkt der Betrachtung mag es gelingen, die Zurückdrängung einzelner Vorurteile zu erreichen. Bei dieser Haltung gewinnt das historische Material seine lebendige Aussagekraft zurück, die zunächst durch die Annahme einer trennenden historischen Distanz gelähmt zu sein scheint. Nicht die extreme Autonomie des objektiv gefaßten Materials wie sie z. B. eine phänomenologische Deskription dokumentiert, sondern allein die sorgfältige Reflexion über die dem Verstehen zu erschließenden Phänomene und die adäquate Erfassung der jeweiligen historischen Situationen verleihen einer begriffsgeschichtlichen Arbeit im Bereich der Staats- und Rechtstheorie besonderen Rang.

[48] *Wilhelm Hennis,* Amtsgedanke und Demokratiebegriff, in: Festgabe für Rudolf Smend (1962), S. 51 unter Bezugnahme auf C. J. Burckhardt und Hans Barth.

Erstes Kapitel

Der historische Horizont des Begriffes „Legitimität" in den lateinischen Quellen

Im deutschen Sprachraum nahm man bei der Erweiterung des im 17. und 18. Jahrhundert vornehmlich am Zivilrecht orientierten Wortstammes „legitim ..." zu dem staatsrechtlich-politischen Begriff „Legitimität" wie bei der Rezeption eines völlig neuen Terminus aus einer fremden Sprache im wesentlichen auf den französischen Sprachgebrauch und die politischen Auseinandersetzungen in Frankreich bezug[1]. Obwohl somit kein direkter Traditionszusammenhang zwischen dem lateinischen Terminus „legitimus" und dem deutschen Wort „Legitimität" besteht, erscheint dennoch eine kurze Analyse der lateinsprachigen Quellen fruchtbar und sinvoll. Im Hinblick auf das französische staatstheoretische und politische Schrifttum der beginnenden Neuzeit kann hierbei die enge Verknüpfung der beiden Termini „legitimus" und „légitime" verdeutlicht werden. Es zeigt sich beispielsweise in den polemischen Schriften der Monarchomachen, wie der lateinische Terminus „legitimus" ohne nähere Überlegung von den französischen Schriftstellern dem französischen Wort „légitime" gleichgesetzt wurde. Das gleiche Phänomen läßt sich in Bodins „Six livres de la République" konstatieren, die 1576 französisch und 1584 lateinisch erschienen. Seit dem Ende des 16. Jahrhunderts hat damit in Frankreich das Adjektiv „légitime" einen festen Platz in staatstheoretischen Werken gefunden. Im deutschen Sprachraum dagegen blieb die lateinische Sprache bis in das 18. Jahrhundert hinein die Sprache der Wissenschaft. Hier waren es vor allem Samuel Pufendorf und Christian Wolff, die in ihren umfassenden vernunftrechtlichen Systemen mit dem Terminus „legitimus" die Rechtmäßigkeit staatlicher Herrschaft zu beschreiben versuchten. Diese Werke und die in ihnen enthaltenen Ideen wären zwar geeignet gewesen, Anknüpfungspunkte für eine spezifisch deutsche Legitimitätsdiskussion im 19. Jahrhundert zu liefern. Aber die lateinischen Quellen, die den Gegenstand dieses ersten Kapitels bilden, spielten bei der Herausbildung des deutschen Legitimitätsverständnisses überhaupt keine Rolle. Insoweit hat dieses erste Kapitel zur Aufgabe, den staatsphilosophischen Traditionszusammenhang herauszustellen, an den bei der Rezeption des Legitimitätsbegriffes in Deutschland

[1] Näheres im 5. Kap.; vgl. auch S. 24, Anm. 30.

nicht angeknüpft wurde. Der deutsche Begriff der Legitimität entstammt allein den französischen verfassungspolitischen Auseinandersetzungen, er wurde nicht unmittelbar aus lateinischen Quellen in die deutsche Sprache übernommen. Vermittels begriffsgeschichtlicher Analyse läßt sich, wie es scheint, ein wesentlicher Beitrag zur Verdeutlichung der Wirkung französischer staatstheoretischer Ideen auf Deutschland in den Jahren der Wende zum 19. Jahrhundert leisten. Auf die Gründe des geistesgeschichtlichen Traditionsbruches, der sich in der Rezeption der Legitimitätsidee aus dem französischen Schrifttum unter Nichtbeachtung der deutschen vernunftrechtlichen Autoren offenbart, wird weiter unten näher einzugehen sein. Hier soll zunächst nur der Bedeutungswandel des Terminus „legitimus“ in den lateinischen Quellen verfolgt werden.

I. Der Begriff „legitimus“ in der Römischen Jurisprudenz

Der Terminus „Legitimität“ leitet sich etymologisch von dem lateinischen Adjektiv „legitimus-a-um“ ab. Das lateinische Wort „legitimus“[2] steht wiederum in enger Beziehung zu dem Begriff „lex“[3]. Mit dem Ausdruck „lex“ assoziiert sich bei den römischen Juristen die Vorstellung der ausdrücklichen Satzung und die Erinnerung an die Entstehung des einzelnen Rechtssatzes[4]. Demgegenüber hat der Terminus „ius“ das Dasein des Rechts in seiner Gesamtheit zum Inhalt. Gelegentlich wird das Gesetzesrecht als ein Teil des „ius“ bezeichnet. So schreibt Cicero: „ius ... dividitur in duas primas partes, naturam atque legem[5].“ Jedoch bemü-

[2] *Joseph von Held* (Artikel „Legitimität“, in: Staatslexikon, hrsg. von Rotteck und Welcker, 3. Aufl., Bd. 9 [1864], S. 457 unter Bezugnahme auf Volney) stellt die These auf, „legitimus“ sei aus „legi intimus“ verschliffen worden. Eine derartige Deutung übersieht, daß das Adjektiv „legitimus“ im allgemeinen „den Vorschriften der Gesetze entsprechend“ bedeutet, gelegentlich sogar nur den Sinn von „rechtsgültig“ hat (vgl. hierzu weiter unten). Von einer irgendwie gesteigerten Beziehung zu dem Terminus „lex“, deren Ausdruck eine Bezugnahme auf das Wort „intimus“ darstellen müßte, kann daher nicht gesprochen werden.

[3] Nach *Pauly* (Real-Encyclopädie der classischen Altertumswissenschaft, Bd. 12, 2 [1925], Sp. 2315) gehört das lateinische Wort „lex“ zu jener Gruppe von Suffixbildungen auf „s“ wie „nex“, „pax“, „lux“, die alle einen Zustand der Dauer bezeichnen. *Rudolf von Jhering* (Geist des römischen Rechts, 1. Bd., 5. Aufl. [1891], S. 216 f.) weist darauf hin, daß „lex“ etymologisch auf die Vorstellung des „legere“ zurückgeführt werden könne; „lex“ wäre dann gleichbedeutend mit Auflage. Hiermit stimmt auch grundsätzlich die Ansicht von *Theodor Mommsen* (Römisches Staatsrecht, 3. Bd., 1. Teil, 3. Aufl. [Neudr. 1952], S. 308 f.) überein, nach der „lex“ die Bindung (Ableitung von „ligare“) eines Rechtssubjekts gegenüber einem anderen bezeichnen soll. Vgl. auch *Valentin Georgesco*, Essai d'une théorie générale des „leges privatae“ (1932), S. 7 ff.

[4] *Ludwig Mitteis*, Römisches Privatrecht bis auf die Zeit Diokletians (1908), S. 33; *Biondo Biondi*, Lex et ius, in: Revue internationale des droits de l'antiquité, Bd. 12 (1965), S. 169 ff.; *Max Kaser*, Das altrömische ius (1949), S. 74.

[5] *Cicero*, De part. orat. 37, 129; vgl. auch Top. 28: „ius civile id esse, quod in legibus, senatus consultis sqq. consistat.“ *Ludwig Mitteis*, S. 74, zitiert weitere

hen sich die römischen Juristen, die Herkunft jedes einzelnen Rechtssatzes genauer zu bezeichnen und die einschlägige „lex“ anzugeben. Es ist wohl im wesentlichen dieser Übung zuzuschreiben, daß „ius“ oftmals die spezifische Bedeutung des ungesatzten Rechts annimmt[6]. Ein materieller Gegensatz von „lex“ und „ius“ erscheint ausgeschlossen.

In diesem Zusammenhang hat Kaser mit Recht darauf hingewiesen, daß die Termini „iustus“, „aequus“ und „legitimus“ bloße Schattierungen der als einheitlich empfundenen Rechtmäßigkeit seien[7]. So bedeutet „iustus“ die Übereinstimmung mit dem positiven Recht und seinen Institutionen. Unter „aequus“ versteht man weitgehend eine Bezugnahme auf das Rechtsgefühl. „Legitimus“ bezeichnet meist einen Einklang mit dem Volksgesetz[8]. Als „legitimus“ wird von Ulpian bezeichnet, „quod ex lege aliqua descendit“[9]. Auch zu den Zwölf Tafeln kann „legitimus“ eine Verbindung herstellen. Dies bedeutet keine Abweichung von der Ulpianschen Definition, sondern nur eine besondere Anwendung. Neben dieser technischen Verwendung des Begriffes „legitimus“ findet er sich auch in einem untechnischen Sprachgebrauch. Der Terminus „legitimus“ kann sich auch auf Gegenstände des ungeschriebenen Rechts beziehen und bedeutet dann das Rechtmäßige schlechthin[10]. Letztlich verwendet man den Ausdruck „legitimus“ gelegentlich, um den Gegensatz zwischen dem besten Bürgerrecht und dem prätorischen Recht oder dem ius gentium zu bezeichnen[11] oder zwischen patrizischem und plebejischem Recht zu unterscheiden[12].

1. „Legitimus“ in allgemeiner und technischer Bedeutung

In allgemeiner Geltung[13] kann der Begriff „legitimus“ jede Einrichtung bezeichnen, die mit der öffentlichen Rechtsordnung in Einklang

Beispiele, deren Interpretation umstritten ist. Vgl. hierzu auch *Max Kaser*, Lex und ius civile, in: Deutsche Landesreferate zum 7. Internationalen Kongreß für Rechtsvergleichung in Uppsala (1967), S. 7 f.

[6] *Eugen Ehrlich*, Beiträge zur Theorie der Rechtsquellen, 1. Theil (1902), S. 1 ff., 47; vgl. außerdem *Pauly*, a.a.O., 10. Bd., 1. Teil (1919), Sp. 1201; *Ludwig Mitteis*, S. 30 ff.

[7] *Max Kaser*, Römisches Privatrecht, 6. Aufl. (1968), S. 20; ders., Das Römische Privatrecht, 1. Abschnitt: Das altrömische, das vorklassische und klassische Recht (1955), S. 172 f.

[8] *Moriz Wlassak*, Römische Prozeßgesetze, 1. Abteilung (1888), S. 32 ff.: „iudicia legitima“ sollen von dem „Magistrat nach den Vorschriften eines Volksgesetzes instruiert“ werden (S. 37 mit zahlreichen Beispielen).

[9] *Ulpian*, Liber singularis regularum 11, 2 f.: „Tutores aut legitimi sunt aut senatus consultis constituti aut moribus introducti. Legitimi tutores sunt, qui ex lege aliqua descendunt: per eminentiam (!) autem legitimi dicuntur, qui ex lege duodecim tabularum introducuntur ... “

[10] *Ludwig Mitteis*, S. 36.

[11] *Maecianus*, D. 35, 2, 32 pr.; *Paulus*, D. 39, 1, 19; *Ulpian*, D. 2, 14, 5.

[12] Z. B. die „magistratus legitimi“ bei *Pomponius*, D. 1, 2, 2, 19.

steht. Hierbei wird an die staatliche Ordnung im allgemeinen gedacht. Es kann aber auch spezieller ein bestimmtes Gesetz („lex publica populi Romani") ins Auge gefaßt werden. Dann spricht man von einer technischen Verwendung des Begriffes „legitimus". Den Gegensatz bildet immer die Negation des Gesetzes, wie etwa das widerrechtliche oder auch das durch magistratisches Belieben angeordnete Verfahren. So wird der Ausdruck „tempus legitimum" gebraucht, um u. a. auf die Trauerzeit[14], die Ersitzungsfrist[15], den Verlust der Ersitzungsfrist durch Nichtgebrauch[16], die Prozeßverjährung[17] und die Zahlungsfrist für den Verurteilten[18] Bezug zu nehmen. „Usurae legitimae" bezeichnen die erlaubten Zinsen bis zum Maximum[19], „modus legitimus" gibt das gesetzliche Maximum der Schenkungen, Honorare oder Zinsen an[20]. Allen diesen Wortverbindungen — es könnte noch eine Reihe weiterer Beispiele angeführt werden[21] — ist zunächst gemeinsam, daß sie in gewisser Weise eine Verbindung zu irgend einer lex herstellen. Nicht bezeichnet wird mit dem Epitheton „legitimus" das von den Juristen anerkannte Gewohnheitsrecht und das von den Juristen geschaffene Juristenrecht[22]. Dieser Rechtsbereich wird mit dem Adjektiv „civilis" bezeichnet. Gleichwohl soll nicht übersehen werden, daß im Verlaufe der Jahrhunderte sich der Unterschied zwischen „legitimus" und „civilis" verschliffen hat und „legitimus" in ganz allgemeiner Bedeutung bloß „rechtmäßig" oder „rechtsgültig" ohne näheren Bezug zu einem Gesetz bezeichnen konnte[23].

2. „Legitimus" als Bezugnahme auf die Zwölf Tafeln

Im Zusammenhang mit den drei Begriffen „heres" („hereditas"), „tutor" („tutela") und „iudicium" gewinnt, wie Theodor Mommsen dargelegt hat, das Epitheton „legitimus" eine besondere Bedeutung[24]. Dies soll am

[13] Der abweichenden Terminologie von *Theodor Mommsen*, Judicium legitimum, in: Zeitschrift der Savigny-Stiftung für Rechtsgeschichte, Roman. Abteilung, Bd. XII. (1891), S. 267 ff. und neu überarbeitet in: Gesammelte Schriften, 3. Bd. (1907), S. 356 ff. wird hier nicht immer gefolgt.

[14] *Ulpian*, D. 3, 2, 8; D. 3, 2, 11, 1; *Paulus*, D. 3, 2, 10.

[15] *Tryphonius*, D. 49, 15, 12, 8; *Paulus*, D. 24, 1, 24.

[16] *Marcellus*, D. 8, 6, 13; *Papinian*, D. 7, 1, 5.

[17] *Ulpian*, D. 5, 1, 32; *Paulus*, D. 4, 3, 18, 4.

[18] *Papinian*, D. 22, 1, 3 pr.; *Ulpian*, D. 42, 1, 45.

[19] *Pomponius*, D. 45, 1, 90; *Papinian*, D. 20, 1, 1, 3; D. 22, 1, 9, 1; D. 22, 2, 4 pr.

[20] *Ulpian*, D. 17, 1, 10, 3; D. 50, 13, 1, 10; *Paulus*, D. 44, 4, 5, 2; D. 20, 2, 8.

[21] Vgl. *Theodor Mommsen*, S. 357 ff.; *Robertus Mayer*, Vocabularium Codicis Justiniani I (Pars latina) (Prag 1923, Neudr. Hildesheim 1965) führt unter dem Stichwort „legitimus" und „legitime" 117 verschiedene Wortverbindungen auf.

[22] Zur Abgrenzung der Begriffe „legitimus" und „civilis" siehe *Eugen Ehrlich*, Beiträge zur Theorie der Rechtsquellen, 1. Theil (1902), S. 47 ff.; kritisch hierzu *Max Kaser*, Lex und ius civile, S. 14 f.

[23] *Eugen Ehrlich*, S. 63 f.

[24] Grundlegend *Theodor Mommsen*, S. 361 ff.

Beispiel des „heres legitimus“ näher dargelegt werden, da dieser Begriff im Mittelalter in die öffentlichrechtliche Terminologie einging.

Unter „heres legitimus“ versteht man im Zivilrecht den Intestaterben, wobei man vorzugsweise an die agnatische und patronatische Erbfolge denkt. Den Gegensatz zum „heres legitimus“ bildet der im Testament eingesetzte Erbe, der „heres scriptus“. Der ursprüngliche Begriff „heres legitimus“ geht auf die Regulierung der Intestaterbfolge durch die Zwölf Tafeln zurück[25]. „Legitima hereditas“ ist die, „quae ex lege XII tabularum defertur“[26].

Die enge Verbindung zwischen der Wortzusammensetzung „heres legitimus“ und den Zwölf Tafeln gibt ihr eine gewisse Weihe. Man braucht nur zu bedenken, daß die Zwölf Tafeln die ursprüngliche Norm der römischen Gemeinde darstellten; sie sind eine Art über der Gemeinde stehenden unverrückbaren Urrechts[27]. Vielleicht liegt es bereits in dieser etymologischen Wurzel des Ausdrucks „legitimus“ begründet, daß man Jahrhunderte hindurch mit der „potestas legitima“[28], dem „roi légitime“ und der „Legitimität der Staatsgewalt“ gewisse Vorstellungen von einer besonderen Weihe und einem vorstaatlichen Urrecht zu verbinden vermochte. Denn ursprünglich verstand man unter dem legitimen Herrscher denjenigen, der auf Grund seiner blutmäßigen Abstammung zum Herrscheramt berufen war: Wer das Erbrecht besaß, war auch zum Regieren berufen. In Anlehnung an die Werke der römischen Juristen bezeichnete man gewisse erbrechtliche Ansprüche als „legitima“[29] oder „la légitime“[30]. Durch diesen erbrechtlichen Bezug blieb damit bei Gebrauch des Adjektivs „legitimus“ eine Verbindung zu der den römischen Juristen eigenen Vorstellung von einem Urrecht gewahrt.

3. „Legitimum imperium“

Neben dem spezifisch zivilistischen Gebrauch des Adjektivs „legitimus“ läßt sich auch für den Bereich des Öffentlichen die Verwendung des Epi-

---

[25] *Theodor Mommsen,* S. 362.

[26] *Pomponius,* D. 38, 16, 11; *Ulpian,* D. 37, 14, 11; D. 38, 17, 1, 8; vgl. auch die bei *Eugen Ehrlich,* S. 48 f. angeführten Stellen.

[27] Vgl. *Theodor Mommsen,* S. 372 f.

[28] Bereits bei *Cicero* (Tusc. I, 30, 74) findet sich die Wendung von der „potestas legitima“. Allerdings versteht Cicero hier nur die rechtmäßige Staatsgewalt schlechthin; eine überpositive Rechtfertigung der Staatsgewalt wie in späteren Jahrhunderten wird mit dem Begriff der „potestas legitima“ noch nicht intendiert.

[29] Siehe etwa *Ioannis Calvinus,* Lexicon iuris caesarei simul et canonici (editio postrema 1612), S. 1548 f. und für den deutschen Sprachraum: *Schulz-Basler,* S. 17.

[30] Nach *Paul Robert,* Dictionnaire alphabétique et analogique de la langue française (1970) bezeichnet „la légitime“ seit dem 16. Jahrhundert in Frankreich das Pflichtteilsrecht der nächsten Angehörigen.

theton „legitimus" nachweisen. Freilich ist in diesem Bereich die Verwendung des Wortes „legitimus" nicht so schillernd wie in der Verbindung mit den Institutionen des Zivilrechts. Hinzuweisen ist in diesem Zusammenhang auf die Definition des „imperium legitimum" durch Sallustius[31]: „imperium legitimum, nomen imperii regium habebant." Wahrscheinlich war mit dem Begriff „imperium legitimum" die Vorstellung verbunden, daß die Staatsgewalt durch Gesetze gebunden war[32]. So tritt der gewählte König vor die Kurien, um mit ihnen über sein „Imperium" zu verhandeln. Dies wird als die „lex curiata de imperio" bezeichnet[33]. Nach römischem Staatsrecht ist für die Schaffung einer „lex publica" eine mündliche Verhandlung der Obrigkeit mit dem Volk erforderlich. Mommsen weist darauf hin[34], daß in Rom seit alters her die Rechtsverhältnisse des Königs, des Senats und der Bürgerschaft gegeneinander abgegrenzt und durch Satzungen geregelt gewesen seien. Organisatorische Veränderungen hätten nur durch Satzungsänderungen vorgenommen werden können, die königliche Gewalt, das „imperium legitimum", sei damit auch durch die Gesetze gebunden gewesen. Daß man sich die Befehlsgewalt als rechtlich gebunden vorstellte, wird auch in einer Cicerostelle über die Neigung des Menschen zum Gehorsam deutlich: „... ut nemini parere animus bene informatus a natura velit nisi praecipienti aut docenti aut utilitatis causa iuste et legitime imperanti[35]." „Iustus" und „legitimus" werden hier wohl nicht synonym gebraucht, sondern bezeichnen eher „gerecht" und „den Gesetzen entsprechend".

Zusammenfassend können zwei Strukturelemente der Legitimitätsidee herausgestellt werden, die ihre Wurzel in den römischen Quellen finden und auch heute noch von erheblicher Bedeutung sind. Es ist dies vor allem die Beziehung, die durch das Epitheton „legitimus" zu dem Urrecht der Zwölf Tafeln in einigen besonderen Wendungen hergestellt werden konnte. Diese Idee vom Urrecht schwingt heute noch im Legitimitätsbegriff mit, wenn man in ihm vor- und überstaatliche Rechtsprinzipien anzusiedeln versucht. Daneben kommt in der Wendung vom „imperium legitimum" in ganz rudimentärer Form auch der Gedanke von der rechtlichen Begrenzung der Staatsgewalt zur Geltung. Dieser Gedanke sollte von der Staatslehre der Aufklärung, insbesondere von Pufendorf und Wolff, noch vertieft werden.

---

[31] *Sallustius*, Cat. 6, 6.

[32] *Ernst von Herzog*, Geschichte und System der römischen Staatsverfassung, Band 1, Teil 1 (1884), S. 51, 65.

[33] *Ernst von Herzog*, S. 111 ff.

[34] *Theodor Mommsen*, Römisches Staatsrecht, 2. Band, 1. Teil, 3. Aufl. (Neudr. 1952), S. 10 f.

[35] *Cicero*, de officiis 1, 4, 13; vgl. auch *Cicero*, de officiis 3, 29, 109 („iustus et legitimus hostis" als Gegensatz zu Piraten) und in: orationes philippicae 11, 10, 26 („imperium legitimum" und persönliches Ansehen).

II. Die Quellen des Mittelalters

1. Die Urkunden

Ebenso wie in den Werken der römischen Juristen wird auch in den mittelalterlichen, lateinisch abgefaßten Urkunden das Epitheton „legitimus“ häufig verwandt. Im Rheinfränkischen Landfrieden Friedrichs I. vom 18. Februar 1179[36] gebraucht man das Adjektiv „legitimus“, um die richtige Ladung des Übeltäters vor Gericht zu bezeichnen: „Si malefactores legitime citati ad ternas inducias XIIII dierum venire contempserint[37]. . .“ Das „legitime citatus“ hat hier nichts anderes zum Inhalt als die Einhaltung der vom Landfrieden aufgestellten Ladungsfrist. Auch in einem „Vertrag über die Begründung der Markgrafschaft von Namur“ bedeutet der Begriff „legitimus“ lediglich die Übereinstimmung mit der Rechtsordnung[38]. Wenn hier von „allodium legitime conferre“ gesprochen wird, so meint man, alle Rechte und Gerechtigkeiten sollen dem bestehenden Recht gemäß auf den Rechtsnachfolger übertragen werden. Die Deutung, daß „legitimus“ in den mittelalterlichen Quellen meist die Übereinstimmung mit der bestehenden Rechtsordnung bedeutet, bestätigt sich in Wendungen wie „sub feodali iure legitimo trino edicto ad nostram citatus audientiam“[39], „legitimus procurator et advocatus“[40] oder „sententia legitime definitia“[41].

Im Gegensatz zu dieser eher technischen Verwendung wurde das Adjektiv „legitimus“ in der „Goldenen Bulle Kaiser Karls IV.“ von 1356[42] mit jener Idee verknüpft, die die Theorie von der „legitimen Monarchie“ bis in das 19. Jahrhundert zu prägen vermochte. Seit dem 13. Jahrhundert war die politische Macht der „Landesherren“ in den deutschen Fürstentümern im Wachsen begriffen[43]. Von der Mitte des 13. Jahrhunderts an

---

[36] Zur Landfriedensbewegung vgl. *Joachim Gernhuber,* Die Landfriedensbewegung in Deutschland bis zum Mainzer Reichslandfrieden von 1235 (1952); *Heinz Angermeier,* Königtum und Landfrieden im deutschen Spätmittelalter (1966).

[37] *Karl Zeumer,* Quellensammlung zur Geschichte der deutschen Reichsverfassung, 2. Aufl. (1913), S. 21; vgl. auch den Reichslandfrieden Friedrichs I. vom 29. Dezember 1186, S. 25 („legitimis induciis“).

[38] *Karl Zeumer,* S. 24.

[39] In einer Urkunde über die „Verleihung der Hälfte des Herzogtums Westfalen und Engern an den Erzbischof von Köln“ vom 13. April 1180, abgedr. bei *Karl Zeumer,* S. 22.

[40] In einer Urkunde über die „Bestallung eines Hofpfalzgrafen durch Kaiser Karl IV.“, abgedr. bei *Karl Zeumer,* S. 214.

[41] In einem „Reichsspruch über die Frage, ob Frauen Lehen erben können“, abgedr. bei *Karl Zeumer,* S. 160.

[42] *Karl Zeumer,* S. 192 ff.; zur goldenen Bulle: Karl Zeumer, Die goldene Bulle Karls IV., 2 Bde. (1908).

[43] *Otto Kimminich,* Deutsche Verfassungsgeschichte (1970), S. 113 ff.

entwickelten sich aus der Gruppe der Reichsfürsten heraus die Kurfürsten zu einem besonders privilegierten Fürstenkollegium. Anläßlich der Wahl Rudolfs von Habsburg (1273) hatte sich die Vorrangstellung der Kurfürsten bereits so weit konsolidiert, daß sie unangefochten die alleinige Berechtigung zur Wahl des deutschen Königs in Anspruch nehmen konnten. Die Goldene Bulle bestätigte dieses Recht der Kurfürsten und traf weitere Sonderregelungen zu ihren Gunsten. Vor allem erhielten die Kurfürsten die Zusicherung, daß ihre Territorien ungeteilt bleiben und Landesherrschaft und Kurrecht nach dem Tode des Kurfürsten auf dessen erstgeborenen Sohn übergehen sollten („Primogeniturerbfolge"). In diesem Zusammenhang werden die Kurfürsten in dem Kapitel „de successione principum" als die „veros et legitimos sacri imperii principes electores" bezeichnet. Die Einführung der Primogeniturerbfolge[44] begründete man mit dem Wunsch, man wolle Zwietracht zwischen den weltlichen Kurfürsten über die Kurwürde und damit verbundene Wirren im Reich vermeiden. Auch bei den Ausführungen über die Primogeniturerbfolge findet sich das Adjektiv „legitimus" verwendet: „decernimus, ut ius, vox et potestas electionis huiusmodi ad filium primogenitum legitimum laicum ... devolvatur. Si vero primogenitus huiusmodi absque heredibus masculis legitimis laicis ab hac luce migraret, ... ius, vox et potestas electionis ad seniorem fratrem laicum per veram paternalem lineam descendentem ... devolvatur[45]." Bemerkenswerterweise finden sich damit in der Goldenen Bulle die Legitimität der Kurwürde und die Vorstellung vom „legitimus heres" eng verknüpft. Die legitime Erbfolge wird für ein geeignetes Mittel gehalten, die gute Ordnung im Reich in dem Moment zu wahren, in dem es bei der Auseinandersetzung um Wahlrechtsfragen erfahrungsgemäß leicht zu erheblichen Zwistigkeiten kommen konnte. So gewinnt die Ordnungsidee schon frühzeitig bei der Bestimmung des legitimen Fürsten eine erhebliche Bedeutung. Über den Inhalt der hier interpretierten Textstelle hinaus scheint ausgangs des Mittelalters der Begriff „heres legitimus", soweit er im Zusammenhang mit der Regierungsnachfolge gebraucht wird, im allgemeinen Bewußtsein eine besondere Bedeutung zu erlangen. Wie im römischen Recht mit dem Begriff „heres legitimus" eine gewisse Verbindung zu dem sakralen Urrecht der zwölf Tafeln hergestellt wurde, so scheint bei dem Menschen des Mittelalters und der beginnenden Neuzeit, wenn er mit „heres legitimus" den Nachfolger in die Herrschaft bezeichnet, eine Vorstellung von göttlicher Weihe mitzuschwingen. Durch die Umwandlung des Geblütsrechts in ein Erstgeburtsrecht bei der Nachfolge in die Regierung konnte erst, worauf

---

[44] Zur Geschichte der Primogeniturerbfolge und dem älteren Geblütsrecht *Fritz Kern*, Gottesgnadentum und Widerstandsrecht, 2. Aufl. hrsg. von R. Buchner (1954), S. 31 ff.

[45] *Karl Zeumer*, Quellensammlung zur Geschichte der Deutschen Reichsverfassung, S. 200.

Kern hinweist[46], das Gottesgnadentum der Geburt entstehen und der privatrechtliche Grundsatz „nur Gott kann einen Erben machen" im Thronfolgerecht seine sicherste Domäne erhalten. Der Regent, der als „heres legitimus" sein Amt übernommen hatte, war, wie man weithin glaubte, ohne menschliches Zutun von Gott zum Regieren berufen. Der Begriff des „heres legitimus" vermochte damit aus dem römischen Rechtsdenken heraus den Charakter sakraler Weihe zu wahren.

2. Das „Legitimum dominium" in der Schrift „De regimine principum"

Das umfassende Werk des Hauptrepräsentanten der Hochscholastik Thomas von Aquin (1225 - 1274) ist bis in die Gegenwart hinein grundlegend für Philosophie und Theologie des Katholizismus. Die Erörterung rechts- und staatsphilosophischer Probleme steht mehrfach im Mittelpunkt der philosophischen Schriften des Thomas von Aquin. Insbesondere beschäftigt er sich in seiner „Summa Theologiae" wie auch in dem unvollendet gebliebenen „De regimine principum" mit der Lehre vom Staat. Allerdings findet sich weder hier noch in anderen Werken das Epitheton „legitimus" im Zusammenhang mit Ausführungen zur Staatsgewalt oder zum weltlichen Regiment verwendet[47]. Dies erscheint umso bemerkenswerter, als Wilhelm von Ockham wie auch die Mehrzahl der Autoren der Spätscholastik zum „dominium legitimum" oder zur „potestas legitima" Stellung genommen haben. Diese freilich nur terminologische Lücke — der Sache nach beschäftigt sich Thomas von Aquin mehrfach mit der Legitimität der Staatsgewalt — bei Thomas von Aquin läßt sich vielleicht dadurch erklären, daß er die Königsherrschaft, ohne weiteres für gerecht („iustus") hält[48]. Als ungerechteste Herrschaftsform bezeichnet er die Tyrannei, die immer nur auf ihren eigenen Vorteil absieht. Damit tritt bei Thomas von Aquin das Adjektiv „iustus" an die Stellen des sonst gebräuchlichen „legitimus", wenn er die Richtigkeit staatlicher Gewalt erörtert.

---

[46] *Fritz Kern*, S. 40 f.; vgl. auch *Paul Viollet*, La question de la légitimité de l'avènement de Hugues Capet (1892), S. 262 ff.

[47] Auch *Ludwig Schütz*, Thomas-Lexikon, 2. Aufl. (1895), S. 441 vermag unter dem Stichwort „legitimus" keine staatstheoretisch relevanten Fundstellen anzugeben.

[48] *Thomas von Aquin*, De regimine principum (Lugduni Batavorum, 1630), Buch I, Cap. 1 (S. 9 und passim); zur Staatsphilosophie des Thomas von Aquin vgl. *Alois Dempf*, Die Politik des Thomas von Aquin, in: Respublica christiana, hrsg. von Peter von Sivers (1969), S. 73 ff.; *Franz Faller*, Die rechtsphilosophische Begründung der gesellschaftlichen und staatlichen Autorität bei Thomas von Aquin (1954); *Peter Tischleder*, Ursprung und Träger der Staatsgewalt nach der Lehre des hl. Thomas und seiner Schule (1923); *J. J. Baumann*, Die Staatslehre des hl. Thomas von Aquino (1923), S. 22 ff. (zu der Schrift „De regimine principum"); *Otto Schilling*, Die Staats- und Soziallehre des heiligen Thomas von Aquin, 2. Aufl. (1930), S. 47 ff.; *Alexander Passerin d' Entrèves*, The medieval contribution to political thought (1959), S. 19 ff.

Wenn auch Thomas von Aquin das Adjektiv „legitimus“ nicht im Zusammenhang mit staatsphilosophischen Fragestellungen gebraucht hat, lassen sich doch einige Bemerkungen zu den Voraussetzungen legitimer Herrschaft in jenem Teil eines Werkes des Thomas von Aquin nachweisen, der von einem seiner Schüler verfaßt wurde. Nach allgemeiner Meinung[49] sind von der Schrift „De regimine principum“ lediglich das erste Buch und die ersten vier Kapitel des zweiten Buches Thomas von Aquin zuzuschreiben. Der Rest des zweiten Buches, das dritte und vierte Buch sollen von Tolomeo von Lucca, einem der Schüler des Thomas von Aquin, zwischen 1282 und 1308 verfaßt worden sein[50]. Lange Zeit hindurch galt freilich Thomas von Aquin auch als Verfasser dieser Bücher. In ähnlicher Weise wie später von Ockham in seinem „Breviloquium“ nach der Legitimität der Staatsgewalt des römischen Reiches fragt, beschäftigt sich auch Tolomeo von Lucca in dem von ihm verfaßten Teil des Werkes „De regimine principum“ mit dem Problem, ob die römische Herrschaft legitim gewesen sei. Bei von Ockham steht die Abgrenzung weltlicher und päpstlicher Macht als aktueller Anlaß hinter seinen Ausführungen, wenn er die Herrschaft der Römer beschreibt. In der Schrift „De regimine principum“ dagegen erscheint die Herrschaft der Römer als ein besonders geeignetes Beispiel, um schlechthin die Eigenschaften einer legitimen Herrschaft zu analysieren. Ohne auf die in großer Zahl dargebotenen historischen Beispiele näher eingehen zu wollen, sollen die wesentlichen Züge legitimer Herrschaft in der Schrift „De regimine principum“ dargelegt werden.

Drei Merkmale machen das „dominium legitimum“ aus: „amor patriae, zelum iustitiae, zelum civilis benevolentiae“[51]. In diesem Zusammenhang wird „amor patriae“ folgendermaßen definiert: „Amor patriae in radice charitatis fundatur, quae communia propriis, non propria communibus anteponit[52].“ Mit „amor patriae“ wird hier jene Idee umschrieben, daß eine Herrschaft nur dann gerecht und legitim sei, wenn der Herrscher sich nicht vom Eigennutz, sondern vom gemeinen Nutzen leiten lasse. Anhand von Beispielen aus der römischen Geschichte wird die Tugend der Vaterlandsliebe dahin bestimmt, daß sich jede politisch einflußreiche Persönlichkeit nach besten Kräften für ihr Vaterland einsetzen müsse und insbesondere sich beim Regieren nicht bereichern dürfe. Der Gerechtigkeitswert, der einer legitimen Staatsgewalt zukommen soll, offenbart sich nach Meinung des Verfassers in gerechten Gesetzen. Die Schlechten sollen bestraft, die Guten gefördert werden; bei Strafverfahren soll dem Angeklagten eine Möglichkeit zur Verteidigung gegeben

[49] *Martin Grabmann,* Die Werke des hl. Thomas von Aquin, 2. Aufl. (1931), S. 294 ff. (mit Angaben zur älteren Literatur).

[50] *Martin Grabmann,* S. 298 f.

[51] *Tolomeo von Lucca,* Buch III, Cap. 4 (S. 186, 191 sowie S. 195 f.).

[52] *Tolomeo von Lucca,* Cap. 4 (S. 187).

werden. Die Pflicht zur Steuerzahlung wird als Gegenleistung für die Gerechtigkeitspflege aufgefaßt. Die dritte Eigenschaft einer legitimen Staatsgewalt, die „civilis benevolentia", wird in der humanitären Ausübung der Staatsgewalt erblickt[53]. Besonders im Hinblick auf die römische Eroberungspolitik wird hervorgehoben, wie sehr die Römer sich immer bemüht hätten, nicht als Herrscher, sondern als Freunde und Verbündete aufzutreten.

Fordert man von einer legitimen Autorität Vaterlandsliebe, humanitäre Gesinnung und Gerechtigkeitssinn, so wird hier auf die ethische Zielbestimmung der Staatsgewalt abgehoben. Nicht beachtet wird bei Tolomeo von Lucca die Frage, ob die staatliche Autorität irgendwie vom Willen des Volkes getragen wird. Im Vordergrund steht vielmehr die These, jede Staatsgewalt rühre von Gott, sei sie legitim oder tyrannisch: „Relinquitur igitur a Deo omne esse dominium, sive legitimum, sive tyrannicum secundum varias rimas suae impervestigabilis providentiae[54]." Nach der Ansicht des Tolomeo von Lucca ist es Gottes Fügung, die den Menschen eine gerechte und legitime, aber auch eine tyrannische Herrschaft zukommen lassen kann. Tyrannische Herrschaft bezeichnet er als eine Strafe Gottes für frevelhaftes Handeln der Menschen.

3. Wilhelm von Ockham

Wilhelm von Ockhams (ca. 1290 - 1349) eigentliche Bedeutung liegt auf dem Gebiet der Theologie und Philosophie[55]. So ist sein „Opus XC dierum"[56] eine vorwiegend theologische Arbeit über die christliche Armutslehre und den Begriff des „dominium" in der Bibel. In seinem umfassenden Gesamtwerk, dem „Dialogus"[57] beschäftigt er sich mit dem kirchlichen Lehramt und der Ketzerei, wobei er sich ausführlich gegen die Lehren des Papstes Johannes XXII. wendet.

In seinem „Breviloquium de principatu tyrannico super divina et humana, specialiter autem super imperium et subjectos imperio, a quibus-

[53] *Tolomeo von Lucca*, Cap. 6 (S. 197 ff.).

[54] *Tolomeo von Lucca*, Cap. 8 (S. 216); vgl. auch Cap. 1 (S. 172 ff.).

[55] Vgl. hierzu *Jürgen Miethke*, Ockhams Weg zur Sozialphilosophie (1969) mit einer ausführlichen Darstellung des Lebens und Werks Wilhelm von Ockhams; *Bernhard Geyer*, Die patristische und scholastische Philosophie, in: Ueberwegs Grundriß der Geschichte der Philosophie, Bd. 2, 11. Aufl. (1928), S. 572 ff.; *Alois Dempf*, Sacrum Imperium, Geschichte und Staatsphilosophie des Mittelalters und der politischen Renaissance, 3. Aufl. (1962), S. 469 ff.; *Georges de Lagarde*, La naissance de l'esprit laique au déclin du moyen-âge, 2. Aufl. Bd. IV (1962), Bd. V (1963).

[56] *Wilhelm von Ockham*, Opus XC dierum (1333/34), abgedr., in: Goldast, Monarchia S. R. imperii (1611 - 1613), T. II, S. 993 ff.

[57] *Wilhelm von Ockham*, Dialogus de potestate papae et imperatoris, ebd. S. 394 ff.

dam vocatis summis pontificibus usurpato" (1342)[58] zieht Ockham in gewisser Hinsicht das politische Fazit aus den beiden vorgenannten theologisch-philosophischen Schriften. In dem damaligen Streit um die Aufgaben und die gegenseitige Abgrenzung von geistlicher und weltlicher Herrschaft versucht Ockham den in Avignon residierenden Päpsten die Anmaßung tyrannischer Herrschaft nachzuweisen. Im ersten Buch des Breviloquium legt Ockham dar, daß über die Grundlagen der päpstlichen Gewalt diskutiert werden dürfe. Er spricht diese Aufgabe den Theologen und Juristen zu, da die päpstliche Gewalt teils göttlichen, teils menschlichen Ursprungs sei[59]. Die päpstliche Gewalt soll nämlich sowohl in der Heiligen Schrift als auch in den menschlichen Gesetzen ihren Ursprung haben. Im zweiten Buch lehnt Ockham die Lehre von einer unbeschränkten Gewalt des Papstes in geistlichen und weltlichen Dingen ab. Wenn der Papst nur eine durch das natürliche Recht oder das göttliche Gesetz beschränkte „plenitudo potestatis" hätte, würde man sich in einem dem Geist des Evangeliums widersprechendem Zustand der Sklaverei befinden: „Omnes enim christiani tam imperatores et reges, quam quicumque alii ipsis subiecti, essent servi papae secundum strictissimam acceptionem nominis servi[60]." Demgegenüber möchte Ockham das Evangelium als „lex perfectae libertatis" verstanden wissen, wobei er darauf abstellt, daß das Evangelium kein neues Joch habe einführen wollen, sondern sich zu den bestehenden gesellschaftlichen Verhältnissen bekannt habe[61]. Die Ablehnung der päpstlichen Gewalt in weltlichen Dingen führt Ockham im dritten Buch seines Breviloquium dazu, sich mit der Entstehung und den Aufgaben der weltlichen Gewalt zu beschäftigen. Zu diesem Zweck vergleicht Ockham das Wesen der Staatsgewalt mit dem des Eigentums. Er geht davon aus, Gott habe den Einzelnen das Recht zugesprochen, sich die irdischen Dinge anzueignen. Dieses Recht soll seiner Ansicht nach die Befugnis des Volkes in seiner Gesamtheit implizieren, Regenten mit weltlicher Gewalt einzusetzen. Ockham begründet dies damit, die weltliche Gewalt gehöre zu den Dingen, die zu einem geordneten menschlichen Zusammenleben erforderlich seien[62].

Im vierten Buch seines Breviloquium setzt sich Ockham ausführlich mit dem Problem der Legitimität der Herrschaft auseinander. Anknüpfungspunkt für ihn ist die Frage, von wem die Staatsgewalt des „Imperium Romanum" stammt. Ockham widerlegt hier vor allem den Anspruch Papst Innozenz' IV., daß die Staatsgewalt des Römischen Reiches vom Papst stammt. Daß die Staatsgewalt des Römischen Reiches nicht vom

[58] *Wilhelm von Ockham*, Breviloquium de principatu tyrannico (1342), hrsg. mit einer Einleitung von Richard Scholz (1944).

[59] *Wilhelm von Ockham*, Buch I, Cap. 10 (S. 51).

[60] *Wilhelm von Ockham*, Buch II, Cap. 3 (S. 57).

[61] *Wilhelm von Ockham*, Buch II, Cap. 4 (S. 58) unter Berufung auf 1. Kor. 7.

[62] *Wilhelm von Ockham*, Buch III, Cap. 7 (S. 127); Cap. 11 (S. 132).

Papst abgeleitet werden könne, belegt er mit der Feststellung, die Staatsgewalt des Römischen Reiches habe bei Christi Geburt bereits bestanden[63]. Als weiteres beschäftigt sich Ockham mit dem Problem, ob die Staatsgewalt allein von Gott („a solo Deo") abzuleiten sei[64]. Hierfür spricht seiner Ansicht nach vor allem, daß der Herrscher auch in den weltlichen Dingen allein Gott unterworfen sei, da er ja nicht dem Papst gegenüber verantwortlich sei. Wenn er aber allein Gott unterworfen sei, müsse auch seine Staatsgewalt von Gott herrühren. Dieser These stellt Ockham eine andere Ansicht gegenüber, die davon ausgeht, daß die Staatsgewalt zwar von Gott sei, aber vom Volk eingesetzt werde: „Sed imperium Romanum est a Deo, quemadmodum omnis potestas legitima et secularis est a Deo, sic tamen, quod est ab hominibus, quemadmodum alia regna subiecta imperio et principatus et aliae dignitates et potestates sunt a Deo et tamen ab hominibus[65]." Bedenkt man, daß Ockham hier die Ansicht seiner Zeit referiert, so ist beachtenswert, daß die Legitimität weltlicher Gewalt auf die Konstituierung durch das Volk zurückgeführt wird. Zwar steht hier hinter der Legitimitätsidee sicherlich noch nicht die Lehre von der Volkssouveränität in ihrem modernen Sinn; es ist aber der Gedanke lebendig, daß durch einen menschlichen Akt die Staatsgewalt auf den Herrscher übertragen wird. Gleichzeitig wird mit dem Adjektiv „legitimus" auch zum Ausdruck gebracht, daß die Staatsgewalt letzten Endes sich von Gott ableitet.

Ockham glaubt, die beiden Meinungen — Herleitung der Staatsgewalt allein von Gott sowie vom Volk und von Gott — miteinander in Einklang bringen zu können. Den Satz, alle Gewalt sei von Gott, will er in dreifacher Weise verstanden wissen[66]:

(1) Manche Gewalt kommt von Gott ohne jeden menschlichen Wahlakt oder Mitwirken. So hatte z. B. Moses seine Herrschaft allein von Gott.

(2) Dieser Satz läßt sich aber auch dahin auslegen, daß die Gewalt allein von Gott komme, jedoch durch ein menschliches Mitwirken. So ist etwa bei jedem Papst die päpstliche Gewalt allein von Gott, da die Nachfolger Petri ihre Gewalt durch kanonische Wahl übertragen erhalten. Mit dem Wahlakt wird bei der Papstwahl nicht eine Gewalt ausgeübt, die die Wählenden sich zusprechen möchten, sondern eine Gewalt, die ihnen von Gott verliehen ist.

(3) Endlich kann auch eine Gewalt auf Gott zurückgeführt werden, die zunächst von Menschen und nicht von Gott wie unter (2) verliehen wird und einmal verliehen nur noch von Gott abhängt.

---

[63] *Wilhelm von Ockham*, Buch IV, Cap. 1 (S. 141).

[64] *Wilhelm von Ockham*, Cap. 2 (S. 146 f.).

[65] *Wilhelm von Ockham*, Cap. 3 (S. 147).

[66] *Wilhelm von Ockham*, Cap. 5 (S. 149 f.).

Ockham gelangt zu dem Ergebnis, die Staatsgewalt des „Imperium Romanum“ habe von Gott in dem dritten Sinne hergerührt; denn es haben Menschen, die die Befugnis hatten zur Übertragung weltlicher Herrschaft, dem Imperator die Staatsgewalt übertragen. Aus dem berühmten Satz von Christus: „Reddite quae sunt Caesaris Caesari“ folgert Ockham die Legitimität des Römischen Reiches: „Et ita licet Christus tunc Caesari nullam tribuerit iurisdictionem vel potestatem, tamen tunc iurisdictionem et potestatem sibi datam per collationem et ordinationem humanam quodammodo specialiter approbavit, et ipsam non esse usurpatam nec tyrannicam, ... sed legitimam declaravit, ut innotesceret cunctis, quod in temporalibus Caesari tamquam vero et legitimo domino parere debebant[67].“ Auf Grund der Heiligen Schrift steht es für Ockham fest, daß die Staatsgewalt des Römischen Reiches legitim gewesen ist.

Als einen gewichtigen Einwand gegen die Legitimität des Römischen Reiches betrachtet Ockham die Tatsache, daß die Römer sich mit Gewalt andere Volksstämme unterworfen haben. Daß die Römer später Gerechtigkeit, Milde und andere Tugenden an den Unterworfenen geübt haben, soll an ihrer tyrannischen Gewalt nichts ändern können. Ockham führt die Digesten, Augustin und das kanonische Recht an, wonach eine nachfolgende gute und nützliche Regierungsweise in keinem Fall eine usurpierte Staatsgewalt zu einer legitimen machen kann[68]. Gleichwohl stellt er entscheidend auf die Worte Christi und die Lehre der Apostel ab, die den römischen Kaiser für den wahren Kaiser hielten. Er sieht sich allerdings außerstande, den Zeitpunkt zu bestimmen, seit dem dem Römischen Reich Legitimität zugesprochen werden kann: „Sed quando et qualiter incepit esse legitimum atque verum, non est facile per certitudinem diffinire, et forte solus Deus novit et quibus ipse revelavit[69].“ Nur Gott weiß nach Ockhams Meinung, wann aus einer tyrannischen eine legitime Staatsgewalt geworden ist.

Die Frage nach der Legitimität der Staatsgewalt des Römischen Reiches nimmt Ockham zum Anlaß, die Möglichkeiten des Entstehens legitimer Herrschaft zu analysieren. Hier nennt er vor allem die freiwillige Unterwerfung unter die Herrschaft der Römer und das „iustum bellum“. Was die freiwillige Unterwerfung betrifft, so will Ockham es zulassen, daß zunächst eine Gewaltherrschaft bestand, wenn sich das Land nur in der Folgezeit freiwillig der Herrschaft unterstellte. Damit taucht bereits bei Ockham die Idee von der legitimierenden Wirkung des Konsenses des Volkes über die Herrschaft auf. Das „bellum iustum“ umschreibt er

[67] *Wilhelm von Ockham*, Cap. 7 (S. 152).

[68] *Wilhelm von Ockham*, Cap. 9 (S. 159): „Quod principatus, qui malum habuit principium, propter consequentem bonitatem et utilitatem regiminis nequaquam verus et legitimus effici potest, quemadmodum per bonum usum rei furtivae ... utens ipsa non efficitur verus dominus eius.“

[69] *Wilhelm von Ockham*, Cap. 10 (S. 160).

als eine Antwort auf einen Angriffskrieg oder als erforderlich, um Ungerechtigkeiten zu unterbinden. Diese systematischen Erwägungen versucht Ockham mit Beispielen zu erläutern: „Et ita patet, quod principatus tyrannicus et usurpatus ac permissus tantummodo poterat in principatum verum et legitimum transmutari, quod per multa declarari posset exempla[70].“ So seien etwa verschiedene Länder ungerechterweise von Tyrannen unterworfen worden; doch hätten deren Nachfolger eine gerechte und legitime Herrschaft („iustum et legitimum principatum“) erlangt, da aufgrund ihrer Lebensführung und vollbrachter Wunder der Gedanke an eine tyrannische Herrschaft völlig fern liege. Auch diese Argumentation mutet durchaus modern an. Hingewiesen sei nur auf die Theorie von der „legitimierenden Kraft der Zeit“[71], die von einigen konservativen Autoren im 19. Jahrhundert vertreten wurde, um die Legitimität der Staatsgewalt nach einem Rechtsbruch zu begründen.

Bei Ockham führt, wie Reibstein bemerkt hat[72], alle Besinnung über das Wesen der Staatsgewalt zum Problem der Legitimität. Da er die Staatsgewalt nicht abstrakt-philosophisch, sondern jeweils als konkrethistorische Erscheinung untersucht, vermag er den beschränkten Kreis des zeitgenössischen Denkens zu sprengen. Für ihn steht fest, daß die legitime Staatsgewalt von Gott herrührt und daß sie einen Gegensatz zu Tyrannis und Usurpation darstellt, da die Legitimitätsidee mit dem Gerechtigkeitsgebot eng verknüpft ist. Über diesen zeitgenössischen Meinungsstand dringt Ockham jedoch hinaus, indem er auf die Notwendigkeit der Verwirklichung der Gerechtigkeit als Voraussetzung der Legitimität einer Staatsgewalt hinweist. Er erkennt bereits die hohe politische Spannung, die zwischen einem Akt der Usurpation, heute würden wir sagen der Revolution, und nachfolgender legitimer, weil gerechter und vom Volk akzeptierter Herrschaft liegt. Wenn seiner Meinung nach nur Gott um den genauen Zeitpunkt weiß, wann usurpierte und tyrannische Gewalt in legitime Herrschaft umschlägt, so hat er sich doch mit Erfolg um die Klärung der Frage bemüht, wie in der Geschichte legitime Herrschaft entstehen kann.

III. „Potestas legitima, regnum legitimum“ und „princeps legitimus“ in den lateinischen staatsphilosophischen Werken der beginnenden Neuzeit

1. Die Spätscholastik

Die mittelalterliche Staatslehre war entscheidend von der theokratischen Idee geprägt. Das Universum wurde von der mittelalterlichen Weltanschauung als ein Organismus betrachtet, in dem gottgewollte Harmo-

---

[70] *Wilhelm von Ockham,* Cap. 11 (S. 163).

[71] Siehe unten 5. Kap., V., 2.

nie waltet. Jeder Teil des Universums sollte ein Abbild des Ganzen sein. Auch die Staats- und Gesellschaftslehre baute auf dem göttlichen Schöpfungsorganismus auf. Die Menschheit erschien in ihrer Totalität als ein von Gott selbst geschaffener und monarchisch beherrschter Staat. Seine konkrete Ausprägung fand er in den beiden als untrennbar angesehenen Ordnungen, der Universalkirche und dem Universalreich. Jeder Teil dieser übergreifenden Ordnungen sollte wieder Abbild der Gesamtordnung sein[73]. Die monarchische Regierungsform hielt man für die gottgewollte Ordnung, da sie am ehesten mit der Struktur des Universums übereinzustimmen schien.

Die Lehre von der göttlichen Einsetzung der Regierenden, die die traditionelle christliche Naturrechtslehre des Mittelalters beherrschte, weist in den staatsphilosophischen Werken der Spätscholastik im Hinblick auf das Adjektiv „legitimus" einige bemerkenswerte Nuancen auf[74]. Man hielt zwar nach wie vor daran fest, daß die Staatsgewalt als Teil der sittlichen Ordnung ihren Ursprung in Gott hat. Bei der Frage, wie die Übertragung der Staatsgewalt auf einen Monarchen oder eine demokratische Regierung zu erklären sei, gab es jedoch unterschiedliche Begründungen. Die sog. Translationstheorie vertrat die Ansicht, das Staatsvolk als politische Ordnungseinheit sei Träger der Staatsgewalt und würde durch einen konstituierenden Akt die Staatsgewalt auf die regierende Instanz übertragen. Die sog. Designationstheorie ging demgegenüber davon aus, die Staatsgewalt selbst werde unmittelbar von Gott auf den Regenten oder die Regierung übertragen; hierbei sei es allein die Aufgabe der Menschen, den Träger der Staatsgewalt zu bezeichnen („designieren")[75]. Im Verlauf dieser Auseinandersetzung um die theologisch-juristische Fundierung der Stellung des Monarchen spiegelt in der Staatsphilosophie der Spätscholastik das Epitheton „legitimus" die jeweiligen Argumente der Translations- (a) und der Designationstheorie (b) wider.

a) Franciscus Suarez und Robert Bellarmin

Im Sinne der Translationstheorie führt Franciscus Suarez (1548 - 1619) in seiner „Theologiae Summa" über die gesetzgebende Gewalt als einem

[72] *Ernst Reibstein*, Volkssouveränität und Freiheitsrechte, Bd. I (1972), S. 62.

[73] *Friedrich August Freiherr von der Heydte*, Die Geburtsstunde des souveränen Staates (1952), S. 12 ff. mit Nachweisen zu den mittelalterlichen Quellen.

[74] Die Überzeugungskraft der theokratischen Staatsauffassung schwand anläßlich der Auseinandersetzung mit der an der Antike orientierten philosophischen Staatslehre. Die Idee von der göttlichen Stiftung des Staates trat in dem Maße in den Hintergrund, als man sich der stoischen Philosophie zuwandte oder den Staat auf den Naturtrieb und menschliche Willensvorgänge zurückführte (Vgl. hierzu *Otto von Gierke*, Johannes Althusius, 4. Aufl. [1929], S. 60 ff.; *J. W. Gough*, The social contract, 2. Aufl. [1957], S. 67 ff.).

[75] *Johannes Messner*, Das Naturrecht, 6. Aufl. (1966), S. 789; Viktor Cathrein, Moralphilosophie, 5. Aufl. (1911), S. 499 ff.

wichtigen Bestandteil der Staatsgewalt aus[76]: „Licet ista potestas legislativa sit ex iure naturali et a Deo; tamen modus ea utendi est penes arbitrium humanum.“ Suarez weist hier auf den göttlichen Ursprung der Staatsgewalt hin, die den Menschen zur Ausübung anvertraut ist. Die Staatsgewalt wird von Suarez als „potestas legitima ac iusta“ bezeichnet, wenn sie von der Gemeinschaft unmittelbar oder mittelbar durch die Anerkennung einer Erbfolgeordnung auf einen Regenten übertragen wird. Das Epitheton „legitimus“ bedeutet hier zunächst, daß die Staatsgewalt von der Gemeinschaft ausgeht und jeweils dem Herrscher von der Gemeinschaft übertragen wird. Hinter diesem äußerlichen Geschehen steht der Gedanke, daß die Staatsgewalt letzten Endes von Gott komme und in gewisser Hinsicht heilig sei.

Das Befürworten der Translationstheorie wirft zwangsläufig die Frage auf, ob das Volk auch die einmal übertragene Staatsgewalt dem Herrscher wieder entziehen kann. Zu diesem Recht des Volkes auf Revolution bekennt sich Robert Bellarmin (1542 - 1621)[77]. Er betont, daß die Entstehung wie auch der Fortbestand der Regierungsgewalt vom Konsens des Volkes abhängen: „nam pendet a consensu multitudinis, constituere super se regem vel consules, vel alios magistratus, ut patet; et si causa legitima adsit, potest multitudo mutare regnum in Aristocratiam aut Democratiam, et e cantrario ut Romae factum legimus.“ Im Notfall, bei Vorhandensein eines „legitimen Grundes“, kann das Volk nach der Meinung Bellarmins einen Wechsel der Staatsform herbeiführen. Auch das Problem der Legitimierung einer usurpierten Staatsgewalt wird von Bellarmin unter Heranziehung des Topos vom Konsens der Bevölkerung gelöst. Nach Ablauf einiger Zeit, so meint Bellarmin, würde die usurpierte Staatsgewalt dadurch legitim, daß die Bevölkerung allmählich der neuen Staatsgewalt zugestimmt habe[78]. Wie Ockham weist hier auch Bellarmin auf das sozialpsychologisch wichtige Element legitimer Staatsgewalt, nämlich die Zustimmung des Volkes hin[79].

---

[76] *Franciscus Suarez,* Theologiae Summa (Köln 1732), Tom V, lib. III, Cap. III, IV; vgl. auch das Zitat bei *Messner,* S. 788: „Sequitur ex dictis potestatem ... legitimo et ordinario iure a populo et communitate manasse“ (Franciscus Suarez, De legibus, lib. III c. 4, n. 2). Ohne hierbei allerdings das Adjektiv „legitimus“ zu gebrauchen, legt auch Suarez auf die Feststellung wert, daß der Konsens des Volkes zur Konstituierung der Staatsgewalt notwendig sei (vgl. hierzu: *Heinrich Rommen,* Die Staatslehre des Franz Suarez S. J. [1926], S. 177 ff.).

[77] *Robert Bellarmin,* Controversiae de membris ecclesiae, in: Opera omnia, hrsg. von J. Fèvre, 3. Bd. (1870, Neudr. 1965), L. III, c. VI (S. 10 ff.), — hier auch das folgende Zitat.

[78] *Robert Bellarmin,* (S. 12): „Adde tamem, quod etiamsi initio, qui regna constituerunt, fuerint invasores, ut plurimum; tamen successu temporis fiunt vel ipsi, vel successores eorum legitimi Principes, quia populi paulatim consentiunt. Hoc modo regnum Francorum nunc omnium consensu legitimum est, licet initio Franci injuste Gallias occupaverint.“

[79] Zur Wirkung der Schriften von Suarez und Bellarmin auf die neuere katholische Staatsphilosophie: *Johannes Messner,* S. 788 f.

b) *Franciscus de Vitoria und Adam Tanner*

In seinen Ausführungen zur theologisch-juristischen Natur der Staatsgewalt neigt Franciscus de Vitoria (1492 - 1546)[80] der Designationstheorie zu. Vitoria bemüht sich um die Idee von der moralisch-rechtlichen Einheit der Welt, die er als eine umfassende, durch das Naturrecht geordnete Gemeinschaft zu begreifen sucht. Diese Konzeption Vitorias kommt nicht nur in seiner Völkerrechtslehre, sondern auch bei der Betrachtung der innerstaatlichen Verhältnisse zum Ausdruck. Die einzelnen Staaten betrachtet er nicht als künstliche Schöpfungen oder menschliche Erfindungen; die innerstaatliche Gemeinschaft soll vielmehr auf dem Naturrecht beruhen. Vitoria geht davon aus, die Natur habe den Menschen ein Leben in rechtlich geordneter Gemeinschaft um ihres Schutzes und ihrer Erhaltung willen auferlegt[81], da eine Gemeinschaft ohne eine Gewalt, deren Funktion die Leitung und Interessenwahrnehmung ist, nicht bestehen könne. Staat und Staatsgewalt finden damit bei Vitoria ihren Grund im natürlichen Recht. Gott soll Ursache und Urheber des natürlichen Rechts sein; er wird von Vitoria als die „causa efficiens" der Staatsgewalt bezeichnet[82].

Die Staatsgewalt ist nach Vitorias Auffassung von Gott und auf der Grundlage des natürlichen Rechts eingesetzt[83]. Im Sinne der Designationstheorie legt Vitoria besonderen Wert auf die Feststellung, daß auch die königliche Gewalt von Gott eingesetzt worden sei. Dies belegt er mit den beiden berühmten Bibelstellen „per me Reges regnant ..." und „non haberes potestatem ...". Außerdem beruft er sich auf die hergebrachte katholische Lehre, nach der die königliche Gewalt nicht von der Gemeinschaft, sondern von Gott herrühre. Auch die Forderung Vitorias, der König müsse gewählt werden, ist im Lichte der Designationstheorie zu sehen. Denn sobald der König von der Gemeinschaft eingesetzt ist, hat er nach Ansicht Vitorias die gesamte Machtfülle, die von Gott kommt, inne: „Ubi sunt legitimi principes in Republica, tota auctoritas residet penes principes[84]."

---

[80] Allgemein zur Staatsphilosophie Vitorias: *Alfred Verdross*, Abendländische Rechtsphilosophie, 2. Aufl. (1963), S. 92 ff.; vgl. auch *Bernice Hamilton*, Political thought in sixteenth-century spain (1963); *Antonio Truyol y Serra* (Hrsg.), Die Grundsätze des Staats- und Völkerrechts bei Francisco de Vitoria, 2. Aufl. (1957); *Ulrich Matz*, Vitoria, in: Klassiker des politischen Denkens, 1. Bd., 2. Aufl. (1968), S. 274 ff.

[81] *Franciscus de Vitoria*, De potestate civili (1528), 5.

[82] *Franciscus de Vitoria*, 7; hierzu *Ernst Reibstein*, Johannes Althusius als Fortsetzer der Schule von Salamanca (1955), S. 116.

[83] *Franciscus de Vitoria*, 8: „Potestatem Reipublicae a Deo et a iure naturali constitutam esse dicimus."

[84] *Franciscus de Vitoria*, De Indis, sive de iure belli Hispanorum in Barbaros (1539, neu hrsg. von Walter Schätzel, 1952), 2. Vorlesung Nr. 6, S. 126: „Et

Mit der Verwendung des Epithetons „legitimus“ bringt Vitoria neben seiner Distanzierung von der Translationstheorie auch einen gewissen Einklang zwischen menschlicher und göttlicher Ordnung zum Ausdruck. Er hält die Herrschaft eines Einzelnen für die beste, da auch der ganze Erdkreis von dem einen „Principe et domine sapientissimo“ gelenkt werde[85]. Die Könige bezeichnet er als „legitimi principes“, da die Apostel Christi die Menschen gemahnt haben, den Herrschern zu folgen[86]. Bei Vitoria kommt damit jedem König, der regiert, das Epitheton „legitimus“ zu. Irgenwelche wertenden Maßstäbe, — wie etwa eine Bezugnahme auf das allgemeine Wohl oder Verwirklichung der Idee der Gerechtigkeit —, werden an den Begriff „legitimus“ nicht herangetragen.

Diese zuletzt angeklungene Verkürzung des Legitimitätsgedankens nimmt Reibstein zum Anlaß[87], die Lehre Vitorias von der Staatsgewalt als einen „biblisch, naturrechtlich und positivrechtlich begründeten Legitimismus“ zu bezeichnen, der die Volkssouveränität voraussetzt. Bei Vitorias Verwendung des Epithetons „legitimus“ können Parallelen zum Gottesgnadentum und zur Theorie des Absolutismus gezogen werden. In der absolutistischen Staatslehre Bossuets, in den Lehren der Theokraten und auch in der Rechtsphilosophie Stahls spielt die Einsetzung der weltlichen Autorität von Gott die entscheidende Rolle. Hier ist jeweils die von Gott eingesetzte Staatsgewalt die legitime Macht im Staate. Gleichwohl wird man Vitoria nicht als einen Vorläufer absolutistischer Staatstheorie bezeichnen können. Vitoria will den König nicht nur an das göttliche und natürliche Recht, sondern auch an das bestehende oder von ihm gesetzte positive Recht binden. Diese Beschränkung fürstlicher Macht schlägt sich allerdings nicht in seinen Bemerkungen zum Begriff „legitimus“ nieder, da er jede bestehende und gottgewollte Ordnung für legitim hält.

Als deutscher Repräsentant spätscholastischer Staatsphilosophie sei letztlich noch der katholische Theologe Adam Tanner (1572 - 1632) genannt. In seiner „Theologia Scholastica“ geht er von der These aus, die Fürsten hätten die Gewalt über all ihre Untergebenen unmittelbar von Gott[88]. Wenn ein Fürst die Gewalt im Staat erst einmal auf legitime Weise erlangt habe, so fährt er als Anhänger der Designationstheorie fort, habe

---

ratione probatur, quia princeps non est nisi ex electione Reipublicae. Ergo gerit vices et auctoritatem illius, immo iam, ubi sunt legitimi principes in Republica, tota auctoritas residet penes principes.“

[85] *Franciscus de Vitoria,* De potestate civili, 11.

[86] *Franciscus de Vitoria,* 8.

[87] *Ernst Reibstein,* S. 120.

[88] *Adamus Tannerus,* S. J., Theologia Scholastica, Tom. II (1626), Disp. V., Quaest. V, Rdnr. 2: „Politicos principes habere potestatem in omnes suos subditos immediate a Deo.“ Zu Tanners Leben und Werk siehe Rensch, in: Allgemeine Deutsche Biographie, 3. Bd. (1899), S. 380 ff.

er auf Grund göttlichen Rechts und daher unmittelbar von Gott die Staatsgewalt inne[89]; der Fürst sei verpflichtet, die Untertanen gerecht zu regieren; die Untertanen hätten die Pflicht zu gehorchen, da ihr Fürst sein Recht von Gott ableite. Daß die Staatsgewalt unmittelbar von Gott eingesetzt sei, folgert Tanner aus dem Willen Gottes: „Sed Deus ipso naturali et divino suo praecepto voluit et ordinavit, ut aliqua tandem legitima potestas civilis in genere ... constitueretur[90].“ Die Staatsgewalt leite sich, so meint Tanner, vom göttlichen Willen ab, werde jedoch im konkreten Fall durch einen menschlichen Akt konstituiert. Mit dem Adjektiv „legitimus“ bezeichnet Tanner somit schlechthin jede Staatsgewalt. Ist sie konstituiert, so befindet sie sich in Übereinstimmung mit dem Willen Gottes und ist legitim. Ebensowenig wie Vitoria stellt Tanner klar umrissene inhaltliche Anforderungen an die Legitimität der Staatsgewalt. Nur im Zusammenhang mit der Frage, ob gegen einen Tyrannen Widerstand geleistet werden dürfe, stellt er fest, die „Respublica“ habe das Recht, sich um ein „caput legitimum“ zu bemühen; ein legitimes Oberhaupt sei aber nicht, wer von einem Hirt des Volkes zu einem Wolf entartet sei[91]. Hier klingt an, daß die legitime Staatsgewalt nicht schrankenlos sein kann und gewisse Grundprinzipien geordneten menschlichen Zusammenlebens gewahrt werden müssen[92].

c) Ergebnis

In den staatsphilosophischen Schriften der Spätscholastik verbindet sich mit dem Epitheton „legitimus“ die Idee von der göttlichen Stiftung menschlicher Herrschaft. Hierbei wird von einigen Autoren wie Suarez und Bellarmin jener Herrscher als legitim bezeichnet, der vom Volk gewählt wurde und die Zustimmung des Volkes zu seiner Regierungsweise besitzt. Andere Autoren wie Vitoria und Tanner sehen dagegen in jeder gottgewollten Staatsgewalt bereits die legitime Herrschaft. Beson-

[89] *Adamus Tannerus*, Rdnr. 8: „Secundo certum, et apud omnes exploratum est, ex hypothesi, et facta suppositione, quod si Princeps quispiam politicus semel principatum legitime adeptus sit, eum habere ipso iure divino, adeoque immediate a Deo potestatem praecipiendi, puniendi, iusteque subditos gubernandi ... “

[90] *Adamus Tannerus*, Rdnr. 14.

[91] *Adamus Tannerus*, Tom. III (1627), Disp. VI, Quaest. VIII, Rdnr. 33: „Tum quia quaeque Respublica habet potestatem sibi prospiciendi de legitimo capite; quale non est hic, qui ex pastore populi in lupum degeneravit.“ Ein Widerstandsrecht Einzelner gegen den Tyrannen läßt Tanner nicht zu, solange er „sua potestate legitime non exuitur“ (Rdnr. 32).

[92] Im Zusammenhang mit der Lehre vom Widerstand gegen die Staatsgewalt geht auch *Guilelmus Estius*, In quatuor libros sententiarum commentaria, Tom. II (Douai 1615, ben. Ausg. Paris 1647) davon aus, daß alle Staatsgewalt legitim und von Gott eingesetzt sei: Certum est nunquam ei resistendum esse, cum ipsa secundum se non possit esse nisi legitima, et ut Apost. testatur, a Deo ordinata ... qui resistit potestati, Dei ordinationi resistit.“

ders hervorzuheben ist, daß das Adjektiv „legitimus“ bei den hier dargestellten Staatsphilosophen der Spätscholastik weder eine Bindung der Staatsgewalt an vorstaatliches Recht noch eine bestimmte Regierungsweise des Herrschers umschreibt. Dahinter steht wohl der Gedanke, daß letzten Endes alle irdische Gewalt und menschliches Recht von Gott kommen. Sie sind daher ohne weiteres legitim, denn Gottes Schöpfungsordnung braucht nicht gerechtfertigt zu werden. Der Glaube an ein göttliches Walten auf Erden führt in der Staatsphilosophie der Spätscholastik zu keiner vertieften Erörterung des Legitimitätsbegriffes, da die Frage nach der gerechten Ordnung im Zusammenhang mit dem Adjektiv „legitimus“ nicht gestellt wird.

2. Die „legitima principis auctoritas“ und der „legitimus magistratus“ in der Lehre der Monarchomachen

a) Die protestantischen Monarchomachen in Frankreich

Als Frankreich durch die Glaubensstreitigkeiten in zwei Lager gespalten wurde, schien der Versuch des Königtums zu scheitern, den fortschrittlichsten Einheitsstaat Europas zu schaffen. Die religiösen Auseinandersetzungen brachten das Königtum in eine bis dahin nicht dagewesene Situation; es mußte sich als Hüter der politischen Ordnung mit dem Problem des religiösen Zwiespaltes befassen. Die noch bestehende Bindung der Politik an die Religion erschwerte die Lage für die Monarchie[93]. Die Einheit des Glaubens und des politischen Gemeinwesens wurden für untrennbar gehalten. In diesem Zusammenhang sind die Schriften der protestantischen Monarchomachen[94] vor allen Dingen aus ihrer aktuellen Zielsetzung heraus zu verstehen. Im 16. Jahrhundert befanden sich die Hugenotten in Frankreich in ständigem Kampf gegen die katholische Erbmonarchie, die bestrebt war, die Protestanten mit den Mitteln der Gewalt zum katholischen Glauben zurückzuführen. Besonders die Bartholomäusnacht von 1572 hat den Calvinismus politisiert. Schon immer hatten die Hugenotten sich zu der ständischen als einer sie schützenden Ordnung bekannt. Ihre eigene politische Organisation richtete sich in zunehmendem Maß an ihr aus; dem vom Standpunkt der Hugenotten aus entarteten Königtum wurde der Kampf angesagt. Das Ziel der protestantischen Monarchomachen war es, ihren Glauben nicht nur theologisch, son-

[93] *Roman Schnur,* Die französischen Juristen im konfessionellen Bürgerkrieg des 16. Jahrhunderts (1962), S. 11 mit weiteren Literaturnachweisen.

[94] Der Begriff „Monarchomachen“ wurde von *William Barclay* in seiner Schrift „De regno et regali potestate“ (1600) geprägt. Zu den Monarchomachen vgl. *Kurt Wolzendorff,* Staatsrecht und Naturrecht in der Lehre vom Widerstandsrecht des Volkes (1916), S. 95 ff.; *Josef Schlosser,* Die Lehre vom Widerstandsrecht der Untertanen gegen die legitime Fürstengewalt (1916); *Jürgen Dennert,* Ursprung und Begriff der Souveränität (1964), S. 38 ff. (mit eingehenden Literaturnachweisen); *J. W. Gough,* S. 49 ff.

dern auch politisch zu verteidigen. Die theoretische Begründbarkeit und praktische Verwirklichung der absoluten Monarchie als Organ der nationalen Einheit und Quelle eines modernen zentralistischen Regierens wurden geleugnet. Durch Stärkung der Stände und Erhaltung der alten Freiheiten erhoffte man eine Situation zu schaffen, die die Glaubensfreiheit zu garantieren vermochte. Die von den Monarchomachen nach der Bartholomäusnacht herausgearbeitete Lehre wurde im wesentlichen von drei Komponenten bestimmt: der Schwächung des mehr oder weniger absolut regierenden Monarchen, der Verstärkung der Machtbefugnisse der Stände und der Übernahme des bereits im Mittelalter von Manegold von Lautenbach, Thomas von Aquin und seiner Schule, Marsilius von Padua u. a. vertretenen Widerstandsrechts.

aa) Der „legitimus magistratus" bei Théodore de Bèze

Das Buch „De iure magistratuum" (1576) des Genfer Théodore de Bèze (1519 - 1605)[95] war eine der originellsten und einflußreichsten politischen Abhandlungen des 16. Jahrhunderts. Der Einfluß der Schrift läßt sich ermessen, wenn man bedenkt, daß de Bèze in Genf die rechte Hand Calvins war. Nach dessen Tod hatte er die geistige Führung der internationalen reformierten Bewegung übernommen.

De Bèzes Staatsauffassung steht auf dem Boden der ständestaatlichen Ordnung seiner Zeit. Er unterscheidet zwischen drei verschiedenen, den Staat bildenden Gruppen des Volkes: den Privatpersonen, den niederen Magistraten und den hohen Magistraten[96]. Die hohen Magistrate haben die Aufgabe, der Macht der obersten Gewalt Grenzen zu setzen; als hohe Magistrate bezeichnet er im wesentlichen die Generalstände. Nach Ansicht des de Bèze ist von Gott alle Macht, die die Magistrate ausüben[97]. Daher sollen die Magistrate verpflichtet sein, mit allen zur Verfügung stehenden Mitteln um die Anerkennung Gottes sich zu bemühen und ihm dienen.

Unter Zugrundelegen dieser ständischen Dreiteilung des Staates entwickelt de Bèze eine Theorie des Widerstandsrechts, in der die Ideen vom „legitimus magistratus" und „legitimus patriae status" eine wichtige Funktion innehaben. De Bèze stellt die Frage, ob man guten Ge-

---

[95] *Théodore de Bèze,* De iure magistratuum in subditos et officio subditorum erga magistratus (1576) wird zitiert nach dem Neudruck der Ausgabe Lyon 1580, hrsg. von Klaus Sturm (1965). Zur Entstehung dieser Schrift wird auf die Einleitung von *Kingdon* in dem Neudruck (1970) der französischen Ausgabe „Du droit des magistrats sur leurs subjets" (1574), S. VII ff. hingewiesen. Zu Théodore de Bèze generell siehe *Paul Geisendorf,* Théodore de Bèze, 2. Aufl. (Genf 1967); *Irmgard Höss,* Zur Genesis der Widerstandslehre Bèzes, in: Archiv für Reformationsgeschichte, Bd. 54 (1963), S. 198 ff.; *Jürgen Dennert,* S. 42 mit eingehendem Nachweis zur älteren Literatur.

[96] *Théodore de Bèze,* S. 39 f.

[97] *Théodore de Bèze,* S. 86.

wissens einer offenbaren Tyrannis Widerstand leisten könne, wenn die guten und legitimen Magistrate ihrer von Gott anvertrauten Autorität beraubt seien[98]. Bei der Lösung dieses Problems geht de Bèze auf die bekannte Antithese zwischen dem legitimen König und dem Tyrannen ein. Legitimer König soll nicht sein, wer mit Gewalt oder durch betrügerische Machenschaften eine Staatsgewalt usurpiert, die ihm rechtens nicht zukommt[99]. Allerdings wird von de Bèze anerkannt, ein Tyrann könne „legitimus et inviolabilis magistratus" werden, wenn er die Zustimmung des Volkes fände. Diese Zustimmung des Volkes bezeichnet de Bèze als Schöpfungsakt legitimer Magistrate[100].

Wenn ein Usurpator durch Eroberung etwa sich der Staatsgewalt bemächtigt hat, will de Bèze dem Einzelnen zunächst kein Widerstandsrecht einräumen. Er fordert vielmehr, daß die Einzelnen sich zuerst an ihre legitimen Magistrate wenden sollen. Diese sollen den Feind des Gemeinwesens mit ihrer Autorität und unter allgemeiner Billigung des Volkes zu bekämpfen versuchen. Erst wenn die Magistrate ihre Pflicht nicht erfüllen, darf jeder mit all seiner Kraft sich bemühen, „legitimum patriae suae statum tueri adversus eum, qui legitimus magistratus censeri non potest"[101]. Hier wird bereits deutlich, in welchem Maße de Bèze an der etablierten Ordnung festzuhalten bereit ist. Der Widerstand der Einzelnen gegen den Usurpator ist erst von dem Augenblick an gestattet, in dem die staatlichen Instanzen versagen. An die Legitimierung eines Usurpators stellt er keine großen Anforderungen; die Zustimmung des Volkes soll bereits genügen.

Wie zögernd de Bèze ein Widerstandsrecht zuerkennt, wird auch an der Stelle deutlich, an der von der Gehorsamspflicht der Untertanen gegenüber dem entarteten Königtum gesprochen wird[102]. In diesem Fall möchte de Bèze dem Einzelnen überhaupt kein Widerstandsrecht zuerkennen: „... sive is, qui legitimus ipsorum erat magistratus, in tyrannum evaserit manifestum: Non licere tum dico cuiquam privato sua privata authoritate vim vi adversus tyrannum opponere[103]." Daß die

[98] *Théodore de Bèze*, S. 33: „... salva conscientia manifestae tyrannidi obsisti possit, bonos et legitimos magistratus vel ea spoliare authoritate, qua a Deo donati sunt ..." Die „bonos et legitimos magistratus" werden in der französischen Ausgabe (a.a.O. S.8) als die „bons et legitimes magistrats" bezeichnet. Hier wie auch an anderen Stellen wird deutlich, wie das lateinische „legitimus" und französische „légitime" synonym gebraucht werden.

[99] *Théodore de Bèze*, S. 35: „Consequitur non esse reges legitimos, qui vi vel fraude eam potestatem usurpant, quae nullo iure ad ipsos pertineat."

[100] *Théodore de Bèze*, S. 38: „... liber et legitimus accesserit eorum consensus, qui verum et legitimum magistratum creare possunt."

[101] *Théodore de Bèze*, S. 38.

[102] *Théodore de Bèze*, S. 39: „Quid scilicet liceat bona conscientia subditis, quoties summi ipsorum magistratus alioqui legitimi in tyrannos degenerant manifestos?"

[103] *Théodore de Bèze*, S. 40.

Einzelnen gegen den Usurpator, aber nicht gegen den entarteten (ehemals legitimen) König vorgehen dürfen, begründet de Bèze damit, daß die Bibel nur Gehorsam gegenüber der etablierten Staatsgewalt fordere. Wenn das Volk erst einmal in eine Staatsgewalt eingewilligt habe, könne es nicht mehr mit Gewalt gegen sie vorgehen. Dagegen haben die niederen und hohen Magistrate über die Wahrung der Gesetze des Landes zu wachen; ihnen allein spricht er ein Widerstandsrecht gegen die offenkundige Tyrannis[104] zu.

Der „legitimus magistratus" und „legitimus patriae status" verkörpern bei de Bèze den Gegensatz zur Willkürherrschaft, d. h. zu Tyrannis und Usurpation. Im Falle einer Usurpation oder eines bewaffneten Angriffes auf das Staatswesen ist im Notfall das ganze Volk zum Widerstand aufgerufen; das Volk in seiner Gesamtheit soll über die gute Ordnung des Vaterlandes wachen. Gegenüber dem entarteten und damit illegitimen Königtum ist das Widerstandsrecht freilich auf die Stände (Magistrate) beschränkt. Von der zu seiner Zeit herrschenden Rechtsüberzeugung weicht hier de Bèze insofern ab, als er auch den niederen Magistraten (wie Duces, Castellani, Barones etc.) ein Widerstandsrecht gegen das illegitime Königtum einräumt[105].

bb) Stephanus Iunius Brutus

Unter dem Pseudonym Iunius Brutus wurden erstmals 1579 die vielbeachteten „Vindiciae contra tyrannos, sive de principis in populum populique in principem legitima potestate" veröffentlicht[106]. Den Autor beschäftigen im wesentlichen vier Fragenkreise: ob ein Widerstandsrecht gegeben ist, wenn ein Befehl des Monarchen gegen Gottes Gebot verstößt, wenn er das göttliche Recht aufhebt, wenn er das Volk unterdrückt, und ob der Fürst eines Nachbarstaates in derartigen Fällen eingreifen darf. Brutus geht zunächst davon aus, Gott habe den Königen die Macht delegiert. Göttliche und königliche Macht werden als Einheit betrachtet. Insoweit lassen sich interessante Parallelen zwischen der Staatslehre der Calvinisten und der Scholastik ziehen.

Im Zusammenhang mit der Frage, ob man dem den Staat unterdrükkenden Fürsten Widerstand leisten dürfe, geht Brutus auf die legitime Autorität des Fürsten ein[107]. Ebenso wie bereits bei Vitoria u. a. soll

---

[104] *Théodore de Bèze*, S. 43 f.

[105] Vgl. *Kurt Wolzendorff*, S. 103 f., der auch auf gegenteilige Äußerungen von de Bèze hinweist.

[106] *Martin Göhring*, Weg und Sieg der modernen Staatsidee in Frankreich, 2. Aufl. (1947), S. 92 spricht dieses Werk du Plessis-Mornay zu, andere Hubert Languet. Die grundlegende Literatur zu dieser Streitfrage findet sich bei *Sabine*, A history of political theory (1954), S. 377 genannt.

[107] *Iunius Brutus*, Vindiciae contra tyrannos (1579, ben. Ausg.: Hannover 1595), S. 73: „An et quatenus principi rem publicam aut opprimenti, aut per-

auch nach Brutus Gott dem Monarchen die Herrschaft übertragen, das Volk aber den Monarchen einsetzen und bestätigen. Dieser Gedanke wird auf alttestamentarisch-religiöser Grundlage an Hand einer doppelseitigen Vertragstheorie entwickelt; es soll ein Bund zwischen Gott einerseits und dem Volk zusammen mit dem König andererseits und ein weiterer Bund zwischen dem Volk und dem König bestehen[108]. Aus dem ersten Vertragsverhältnis wird das Widerstandsrecht des Volkes bei dem Kampf um die Religion, aus dem zweiten die Pflicht des Fürsten zu gutem und gerechtem Regieren und die Pflicht des Volkes zu Gehorsam abgeleitet. In beiden Vertragsverhältnissen übt der Fürst delegierte Gewalt aus; er ist von Gott und dem Volk abhängig, besitzt jedoch gegenüber dem Volk ein vertragsmäßiges Recht auf Herrschaft[109]. Der König wird vom Volk durch eine Art Stipulation eingesetzt. Das Volk fordert vom König, gerecht und nach den Gesetzen regiert zu werden. Der König verspricht dies. Das Volk antwortet hierauf, es werde dem gerecht Herrschenden gehorchen[110]. Während sich der König in seinem Vertrag mit Gott zur Frömmigkeit und Achtung des göttlichen Gesetzes verpflichtet, verpflichtet er sich in dem Bund mit dem Volk zu Gerechtigkeit, zur Sorge um das Wohl des Staates und jedes Einzelnen. Die Magistrate, die das gesamte Volk repräsentieren und wichtige Verwaltungsaufgaben im Königreich innehaben, dürfen nach der Meinung von Brutus dem Tyrannen Widerstand leisten, wenn er dem Gemeinwesen schadet. Bei einer Verletzung des Bundes mit dem Volk soll nach der Meinung von Brutus legitimerweise das ganze Volk, wie man es in allen legitimen Reichen beobachten könne, als Richter aufgerufen sein[111]. Durchgeführt wird der Widerstand von der Gesamtheit der Magistrate, die man auch bei Brutus als die Stände Frankreichs bezeichnen kann. Die Privatpersonen müssen helfen und, wenn die Stände dem Tyrannen folgen, in die Emigration gehen. In diesem Zusammenhang spricht der Verfasser auch von der legitimen Herrschaft. Tragender Grund der legitimen Herrschaft ist die

---

denti resistere liceat. Quia hic de legitima principis auctoritate agendum est ..."

108 *Iunius Brutus*, S. 74: „... deum reges instituere, regna regibus dare, reges eligere. Dicimus iam, populum reges constituere, regna tradere, electionem suo suffragio comprobare."

109 Es handelt sich hier um den auch von der monarchischen Lehre propagierten Herrschaftsvertrag. Dieser ist von dem Gesellschaftsvertrag Rousseau'scher Prägung insofern zu unterscheiden, als „l'institution du gouvernement" kein zweiseitiger Akt, sondern nur eine „commission" ist, die sich aus einer gesetzgeberischen und einer exekutiven Handlung der souveränen Gesamtheit zusammensetzt; vgl. zu diesem Fragenkreis *Otto von Gierke*, S. 90 ff.

110 *Iunius Brutus*, S. 139/140; vgl. auch *Otto von Gierke*, S. 58 Anm. 5, der auf das rein theologische Fundament dieser Lehren hinweist.

111 *Iunius Brutus*, S. 140: „Illius, ni impletur, deus proprie vindex est: huius, legitime universus populus, quive universum populum tuendum susceperint, regni proceres. In omnibus vero legitimis imperiis ita perpetuo observandum fuit."

Einhaltung des Vertrages zwischen dem Monarchen und dem Volk. Untersucht man, was dem König auf Grund der geschlossenen Verträge nicht gestattet ist, findet man fast vollzählig die „lois fondamentales", die die politische Ordnung jener Zeit umschreiben[112]. „Legitime regere" bedeutet bei Brutus im wesentlichen die Einhaltung der Verträge, die der Herrscher mit den Ständen geschlossen hatte. Diese Ausdeutung bestätigt sich an der Stelle, an der sich der Verfasser mit dem Gegensatz zwischen dem König und dem Tyrannen beschäftigt[113]. Mit „rex" wird derjenige Herrscher bezeichnet, der in der richtigen Form zur Herrschaft gelangt ist und in legitimer Weise regiert. Der Tyrann dagegen gelangt durch die Anwendung von Gewalt oder üble Kunstgriffe an die Macht und regiert entgegen allem Recht, entgegen allen Gesetzen und Verträgen, die zu bewahren er sich heilig verpflichtet hat. Unter einer legitimen Regierung wird — abgesehen von der Art und Weise an die Herrschaft zu gelangen — in dieser Gegenüberstellung vor allem verstanden, daß der Herrscher bestehende Gesetze und den zwischen dem Volk und dem Herrscher geschlossenen Vertrag befolgt[114]. Im übrigen stellt der Ausdruck „rex legitimus" eine Tautologie dar; ein König ist immer legitim, sonst ist er eben nicht König, kein Teil der bestehenden, guten Ordnung. Der illegitime Monarch ist ein Verbrecher, der gegen Gott und das Volk handelt und als Tyrann bezeichnet wird[115].

---

[112] *Jürgen Dennert,* S. 49.

[113] *Iunius Brutus,* S. 147: „Regem eum esse dicimus, qui regnum sive per stirpem sive per electionem delatum, riteque commissum, legitime etiam regit atque gubernat. Eum itaque tyrannum, utpote regi plane contrarium esse, sequitur, qui aut vi malisque artibus imperium invasit, aut ultro sponteque delatum regnum contra ius et fas regit, contraque leges et pacta, quibus sese sacrosancte devinxit, pervicaciter administrat." Vgl. auch *Max Landmann,* Der Souveränitätsbegriff (1896), S. 31 ff.

[114] *C. J. Friedrich,* Die Legitimität in politischer Perspektive, in: Politische Vierteljahresschrift, Jg. 1960/61, S. 120; *Jürgen Dennert,* S. 20 f.

[115] Eine relativ undifferenzierte Verwendung des Adjektivs „legitimus" läßt sich bei dem katholischen Monarchomachen *Guilelmus Rossaeus* feststellen. Als Beispiel sollen lediglich einige Stellen aus seinem Werk „De iusta reipublicae christianae in reges impios et haereticos autoritate" (1590, ben. Ausgabe: Antwerpen 1592) angeführt werden. Bei dem Gebrauch des Wortes „legitimus" hat Rossaeus zunächst die Antithese zwischen Freiheit und Knechtschaft im Sinn. So meint er, man müsse den „dominum imperiose servis mandantem" und den „regem legitime subditos gubernantem" streng voneinander unterscheiden (S. 29). Bei der Verwirklichung dieses Programmsatzes gelangt Rossaeus über ein historsierendes Räsonieren nicht hinaus. Die Fülle des historischen Materials wird nicht zu einer auch nur teilweise systematischen Lehre verarbeitet. Infolge der mangelnden Stringenz der Aussagen kann Rossaeus dem Begriff „legitimus" keine klaren Konturen geben. Bei Rossaeus bedeutet der Ausdruck „legitimus" nichts anderes als rechtmäßig in einem ganz umfassenden Sinn; besondere Aspekte der Idee von Recht und Gerechtigkeit werden in dem Adjektiv „legitimus" nicht angesiedelt (vgl. etwa S. 34: „Juramentum subditi non eum astringit ad obedientiam regis, nisi rex vicissim legitime et christiane imperet".

b) *„Justa, legitima et salutaris administratio" bei Johannes Althusius*

In Deutschland erreichte die monarchomachische Lehre vom Widerstandsrecht ihren Höhepunkt, als der calvinistische Jurist und Staatstheoretiker Johannes Althusius (1557 - 1638) im Jahre 1608 seine „Politica methodice digesta" veröffentlichte[116]. Hier soll weder auf seine Ausführungen vom Widerstandsrecht, noch auf seine Theorie vom Gesellschaftsvertrag oder auf seine Lehre vom Ständestaat näher eingegangen werden. Wie auch bei den anderen Monarchomachen gewinnt bei Althusius das Epitheton „legitimus" besondere Bedeutung im Zusammenhang mit der Unterscheidung zwischen dem „verus et legitimus magistratus" und dem „tyrannus"[117]. Althusius weist dem „magistratus legitimus" einen umfassenden Aufgabenbereich zu: „curare salutem et bonum regni publicum, atque Rempublicam administrare secundum leges honestas et justas, omnia facere, quae pertinet ... ad promovenda ipsius (societatis civilis, d. Verf.) commoda et avertenda illius incommoda, legi et justitiae se subjicere ..." Die Regierungsweise des Tyrannen stellt Althusius demgegenüber als das genaue Gegenteil dar. Der Tyrann gebraucht seine Majestätsrechte zum Schaden der Gemeinschaft, handelt gegen die „leges regni fundamentales" und bemächtigt sich ihm nicht zustehender Rechte. Ebenso wie bei Bodin[118] der „roi légitime" verkörpert bei Althusius der „magistratus legitimus" die gute und gerechte Ordnung des Gemeinwesens. Die Abgrenzung zwischen dem „magistratus legitimus" und dem „tyrannus" macht Althusius auch für die Unterscheidung zwischen der „administratio tyrannica" und der „justa, legitima et salutaris administratio" fruchtbar[119]: „Justa, legitima et salutaris administratio haec dicitur, quae quaerit et procurat salutaria et commoda et mala eorundum avertit, ab injuriis et vi illata defendit, atque omnes administrationis suae actiones secundum leges instituit." Sobald diese Prinzipien legitimer Verwaltung geändert werden, so fährt Althusius fort, müsse man von tyrannischer Verwaltung sprechen.

Was den Bedeutungsgehalt des Wortes „legitimus" betrifft, ist es Althusius' Verdienst, es erstmals im Zusammenhang mit einer Verwal-

---

[116] *Johannes Althusius*, Politica methodice digesta (1608), hier zitiert nach 3. Aufl. (Herborn 1614, Neudr. 1961). Zu Johannes Althusius Leben und Werk vgl. *Otto von Gierke*, a.a.O.; *Ernst Reibstein*, Johannes Althusius als Fortsetzer der Schule von Salamanca (1955); *ders.*, Volkssouveränität und Freiheitsrechte, Bd. 1 (1972), S. 166 f.; *Peter Jochen Winters*, Die „Politik" des Johannes Althusius und ihre zeitgenössischen Quellen (1963); *Alfred Voigt*, Johannes Althusius in Herborn und seine „Politica", in: 1050 Jahre Herborn (1965), S. 40 ff.; *Heinz Antholz*, Die politische Wirksamkeit des Johannes Althusius in Emden (1955); *Kurt Wolzendorff*, S. 198 ff., 224 ff.; *J. W. Gough*, S. 79.

[117] *Johannes Althusius*, S. 938 (C. 28, Rdnr. 131), — hier auch das folgende Zitat.

[118] Vgl. unten 2. Kap., I., 1.

[119] *Johannes Althusius*, S. 286 (C. 18, Rdnr. 32).

tungslehre verwandt zu haben. Die Verwaltung bezeichnet er als das Band, das den Staat zusammenhält[120]. Die Verwaltungsbeamten sollen zu dem Zweck berufen werden, sich um den Staat insgesamt zu kümmern und ihn zu lenken; zu diesem Zweck sollen sie mit der nötigen Gewalt und Autorität ausgestattet werden. Im modernen Sinn des Rechtsstaatsgedankens betont Althusius, die mit der Verwaltung zusammenhängenden Befugnisse seien nicht grenzenlos[121]. Er beschränkt die Verwaltungstätigkeit auf die Verfolgung des Gemeinwohls, die Einhaltung der Gesetze des Dekaloges und des „consociationis universalis judicium justum". Die Formulierung „justa, legitima et salutaris administratio" will Althusius sicherlich nicht als Pleonasmus verstanden wissen. Mit dem Adjektiv „salutaris" will er aussagen, daß die Verwaltung an der Verfolgung des Gemeinwohls orientiert sein muß. Mit den Worten „justa" und „legitima" stellt er den Bezug zu Recht und Gerechtigkeit her. Hierbei bedeutet das Epitheton „legitimus" nichts weiter als die Übereinstimmung mit den Geboten des positiven Rechts, zu dem er allerdings auch den Dekalog zählen möchte. Irgendwelche vorstaatliche oder überstaatliche, das Recht transzendierende Ideen verbindet er mit dem Ausdruck „legitimus" nicht. Insofern bezeichnet auch bei Althusius wie bereits bei de Bèze und Brutus das Wort „legitimus" lediglich die Übereinstimmung eines Regierungsaktes oder einer hoheitlichen Maßnahme mit dem positiven Recht des ständischen Staates.

c) Ein Bekämpfer der Monarchomachen: Henningius Arnisaeus

Die Lehren der Monarchomachen blieben nicht ohne Widerspruch. Die Gegenposition läßt sich bereits aus dem Titel des Werkes „De autoritate principum in populum semper inviolabili seu quod nulla ex causa subditis fas sit contra legitimum principem arma movere"[122] von Henningius Arnisaeus (ca. 1575 - 1636) entnehmen. Gleich am Eingang seiner Schrift kündigt er an, er werde sich mit Brutus, Rossaeus, de Bèze, Bucher u. a. auseinandersetzen[123]. Besondere Bedeutung erlangt das Wort „legitimus" bei Arnisaeus im Zusammenhang mit der Lehre vom Widerstandsrecht. Er vertritt die Ansicht, die Untertanen („subditi") dürften dem legitimen Fürsten keinen Widerstand leisten, wenn sie erst einmal ihre Treue versprochen hätten[124]. Selbst bei schwerwiegenden

---

[120] *Johannes Althusius*, S. 277 (C. 18, Rdnr. 2 f.).

[121] *Johannes Althusius*, S. 288 ff. (C. 18, Rdnr. 40).

[122] *Henningius Arnisaeus*, De autoritate principum in populum (Frankfurt 1612); zum Leben und Werk des Arnisaeus vgl. *Horst Dreitzel*, Protestantischer Aristotelismus und absoluter Staat (1970), S. 13 ff.

[123] *Henningius Arnisaeus*, cap. I, Rdnr. 1 (S. 1).

[124] *Henningius Arnisaeus*, Rdnr. 3 (S. 5): „De subditis enim merito dubitatur utrum fidem semel datam legitimo principi, si is officium forte deserat, religionem mutet, ... (aufkündigen können, d. Verf.)." Arnisaeus widerspricht hier allen staatsphilosophischen Theorien, die dem Volk grundsätzlich das Recht

Pflichtverstößen des Fürsten will er kein Widerstandsrecht anerkennen. Dies begründet Arnisaeus damit, die Ordnung der Natur gestatte nicht, daß die Untergebenen dem Fürsten befehlen[125]. Er vergleicht den „princeps" mit dem Oberhaupt der Familie, das nicht abgesetzt werden kann. Einen Konsens der Bürger hält Arnisaeus für eine legitime Staatsgewalt nicht für erforderlich. Handlungen des Herrschers gegen den Konsens der Bürger lassen ihn seiner Ansicht nach nicht zum Tyrannen werden, sondern gefährden allenfalls die Stabilität des Staates[126]. Mit seiner absolutistischen Staatsauffassung verbindet Arnisaeus den Gedanken, die Fürsten seien von Gott eingesetzt. Alle „legitima imperia" leiten ihre Ordnung nach der Auffassung des Arnisaeus aus der göttlichen Allgewalt ab. Der legitime Fürst sei ein Bestandteil dieser göttlichen Ordnung und dürfe nicht durch Anfeindungen seiner Untergebenen angegriffen werden[127]. Das über den legitimen Fürst Ausgeführte soll allerdings nicht für einen Tyrannen gelten. Sehr sorgfältig müsse man, so meint Arnisaeus, zwischen einem Tyrannen und einem legitimen Fürsten unterscheiden. Nicht wegen Unfähigkeit, Grausamkeit, Raserei oder Verstoßes gegen die Beschlüsse der Stände könne ein legitimer Fürst abgesetzt werden, sondern erst wenn er völlig sein öffentliches Amt vernachlässige und auf die Zerstörung des Staates hinarbeite[128]. Gegen den „legitimus princeps errans aut male administrans" darf nach der Ansicht des Arnisaeus nicht vorgegangen werden. Als wesentliches Kriterium für einen Tyrannen bezeichnet Arnisaeus die Absicht des Herrschers, die Verfolgung seines privaten Glücks zum obersten Gesetz des Staates zu machen. Nicht der objektive Rechtsbruch ist es, worauf Horst Dreitzel hinweist[129], sondern die subjektive Tendenz des Herrschers, die ihn zum Tyrannen werden läßt. Ist ein Herrscher zum Tyrannen geworden, so hat er sich außerhalb der Rechtsordnung gestellt: „In tyranno vero nihil est legitimum, nihil ordinatum a Deo, sed omnia Deo adversa et reipu-

des Widerstands und der Absetzung eines tyrannischen Herrschers zusprechen, weil sie von einem hypothetischen Vertrag zwischen Volk und Herrscher ausgehen. Zum Einfluß von Bodin auf Arnisaeus bei der Ablehnung der naturrechtlichen Vertragskonstruktion wird verwiesen auf *Horst Dreitzel*, S. 227.

[125] *Henningius Arnisaeus*, cap. III, Rdnr. 1 (S. 68): „Ordo naturae non patitur, ut subditi imperent principi." Arnisaus steht hier unter dem Einfluß *Philipp Melanchthons*, der das spezifische Wesen des Staates in der Ordnung von Befehlenden und Gehorchenden sah: „Politia est legitima ordinatio civitatis, secundum quam alii praesunt, alii parent" (Commentarii in aliquot politicos libros Aristotelis [1531], in: Opera, hrsg. von C. G. Bretschneider, Band 16 [1850], 436).

[126] *Henningius Arnisaeus*, cap. IV., Rdnr. 7 (S. 93); Horst Dreitzel, S. 232.

[127] *Henningius Arnisaeus*, Rdnr. 1 (S. 83): „Disputatum est pro salute et incolumitate legitimi principis, quem ab iniuriis et seditionibus subditorum tutum praestat ordo et potestas divina, a qua dependent et sustentantur omnia legitima imperia."

[128] *Henningius Arnisaeus*, Rdnr. 4 ff.

[129] *Horst Dreitzel*, S. 235.

blicae detrimentosa[130]." Dieser Tyrann kann, wie Arnisaeus ausführt, von den Bürgern seines Amtes enthoben werden, weil er sich außerhalb der staatlichen Rechtsbeziehungen befindet. Auf ein im Naturrecht verankertes Widerstandsrecht braucht Arnisaeus nicht zurückzugreifen.

d) Ergebnis

In der monarchomachischen Staatstheorie gewinnt das Epitheton „legitimus" besondere Bedeutung im Zusammenhang mit der Unterscheidung zwischen legitimem König und Tyrann. Es ist wohl lediglich eine Abwandlung dieses Leitmotivs, wenn bei Althusius die Differenzierung zwischen legitimer und tyrannischer Verwaltung mehr in den Vordergrund tritt. Charakteristisch für die Legitimitätsvorstellungen der Monarchomachen ist der Verzicht auf naturrechtliche Spekulation. Sie bewegen sich im wesentlichen auf der Ebene des positiven Rechts des ständischen Staates[131]. Legitimer Herrscher ist, wer den Grundgesetzen des Staates und den Verträgen nicht zuwiderhandelt. Mit der Verwendung des Epitheton „legitimus" wird von den Monarchomachen die Vorstellung von der Allgewalt des souveränen Herrschers bekämpft. Sie betonen die rechtliche Bindung des Herrschers, der zum Tyrannen wird, wenn er die Allgewalt im Staat auszuüben bestrebt ist. Der „legitimus magistratus" oder die „legitima administratio" hält sich im Rahmen der wohlerworbenen feudalen und ständischen Rechte; sie wahren den status quo, auf dem die feudalen und ständischen Rechtsverhältnisse beruhen.

3. „Legitima potestas" und Gemeinwohlidee in der Staatslehre des Neustoizismus

a) Fernando Vasquez

Bis gegen Ende des 17. Jahrhunderts gehörte Fernando Vasquez (ca. 1507 - 1566) zu den Autoritäten des Natur- und Völkerrechts. Wir finden ihn bei Bodin, den Monarchomachen, Grotius und Pufendorf vielfach zitiert. Nach langer Zeit der Verschollenheit hat Ernst Reibstein wieder auf die Bedeutung des Vasquez für die Staatsphilosophie aufmerksam gemacht[132]. Er bezeichnet Vasquez als den ersten Juristen nicht geistlichen Standes in Europa, der die Hypothese aufstellte, alles natürliche Recht sei göttliches Recht[133]. Hiermit schuf Vasquez die Basis für ein

---

[130] *Henningius Arnisaeus,* Rdnr. 15 (S. 95).

[131] *Kurt Wolzendorff,* S. 177 ff.

[132] *Ernst Reibstein,* Die Anfänge des neueren Natur- und Völkerrechts. Studien zu den „controversiae illustres" des Fernandus Vasquius (1949).

[133] *Ernst Reibstein,* S. 32; *Fernandus Vasquius,* Illustrium controversium libri VI (1559, ben. Ausgabe: Frankfurt 1668), Buch I, Cap. 27, Rdnr. 11 ff.: „omne jus naturale est jus divinum."

Mitspracherecht der weltlichen Jurisprudenz in moralphilosophischen Prinzipienfragen. Er kann als Wegbereiter der Emanzipation der weltlichen Gewalt angesehen werden, da er durch seine neue Doktrin vom „ius divinum“ die Theologie auf die Heils- und Glaubensfragen verwies. Das „ius naturale“ betrachtete er als den weltlichen Zweig des „ius divinum“, wie sich aus seiner Bemerkung „non omne ius divinum sit naturale“ ergibt. Denn das „ius divinum“ sei in vielen Dingen übernatürlich wie etwa bei den Sakramenten der Kirche[134]. Auf dieser Grundlage errichtete Vasquez ein „einheitliches profanjuristisches System des natürlichen Rechts“ und vereinigte die „moralphilosophischen Ideen der Scholastik mit der Jurisprudenz der Postglossatoren zu einer neuzeitlichen Doktrin“[135].

Wenn Vasquez in seinen Schriften von Gott redet, meint er den Gott der Stoa. Bekanntlich lief die Stoa in ihrer römischen Schlußphase auf eine religiös betonte Ethik hinaus, die in der Folgezeit auf das Christentum ausstrahlte. Gleichwohl waren der christliche und stoische Gottesbegriff schlechthin nicht miteinander zu vereinbaren. Im Sinne seiner stoischen Weltanschauung[136] geht Vasquez bei der Betrachtung des natürlichen Rechts von der Einheit von Gott und Natur aus. Unter dem „ius naturale“ begreift Vasquez zunächst in einem ganz umfassenden Sinn alle Gesetze, die Gott sowohl den Dingen wie auch den Menschen beigelegt hat. Als „ius gentium naturale“ bezeichnet er das natürliche Recht der Menschheit[137]. Für diesen Rechtsbereich ist Vasquez der Ansicht, das natürliche Recht sei mit der Vernunft gleichzusetzen, die den Menschen nach dem Willen Gottes angeboren ist[138]. Er bekennt sich zu dem von Isidor von Sevilla überlieferten Satz „lex ratione constat“. Im Namen der Vernunft stellt Vasquez an das gerechte Gesetz gewichtige Anforderungen: es muß natürlich und notwendig sein[139], will es mit den Maximen des Naturrechts übereinstimmen. Damit beurteilt er die Richtigkeit eines Gesetzes nach der Vernünftigkeit seines Inhalts. Das natürliche Recht zu verwirklichen, ist Ziel und Aufgabe der positiven Gesetze. Die positiven Gesetze müssen sich an den Maximen des natürlichen Rechts ausrichten.

---

[134] Zum Verhältnis des Fernando Vasquez zu den Theologen der spanischen Scholastik vgl. *Ernst Reibstein,* S. 34 f.

[135] *Ernst Reibstein,* Johannes Althusius als Fortsetzer der Schule von Salamanca, S. 52.

[136] Zu den Leitmotiven der Stoa, dem „Desine facta Deum flecti sperare precando“ (Virgil, Aen. VI) und „Fata regunt homines“ (Juvenal, Satir. IX) bekennt sich Vasquez mehrmals ausdrücklich.

[137] Zu der Unterscheidung zwischen „jus gentium primaevum“ und „jus gentium secundarium“ vgl. *Ernst Reibstein,* S. 71 ff.

[138] *Fernandus Vasquius,* Rdnr. 11.

[139] *Fernandus Vasquius,* Cap. 50, Rdnr. 9.

Ebenso wie die Gesetze ist bei Vasquez auch die Staatsgewalt nur im Interesse der Bürger da[140]. Vasquez hebt in Übereinstimmung mit den Lehren des Naturrechts darauf ab, daß der Wunsch der Menschen nach einem geordneten Zusammenleben zur Konstituierung der Staatsgewalt führe[141]. Daraus folgert er, kein Volk könne gezwungen werden, gegen seinen Willen unter einer bestimmten Obrigkeit zu leben. Ohne eine Staats- oder Regierungsform, wie etwa Vitoria es tat, besonders hervorzuheben, bestimmt Vasquez unter Zugrundelegen eines ethischen Maßstabes die Voraussetzungen legitimer Staatsgewalt: „Meri et legitimi (principes, d. Verf.) sunt, qui a populo libero eligunter ad regendum populum, quo principatu alius iustior esse nequit, aut gratior, isque spectat ad meram civium non etiam ad regentium utilitatem[142]." In dieser Umschreibung des legitimen Fürsten hebt Vasquez vor allem auf dessen hohe ethische Verpflichtung ab; er muß immer den Nutzen der Bürger anstreben und darf sich nicht von selbstsüchtigen Gedanken leiten lassen. Daneben soll das Prinzip der Volkssouveränität den rechtlichen Charakter der Staatsgewalt sichern. Nicht nur die Wahl des Regenten, sondern auch die dauernde Zustimmung des Volkes soll es bewirken, daß die Staatsgewalt zu einem gerechten und legitimen Zustand gelangt[143]. Die legitime Staatsgewalt steht bei Vasquez in enger Beziehung zu Recht und Gerechtigkeit[144]; der Gegensatz zur legitimen Staatsgewalt ist die Tyrannis[145]. Er befindet sich hier in der langen Traditionskette griechischer und römischer Philosophen sowie von Juristen und Theologen, die den wesentlichen Zweck des Staates darin sahen, das Wohl der Allgemeinheit zu verfolgen. Hierauf weist Vasquez selbst hin, indem er Plato, Cicero, Irenius und Thomas von Aquin als seine Gewährsleute nennt[146].

---

[140] *Fernandus Vasquius,* Cap. 46, Rdnr. 5.

[141] *Fernandus Vasquius,* Cap. 21, Rdnr. 23.

[142] *Fernandus Vasquius,* Cap. 1, Rdnr. 2; Vasquius unterscheidet noch zwischen dem „princeps merus et legitimus" und dem „princeps legitimus, sed non merus" (Rdnr. 3); als bloßen „princeps legitimus" bezeichnet er, wer auf Grund eines vasallitischen Rechtsverhältnisses in einem bestimmten Gebiet die Jurisdiktion erworben hat.

[143] *Fernandus Vasquius,* Cap. 21, Rdnr. 8: „Cum a populi consensu et electione civium immediate et particulariter omne imperium justum et legitium processerit."

[144] *Fernandus Vasquius,* Cap. 1, Rdnr. 4: „Iuridica aut legitima potestas non est ad malum" und (Rdnr. 6) „Princeps ergo legitimus eo ipso quod a populo creatur, habet legis condendae facultatem, legesque veteres innovare potest, dum modo id utiliter fiat, vel saltem bono animo, nec iuri gentium repugnent."

[145] *Fernandus Vasquius,* Rdnr. 6: „Illegitimi vero principes dicuntur, qui vi, violentia, et armis populum debellarunt et istorum potestas de iure nulla est."

[146] Von Vasquez beeinflußt differenziert der kaiserliche Rat Bornitz zwischen der „Republica justa et legitima" auf der einen Seite und der „Tyrannis" auf der anderen Seite (*Jacobus Bornitius,* Partitionum politicarum libri IV [Hanau, 1608] S. 81). Von der legitimen Staatsgewalt fordert Bornitz, sie müsse

b) *Die Regierungslehre des Justus Lipsius*

Zusammen mit Erasmus von Rotterdam wird Justus Lipsius (1547 bis 1606)[147] zu den geistigen Führern der humanistischen Bewegung des 16. Jahrhunderts gerechnet. Er war der eigentliche Systematiker des Neustoizismus, dessen Ethik in Frankreich, England, den Niederlanden und Deutschland zur Morallehre der Zeit werden sollte. Mit der Herausgabe der Werke von Seneca und seinen Schriften „Manuductio ad stoicam philosophiam", „Physiologiae Stoicorum libri tres" (1604) sowie „De constantia" (1584) hat sich Lipsius um die Verbreitung stoischen Gedankengutes verdient gemacht. Als das politische Hauptwerk des Neustoizismus kann sein „Politicorum sive civilis doctrinae libri sex, qui ad principatum maxime spectant" (1589) bezeichnet werden; zahlreiche Auflagen und Übersetzungen ließen dieses Werk zu einer der weitestverbreiteten Schriften staatstheoretischen Inhalts im 17. Jahrhundert werden[148].

Die ersten beiden Bücher Lipsius' „Politicorum sive civilis doctrinae libri sex" handeln vom fürstlichen Regiment als sittlicher Ordnung, die beiden folgenden befassen sich mit dem Staat als Herrschafts- und Machtordnung und das fünfte und sechste Buch stellen das Kriegswesen und die Regeln der Kriegsführung dar. Der Stil des Werks ist entscheidend geprägt durch Zitate lateinischer und griechischer Schriftsteller. Als seine Gewährsleute bezeichnet er vor allem Tacitus sowie Seneca, Cicero, Sallust, Livius, Aristoteles, Plato und Xenophon.

Die von der stoischen Philosophie geprägte Staatslehre des Lipsius beschäftigt sich nicht mit den theoretischen Fragen des Sozialvertrages. Lipsius will vielmehr in einer Art Fürstenspiegel vom Standpunkt der

---

die natürliche Freiheit wahren und dürfe nicht gegen Anstand und Sitte verstoßen; darüber hinaus soll die legitime Staatsgewalt seiner Meinung nach das Gerechte und Gute im Staat repräsentieren, worunter er das Fromme, Rechtschaffene, Gerechte und Natürliche schlechthin verstanden wissen will (*ders.*, Tractatus duo: I. De majestate politica et summo imperio ejusque functionibus [Lipsiae 1610], Caput XII): „Quid ergo jubet imperium civile, de quo tractamus? Non certe quae plane adversantur libertati naturali, non quae contra pietatem et honestatem, quae nec fieri decente existimandum est, sed quae sunt aliqua bona, id est pia, honesta, iusta, utilia in Rep. Haec enim naturali libertati, quam recta ratio moderatur, congrua sunt. Itaque non de imperio turpi, aut tyrannico, sed legitimo hic agi potest, quod longe differt a tyrannide et latrocinio."

147 Zu Leben und Werk des Justus Lipsius siehe *Gerhard Oestreich*, Der römische Stoizismus und die oranische Heeresreform, in: Geist und Gestalt des frühmodernen Staates (1969), S. 11 ff.; *ders.*, Justus Lipsius als Theoretiker des neuzeitlichen Machtstaates, ebd., S. 35 ff.; *Jason Lewis Saunders*, Justus Lipsius. The philosophy of renaissance stoicism (1955).

148 Dieses Werk, mag es heute auch weitgehend unbekannt sein, gehörte anderthalb Jahrhunderte zur staatsphilosophischen Standardliteratur. Bis 1752 erzielte es insgesamt 78 Auflagen. Zitiert wird hier nach der Ausgabe: Lugduni Batavorum 1650.

Moralphilosophie aus die Aufgabe des als Alleinherrscher verstandenen Fürsten beschreiben. Das Amt des Fürsten hält Lipsius für äußerst bedeutsam. Es offenbare sich, so meint er, eine gewisse Göttlichkeit in der Würde des Fürsten, wenn er in Krieg und Frieden, zu Lande und zur See Befehle und Gesetze zum allgemeinen Nutzen erlasse[149]. Sich des Staates annehmen, bedeutet für Lipsius, sich des Fürsten annehmen. Er mahnt die Fürsten mit aller Eindringlichkeit, daß ihr alleiniges Ziel die Verfolgung des Gemeinwohls sein müsse. Die Verfolgung des Gemeinwohles macht seiner Ansicht nach Tugend und Ehre des Fürsten aus[150]. Die Fürsten sollen nicht über die Menschen als ungebundene Herrscher gebieten dürfen, sondern sie sollen ihr Amt als Beschützer und Diener ausüben. Für schlecht hält Lipsius die Fürsten, die beim Herrschen nur an das Herrschen denken und meinen, die Bürger seien für sie da und sie nicht für die Bürger[151]. Ohne nähere Begründung geht Lipsius davon aus, das Staatswesen sei den Fürsten von Gott und von den Menschen übertragen, damit sie es warten und pflegen. Der Fürst soll zwar über dem Volk stehen, zugleich aber auch Diener des Staates sein.

Auf Grund dieser Überlegungen sucht Lipsius, die Grenzen legitimer Fürstenmacht zu bestimmen. Die legitime Fürstenherrschaft definiert Lipsius als Herrschaft eines Einzelnen, die nach Herkommen oder Gesetz erlangt ist und als Dienst an den Untertanen aufgefaßt und ausgeübt wird: „Nec tamen Principatum omnem confuse extollo, sed verum et legitimum, quem definio unius imperium, moribus aut legibus delatum, susceptum gestumque Parentium bono[152].“ Für Lipsius hat damit die legitime Fürstenmacht drei Voraussetzungen: zunächst die Alleinherrschaft eines Fürsten, dann die rechtmäßige Erlangung der Regierungsgewalt und letztlich die Ausübung der Herrschermacht zum gemeinen Nutzen.

Was nun das „unius imperium“ als das erste Merkmal legitimer Fürstengewalt betrifft, hat Oestreich mit Recht darauf aufmerksam gemacht[153], daß Lipsius den Herrschaftsstaat als die einzige Säule mensch-

---

[149] *Justus Lipsius*, Einl. (S. 3): „Imperatores, reges, pincipes, amplum et illustre vestrum munus est, quod sustinetis. Quid maius inter homines, quam unum praeesse pluribus, leges et jussa ponere; maria, terras, pacem, bella moderari? Divinitas quaedam videtur haec dignitas: et est profecto, si salutatiter atque ex usu publico administretur.“

[150] *Justus Lipsius*, ebd. (S. 5): „Ergo eximia haec ratio de republica bene merendi, de principe bene mereri: id est, ducere eum et dirigere ad metam illam Publici boni. Nam hic, ne erretis o Principes, vester finis. Praeestis hominibus, sed hominum causa; nec domini modo et arbitri rerum, sed tutores et administri estis.“

[151] *Justus Lipsius*, ebd. (S. 6); vgl. auch *Ernst Reibstein*, Johannes Althusius als Fortsetzer der Schule von Salamanca, S. 74.

[152] *Justus Lipsius*, Buch II, c. III, (S. 60 f.).

[153] *Gerhard Oestreich*, Justus Lipsius als Theoretiker des neuzeitlichen Machtstaates, S. 53.

licher Dinge und als Schöpfer der Ordnung feiere. Lipsius anerkennt allein die Staatsform des Prinzipates, da es seiner Ansicht nach die älteste und vernunftähnlichste Form staatlichen Zusammenschlusses darstellt. Allein das Prinzipat hält er für einen geeigneten Garanten von Frieden und Eintracht im Staat.

Wahl und Erbfolge bezeichnet Lipsius als die beiden legitimen Arten, die den Zugang zum Fürstenamt ermöglichen[154]. Die Wahl hält er für die ältere Übertragungsart der Fürstengewalt. Gleichwohl neigt er mehr einem System dynastischer Erbfolge zu, da hierdurch Auseinandersetzungen bei der Erbfolge vermieden werden können, die geeignet sind, ein geordnetes Staatswesen zu stören. Damit stellt Lipsius auch bei der Frage der Nachfolge in die Herrschaft die frieden- und ordnungstiftende Funktion des legitimen Fürsten in den Vordergrund. Ihm geht es weniger um ein irgendwie geheiligtes erbmonarchisches Prinzip, als vielmehr um die Unterbindung betrügerischer Machenschaften oder bewaffneter Auseinandersetzungen anläßlich der Wahl eines Fürsten.

In der neustoischen Staatsphilosophie wird, so kann man zusammenfassend feststellen, der Begriff „legitimus" dazu verwandt, um die hohe ethische Verpflichtung des Fürsten beim Regieren zu beschreiben. Man befürwortet eine starke Staatsgewalt, die man durch das Staatsziel, den gemeinen Nutzen begrenzen will. In Ermangelung eines Kontrollmechanismus hebt man allein auf die sittliche Integrität der Persönlichkeit des Fürsten ab. Legitimer Fürst ist allein, wer sich um den gemeinen Nutzen sorgt und selbstlos die Führung des Staates als verantwortungsvolle Aufgabe betrachtet[155].

4. Die Systematiker des Vernunftrechts

In den Jahren um 1680 machte der europäische Geist eine Krise durch, deren schöpferischer Charakter zu einer Reihe neuer politischer Ideen geführt hat. In diesen Jahren entstand ein Großteil jener politischen Ideen, die noch in der Mitte des 18. Jahrhunderts revolutionär erschienen und in der Revolution von 1789 verwirklicht werden sollten. Man suchte seit dem ausgehenden 17. Jahrhundert die Grundlagen zu einer Kultur zu legen, „die sich auf die Idee des Rechts gründet: auf das Recht des persönlichen Gewissens, das Recht auf Kritik, das Recht der Vernunft, die Menschen- und Bürgerrechte"[156]. In Deutschland befand sich im Zentrum dieser neuen Epoche Samuel A. Pufendorf (1632 - 1694),

[154] *Justus Lipsius,* Buch II, c. IV (S. 63): „Quomodo capiendus Principatus? duos legitimos modos esse Electionem et Successionem."

[155] Parallelen lassen sich hier zur Staatstheorie des Erasmus von Rotterdam ziehen, der allerdings, soweit ersichtlich, das Adjektiv „legitimus" nicht in einem spezifisch verfassungstheoretischen Sinn verwendet.

[156] *Paul Hazard,* Die Krise des europäischen Geistes (1948), S. 24.

der Wegbereiter einer streng rationalen Naturrechtslehre[157]. Für ihn und seine Nachfolger stellte sich die Aufgabe, sich mit der immer noch herrschenden, auf dem christlichen Glauben beruhenden Naturrechtslehre auseinanderzusetzen und auf der Grundlage der Vernunftprinzipien ein allseitiges Naturrechtssystem zu entwickeln.

a) Samuel A. Pufendorf

Hobbes und Grotius haben Pufendorfs Rechtsphilosophie entscheidend geprägt, ohne daß ihm freilich eigene Originalität abzusprechen wäre. Während Hobbes das natürliche Gesetz aus der Vernunft ableitet, stellt für Pufendorf die Vernunft nur ein Mittel dar, mit dem das natürliche Gesetz durch eine Betrachtung der Natur des Menschen ermittelt werden kann. Für die aufklärerische Tendenz in Pufendorfs Werk[158] ist die Lösung des Rechts und Staates von Theologie und Kirche sowie ihre Erforschung mit den Mitteln der menschlichen Vernunft, d. h. dem zeitgenössischen Rationalismus charakteristisch. Die soziale und sittliche Welt betrachtet er als autonomen menschlichen Wirkungsraum. Die Basis des Naturrechtssystems Pufendorfs ist die Emanzipation einer selbständigen und von der Annahme kirchlicher Glaubenssätze unabhängigen Sozialethik. Allerdings findet sich bei Pufendorf noch die überkommene Trias von „ius divinum, ius naturale“ und „ius civile“. Gleichwohl wird jedoch die Offenbarung, das „Reich Gottes“ nicht mehr im Bereich der natürlichen Vernunft angesiedelt und umgekehrt die natürliche Vernunft aus dem Bereich des Glaubens hinausgewiesen. Pufendorfs entscheidende Leistung war damit „eine Säkularisation nicht der persönlichen Existenz, sondern der Naturrechtsdisziplin als solcher“[159].

Ebenso wie bei Grotius bildet auch bei Pufendorf die Grundlage der Naturrechtslehre die „socialitas“[160]. Wenn Pufendorf sich mit der natürlichen „socialitas“ des Menschen auseinandersetzt und auf die Angewiesenheit auf den Mitmenschen, die „imbecillitas“ hinweist, so handelt es sich hier um der natürlichen Vernunft vorgegebene anthropologische Qualitäten. Der Zustand der „imbecillitas“ und das Streben nach Selbst-

---

[157] *Alfred Verdross*, Abendländische Rechtsphilosophie, 2. Aufl. (1963), S. 128 f.

[158] Zur Staatslehre und Rechtsphilosophie Samuel A. Pufendorfs siehe *Erik Wolf*, Große Rechtsdenker, 4. Aufl. (1963), S. 311 ff.; *ders.*, Grotius, Pufendorf, Thomasius. Drei Kapitel zur Gestaltgeschichte der Rechtswissenschaft (1927); *Johann Sauter*, Die philosophischen Grundlagen des Naturrechts (1932), S. 114 ff.; *Ernst Reibstein*, Volkssouveränität und Freiheitsrechte, Bd. 2 (1972), S. 85 ff.; *Alfred Verdross*, S. 128 ff.; *Hans Welzel*, Die Naturrechtslehre Samuel Pufendorfs (1958); *ders.*, Naturrecht und materiale Gerechtigkeit, 4. Aufl. (1962), S. 130 ff.; *Horst Denzer*, Moralphilosophie und Naturrecht bei Samuel Pufendorf (1972); *Wolfgang Röd*, Geometrischer Geist und Naturrecht (1970), S. 81 ff.

[159] *Franz Wieacker*, Privatrechtsgeschichte der Neuzeit, 2. Aufl. (1967), S. 307 mit Literaturnachweisen.

[160] Zum unterschiedlichen Verständnis des Grundsatzes der „socialitas“ bei Pufendorf und Grotius siehe *Alfred Verdross*, S. 130.

erhaltung legen es nach Pufendorfs Ansicht dem Menschen nahe, sich zur staatlichen Gemeinschaft zusammenzuschließen. Die Organisation der Gesellschaft (societas) als Staat setzt die Konstituierung einer obersten, souveränen Gewalt voraus. Diese oberste Gewalt soll auf die Gemeinschaftszwecke, d. h. auf Wahrung von Sicherheit und Gemeinnutzen gerichtet sein.

aa) Die Grenzen der „potestas legitima"

Im siebten Buch seines Werkes „De jure naturae et gentium" (1672) beschäftigt sich Pufendorf eingehend mit der „interna structura civitatum"[161]. Dies gibt ihm Gelegenheit, zum Herrschaftsvertrag Hobbesscher Prägung kritisch Stellung zu nehmen[162]. Pufendorf hält es für unangebracht, die Gehorsamspflicht der Bürger gegenüber den Herrschenden aus einem Herschaftsvertrag abzuleiten, „in dem jeder dem anderen gegenüber sich verpflichtet, dem Willen des Herrschers keinen Widerstand entgegenzusetzen". Die Übereinkunft, die Herrschaft einem Herrscher übertragen zu wollen, und die nachfolgende Übertragung der Herrschaft unter gegenseitigem Treueid will Pufendorf voneinander getrennt wissen. Er hält es für gefährlich, lediglich aus einem Vertrag mit irgendeinem Mitbürger eine Verpflichtung gegenüber dem König abzuleiten. Denn in diesem Falle könnten alle den Herrschaftsvertrag widerrufen, wenn nur ein Bürger seiner Gehorsamspflicht nicht nachkommen würde. Diesem sehr hypothetischen Bedenken stellt Pufendorf noch ein gewichtigeres Argument zur Seite. Er geht von Hobbes' These aus, daß die Verpflichtung, dem Herrscher zu gehorchen, nicht unmittelbar dem Herrschaftsvertrag entspringe, sondern nur mittelbar, da ohne Gehorsam das Recht der Befehlsgewalt vergebens und infolgedessen der Staat gar nicht begründet wäre[163]. Die Ansicht von Hobbes impliziert, daß man auf Grund des Herrschaftsvertrages keine rechtliche Handhabe finden kann, einem Befehl des Herrschers nicht zu folgen. Demgegenüber wendet Pufendorf ein, daß Befehle denkbar wären, die ein Bürger mit Recht verweigern könne, so etwa der Befehl, sich selbst zu töten[164]. Pufendorf stellt entscheidend darauf ab, daß sich die gesetzliche Befehlsgewalt des Königs und die Pflicht der Bürger zum Gehorsam genau entsprächen: „... afferimus potestatem regis legitimam, et officium civium; adeoque pernegamus, a rege iure quid posse imperari, quod subiectus iure

---

[161] *Samuel A. Pufendorf,* De jure naturae et gentium (1672; ben. Ausg.: Frankfurt und Leipzig 1759, Neudr. 1967), Buch VII, c. II (S. 127).

[162] *Samuel A. Pufendorf,* § XI (S. 139); vgl. hierzu *Horst Denzer,* S. 160 ff.

[163] *Thomas Hobbes,* De cive (1647), c. 6 § 13.

[164] *Samuel A. Pufendorf,* ebd.: „Namquae ipsum movisse videtur ratio inanis est. Scilicet tacite praesupponit; de quibus pacto fuit conventum, illa non posse iure detrectari. Atqui posse a Rege aliqua iure iuberi, quae civis iure possit detrectare, exempli gratia, si rex iubeat, ut me, aut ipsum regem, aut patrem condemnatum interficiam."

possit detrectare[165]." Pufendorf stellt hier die Gehorsamspflicht der Bürger der legitimen Staatsgewalt gegenüber, die durch das Recht begrenzt wird. Er erläutert diese Ansicht näher, indem er ausführt, der König könne rechtmäßigerweise nichts anderes befehlen, als was durch den Zweck der Gemeinschaft geboten sei[166]. Das Wohl des Staates unter Wahrung der natürlichen Gesetze ist für Pufendorf das oberste Gesetz für die Regierung[167]. Die Bürger sollen aus Gewohnheit, nicht aus Furcht vor Strafe den Gesetzen gehorchen. Klare und knapp gefaßte Gesetze sollen nur enthalten, was zum Wohl des Staates und der Bürger unbedingt erforderlich ist. Diese Forderung begründet Pufendorf damit, die Menschen würden ihr Handeln eher nach der Vernunft als nach den Gesetzen richten. Die Steuern bezeichnet er als das Entgelt an den Staat für den Schutz von Leben und Eigentum[168]. Die Höhe der Steuern soll den Vorteilen entsprechen, die der Staat dem Einzelnen zu gewähren vermag. Die souveräne Gewalt, auch wenn sie sich nicht in ihren legitimen Grenzen hält, ist nach Pufendorfs Ansicht heilig und unverletzlich[169]. Gegenüber Handlungen des Herrschers, die dem Naturrecht oder besonderen Abmachungen (den Grundgesetzen) zuwider sind, gibt es kein Widerstandsrecht. Der Satz „moriendum potius, quam occidendum est" wird mit der Erwägung des Vorrangs der öffentlichen Ordnung begründet. Der hohe Stellenwert, den Pufendorf der Aufrechterhaltung der öffentlichen Ordnung in seiner Staatslehre zumißt, offenbart sich auch in seinen Ausführungen zur Gehorsamspflicht des Bürgers gegenüber einem Usurpator.

bb) „Invasor" und „legitimus princeps"

Im Rahmen seiner Ausführungen über die Unverletzlichkeit der Staatsgewalt geht Pufendorf von einem der Leitmotive vernunftrechtlicher Staatslehre aus: die Staatsgewalt soll eingesetzt sein, um die Menschen vor Gefahren zu bewahren und vor den unsäglichen Leiden des Naturzustandes zu beschützen. Auf Grund dieser Prämisse lehnt er generell ein Widerstandsrecht gegen rechtswidrige Ausübung der Staatsgewalt ab. In diesem Zusammenhang wirft Pufendorf die „difficilis quaestio" auf, ob man den illegitimen Eindringlingen („invasores illegitimi") gehorchen müsse und ob nicht auf Grund eines lang dauernden Besitzes der Staatsgewalt oder eines späteren Vertrages die Invasoren das „verum ius imperandi" erlangen können[170]. Pufendorf weist mit Nachdruck dar-

[165] *Samuel A. Pufendorf,* ebd.

[166] *Samuel A. Pufendorf,* ebd.: „Neque enim rex plura iure iubere potest, quam quae cum fine societatis civilis institutae congruunt, aut congruere iudicantur."

[167] Vgl. hierzu *Hans Welzel,* Die Naturrechtslehre Samuel Pufendorfs (1958), S. 79, Anm. 83.

[168] *Samuel A. Pufendorf,* Buch VIII, c. V, § VI (S. 423 ff.).

[169] *Samuel A. Pufendorf,* Buch VII, c. VIII, § I (S. 257).

[170] *Samuel A. Pufendorf,* § IX (S. 267).

auf hin, daß eine Gehorsamspflicht nur gegenüber der legitimen Staatsgewalt bestehe[171]. Denn der Gewalt gehorchen, bedeute lediglich eine Notwendigkeit; Gewalt schaffe aber keine moralische Pflicht zum Handeln. Als nächstes stellt sich für Pufendorf die Frage, wann der Eindringling zum legitimen Herrscher wird. Er meint, man könne demjenigen, der die Staatsgewalt de facto inne habe, für den „legitimus princeps" halten, wenn niemand da sei, der ein besseres Recht auf die Ausübung der Staatsgewalt besitze[172]. Pufendorf begründet diese Ansicht mit der Erwägung, es sei besser, wenn der „Invasor" in der Art eines legitimen Herrschers regiere, als wenn der Staat infolge Unsicherheit über den Regenten in Verwirrung gerate. Die innere Sicherheit im Staat scheint damit für Pufendorf der entscheidende Gesichtspunkt dafür zu sein, daß auch einem illegitimen Herrscher gehorcht werden muß, wenn ein rechtmäßiger Herrscher nicht vorhanden ist.

Damit ist noch nicht die Frage entschieden, wie sich der Bürger verhalten muß, wenn ein „Usurpator" die Staatsgewalt an sich gerissen hat, aber der „princeps legitimus" aus dem Exil etwa Ansprüche auf die Staatsgewalt geltend macht[173]. „Ast vero, quando quis pulso legitimo principe, imperium arripit, et pro rege se gerit, revera iuris alieni usurpator; quid heic bono civi agendum, qui isti, quamdiu adhuc superstes est, fidem videtur debere[174]." Auch in diesem Konflikt hebt Pufendorf entscheidend darauf ab, daß die öffentliche Ordnung nicht gestört werden dürfe und auf die allgemeine Wohlfahrt geachtet werden müsse; außerdem liege es im wohlverstandenen Interesse jedes Einzelnen, den „Usurpator" nicht gegen sich aufzubringen. Damit gelangt Pufendorf zu dem Ergebnis, daß die Übereinkunft der Bürger und die dem „Usurpator" versprochene Treue Recht und Anspruch des ehemals legitimen Königs auf die Staatsgewalt beseitigen können[175].

Trotz aller kritischen Distanzierung gegenüber Hobbes tritt auch bei Pufendorf die Ordnungsfunktion des Staates und mit ihr das positive Recht in den Vordergrund. Das Naturrecht vermag zwar der Allmacht des staatlichen Gesetzgebers theoretisch Grenzen zu setzen. Die „potestas

[171] *Samuel A. Pufendorf*, ebd.: „Heic ex superioribus repetendum, obligationem ad obsequium non produci, nisi legitimam potestatem alter in me habeat."

[172] *Samuel A. Pufendorf*, ebd.: „... quod is, qui de facto summum imperium obtinet, utut possessiones pravis artibus invaserit, a singulis civilis tantisper pro legitimo principe sit censendus, quando nullus adest, qui meliori iure imperium sibi vindicare possit."

[173] Bemerkenswert ist Pufendorfs Terminologie: Von einem „Usurpator" spricht er dann, wenn ein „princeps legitimus" noch vorhanden ist; ein „Invasor" hingegen bemächtigt sich der Staatsgewalt, ohne daß es einen legitimen Prätendenten auf ihre Innehabung gibt oder noch gibt.

[174] *Samuel A. Pufendorf*, § X (S. 268).

[175] *Samuel A. Pufendorf*, ebd. (S. 269).

legitima" ist jene Staatsgewalt, die naturrechtliche Maximen nicht verletzt. Dies ist nach Pufendorfs Ansicht dann der Fall, wenn die Gesetze der „potestas legitima" der Verwirklichung des Staatszweckes dienen. Aus dieser Forderung zieht er jedoch keine praktischen Konsequenzen. Jeder Bürger im Staat ist allein durch das positive Recht gebunden, selbst wenn es naturrechtlichen Maximen widerspricht. Ein Widerstandsrecht ist in Pufendorfs Staatslehre so gut wie ausgeschlossen. Dieses Votum für die Ordnungsfunktion des Staates, das sich bei seinen Darlegungen über die Usurpation bestätigt, entwertet den „stolzen Bau der Pufendorfschen Naturrechtslehre" und degradiert sie zu „einer Richtlinie für den aufgeklärten Gesetzgeber der absolutistischen Ära"[176].

b) *Christian Wolffs „regnum legitimum"*

Verständigkeit, Nüchternheit und Zweckstreben bestimmen die Philosophie Christian Wolffs (1679 - 1754); daß Verständiges immer Gutes bewirke, kann man als sein philosophisches Credo bezeichnen[177]. Wolff läßt sich von einer rationalistischen Ethik leiten, die es sich zur Aufgabe setzt, jedem Einzelnen das Wesen des Guten begreifbar zu machen und zu dessen Verwirklichung zu befähigen. Mit der Vernunft des Verstandes meint Wolff, nicht nur die Grundlagen des Glücks des Einzelnen, sondern auch die Maximen für ein geordnetes Staatsleben herausarbeiten zu können. Ebenso wie die Philosophen der französischen Aufklärung sieht auch Wolff den Staatszweck in der Aufgabe, die Menschen zur Glückseligkeit in einem nach den Maximen der Vernunft geordneten Staatswesen zu führen. Dieser Staatszweck erfordert, daß den Bürgern das zum Existieren Notwendige und ein ruhiges und geordnetes Leben geboten werden müssen[178]. Ihn müssen Herrscher und Bürger gemeinsam anstreben. Die friderizianische Vorstellung vom König als dem „ersten Diener des Staates" oder nach der französischen Formulierung in der Aufklärungsliteratur als dem „premier commis de l'Etat" stimmt mit Wolffs „ius maiestatis" überein, das er als ein „ius omnia constituendi, quae ad bonum publicum consequendum ipsi facere videntur" bezeichnet[179]. Der aufgeklärte Staat des Absolutismus sollte den Bürgern ein

[176] *Alfred Verdross*, S. 133; zur Widerstandslehre bei Pufendorf: *Horst Denzer*, S. 194 ff.

[177] Zur Philosophie und Staatslehre Christian Wolffs vgl. *Erik Wolf*, Große Rechtsdenker, S. 430 f.; *Reinhold Zippelius*, Geschichte der Staatsideen (1971), § 15e (S. 133); *Werner Frauendienst*, Christian Wolff als Staatsdenker (1927); *Johann Sauter*, S. 178 ff.; *Alfred Verdross*, S. 138 ff.; *Wolfgang Röd*, S. 117 ff.

[178] *Christian Wolff*, Institutiones iuris naturae et gentium (1750, Neudr. 1969), § 972 (S. 597): „... Finem civitatis consistere in vitae sufficientia, abundantia eorum, qua ad vitae necessitatem, commoditatem et iucunditatem requiruntur, ac mediorum felicitatis, tranquillitate civitatis, vacuitate a metu iniuriarum ..."

[179] *Christian Wolff*, Ius naturae, Pars octava de imperio publico (1748, Neudr. 1968), § 811 (S. 626).

konkretes Glück gewähren, das durch die Beförderung der zeitlichen Wohlfahrt und durch Gewährleistung innerer und äußerer Sicherheit erlangt werden kann.

Von einer Bindung des Herrschers spricht Wolff im Zusammenhang mit seinen Ausführungen über die „legitima regna". Der Begriff „regnum legitimum" wurde freilich nicht von Wolff geprägt. Er wurde bereits von Christoph Besold (1577 - 1638) in seinem „De maiestate in genere"[180] gebraucht, der sich für die Verwendung dieses Begriffes auf die Politik des Aristoteles beruft. Mit „regnum legitimum" bezeichnet Besold einen Staat, in dem die Regierungs- und Verwaltungsrechte durch Gesetz eingeschränkt werden[181]. Den Terminus „regnum legitimum" unterscheidet Besold von dem „regnum plenum". Sowohl im „regnum legitimum" als auch im „regnum plenum" muß der Regent den erlassenen Gesetzen folgen. Den wesentlichen Unterschied zwischen beiden Staatsformen erblickt er darin, daß in einem „regnum legitimum" dem König das Recht entzogen sei, Gesetze zu ändern. Die Gewalt des Regenten sei durch Gesetze fest umrissen und könne nur durch den Staat in seiner Totalität modifiziert werden. Demgegenüber habe in einem „regnum plenum" der Regent jederzeit das Recht, Gesetze zu ändern oder zu erlassen.

Ebensowenig wie Besold bindet auch Wolff nicht den Begriff „regnum legitimum" an die Verfolgung des Staatszwecks oder an die Respektierung naturrechtlicher Prinzipien bei der Regierung. In positivistischer Manier bezeichnet Wolff als „regnum legitimum" eine Herrschaftsstruktur, in der der König die Staatsgewalt in Übereinstimmung mit den Grundgesetzen des Staates ausübt und sich an die Vorschriften über die Übertragung der Staatsgewalt hält[182]. Die Staatsgewalt, die der König gegenüber den Bürgern ausüben kann, ist damit beschränkt[183]. Der König hat nach der Ansicht Wolffs in einem „regnum legitimum" nicht die oberste Gewalt („imperium summum") inne. Er teilt sie mit dem Volk oder Einzelnen aus dem Volk. Dieser Ausgangspunkt führt Wolff dazu, zwischen den Staatsformen der Monarchie, Aristokratie und Demokratie einerseits und den „regna legitima" andererseits zu unterscheiden: „Quamobrem cum in monarchia imperium summum sit penes solum Regem, in aristocratia penes optimates solos, in democratia penes populum, regna

[180] *Christopherus Besoldus*, De maiestate in genere (Argenorati 1625), Cap. IV (S. 231 f.): „De regno legitimo"; zu Besolds Leben siehe *Muther*, in: Allgemeine Deutsche Biographie, 2. Bd. (1875), S. 556 f.

[181] *Christopherus Besoldus*, ebd.: „Regnum legitimum, eo quod potestas rempublicam administrandi legibus ibi sit restricta."

[182] *Christian Wolff*, Ius naturae, § 262 (S. 191): „Regnum legitimum dicitur, in quo Rex imperium exercere tenetur iuxta leges fundamentales vel perpetuas, vel in delatione imperii ipsi in specie praescriptas, seu capitulationem. Quoniam per leges fundamentales, consequentur et capitulationem, imperium civile limitatur."

[183] *Christan Wolff*, § 32 (S. 21 f.); §§ 77 f. (S. 48 f.).

legitima sunt mixta Reip. formae ex monarchia, democratia et aristocratia simul[184]." Von Wolff werden damit die „regna legitima" als Mischstaatsformen bezeichnet. Gleichzeitig finden sich unter der Bezeichnung „regna legitima" die Grundzüge der konstitutionellen Monarchie dargelegt. Die Regierungsgewalt ist geteilt zwischen dem Volk oder einer besonderen Klasse des Volkes einerseits und dem Monarchen andererseits. In den legitimen Königreichen wird der Regent von einer dritten Person zum Befolgen der Gesetze angehalten[185]. Der Regent ist insoweit bei der Ausübung der Staatsgewalt beschränkt, als das Volk ihm bei der Übertragung der Staatsgewalt Grenzen gesetzt hat: „In regno legitimo ex legibus fundamentalibus et capitulatione metiendum est ius Regis[186]." Über den Inhalt des staatlichen Grundgesetzes kann man nach Wolffs Ansicht keine allgemeingültige Aussage machen, da hierfür allein der Übertragungsakt des Volkes maßgebend ist. Dies wird besonders deutlich bei den Ausführungen über die Thronfolge in den „regna legitima". Wolff unterscheidet zwischen der dynastischen Thronfolgeordnung und der Thronfolge durch Wahl[187]. Bei der Thronfolge durch Wahl kann das Volk jeweils die Grundgesetze des Staates ändern. Ist jedoch in den Grundgesetzen des Staates das dynastische Prinzip festgelegt, so tritt der Nachfolger in die Rechte und Pflichten seines Vorgängers ein; in diesem Fall ist eine Änderung der staatlichen Verfassung nicht möglich[188].

Bei Wolff ist, soweit er das Epitheton „legitimus" verwendet, ein gewisser Traditionsbruch gegenüber älteren staatsphilosophischen Werken festzustellen. Mit der Verwendung des Begriffes „legitimus" stellt er weder eine Antithese zu tyrannischer Herrschaft auf, noch hebt er auf irgendwelche religiöse Rechtfertigung des Herrscheramtes ab. Auch bindet er die Legitimitätsidee nicht an die Verfolgung eines bestimmten Staatszweckes. Für Wolff ist das „regnum legitimum" in einem ganz positivistischen Sinn die vom Regenten nicht einseitig ausdehnbare und damit beschränkte Herrschaftsgewalt. Wolff ist damit einer der wenigen Autoren, die mit dem Legitimitätsbegriff allein die positive Ausgestaltung einer Staatsordnung bezeichnen und nicht nach einer überpositiven Rechtfertigung fragen.

---

184 *Christian Wolff*, § 262 (S. 191).

185 *Christian Wolff*, ebd. (S. 192): „... in regnis legitimis ubi imperans obligatur ab alio ad legum observantiam, quas vel invitus sequi tenetur in imperio administrando."

186 *Christian Wolff*, § 263 (S. 192).

187 *Christian Wolff*, § 389 (S. 288 f.); in seinem „Institutiones juris naturae et gentium, § 1006 (S. 617) unterscheidet Wolff zwischen der „electio legitima", die auf Grund der staatlichen Verfassung stattfindet, und der „electio illegitima", die einem Gesetz zuwiderläuft. Das Volk braucht den illegitimer Weise gewählten König nicht anzuerkennen.

188 Zu einer Ausnahme von diesem Prinzip vgl. *Christian Wolff*, Ius naturae, § 390 (S. 290).

Zweites Kapitel

Die Entwicklung der Legitimitätsidee in Frankreich seit Bodin

In einer zweitausendjährigen Traditionskette ließ sich verfolgen, wie das Adjektiv „legitimus“ von den römischen Juristen, in den lateinischen Werken des Mittelalters und bis hinein in das 18. Jahrhundert mit schillerndem Bedeutungsgehalt verwendet wurde. Was nun die Rezeption dieses lateinische Terminus in das spezifisch rechts- und staatsphilosophische Begriffsgefüge einer modernen Sprache betrifft, so gehört es zu der historischen Besonderheit des Legitimitätsbegriffes, daß er vornehmlich in Frankreich zuerst Wurzeln geschlagen hat. Das Wort „légitime“ kommt in der staatsrechtlichen und politischen Literatur Frankreichs seit Ende des 16. Jahrhunderts in Verbindung mit den verschiedensten Hauptwörtern vor. Die Worte „légitime“ und „légitimité“ weisen schon im französischen Rechts- und Staatsdenken des 17. und 18. Jahrhunderts eine große Spannweite ihres Bedeutungsgehaltes auf. Im Grunde genommen werden bereits andeutungsweise die wesentlichen Züge des späteren vielschichtigen und mehr oder weniger ideologisch gefärbten Legitimitätsbegriffes des 19. Jahrhunderts vorweggenommen. Trotz der Vieldeutigkeit des Verständnisses des Legitimitätsbegriffes bestand allerdings immer Einigkeit, daß die legitime Regierung die richtige, dem Staat und dem Einzelnen allein vorteilhafte Regierung sei. Auf diesem Boden war es möglich, das Wort Legitimität aus seiner untergeordneten Stellung hervorzuheben und nicht nur zu einem bedeutenden rechtlichen Ordnungsprinzip Europas, sondern auch zum Rechtfertigungsgrund aller staatlichen Macht zu machen.

Die Übernahme des Legitimitätsbegriffes in das französische staatsphilosophische und politische Schrifttum ist eng verknüpft mit dem Phänomen des Entstehens des modernen souveränen Staates[1]. Der moderne Staat als geschichtliches Gebilde nahm seit dem 16. Jahrhundert unter

[1] Zur Entstehung des modernen Staates vgl. *Fr. A. Frhr. von der Heydte*, Die Geburtsstunde des souveränen Staates (1952), S. 41 ff.; *Herbert Krüger*, Allgemeine Staatslehre, 2. Aufl. (1966), S. 5 ff.; *Gottfried Salomon-Delatour*, Moderne Staatslehren (1965), S. 164 ff.; *Ernst Kern*, Moderner Staat und Staatsbegriff (1949); *Helmut Quaritsch*, Staat und Souveränität, Bd. 1: Die Grundlagen (1970), S. 395 ff. und passim.

Überwindung der alten mittelalterlichen Formen immer festere Konturen an. Eine bestimmte Zäsur anzugeben, ist nicht möglich. Es handelt sich um einen äußerst langsamen Prozeß, bei dem die Verwirklichung modernen staatsbildenden Gedankengutes mit einer traditionellen feudalen Struktur kämpfte. Die Anhänger einer neuen Staatsidee verlangten, daß der Staat souverän sein, in seinem Bereich die letzte Instanz darstellen und über eine unteilbare höchste Gewalt verfügen müsse. Diesem einen Grundelement der modernen Staatslehre stellte man antithetisch die Forderung gegenüber, daß die in der Natur begründete Freiheit des Menschen, seine unentziehbare Würde und gewisse vorstaatliche Rechte gewahrt werden müßten[2].

Äußerer Anstoß für die Entstehung des modernen Staates waren die zunehmende Bevölkerungsdichte und die weiter entwickelte Technik, die einen staatlichen Zusammenschluß ermöglichten, aber auch erzwangen. Dieser Prozeß resultierte aber auch aus der Bedrohung des entstehenden Nationalstaates durch die mehr oder weniger geeinten Nachbarvölker und dem Erfordernis der Bildung einer zentralen und leistungsfähigen Verwaltung.

Die geistigen Voraussetzungen des modernen Staates kann man, Herbert Krüger folgend[3], mit den Schlagworten Säkularisation und Rationalismus bezeichnen. Säkularisation bedeutet hier, daß der Mensch nicht mehr dem „Jenseits" zugewandt ist, nicht mehr das Leben als Durchgangsstadium betrachtet, sondern weltbejahend im „Diesseits" die Verwirklichung seiner Existenz sucht. Überspitzt formuliert kann man sagen: „L'Etat remplace Dieu comme instrument de son salut ou de sa condemnation[4]." Dies bewirkt nicht zuletzt, daß nach und nach eine selbständige, nicht mehr auf theologische Argumentation gestützte Staatstheorie möglich wird. Außerdem wird erkannt, daß die Verteidigung der Religion nicht mehr Staatsaufgabe sein kann und der Staat zwecks Vermeidung unnötiger Konflikte tolerant sein muß[5]. Von theologischer Seite trugen zu dieser Entwicklung die Lehren der Monarchomachen und die Anerkennung der weltlichen Obrigkeit durch Luther bei. Andererseits muß man auch auf Machiavelli hinweisen, der Staat und Politik von jedem höheren Wert losgelöst allein unter dem Gesichtspunkt der Selbsterhaltung behandelte. Vom Staat werden die Verfolgung einer rationalistischen Politik und die Sicherung der Gesellschaftsordnung nach außen und innen verlangt. Die naturrechtliche

---

[2] *Max Imboden*, Johannes Bodinus und die Souveränitätslehre (1963), S. 4.

[3] *Herbert Krüger*, S. 32 ff.

[4] *Georges Burdeau*, Traité de science politique, Bd. VI, zitiert nach Herbert Krüger, S. 34, Anm. 6.

[5] Zu den Einzelheiten vgl. *Ernst-Wolfgang Böckenförde*, Die Entstehung des Staates als Vorgang der Säkularisation, in: Säkularisation und Utopie (1967), S. 75 ff.

Staatstheorie mit der Konstruktion des Vereinigungs- und Herrschaftsvertrages, der Übergang vom „dominium“ zum „imperium“, insbesondere jedoch die Erkenntnis, daß der Staat die Mittel anwenden dürfe, die er zwecks seiner Erhaltung in Anspruch nehmen muß, all dies ist Ausdruck der rationalistischen Staatsphilosophie.

Was die äußeren Einflüsse und geistigen Voraussetzungen für die Entwicklung des modernen souveränen Staats in Frankreich anbelangt, soll lediglich auf die Neugliederung des staatlichen Herrschaftsapparates in Frankreich ausgangs des Mittelalters hingewiesen werden[6]. Hier setzten sich frühzeitig die zentralistischen Tendenzen des Königtums durch. Die Auflösung des mittelalterlichen Weltbildes und Staatensystems brachte den Übergang zur nationalstaatlichen Entwicklung. Ihr Träger ist wie überall in Europa auch in Frankreich die erstarkende Macht der Krone. In diesem Zusammenhang ist die Neubelebung römischer Rechtsauffassungen zu erwähnen, welche die Legisten für die Monarchie auswerteten. Seit dem 13. Jahrhundert verhalfen sie dem römischen Recht auf breiter Front zum Durchbruch[7]. Das Vordringen des römischen Rechtsdenkens begünstigte u. a. in Frankreich die Rationalisierung und Institutionalisierung der vasallitischen Rechtsverhältnisse. Den Legisten war das Wesen der alten Lehensordnung fremd. Die Quelle des Rechts fanden sie nicht primär in der Gewohnheit, sondern in dem König, der als Abbild des römischen Kaisers erscheint. Nach der These der Legisten ist der Wille des Königs das Gesetz. Die mittelalterliche Fehde wurde zur Auflehnung gegen das Gesetz und damit zum „crimen laesae maiestatis“. Die Auflösung des Lehenssystems und der damit verbundene Aufstieg des Königtums zu einer mit unumschränkter Verfügungsgewalt ausgestatteten Einrichtung ist nicht allein ein quellenmäßig zu belegender Vorgang. Mit ihm schwindet das Wesen der mittelalterlichen Ordnung, die sich in Begriffen wie Fehde, Recht und Treue ausdrückte und denen insgesamt ein sittlich-persönliches Element innewohnte[8]. Die Rechtfertigung für das politische Handeln bedurfte nicht mehr der geschichtlichen Begründung, es entsprang einfach der staatlichen Notwendigkeit. Das Gesetz erhielt eine abstrakt-metaphysische Grundlage; es wurde wie im römischen Absolutismus Emanation einer höheren Macht. In Frankreich zeichnet sich diese Entwicklung deutlich seit der zweiten Regierungshälfte Franz I. (1494 - 1547) ab. Die Gesetze schließen mit der Formel:

---

[6] Grundlegend zur Frage der Entstehung des souveränen Staates *Helmut Quaritsch*, S. 243 ff.; vgl. weiter *Martin Göhring*, Weg und Sieg der modernen Staatsidee in Frankreich, 2. Aufl. (1947), S. 78 f. und *Otto Brunner*, Land und Herrschaft, 4. Aufl. (1959), S. 111 ff.

[7] *Ernest-Desiré Glasson*, Histoire du droit et des institutions de la France, Bd. 4 (1891), S. 206 ff.; *Jacques Ellul*, Histoire des institutions, Bd. 3: Le moyen age, 6. Aufl. (1969), S. 314 ff.

[8] *Jürgen Dennert*, Ursprung und Begriff der Souveränität (1967), S. 14.

„Car tel est notre plaisir." Der Hof beginnt Zentrum des Staates zu werden. Es bildet sich der Hofstaat, an den der Adel gezogen, politisch neutralisiert und entmachtet wird. Die Kirche bleibt durch das Konkordat von 1516 noch mit dem Staat verbunden, der König allein vergibt die geistlichen Pfründen. Die Kirchenfürsten und die Krone befinden sich in einer engen Union. Die Städte verlieren wichtige Teile ihrer Selbstverwaltung und Privilegien. Die Krone schafft Kontrollorgane, indem sie aus eigener Machtvollkommenheit ein das ganze Land erfassendes Beamtentum herausbildet und mit Nachdruck die Zentralisierung anstrebt.

Ein wichtiger Bestandteil der politischen Ordnung Frankreichs im 15. und 16. Jahrhundert sind die „lois fondamentales". In ihnen ist die lehensrechtliche Ordnungsvorstellung römisch-rechtlich geronnen. Zu den „lois fondamentales" gehören unter anderem die Erblichkeit des Thrones, Ausschließung der Frauen von der Erbfolge und später auch die in den Glaubenskämpfen äußerst bedeutsame Katholizität des Herrschers, sowie die Bindung des Herrschers an die göttlichen Gebote und die Ausschließung fremder Fürsten von der Herrschaft[9]. Diese „lois fondamentales" begründen die Rechtmäßigkeit der Herrschaft. Der schlechte Herrscher ist nicht mehr derjenige, der die Treue und damit die persönliche Beziehung, auf der die feudal-mittelalterliche Ordnung beruht, zerstört, sondern der gegen die „lois fondamentales" verstößt. Ziel und Zweck der „lois fondamentales" ist die Bewahrung der Einheit und Ordnung des Gemeinwesens, wobei an der bestehenden Herrschaft festgehalten werden sollte.

Wie die Grundprinzipien einer auf mittelalterlichem Gedankengut basierenden und mit dem entstehenden Absolutismus ringenden Staatslehre aussehen, wurde bereits an der Lehre der protestantischen Monarchomachen gezeigt[10]. Im folgenden soll auf die Rolle der Legitimitätsidee in der den modernen Staat endgültig begründenden Theorie von Absolutismus und Souveränität eingegangen werden.

I. Die Theoretiker des Absolutismus

1. Jean Bodins Souveränitätslehre

Die Herausbildung des absolutistischen Königtums und der Souveränität als Bestandteil der Staatsgewalt hat ihre Wurzel in der geschichtlichen Situation Frankreichs in der zweiten Hälfte des 16. Jahrhunderts. Der historische Hintergrund, der zur scharf ausgeformten Prägung der

[9] Zu den „lois fondamentales" vgl. *Jacques Ellul*, S. 318 ff., 345 ff. (Literaturnachweise); *Helmut Quaritsch*, S. 348 ff.

[10] Vgl. oben 1. Kap. III., 2.

Souveränitätsidee und zur Herrschaft der absolutistischen Monarchie führte, waren der Streit zwischen Königtum und Papst sowie der rücksichtslos durchgeführte Machtkampf zwischen den Katholiken und Hugenotten, die den Staat an den Rand des Verderbens zu führen drohten[11].

Um einen Ausweg aus diesem Dilemma zu finden, suchte man die Staatslenkung von Religion und Theologie zu trennen. Diese neue politische Richtung wurde von einem Kreis besonnener Politiker, den „Politiques"[12] vertreten. Sie sahen in der königlichen Macht die Garantie für Frieden und Ordnung und wollten daher den König zu einem Mittelpunkt nationalen Einigseins oberhalb aller religiösen und politischen Anschauungen erheben. Sie räumten dem Frieden, der äußeren Ruhe und Sicherheit des Lebens, den Vorrang gegenüber dem Streit um die religiöse Wahrheit ein. Die Waffen wurden nicht mehr für das geeignete Mittel der Bekehrung gehalten, da sie nur Verderben, Haß und Feindschaft zu schaffen vermögen[13]. Die Einheit des Landes und die Achtung des Befehls des Königs als oberstes Gesetz wurden zur Richtschnur politischen Handelns. So repräsentierten sie den Trend zu einer starken Regierung, der zu Zeiten der Anarchie allenthalten anzutreffen ist. Besonders hervorzuheben ist ihre religiöse Toleranz, geprägt von der Einsicht, daß Glaubenskämpfe dem Staat schädlich seien. Die Regierung von Heinrich IV. sowie Katharina von Medicis Kanzler L'Hôpital[14] gaben dieser Geisteshaltung bei den politischen Entscheidungen Ausdruck. Die Verschiedenheit der Konfessionen wurde nur noch als kirchliche Angelegenheit betrachtet. Der König hatte nur darauf zu achten, daß seine Untertanen sich nicht befehden. Im Edikt von Nantes (1598) wurde den Hugenotten die Glaubensfreiheit gewährt; die Trennung von Kirche und Staat, Religion und Politik sind so gut wie vollzogen. Die Entscheidung für die Staatsreligion in späterer Zeit war nicht mehr eine Frage der Verwirklichung und Durchsetzung der Wahrheit, sondern eine Frage der staatlichen Politik[15].

Jean Bodin (1529 - 1596), von dem niemand wußte, ob er Katholik, Protestant oder Jude war, dessen tiefreligiöse Überzeugung jedoch in seinem gesamten Werk zum Ausdruck kommt, wurde zum Theoretiker

---

[11] Zum konfessionellen Bürgerkrieg in Frankreich und seine verheerenden Folgen siehe *Leopold von Ranke*, Französische Geschichte, Bd. 1 (1957), S. 117 f.

[12] Zur Lehre und zum Wirken der „Politiques" siehe *Helmut Quaritsch*, S. 288 ff.; *George H. Sabine*, A History of Political Theorie (1937), S. 399 ff.; *Henri Baudrillart*, Bodin et son temps (1853, Neudr. 1964), S. 74 ff.; *Ernst Hinrichs*, Fürstenlehre und politisches Handeln im Frankreich Heinrichs IV. (1969), S. 20.

[13] *Roman Schnur*, Die französischen Juristen im konfessionellen Bürgerkrieg (1962), S. 16 ff.

[14] L'Hôpital wurde 1568 wegen seiner toleranten Haltung entlassen. Von *Henri Baudrillart*, S. 9 wird L'Hôpital als „heros de la tolerance" bezeichnet.

[15] *Ernst-Wolfgang Böckenförde*, S. 86.

der von den „Politiques" angestrebten überkonfessionellen Monarchie, einer Monarchie, der die übernatürliche Qualifikation des Gottesgnadentums abgesprochen wurde. Niedergelegt hat Bodin seine Gedanken in dem 1576 — 4 Jahre nach der Bartholomäusnacht — erstmals erschienenen Werk „Six livres de la République"[16]. Die Basis des Staates bildet bei Bodin die Familie. Sie steht unter der gerechten und gottgewollten Leitung eines Oberhauptes. Die Familiengemeinschaft wird vom Familienvater wie der Staat vom König mit absoluter Gewalt gelenkt. Der Staat ist nichts anderes als eine Vielzahl von Familien, die unter der souveränen Herrschaft eines Einzelnen stehen. Der Staat ist eine rechtliche Ordnung und wie die Familie eine in der menschlichen Natur begründete Notwendigkeit. Die wichtigste Eigenschaft des Staates ist die Souveränität, die „suprema potestas". Sie ist die absolute, höchste und ewige, durch Gesetze ungebundene Gewalt über die Bürger[17]. Nur jene Gewalt ist souverän, die über sich bloß noch Gott anerkennt. Der Staat selbst ist eine Zwangsorganisation zwischen dem Souverän oder einem souveränen Organ auf der einen Seite und den Untertanen auf der anderen Seite. Die Staatsformen sind variabel: Republik, Monarchie und Kollegialregierung werden gleichberechtigt nebeneinandergestellt[18]. Bodin bezeichnet die Souveränität als die nach innen und außen absolute und stetige Gewalt im Staate. Er legt sie dem Herrscher anstatt den Ständen bei und verneint die Möglichkeit ihrer Teilung. Dem Monarchen erkennt er das Recht zu, den Untertanen seinen Willen in Sachen von allgemeiner Bedeutung als Gesetz vorzuschreiben; den Monarchen betrachtet er als „legibus solutus", weil er sich nicht selbst befehlen könne. Gleichwohl verneint Bodin doch nicht alle Schranken monarchischer Gewalt. Die umfassende Macht des Königs ist auf den Zweck der Gesellschaft ausgerichtet; der König muß in seiner Befehlsgewalt unbeschränkt sein, um das Gute in seiner Eigenschaft als Statthalter Gottes auf Erden realisieren zu können.

Was die monarchische Regierungsform anbelangt, unterscheidet Bodin zwischen der „monarchie seigneuriale, royale et tyrannique"[19]. In der „monarchie seigneuriale" ist der König Herr über Güter und Personen durch Kriegsrecht und Kriegsglück geworden und regiert seine Untertanen wie der Familienvater seine Sklaven. Liegt eine „monarchie tyrannique" vor, so verachtet der Herrscher die Gesetze der Natur, behandelt die Freien wie die Sklaven und die Güter der Untertanen wie die seinen.

---

[16] *Jean Bodin*, Six livres de la République (1576, ben. Ausgabe: Paris 1583, Neudr. 1961).

[17] *Jean Bodin*, 1. Buch, 8. Kapitel (S. 122 ff.).

[18] *Jean Bodin*, 2. Buch, 1. Kapitel (S. 251); zu Bodins Lehre von den Staatsformen vgl. *Helmut Quaritsch*, S. 305 ff.

[19] *Jean Bodin*, 2. Buch, 2. Kapitel (S. 272 f.); hierzu grundlegend *Helmut Quaritsch*, S. 316 ff.

Demgegenüber wird der „monarchie royale“ das Epitheton „légitime“ zuerkannt. Hier handelt es sich um diejenige Regierungsform, in der die Untertanen den Gesetzen des Monarchen und der Monarch den Gesetzen der Natur gehorcht, wobei er den Untertanen ihre natürliche Freiheit und das Eigentum an ihren Gütern beläßt. Dieser, dem 3. Kapitel des 2. Buches vorangestellte Leitsatz zeigt die liberale Grundhaltung Bodins, der zwar auch dem legitimen Monarchen absolute Machtvollkommenheit zuspricht, dieser Machtvollkommenheit jedoch immanente Schranken setzt. Näher betrachtet liegt für Bodin die Garantie legitimer Machtentfaltung im Wesen des Monarchen begründet, den er als Idealbild folgendermaßen schildert:

„J'ai mis en notre définition que les sujets soient obéissants au monarque royal, pour montrer qu'en lui seul gît la majesté souveraine, et que le roi doit obéir aux lois de la nature, c'est-à-dire gouverner ses sujets et guider ses actions par la justice naturelle qui se voit et se fait connaître aussi claire et luisante que la splendeur du soleil; c'est donc la vraie marque de la monarchie royale quand le prince se rend aussi doux et ployable aux lois de nature qu'il désire ses sujets lui être obéissants; ce qu'il sera s'il craint Dieu surtout, s'il est pitoyable aux affligés, prudent aux entreprises, hardi aux exploits, modeste en prospérité, ferme en sa parole, sage en son conseil, soigneux des sujets, secourable aux amis, terrible aux ennemis, courtois aux gens de bien, effroyable aux méchants et juste envers tous. Si donc les sujets obéissent aux lois du roi, et le roi aux lois de la nature, la loi d'une part et d'autre sera maitresse, ou, comme dit Pindare, reine. Car il s'ensuivra une amitié mutuelle du roi envers les sujets, et l'obéissance des sujets envers le roi, avec une très plaisante et douce harmonie des uns avec les autres et de tous avec le roi: c'est pourquoi cette monarchie se doit appeler royale et légitime[20].“

Es fällt auf, daß Bodin für die Unterscheidung zwischen legitimer und tyrannischer Herrschaft nicht darauf abstellt, wie der Herrscher an die Macht gekommen ist. War doch die Unterscheidung zwischen dem „tyrannus absque titulo“ und „tyrannus quoad exercitium“ im staatsphilosophischen Schrifttum des Mittelalters und bis hinein in das 17. Jahrhundert durchaus gebräuchlich[21]. In der zitierten Stelle versucht Bodin, den Unterschied von legitimer und tyrannischer Herrschaft allein durch materielle Kriterien zu erfassen.

Legitime Machtentfaltung des Regenten bedeutet Wahrung von Recht und Gerechtigkeit sowie der Belange des Staates. Der Monarch wird

---

[20] *Jean Bodin,* 2. Buch, 2. Kapitel (S. 279/280). Insoweit ist es nicht ganz zutreffend, wenn von Plamenatz, Man and society und Jean Moreau-Reibel, J. Bodin et le droit public (1933) behauptet wird, daß Bodin keine Legitimitätsdoktrin gegeben habe (vgl. Nachweise bei *Janine Chanteur,* Jean Bodin et les critères de la légitimité dans la République, in: L'idee de la légitimité [1967], S. 148 ff.). Andererseits kann das von Janine Chanteur gezeichnete Bild der Legitimitätsvorstellungen Bodins nicht überzeugen, da die wenigen Bemerkungen Bodins die Annahme einer geschlossenen Darstellung einer auf das Legitimitätsprinzip bezogenen Staatslehre nicht gestatten.

[21] *Helmut Quaritsch,* S. 319 ff.

nicht als legitimer Herrscher geboren, er muß sich diese Eigenschaft vielmehr erst erwerben. In Bodins Staatslehre hat der legitime Regent die Stellung eines Mittlers. Er ist, was die Lenkung des Staates anbelangt, frei von jedweder Bindung, er schafft Gesetze, ohne dem Volk Rechenschaft geben zu müssen. Die Stände haben lediglich beratende Funktion. Diese Freiheit bedeutet jedoch nicht Willkür oder Machtausübung ohne Verantwortung. Der Regent ist an das über ihm stehende, von ihm unabänderbare Recht gebunden. Er muß die natürlichen Gesetze, insbesondere die natürliche Freiheit und das Eigentum achten. Die Legitimität der königlichen Herrschaft liegt in der Achtung der fundamentalen Gesetze des Reiches. In dieser Hinsicht gibt Bodin dem Staat eine juristische Grundlage, das religiöse Element tritt zurück[22]. Insofern ist der Staat Bodins ein Rechtsstaat, als er den Souverän moralisch zur Einhaltung gewisser, menschlicher Willkür entrückter Prinzipien verpflichtet. Mit Recht ist Bodin in seinem Bestreben, Autorität und Freiheit miteinander zu versöhnen, als Schöpfer der Idee des souveränen Rechtsstaates bezeichnet worden[23].

2. Legitimität und Souveränität bei Cardin Le Bret

Die Publizistik unter der Herrschaft Heinrichs IV. (1589 - 1610) bleibt auf dem Terrain, das von Jean Bodin vorbereitet wurde. Guy Coquille (1523 - 1603)[24] führt u. a. aus, die königliche Souveränität sei unteilbar, die Parlamente hätten lediglich die Stellung von Gerichtshöfen, die Stände könnten bloß auf Einberufung und unter Vorsitz des Königs zusammentreten. So wird juristisch mit klaren Formulierungen die Basis geschaffen, auf der Kardinal Richelieu seit seinem Amtsantritt im Jahre 1624 die absolute Monarchie in Frankreich endgültig durchsetzen konnte. Richelieu errichtete eine Ministerialdiktatur, die ganz darauf ausgerichtet war, die eingesetzte Dynastie zu festigen und vor einem Rückfall in mittelalterliche Zustände zu bewahren. Unter Richelieu vollzog das Königtum die entscheidende Wendung zur unumschränkten Herrschaft. Den spezifisch absoluten Herrscher sollte Frankreich freilich erst einige Jahre später erhalten. „Aber das Licht einer neuen Zeit fiel bereits auf den Premierminister Richelieu. Als Vorläufer Ludwigs XIV. steht er am

---

22 *Jean-François Suter*, L'idée de légitimité chez Benjamin Constant, in: L'idée de légitimité (1967), S. 181 f.

23 *Gerhard Ritter*, Die Dämonie der Macht, 6. Aufl. (1948), S. 123. Freilich mangelt den Gedanken Bodins noch die Garantie der Aufrechterhaltung der rechtsstaatlichen Ordnung. Es muß jedoch beachtet werden, daß einerseits von der Maxime der Souveränität her der Regent kein Kontrollorgan neben sich dulden durfte und daß andererseits der religiös verankerte Glauben an die über alle Willkür erhabene Geltung der Gebote Gottes und der Natur eine derartige Kontrollinstanz überflüssig erscheinen ließ.

24 *Guy Coquille*, L'institution du droit des Français (1608), in: Les Oeuvres de Guy Coquille, 2. Bd. (1703), 2. Teil, S. 1 ff.

Eingang einer Epoche[25]." Die Einheit des Conseil, der mit den heutigen Ministerien vergleichbar ist, ruhte in der Person Richelieus. Die wichtigsten Ämter hatte er sich selbst vorbehalten. Den eigentlichen Verwaltungsaufbau zu reformieren strebte er nicht an. Hingegen versuchte er auch in den fernsten Bezirken des Reiches, seinem Willen Gehör zu verschaffen. Die Durchsetzung der Staatsräson, so wie er sie verstand, war das Ziel Richelieus. Dies zeigte sich besonders deutlich in der Hugenottenfrage. Er zerschlug die politische und militärische Sonderorganisation der Hugenotten, ihre religiösen und bürgerlichen Rechte aber wurden im Gnadenedikt von Nîmes (1629) bestätigt. In dieser Hinsicht zeigte Richelieu trotz seines machiavellistischen Machtstrebens politische Mäßigung. Die Zentralisierung der Staatsmacht unter Ausschaltung aller ständischen Rechte und Freiheiten war sein oberstes Ziel, das er im wesentlichen durchzusetzen vermochte[26].

In der Zeit der Regierung Richelieus kamen die theoretische Begründung des Absolutismus und die Definition der Souveränität zu einem vorläufigen Abschluß. In dem Staatsrat Cardin Le Bret (1558 - 1655)[27] fand Richelieu seinen Dogmatiker, der das Regime rechtlich begründete. Le Bret unterscheidet zwischen dem voll souveränen und dem nur beschränkt souveränen Herrscher. Wie bereits Bodin ausführte, ist nur der Herrscher voll souverän, der lediglich von Gott abhängt. Wo noch eine Instanz zwischen Gott und König vorhanden ist, da soll es keine souveräne Gewalt geben. Auch mit Nachgeordneten und Gleichrangigen kann der König die Souveränität nicht teilen. Sie ist für Le Bret unteilbar wie der Punkt in der Geometrie und besteht in der Macht eines Willens, sich nur durch sich selbst zu bestimmen und zu beschränken. Der Unterschied zwischen dem „roi légitime" und dem „tyran" wird von Le Bret zunächst in der Art und Weise gesehen, wie der Herrscher zur Macht gelangt ist: der Tyrann okkupiert den Thron mit Gewalt und unter Verletzung der Rechtsordnung; der legitime König übernimmt sein Amt unter Zustimmung und mit Willen der gesamten Bevölkerung[28]. Die „royauté légitime" erlangt darüber hinaus bei Le Bret eine besondere Deutung. Im Verhältnis zwischen König und Volk sind für die „royauté légitime" zwei Dinge entscheidend: „L'une, l'authorité souveraine, pour se faire obéir par les peuples, qui lui sont soumis: l'autre, qu'elle se doit

[25] *Willy Andreas*, Richelieu (1958), S. 38; vgl. auch *Carl J. Burckhardt*, Richelieu, Bd. 1 - 3 (1937 - 1966).

[26] *Cardinal de Richelieu*, Testament Politique (1688, ben. Ausgabe: édition critique publiée par Louis André, 1947).

[27] *Cardin Le Bret*, De la souveraineté du roi (1632), in: Les Oeuvres de Le Bret (1635), S. 1 ff.; zu Cardin le Bret vgl. *Gilbert Picot*, Cardin Le Bret et la doctrine de la Souveraineté (1948).

[28] *Cardin Le Bret*, S. 13; in diesem Sinne auch *Guy Coquille*, S. 1: „Hugues dit Capet fut Roy par vocation legitime, qui fut le consentement des princes et seigneurs et du peuple des trois ordres de France."

proposer pour sa fin principale, de procurer par toutes sortes de moyens le bien de ses sujets[29]." Bemerkenswert ist, daß in dieser stichwortartigen Definition die Souveränität zu einem Bestandteil der Legitimität geworden ist; die Legitimität der staatlichen Gewalt setzt sich bei Le Bret aus der Souveränität des Königs und der Wahrung des Wohls der Bürger zusammen. Le Bret steht hier ganz unter dem Einfluß der machtgeladenen Innenpolitik Richelieus, der mit der souveränen Gewalt des Königs ein starkes und in Europa angesehenes Frankreich zu schaffen versuchte. Hierbei mußte bereits der Wille des Königs für rechtmäßig, für legitim gehalten werden, wenn er nur geäußert wurde. Andererseits offenbart sich, daß dem „Legitimen" auch die dem souveränen König auferlegte Forderung entspringt, sowohl Gerechtigkeit und Billigkeit walten zu lassen als auch für das Glück der Untertanen zu sorgen. Im einzelnen zeigt sich diese Haltung in der Stellung Le Brets zu dem viel umstrittenen Problem der Steuererhebung. Entsprechend der spätmittelalterlichen Verfassungslage war Bodin, obwohl dies eigentlich seiner Souveränitätslehre widerspricht, der Auffassung, ohne Zustimmung der Stände dürften neue Steuern nicht erhoben werden[30]. Demgegenüber erkennt Le Bret dem Monarch zu, selbständig neue Steuern zu erheben[31]; doch bindet er den Monarchen an die Verpflichtung, die Steuern nach den wahren Bedürfnissen des Staates und den Kräften der Untertanen zu bemessen.

3. Jacques Bénigne Bossuet und der theokratische Absolutismus

In der Lehre Bodins und seiner Nachfolger hat ein neues Bild von Staat und Gesellschaft aus der Bürgerkriegssituation, den Dissonanzen des religiösen Streits und der philosophischen Diskussion allmählich Gestalt gewonnen. Bevor jedoch das alte Denken vom Staat endgültig zurückgedrängt ist, setzt es sich in den Theorien großer Staatsphilosophen noch einmal gewaltige Monumente. Im deutschen Kulturraum schreibt Leibniz den Epilog auf eine untergegangene Zeit, in der der Gedanke der gegliederten Einheit, die aus geordneter Vielheit erwächst und in ihr besteht, als erstes politisches Gestaltungsprinzip gilt. Wer Leibniz' politische Schriften liest, wird darin manchmal einen Hauch von Heimweh nach einer Zeit verspüren, da ein Reich und eine Kirche die Christenheit noch einten. In Frankreich mag man ähnlich Jaques Bénigne Bossuet (1627 - 1704) als letzten Künder einer Theorie vom Staat auffassen, die in ihren Wurzeln bis in die Tage Philipps des Schönen zurückgeht. Er versteht es, die neuen Lehren von der Souveränität des Königs harmonisch in ein Weltbild einzuordnen, in dem die von der Religion aufgestellten ethischen Maximen

[29] *Cardin le Bret,* S. 1.
[30] *Helmut Quaritsch,* S. 256, Anm. 51 mit eingehenden Nachweisen.
[31] *Cardin Le Bret,* S. 109.

die Regierung eines Staates bestimmen und die Einheit von Kirche und Reich verwirklicht wird. Bossuets politische Theorie ist die Doktrin von Versailles: Hinter der Staatslehre des Kanzelredners am Hof Ludwigs XIV. taucht vor den Augen des Lesers schemenhaft das Bild von Versailles auf oder die Kuppel des Invalidendomes[32]. Erst vor diesem notwendigen Hintergrund, der Frankreich als führend in Kunst, Mode und Stil des Regierens erscheinen läßt, erhalten die Theorien Boussets vom Staat und seiner Führung Farbe und Leben. Auf diesem Hintergrund bilden sie eine geschlossene Einheit und symbolisieren eine Zeit und ein Denken, in dem nicht nur der Wille des Königs und der seines Staates, sondern auch der Wille des Königs und der Gottes identisch erachtet wurden.

Ludwig XIV. hat niemals den sakralen Charakter der Monarchie und die unbegrenzte Ausdehnung seiner Macht in Frage gestellt[33]. Er betrachtete sich als „Leutnant Gottes auf Erden" und leitete hieraus ab, daß er über die Güter und das Gewissen seiner Untergebenen eine vollkommene Herrschaft ausübe und jede Revolte gegen ihn ein strafbares Delikt darstelle. Diese Maximen waren für eine ganze Generation das Credo einer monarchischen Treue, dessen Propagandist Bossuet wurde.

Seine Ansichten über Religion in Beziehung auf die Ordnung des Staates hat Bossuet in der Schrift „Politique tirée de L' Ecriture Sainte" niedergelegt[34]. Es erscheint fast, als ob die von ihm entwickelte Lehre vom Staat nur ein Nebenzweig der Theologie ist. „Dieu est le Roi des rois: c'est à lui qu'il appartient de les instruire et de les régler comme ses ministres. Ecoutez donc, Monseigneur, les leçons qu'il leur donne dans son Ecriture, et apprenez de lui les régles et les exemples sur lesquels ils doivent former leur conduite[35]." Bereits in diesem, das Werk einleitenden Satz kommt die theokratische Fundierung des Absolutismus bei Bossuet zum Ausdruck. Die Maximen staatlichen Handelns deduziert er aus der Geschichte Israels und den ethischen Grundsätzen, wie sie in der Heiligen Schrift niedergelegt sind. Auf dieses religiöse Fundament der Staatslehre Bossuets kann hier nicht eingegangen werden. Es seien nur einige, für sein Legitimitätsverständnis wichtige Prinzipien dargestellt.

Zunächst begründet Bossuet aus der Heiligen Schrift, daß die königliche Gewalt absolut sei. Der König soll für seine Anordnungen niemandem Rechenschaft schuldig sein und die einzige Zwangsgewalt im Staate

---

[32] *Freiherr von der Heydte,* Die Stellung Fénelons in der Geschichte der Staatstheorie, in: Fénelon, Persönlichkeit und Werk (1953), S. 308; generell zu Bossuet vgl. *Jean Calvet,* Bossuet (1968) und *Thérèse Goyet,* L'humanisme de Bossuet, 2 Bde. (1965).

[33] *Bertrand de Jouvenel,* Über die Staatsgewalt (1972), S. 41.

[34] *Jacques Bénigne Bossuet,* Politique tirée de L'Ecriture Sainte (1709), benutzte Ausgabe: Oeuvres complètes de Bossuet, Bd. 9 (1870), S. 204 ff.

[35] *Jacques Bénigne Bossuet,* S. 204.

ausüben. Gegen ein von ihm ausgesprochenes Urteil soll es keine Einwendungen geben können[36]. Darüber hinaus ist die Person des Königs heilig; daß man sich seinem Willen unterordnen muß, wird als Prinzip der Religion angesehen[37]. Der König verkörpert den Staat und die Nation dergestalt, daß außer ihm keinerlei Rechte mehr bestehen. Unabhängig schafft der König das Gesetz, das, ebenso wie er selbst, göttlichen Ursprungs ist[38]. Ungehorsam gegen das Gesetz ist ebenso ein Verbrechen, wie eine Auflehnung gegen den Willen des Königs.

Dieser unbeschränkten Macht des Königtums stellt Bossuet eine starke ethische Verpflichtung des Königs gegenüber. Nicht bei der Begründung der souveränen Gewalt des Königs liegt der Schwerpunkt seiner Ausführungen, sondern bei der Herausarbeitung der Anforderungen, die die Heilige Schrift an einen gut regierenden König stellt. So betont er, daß alle Gesetze auf das erste Gesetz gegründet seien, nämlich das der Natur. Hierunter versteht er die „droite raison" und natürliche Billigkeit[39]. Nach diesen beiden Grundsätzen müssen die religiösen, öffentlichen und privaten Angelegenheiten geregelt werden. Daneben zieht sich durch das ganze Werk der Gedanke, daß die Könige immer darauf achten müssen, daß sie nicht für sich selbst, sondern für den Staat da sind und ihre Macht nur im Dienste des öffentlichen Wohles ausüben dürfen. Denn es ist für Bossuet Gottes Macht, die sie ausüben. und Gott wird ihnen Rechenschaft abverlangen[40]. Dies ist das einzige Hemmnis, das Bossuet gegenüber monarchischer Willkür anerkennt. Denn eine Zwangsgewalt gegen den König oder gar ein Widerstandsrecht lehnt er ab[41]. Dem absoluten Herrscher spricht Bossuet die legitime Befehlsgewalt zu: „On appelle force coactive, une puissance pour contraindre et exécuter ce qui est ordonné légitimement. Au prince seul appartient le commandement légitime; à lui seul appartient aussi la force coactive[42]." Die Zwangsgewalt besteht in der Durchführung der legitimen Befehle. Allein der König hat mit der legitimen Befehlsgewalt auch die einzige Befehlsgewalt im Staat. Der Befehl des Königs ist legitim, weil er der einzige ist, der zu Recht befehlen darf und dem gehorcht werden muß. Die Einheit des Volkes und die Bändigung der ungezügelten Triebe des Einzelnen ist erst dann erreicht, wenn jeder auf seinen eigenen Willen verzichtet und ihn auf den König, der von Gott eingesetzt ist, überträgt[43]. Hierdurch

[36] *Jacques Bénigne Bossuet,* S. 238 ff.

[37] *Jacques Bénigne Bossuet,* S. 228 ff.

[38] *Jacques Bénigne Bossuet,* S. 214.

[39] *Jacques Bénigne Bossuet,* S. 212 f.

[40] *Jacques Bénigne Bossuet,* S. 239.

[41] *Jacques Bénigne Bossuet,* S. 238.

[42] *Jacques Bénigne Bossuet,* S. 238 f.

[43] *Jacques Bénigne Bossuet,* S. 211.

soll unter einem „commandement légitime" ein geordneter und den Grundsätzen der Religion entsprechender Staat geschaffen werden[44]. Aus der Heiligen Schrift lassen sich die Grundsätze einer gerechten Verwaltung ablesen. So schwingt bei der Bestimmung der legitimen Herrschaft auch Bossuets religiöse Überzeugung mit, daß es eine wahrhafte und legitime Autorität außerhalb der wahren Religion und Kirche nicht gebe[45].

4. Fénelon und der Ordnungsgedanke

Als Bossuet die Heilige Schrift zur Begründung und Bewahrung der Monarchie heranzog, wurde das absolutistische Königtum nach wie vor angefochten. So kritisierte etwa Pascal die Folgen absolutistischer Machtpolitik: „La justice est ce qui est établie; ne pouvant justifier la justice, on a justifié la force, afin que la justice et la force fussent ensemble, et que la paix fût, qui est le souverain bien[46]." Aber auch die Auseinandersetzung mit der protestantischen Opposition, deren Wortführer Pierre Jurieu war, ließ die absolutistische Doktrin eines Königtums von Gottes Gnaden nicht unbestritten[47]. Daneben gewann die sogenannte aristokratische Opposition besondere Bedeutung, zu der La Bruyère (1645 - 1696), Claude Fleury (1640 - 1723), Saint-Simon (1675 - 1755) und Boulainvilliers (1658 - 1722) gerechnet werden. Ihr Hauptvertreter war François Fénelon de Salignac de la Mothe (1651 - 1715)[48]. Diese Opposition gegen den Absolutismus Ludwigs XIV. blieb monarchisch gesinnt, schlug aber tiefgreifende Reformen vor. Als besonderer Stein des Anstoßes wurden die durch die Kriege und den kostspieligen Hof Ludwigs XIV. verursachte Verarmung des Volkes und die Aufstände in Paris angesehen.

In Fénelons berühmt gewordenem Werk „Les aventures de Télémaque"[49] finden wir den Entwurf eines utopischen Staates. Eine Menge

---

[44] *Jacques Bénigne Bossuet,* S. 212.

[45] *Jacques Bénigne Bossuet,* S. 287.

[46] *Blaise Pascal,* Les Pensées, in: Oeuvres complètes, Band 3 (1931), S. 102.

[47] Vgl. *Pierre Jurieu,* Lettres pastorales adressées aux fidèles de France qui gémissent sous la captivité de Babylone (1686 - 1689) einerseits, in denen das Erbe monarchomachischen Gedankengutes zu spüren ist, und *Jacques Bénigne Bossuet,* Avertissements aux protestants sur les lettres du ministre Jurieu (1690) andererseits.

[48] *Marcel Prélot* (Einleitung zu: Françoise Gallouédec-Genuys, Le prince selon Fénelon [1963], S. VII) macht auf die Lücke aufmerksam, die in den Schriften über politische Ideengeschichte bei Person und Werk Fénelons besteht. Als Ausnahme ist insoweit nur zu nennen *Paul Janet,* Histoire de la science politique dans ses rapports avec la morale, 5. Aufl., 2. Bd. (1925).

[49] *François Fénelon,* Les aventures de Télémaque (1698), in: Oeuvres complètes (Paris 1851 - 1852, Neudr. Genf 1971), Bd. 6, S. 399 ff.; zur politischen Wirkung und zu den Streitigkeiten, die das Erscheinen der „Aventures de Télémaque" auslösten, wird verwiesen auf: *Jean Edme August Gosselin,* Histoire de Fénelon, a.a.O. Bd. 10, S. 154 ff. Generell zum Leben Fénelons vgl. *Louis Boutié* S. J., Fénelon (1900).

realer Vorschläge steht einem Gesellschaftsbild gegenüber, das zwecks politischer Brisanz in einem allmächtigen Staat bewußt irreal gezeichnet wird. Die poetische Darstellung einer patriarchalischen, tugendhaften und selbstgenügsamen Gesellschaft und ihrer Glieder bezeugt Fénelons Haltung gegenüber dem Menschen schlechthin, den er durch Erziehung für besserungsfähig hält. Gleichzeitig stellt er in antiker Aufmachung und Verkleidung alle Schwächen seiner Zeitgenossen dar. In den Erzählungen entwickelt er vor allem Grundsätze einer Regierungskunst zur Instruktion seines Zöglings, des Herzogs von Burgund; hierbei übt er eine verschleierte Kritik an Ludwig XIV., um diesen von sich eingenommenen Monarchen zum Nachdenken zu bewegen[50]. Das sittliche Grundgesetz des politischen Lebens hebt sich in Fénelons „Die Abenteuer des Telemachos" in aller Schärfe gegen den sich mehr und mehr herausbildenden, unumschränkten Souveränitätsbegriff des absoluten Staates und Monarchen von Gottes Gnaden ab. Auf die Frage nach dem Wesen der Autorität des Herrschers wird in vielen Varianten stets die Antwort aus ihrer sittlichen Bindung heraus gegeben: Der Monarch vermag alles gegenüber dem Volk, aber die Gesetze vermögen alles ihm gegenüber. Er hat eine absolute Macht, um das Gute zu vollbringen, und gebundene Hände, sobald er das Böse tun will. Die Gesetze überantworten dem Monarchen das Volk unter der Bedingung, daß er wie ein Vater zu seinen Gewaltunterworfenen sein wird. Die Gesetze wollen, daß ein einziger Mann mit seiner Weisheit und Mäßigung zum Glück der Menschen beiträgt, und nicht, daß viele niedrige Kreaturen sich darauf beschränken, dem Stolz und der Trägheit eines einzelnen Mannes zu schmeicheln. Gerade der König muß anständiger, in größerem Maße ein Feind der Trägheit und allem Hochmut abgeneigt sein, als irgend ein anderer Mensch[51]. Nach der Meinung Fénelons sollen die Gesetze den König in dem Maß binden, wie er im Namen des hinter den Gesetzen stehenden Staatszwecks, nämlich der allgemeinen Wohlfahrt seine Untertanen verpflichten kann[52]. Die Freiheit des Monarchen beim Regieren stellt sich bei Fénelon damit als eine sittlich gebundene Freiheit dar. Der Monarch soll ohne Einschränkung das nach einem objektiven und all-

---

[50] *François Fénelon,* S. 430: „Le plus malheureux de tous les hommes est un roi qui croit être heureux en rendant les autres hommes misérables ... Il ne connait point ses devoirs, il n'a jamais goûté le plaisir de faire le bien, ni senti les charmes de la pure vertu ... Il court à sa perte et les dieux se préparent à le confondre par une punition éternelle" (vgl. auch S. 452).

[51] *François Fénelon,* S. 426 f.: „Le roi doit être plus sobre, plus ennemi de la molesse, plus exemt de faste et de hauteur, qu'aucun autre. Ce n'est point pour lui-même que les dieux l'ont fait roi; il ne l'est que pour être l'homme des peuples: c'est aux peuples qu'il doit tout son temps."

[52] *François Fénelon,* S. 430: „... qu'après les dieux, de qui les bonnes lois viennent, rien ne doit être si sacré aux hommes, que les lois destinés à les rendre bons, sages et heureux. Ceux qui ont dans leurs mains les lois pour gouverner les peuples doivent toujours se laisser gouverner eux-mémes par les lois. C'est la loi et non pas l'homme, qui doit régner."

verbindlichen Maßstab Gute vollbringen. Er soll aber kein Recht besitzen, das sittlich Verkehrte zu tun oder dafür Gehorsam zu verlangen. Die Lehre von einer doppelten Moral, der Staatsräson gegenüber der individuellen Moralvernunft wird von Fénelon verworfen; gleiches Recht für alle wird als selbstverständlich postuliert, weil Herrscher und Gewaltunterworfene dem gleichen Gesetz der Natur und Gottes unterworfen seien. Wenn der König als Vater seiner Gewaltunterworfenen bezeichnet und von ihm verlangt wird, daß er seine gesamte Zeit, alle seiner Fürsorge und seine ganze Liebe den Völkern schuldet, dann ist dies eine Absage an das „L'Etat, c'est moi" Ludwigs XIV.[53].

Der König als souveräne Gewalt im Staate hat zur Aufrechterhaltung der Ordnung im Staate das Recht, Gesetze zu erlassen, Krieg zu erklären, Frieden zu schließen und Steuern aufzuerlegen. Dagegen hat der König als Souverän nach der Ansicht Fénelons kein Recht, in Glaubens- und Gewissensangelegenheiten seine Gewaltunterworfenen in irgendeiner Weise zu bevormunden[54]. Dieses Recht soll allein der Kirche zustehen. Die Handlungsfreiheit der Gewaltunterworfenen darf nur aus Gründen des öffentlichen Wohls für die Gesellschaft und zum Nutzen des Staates eingeschränkt werden. Niemand darf bestraft werden, wenn er nicht überführt ist, den Gesetzen zur Aufrechterhaltung der Ordnung in der Gemeinschaft zuwidergehandelt zu haben. Enteignungen können nur aus Gründen des öffentlichen Nutzens durchgeführt werden[55].

Bedeutet die Staatstheorie Bossuets eine abschließende Sicht der Einheit von Kirche und Welt, von weltlicher und religiöser Herrschaft, so führt die Staatstheorie Fénelons das Gedankengut der „Politiques" und damit auch Jean Bodins weiter. Ausgangspunkt, von dem alle seine weiteren Äußerungen verstanden werden müssen, ist sein Kapitel über die Kirche in dem „Plans de gouvernement"[56]. In diesem auf eine Reform des politischen Lebens gemünzten Verfassungsentwurf definiert Fénelon die Staatsgewalt als diejenige Zwangsgewalt, die die Menschen in Gemeinschaft leben, ihnen Gerechtigkeit widerfahren läßt und ihnen eine gute Sittenordnung sichert. Die religiöse Gewalt dagegen gründet sich bei Fénelon nicht auf Zwang. Sie hat zum Zweck, im Glauben zu unterrichten, die Sakramente zu gewähren und die Tugenden des Evangeliums

---

[53] *Le Grente,* Fénelons Glanz und Not, in: Fénelon, Persönlichkeit und Werk (1953), S. 18 f. und *Karl Holzamer,* Die religiös-sittliche Erziehung des politisch verantwortlichen Menschen, in: Fénelon, Persönlichkeit und Werk (1953), S. 148 f.

[54] *François Fénelon,* Essai philosophique sur le gouvernement civil, où l'on traite de la nécessité, de l'origine, des bornes et des différentes formes de la souveraineté, in: Oeuvres complètes (Neudr. Genf 1971), Bd. 7, S. 123: „Nul souverain ne peut exiger la croyance intérieure de ses sujets sur la religion."

[55] *François Fénelon,* S. 124.

[56] *François Fénelon,* Plans de gouvernement, in: Oeuvres complètes (Neudr. Genf 1971), Bd. 7, S. 182 ff.

durch Predigten unter dem Hinweis auf das ewige Heil zu verbreiten[57]. Fénelon fordert für Frankreich die Freiheit der Kirche gegenüber dem Recht des Monarchen, die geistlichen Würdenträger auszuwählen, abzusetzen oder auch zu Versammlungen einzuberufen. Der Monarch soll die Kirche nur unterstütztzen, sich aber nicht unterwerfen. Die Staatsgewalt und die religiöse Gewalt sollen voneinander vollkommen unabhängig sein, da die Staatsgewalt der Gemeinschaft der Menschen entspringe, die religiöse Gewalt aber von Gott komme. Während die Monarchen nicht die Funktionen der Kirchen, nämlich in Glaubensfragen zu entscheiden und zu lehren, übernehmen können, kann die Kirche nicht die weltliche Macht beeinflussen. Beide Gewalten können sich nur wechselseitig unterstützen, wobei etwa die Kirche die Gewaltunterworfenen ermahnen und die Rebellen exkommunizieren kann. Allerdings anerkennt Fénelon trotz der von ihm vertretenen scharfen Trennung von Staat und Kirche eine Verbindung zwischen dem weltlichen Souverän und dem Einflußbereich der Kirche. Denn der Monarch als Laie ist der Kirche in geistlichen Dingen unterworfen, wie jeder Laie, der sich Christ nennt. Auf der anderen Seite sind die gesamten geistlichen Würdenträger dem Monarchen als Inhaber der weltlichen Gewalt in weltlichen Dingen unterworfen, wie alle Gewaltunterworfenen. Letzten Endes bedeutet dies, daß die Kirche das weltliche Oberhaupt exkommunizieren, das weltliche Oberhaupt aber auch Angehörige des geistlichen Standes zum Tode verurteilen kann. Beides hält Fénelon für echte Rechte, von denen beide Seiten nur in äußersten Ausnahmefällen Gebrauch machen dürfen.

Auf Grund dieser Trennung von Staat und Kirche ist es nicht verwunderlich, wenn Fénelon das Gottesgnadentum ablehnt. Die Theorie vom Königtum von Gottes Gnaden stellt er zunächst folgendermaßen dar: „Quelques auteurs, respectables d'ailleurs, ont voulu soutenir que Dieu étant l'unique source de toute autorité, on doit non seulement obéir à quiquonque possède actuellement la souveraineté, mais encore reconnaître son autorité comme légitime, parce qu'elle est de permission divine[58].“ Unter die „angesehenen Autoren“, die diese Meinung vertreten, will Fénelon zweifelsohne Bossuet gerechnet wissen[59]. Fénelon möchte unterscheiden zwischen der „simple permission divine“ einerseits, — das bedeutet, der Usurpator übt faktisch die von Gott gewollte Staatsgewalt aus — und der Anerkennung der sittlichen Legitimation der Staatsgewalt andererseits. Allein die Tatsache, daß die weltliche Gewalt in Gott ihren Ursprung habe, soll noch nicht ein sittliches Recht zur Regierung geben.

[57] *François Fénelon,* S. 184; zu Fénelons Rolle bei der Säkularisierung religiöser Ideen vgl. *Robert Spaemann,* Reflexion und Spontaneität (1963), S. 9 ff.

[58] *François Fénelon,* Essai philosophique sur le gouvernement civil, S. 114.

[59] Zur Auseinandersetzung Bossuet-Fénelon wird auf das für Fénelon Partei nehmende Werk von *Raymond Schmittlein,* L'aspect politique du différend Bossuet-Fénelon (1954) hingewiesen.

Fénelon meint, man müsse zwar allem unterworfen sein, was Gott gestattet, es aber nicht als gerecht anerkennen. Es gebe einen großen Unterschied zwischen dem Gehorchen gegenüber einem König und der Anerkennung, daß dessen Recht legitim sei[60]. Dem Grundsatz, daß Recht und Ordnung in der Gesellschaft herrschen müssen, auch wenn man den Gesetzen eines Usurpators und Tyrannen gehorchen muß, gibt Fénelon den Vorzug vor jeder Auflehnung gegen die staatliche Gewalt. Aber dieser Gehorsam geht nicht so weit, daß man vor seinem Gewissen diese Ordnung auch für gerecht und legitim halten müßte.

Bei Fénelon steht damit wie bei vielen älteren Autoren der legitime Monarch im Gegensatz zum Usurpator. Freilich ist auch dem Usurpator zu gehorchen, da auch er Bestandteil der staatlichen Schutz- und Friedensordnung ist. Der Usurpator wird erst dann zum legitimen Monarchen, wenn er von denen gewählt wird, die „un véritable droit d'élection" haben[61]. Selbst bei Ausbleiben eines derartigen Legitimierungsaktes soll es dem Staatsbürger nicht erlaubt sein, durch eine Revolte auf eine legitime Ordnung hinzuwirken. Alle Theorien, die ein Widerstandsrecht des Volkes gegen die ungerechten Monarchen gestatten, werden von Fénelon zurückgewiesen[62]. Mit Nachdruck lehnt Fénelon es ab, daß die Souveränität vom Volk auf den Souverän übertragen sei und das Volk die von ihm übertragene Souveränität wieder zurückfordern könne. Diese Aussage hält Fénelon für widersprüchlich, da das Volk seine Souveränität einer obersten Autorität delegiert habe, damit jede Art von Anarchie vermieden werde. Ein Widerstandsrecht gegen den gerechten Monarchen würde von Zeit zu Zeit notwendigerweise die Ordnung zerstören und die Schrecken der Anarchie mit sich bringen. Fénelon zieht es vor, manchmal in Kauf zu nehmen, einen schlechten Herrscher zu haben, als dem eigenen Terror ausgesetzt zu sein. Tyrannis ist besser als Anarchie[63].

Auf die Frage, wie der Gesellschaft eine gerechte und legitime Herrschaft gegeben und diese gesichert werden kann, antwortet Fénelon, daß allein die Gesetze in einem geordneten Staatsleben herrschen können. Daß er nicht auf die Person des Herrschers abhebt, liegt an seinem Mißtrauen gegenüber dem Menschen begründet. Den Menschen hält er für schwach, insbesondere da er sich auch in den höchsten Ämtern von Eigennutz leiten lasse und schlechtem Rat folge. Beredtes Zeugnis hierfür ist sein „Lettre à Louis XIV"[64], in dem er dem König vor Augen führt, daß

[60] *François Fénelon*, S. 114: „Il y a une grande différence entre obéir au roi de providence, et reconnaître son droit comme légitime."

[61] *François Fénelon*, S. 115.

[62] *François Fénelon*, S. 117.

[63] *François Fénelon*, S. 118.

[64] *François Fénelon*, Lettre à Louis XIV, in: Oeuvres complètes (Neudr. Genf 1971), Bd. 7, S. 509.

seine Innen- und Außenpolitik von falschen Maximen geleitet werde. Unveränderbare Regel der Gesetze und des Zweckes jeder Regierung müsse das öffentliche Wohl sein. Freiherr von der Heydte schließt hieraus, daß der Ausgangspunkt der neuen Staatslehre in Frankreich der Begriff des Gesetzes sei[65]. Dieser Gesetzesbegriff ist viel umfassender, als der heutige am positivierten Recht ausgerichtete Begriff. Er hat die Ordnung schlechthin zum Inhalt, — eine Ordnung, die der Vernunft entspringt und daher gilt. Die Forderung, daß die Gesetze jeweils in ihrem Bereich die vernünftige Ordnung darstellen sollen, verbindet die Gesetze der Notwendigkeit mit denen der Freiheit. Sie alle zusammen sind jedoch die Gesetze der Natur, der Dinge an sich. Weil es zum Wesen des Menschen gehört, Natur zu besitzen, wird das Naturgesetz für den Menschen zur „ratio scripta", zur Niederschrift der Vernunft, die den Menschen bindet[66].

Eigentums- und Erbfolgeordnung sowie die königliche Autorität rechtfertigt Fénelon nach den gleichen Prinzipien. Seiner Meinung nach widerspricht es zwar allen Gesetzen der Natur, wenn die Güter ungleich verteilt seien, und wenn der Armut der einen Schicht ein übertriebener Luxus der anderen gegenüberstehe. Um aber ein „Brigantentum" zu vermeiden und Ordnung und Frieden in der Gesellschaft aufrecht zu erhalten, sind nach Ansicht Fénelons die bürgerlichen Gesetze erforderlich. Ähnlich verhält es sich mit der königlichen Autorität[67]: Nach dem Gesetz der Natur müsse demjenigen die höchste Autorität im Staate zukommen, der am ehesten geeignet sei, das Gerechte zu entdecken und ausführen zu lassen. Bei der Verteilung der Autorität im Staat müßte der Intelligenteste und Tugendhafteste den obersten Platz erhalten. Hier würden es aber der menschliche Stolz, die Eigenliebe und andere Leidenschaften bewirken, daß jeder sich selbst für am besten geeignet hielte, und die souveräne Gewalt im Staate unaufhörlich umstritten würde. Um diesen Streit zu vermeiden, will Fénelon die souveräne Gewalt im Staat einer altehrwürdigen Familie vorbehalten. Entspringt die Erbmonarchie auch nicht einem natürlichen Recht oder vorstaatlichen Rechtssatz, so hält Fénelon das Recht der Erblichkeit der Krone doch für unverletzbar. Den Unterschied zwischen einem legitimen König und einem Usurpator vergleicht er mit dem zwischen einem rechtmäßigen Eigentümer und einem Straßenräuber[68]. Er gibt zu, daß die Souveräne und Begründer der Staaten kein Recht gehabt hätten, das Königsamt auf ihre Nachfahren zu übertragen. Aber die Erbfolge sei erforderlich geworden, um die mit einer Neuwahl des Monarchen verbundenen Nachteile zu vermeiden. Eine

---

[65] *Freiherr von der Heydte*, S. 309.

[66] *François Fénelon*, Essai philosophique sur le gouvernement civil, S. 115.

[67] *François Fénelon*, S. 115 f.

[68] *François Fénelon*, S. 116.

bereits seit unvordenklicher Zeit regierende Familie abzusetzen, hält er für ein ebenso großes Verbrechen, wie die gesamte Eigentumsordnung in einem Staat neu zu gestalten. Es ist der Besitz bzw. die Innehabung, die die ererbte Krone wie auch das Eigentum an den Gütern in ihrem Urgrund rechtfertigen, wenn es nicht einen legitimen Prätendenten gibt. Wenn ein legitimer Prätendent vorhanden ist, dann gilt der Besitz als eine Usurpation. Wer seit langer Zeit die Souveränität innehat, besitzt auch die legitime Gewalt im Staate[69]. Es ist somit die Weihe der Zeit, die eine bestehende Gesellschaftsordnung und ein Thronrecht legitimieren kann. Hinter diesen Ausführungen steht für Fénelon ebenso wie bei der Ablehnung eines Widerstandsrechts die Furcht von Chaos und Anarchie.

In der Staatstheorie Fénelons finden sich zwei Komponenten deutlich ausgesprochen, die die Entstehung des modernen Staates bewirkten: die Trennung von Kirche und Staat und die Begrenzung der Macht des absoluten Königs auf die Maßnahmen, die zur Erreichung des öffentlichen Wohls erforderlich sind. Oberster Zweck der staatlichen Autorität ist die Wahrung der Ordnung, die für ein menschliches Zusammenleben unerläßlich ist. Dies wird nach Fénelon am ehesten dadurch erreicht, daß man an der tradierten Ordnung festhält. Die staatlichen Institutionen werden durch ihre Dauer legitim, da sie jedem Streit entzogen sind. In den politischen Schriften Fénelons tritt damit besonders deutlich eine Grundaporie staatsphilosophischen Denkens hervor, die die Genese des absolutistischen Staates heraufbeschwor: Auf der einen Seite ist man sich der Schutz- und Friedensfunktion des Staates wohl bewußt und strebt nach einer gerechten und in gewissem Sinn freiheitlichen Gesellschaftsordnung. Auf der anderen Seite jedoch erkennt man die Gefahren des allmächtigen Staates mit dem unbeschränkt regierenden souveränen Königtum. Fénelon war in Frankreich, abgesehen von der Restaurationsepoche ein Jahrhundert später, einer der letzten Schriftsteller von Rang, die trotz erheblicher Bedenken an der Legitimität des unbeschränkt regierenden Fürsten festhielten. Grundlage dieser Legitimität ist für Fénelon nicht mehr ein Gottesgnadentum wie etwa bei Bossuet, sondern vor allem die Einsicht, daß hergebrachte Herrschaftsformen die Vermutung der Dauer für sich haben. Indem Fénelon wesentlich auf die lange Dauer einer Ordnung und damit verbunden auf die Schutz- und Friedensfunktion des Staates abhebt, ist seine Staatstheorie durchaus konservativ eingestellt. Alleiniger Garant für die Gerechtigkeit einer Staatsordnung ist die sittliche Integrität der Person des Monarchen, die den Angelpunkt Fénelons Staatsphilosophie bildet[70]. Freilich klingt bereits

[69] *François Fénelon,* S. 117: „Le droit de domaine et le droit de domination étant tous deux fondés sur la nécessité de conserver l'ordre, l'ancienne possession de la souveraineté en rend l'autorité légitime, par les mêmes raisons que l'ancienne possession des terres en rend la propriété légitime."

[70] *Françoise Gallouédec-Genuys,* Le prince selon Fénelon (1963).

bei Fénelon aufklärerisches Gedankengut an, wenn er die staatlichen Machtbefugnisse auf die Herbeiführung des öffentlichen Wohls und durch die Wahrung unantastbarer Grundrechte beschränken wollte.

II. Aufklärungsphilosophie und Revolution

1. „L'ordre légitime" und das Streben nach Glück

Wenn Fénelon und seine Zeitgenossen eine zum Teil recht heftige Kritik an den Entartungserscheinungen des absolutistischen Staates übten, so lag es ihnen fern, eine revolutionäre Situation des französischen Staates vorzubereiten. Ihre Kritik verstand sich rein „systemimmanent" und richtete sich lediglich auf eine Verbesserung der bestehenden Ordnung. Auch die politische Aufklärungsphilosophie in Frankreich hat zunächst nicht versucht, die monarchische Herrschaft der Bourbonen zu untergraben. Erst im weiteren geschichtlichen Verlauf erwuchs in der Philosophie der Aufklärung eine bedeutsame Wegbereiterin der Revolution von 1789. Jetzt war die Philosophie der Vernunft nicht mehr nur die Staatsweisheit des Fürsten oder seiner Beamten, sondern Ausdruck der Gesinnung freiheitlich empfindender Schichten des Adels und des Bürgertums. Die Philosophie der Aufklärung wird zur geistigen Basis für die Entwicklung einer Theorie von einer egalitären bürgerlichen Gesellschaft[71]. In den Salons des Adels und des Bürgertums wurden die den Staat von Grund auf umgestaltenden aufklärerischen Ideen lebhaft diskutiert. Neues Licht fiel auf die politische Situation, in der sich Frankreich am Vorabend der Revolution von 1789 befand[72]. Das Königtum hatte in seinem Streben nach Allmacht im Staate mit dem Aufbau einer

[71] Zu den geistigen Grundlagen der Aufklärungsphilosophie vgl. *Paul Hazard,* La crise de la conscience européenne, Bd. 1 (1935); *ders.,* La pensée européenne au 18e siècle (1946); *Jean Starobinski,* L'invention de la liberté (1965); *Rolf Dahrendorf,* Die angewandte Aufklärung (1963); *Fritz Valjavec,* Geschichte der abendländischen Aufklärung (1961); *G. H. Franke,* Das Zeitalter des Absolutismus und der Aufklärung (1963); *Mornet,* Les origines intellectuelles de la révolution française (1933); *Ernst Cassirer,* Die Philosophie der Aufklärung (1932); *Max Horkheimer* und *Theodor Adorno,* Dialektik der Aufklärung (1947, Neuausgabe 1969). Zum Einfluß aufklärerischer Ideen auf die Verwaltung Frankreichs um die Mitte des 18. Jahrhunderts siehe *Alexis de Tocqueville,* L'ancien régime et la révolution, 2. Aufl. (1856), S. 233 ff.

[72] Das aufklärerische Gedankengut ist vor allem in den zahlreichen Salons der Pariser Gesellschaft Gegenstand der Debatten. Erwähnt seien nur die Salons der Madame Necker, der Madame de Tencin oder der Madame Helvetius, in denen d'Alembert, Montesquieu, Diderot, Condorcet, Cabanis u. a. sich versammelten. Vgl. hierzu *Antoine Guillois,* Le salon de Madame Helvetius. Cabanis et les idéologues (1894), S. 42 ff.; *Gerhard Schulz,* Die Entstehung der bürgerlichen Gesellschaft, in: Festschrift für Hans Rosenberg (1970), S. 39 m. w. Nachw. Aber auch außerhalb des geistigen Zentrums Paris und selbst außerhalb der tonangebenden Aristokratenschicht setzt man sich mit aufklärerischen Ideen auseinander. Hier ist beispielhaft der Briefwechsel zwischen

neuen Gesellschaftsordnung im Sinne der Vernunft begonnen[73]. Dem Adel war ein Großteil der politischen Rechte genommen, wodurch die Privilegienordnung weitgehend ihren historischen Sinn verloren hatte. Um eine größtmögliche Autarkie zu erreichen, waren Gewerbe und Handel systematisch gefördert worden. Ein wohlhabendes und selbstbewußtes Bürgertum war im Entstehen begriffen, das sich für die Entfaltung aufklärerischer Ideen empfänglich zeigte. Die Kirche war in die Abhängigkeit vom absolut regierenden Königtum geraten und erhielt den Anschein einer besonderen staatlichen Institution. Mit dieser Verweltlichung der Kirche und dem sich im 18. Jahrhundert ausbreitenden Atheismus wurde die Vorstellung von einem Gottesgnadentum als Legitimationsbasis des Königtums abgebaut. Diesen Prozeß hatten Jean Bodin und seine Nachfolger vorbereitet, als sie die theoretische Begründung für die Macht des absoluten Staates schufen, bei deren Verwirklichung jedoch die religiöse Fundierung und ständische Gliederung der Gesellschaft verloren gegangen waren.

Angesichts des Verfalls der überkommenen Formen des monarchistisch regierten Staates mußte die gesellschaftliche Wirklichkeit neu konstruiert werden. Hierbei formulierte die politische Philosophie der Aufklärung die entscheidenden Maximen, die in der Revolution von 1789 blutig durchgesetzt werden sollten. Der Kerngehalt der neuen Ideen kommt bei François Marie Arouet de Voltaire (1694 - 1778), dem geistigen Haupt der Aufklärung, am reinsten zum Ausdruck[74]. Er entwickelte eine moderne Geschichtsphilosophie, verkündete lange vor der Revolution die Menschenrechte und forderte die Freiheit der Person, des Eigentums und der Presse, die Gleichheit vor dem Gesetz und die Einrichtung von Geschworenengerichten[75]. Die politischen Zustände und Ideologien seiner Zeit unterwarf er scharfer Kritik. Er faßte die Geschichte als Entwicklung der Zivilisation auf und arbeitete bewußt auf eine Entmythisierung der geschichtlich-gesellschaftlichen Welt hin. Wirtschaft und Handel, Ernährung und Lebenshaltungskosten sind in seinem „Essai sur les moeurs et l'esprit des nations" (1765) der eigentliche Gegenstand der Geschichte. In diese Richtung gingen auch die Gedanken des Wirtschaftsreformers Anne Robert Jaques Turgot (1727 - 1781). Er machte den Fort-

---

Gracchus Babeuf (1760 - 1797) und Ferdinand Marie-Antoine Dubois (1742 bis 1817); vgl. *Karl Hans Bergmann, Babeuf* (1965), S. 28 und passim.

[73] Vgl. *Franz Schnabel*, Deutsche Geschichte im 19. Jahrhundert, 1. Bd. (1929), S. 109 ff.; *Werner Conze*, Staat und Gesellschaft in der frührevolutionären Epoche, in: Historische Zeitschrift, 186. Bd. (1958), S. 4.

[74] Allgemein zu Voltaire siehe die Reihe „Studies on Voltaire and the 18th century", hrsg. von *Thomas Bestermann* (1955 ff.).

[75] Zum Einfluß Voltaires auf die Enzyklopädisten siehe: *Raymond Naves*, Voltaire et l'encyclopédie (1938); zu Voltaires Staatsphilosophie vgl. *Constance Rowe*, Voltaire and the State (1955), sowie *Therese Winkelmann*, Zur Entwicklung der allgemeinen Staats- und Gesellschaftsanschauung Voltaires (1916).

schritt zum Prinzip der Geschichtsinterpretation: Die fortschreitende Wissenschaft, die der Menschheit bekannt gewordenen Gesetze der Natur und die Erfindungen des menschlichen Geistes müssen seiner Meinung nach in einem Zustand allgemeinen Glücks endigen: „Puissent les hommes faire sans cesse de nouveaux pas dans la carrière de la vérité! Plutôt encore, puissent-ils devenir sans cesse meilleurs et plus heureux[76].“ Dieser Glaube an den Fortschritt von Kultur und Wissenschaft und die damit verbundene Verbesserung der geschichtlichen Situation beherrscht das Denken der politischen Philosophie der Aufklärung insgesamt[77]. Aus diesem Glauben entspringt auch die Kraft, unter alleiniger Leitung der Vernunft wirtschaftliche und gesellschaftliche Systeme zu konstruieren, in denen das Streben nach dem höchstmöglichen Glück einer größtmöglichen Anzahl von Bürgern das Leitbild darstellt.

Bei der Verwendung des Begriffes „légitime“ durch die Philosophen der Aufklärung tritt uns ein weitgespannter Bogen verschiedenartiger Bedeutungsnuancen entgegen. Das Epitheton „légitime“ bezeichnet teilweise den Gegensatz zwischen Usurpator und legitimem Herrscher. Hier wirkt die traditionelle Verwendung des Legitimitätsbegriffes fort. Teilweise verbinden sich mit der Legitimitätsidee egalitär-demokratische Vorstellungen. Symptomatisch für diese Wendung sind die Schriften Jean Jacques Rousseaus, aber in abgemilderter Form auch der Enzyklopädisten und Physiokraten. Daneben darf nicht übersehen werden, daß die Aufklärungsphilosophie den Legitimitätsbegriff in besonderer Weise mit sozialeudämonistischen Ideen anreicherte[78]. Hierin kann zwar insoweit wenig Neues erblickt werden, als der Legitimitätsgedanke seit langem bereits an die Wahrung des „bonum commune“ geknüpft worden war. Die Aufklärungsphilosophie jedoch radikalisierte diese Forderung an die Staatsgewalt, das „bonum commune“ zu verfolgen. Man beschränkte sich nicht mehr darauf, in philosophischer Abgeschiedenheit ethische Maximen aus der Tradition der Geistesgeschichte abzuleiten, Fürsten-

---

[76] *Anne Robert Jacques Turgot,* Tableau philosophique des progrès successifs de l'esprit humain (1750), in: Oeuvres de Turgot, hrsg. von Gustav Schelle, 1. Bd. (1913), S. 235.

[77] Vgl. etwa *Jean Antoine Nicolas de Caritat Marquis de Concordet,* Esquisse d'un tableau historique des progrès de l'esprit humain (1794), bei dem sich die Idee des zivilisatorischen Fortschritts zur Vorstellung von der Vervollkommnung der menschlichen Art steigert; *Denis Diderot,* Entretiens avec Cathérine II (1773); *Claude Adrien Helvetius,* Le Bonheur, poëme allégorique: Argument du chant quatrième, in: Oeuvres complètes d'Helvetius, Bd. 3 (1818), S. 112; außerdem wird auf *Jean Fourastié,* L'encyclopédie et la notion de progrès économique, in: Annales de l'université de Paris (Sonderheft Oktober 1952), S. 137 ff. sowie auf *Leslie Sklair,* Die Soziologie des Fortschritts (1972), S. 19 ff. (Darstellung der Geschichte der Fortschrittsidee) verwiesen.

[78] Zum Sozialeudämonismus siehe *Reinhold Zippelius,* Das Wesen des Rechts (1969), S. 84 ff.; *Hans Reiner,* Art. Eudämonismus, in: Historisches Wörterbuch der Philosophie, hrsg. von Joachim Ritter, Bd. 2 (1972), Sp. 819 ff. (Literaturnachweise).

spiegel zu verfassen oder Anleitungen zur Prinzenerziehung zu geben. Die Verfolgung des Gemeinwohls, des „bonum commune“, wurde nunmehr als eine Aufgabe angesehen, der sich jeder kraft der ihm angeborenen Vernunft widmen kann. Jeder sollte nachprüfen können und dürfen, ob eine Maßnahme der Regierung mit den Maximen des Gemeinwohls vereinbar und zur Verwirklichung des höchstmöglichen Glücks der Bürger geeignet ist. In diesem Zusammenhang gewinnt das Adjektiv „légitime“ gegenüber früheren Reflexionen insofern einen neuen Inhalt, als es mehr oder weniger direkt mit dem Glücksstreben[79] der Bürger in Verbindung gesetzt wird.

So stellt etwa Claude Adrien Helvetius (1715 - 1771) in seinem „De l'homme“ (1772) fest: „Toute vérité morale n'est qu'un moyen d'accroitre ou d'assurer le bonheur du plusgrand nombre et ... l'objet de tout gouvernement est la félicité publique[80].“ Hieraus folgert Helvetius, daß jede Regierung nur auf das Glück der größten Zahl der Bürger abzielen dürfe; jeder Akt, der durch diese Zielsetzung gedeckt sei, würde der Verfassung entsprechen. Eine weitere Folgerung dieses Gedankens ist es, daß nach der Ansicht von Helvetius die „souveraineté légitime“ auf der freien Wahl des Volkes beruhe. Den König bezeichnet Helvetius als den „premier commis de la nation“[81]. Er gibt den Bürgern das Recht, den Herrscher jederzeit abzuberufen, wenn er das gemeine Beste nicht anstrebt[82]. Bemerkenswert ist, daß Helvetius die Souveränität nicht mehr auf den König und Herrscher bezieht, sondern in der „legitimen Souveränität“ die Gemeinwohlvorstellungen der Aufklärungsphilosophie ansiedelt. Es bleibt dem König die Aufgabe, diesen Gemeinwohlvorstellungen zu dienen, will er den vom Volk an ihn gestellten Anforderungen genügen.

Ähnliche Gedanken finden sich auch in der Enzyklopädie[83] im Zusammenhang mit den Ausführungen zum Gesellschaftsvertrag. So führt

---

[79] Hierzu das umfassende Werk von *Robert Mauzi,* L'idée du bonheur dans la littérature et la pensée française au XVIIIe siècle (1960), S. 153 ff. und passim.

[80] *Claude Adrien Helvetius,* De l'homme, in: Oeuvres complètes, Bd. 2 (1818), S. 511 f.; zu Helvetius vgl. *Ch. H. Momdshian,* Helvetius (1959).

[81] *Claude Adrien Helvetius,* S. 513.

[82] In diesem Zusammenhang (S. 514; De l'esprit, in: Oeuvres complètes, Bd. 1 [1818], S. 351) gebraucht Claude Adrien Helvetius das Adjektiv „légitime“ als Gegensatz zu „arbitraire“.

[83] Encyclopédie ou dictionnaire des sciences, des arts et des métiers, hrsg. von *Denis Diderot* und *Jean le Rond d'Alembert,* Paris 1751 - 1780; zur Enzyklopädie vgl. insbesondere *Jean Fourastier* (Anm. 77); *Eberhard Weis,* Geschichtsschreibung und Staatsauffassung in der französischen Enzyklopädie (1956), S. 171 ff. Eberhard Weis weist mit Nachdruck darauf hin, daß man von den Autoren der Enzyklopädie keine in sich geschlossene Staatslehre erwarten kann. Dafür war das Spektrum der politischen Überzeugungen der Vielzahl an Mitarbeitern zu breit. Zum Verhältnis von Helvetius und Holbach zu den Enzyklopädisten ist zu bemerken, daß Helvetius nicht zu den Mitarbeitern der Enzyklopädie gehörte und Holbach nur die Artikel über Chemie verfaßte (siehe hierzu *Eberhard Weis,* S. 4).

Denis Diderot (1713 - 1789) aus, die Menschen würden sich der Gefahr aussetzen, Beute eines Stärkeren zu werden, solange jedes Individuum isoliert bleibe[84]. Die Aussicht solcher Unannehmlichkeiten hätten die Menschen bestimmt, Gesellschaften zu bilden, damit alle Kräfte und Einzelwillen der Individuen durch gemeinsame Bande vereint würden. Diderot hält es für ein legitimes Recht der Bürger, sich neue Herrscher zu wählen, wenn die alten Souveräne weder den Willen haben, noch in der Lage sind, Schutz gegen Feinde zu gewähren[85]. Auffallend ist die äußerst vorsichtige Formulierung Diderots: Er hält die Neuwahl eines Herrschers erst dann für legitim, wenn der alte Herrscher nicht mehr willens ist, seinen Schutzpflichten nachzukommen. Einem abgesetzten Herrscher wäre gegebenenfalls durchaus die Treue zu halten; hier wird deutlich, in welchem Maß die Enzyklopädisten geneigt waren, an der überkommenen Ordnung trotz erheblicher Erschütterungen festzuhalten. Beim Abschluß des Gesellschaftsvertrages verzichten die Menschen nach Diderots Auffassung[86] nur auf einen geringen Teil ihrer vorvertraglichen Rechte: Die Menschen haben niemals beabsichtigt, sich vorbehaltlos willkürlichen Herrschern auszuliefern; sie haben nur auf einen Teil der Unabhängigkeit verzichtet, in welcher sie dank der Natur geboren waren, weil sie sich die Vorteile sichern wollten, die sich aus ihrer Unterwerfung unter eine legitime und vernünftige Autorität ergaben. An anderer Stelle erklärt Diderot[87], daß jede legitime Gewalt Grenzen habe, die in den Gesetzen der Natur und des Staates begründet liegen sollen. Diese Gesetze der Natur und des Staates spiegeln bei Diderot die Bedingungen wider, unter denen sich die Bürger unter die Gewalt des Fürsten unterworfen haben.

Diese Gedanken seines Freundes Diderot waren für Paul Henri Thiry Baron d'Holbach (1723 - 1789) in seinem 1770 unter dem Pseudonym M. Mirabaud erschienenen „Système de la nature ou des lois du monde

[84] *Denis Diderot,* Art. Protection, in: Encyclopédie, Bd. 13 (1765), S. 504: „Les hommes ne se sont soumis à des souverains que pour être plus heureux; ils ont senti que tant que chaque individu demeurerait isolé, il serait exposé à devenir la proie d'un homme plus fort que lui, que ses possessions seraient sujettes à la violence et à l'usurpation. La rue de ces inconvéniens détermina les hommes à former des sociétés ... "

[85] *Denis Diderot,* S. 504, führt aus: „Les habitans de la Grande-Bretagne soumis depuis plusieurs siècles aux Romains, ont pu légitimement se choisir de nouveaux maîtres, dès lors qu'ils virent que leurs anciens souverains n'avaient ni le pouvoir ni la volonté de les protéger contre leurs ennemis".

[86] *Denis Diderot,* Art. Pouvoir, in: Encyclopédie, Bd. 13 (1765), S. 255: „Le consentement des hommes réunis en société est le fondement du pouvoir ... En établissant les sociétés, les hommes n'ont renoncé à une portion de l'indépendance dans laquelle la nature les a fait naître, que pour s'assurer les aventages qui résultent de leur soumission à une autorité légitime et raisonnable; ils n'ont jamais prétendu se livrer sans réserve à des maîtres arbitraires ... "

[87] *Denis Diderot,* Art. Autorité, in: Encyclopédie, Bd. 1 (1751), S. 898.

physique et du monde moral" Grundlage für weiterführende Analysen: „Comme la société, surtout quand elle est nombreuse ne pourrait que très difficilement s'assembler, et sans tumulte faire connoître ses intentions, elle est obligé de choisir des citoyens à qui elle accorde sa confiance; elle en fait les interprètes de ses volontés, elle les rend dépositaires du pouvoir nécessaire pour les faire exécuter. Telle est l'origine de tout gouvernement, qui pour être légitime ne peut être fondé que sur le consentement libre de la société, sans lequel il n'est qu'une violence, une usurpation, un brigandage[88]." Beachtenswert ist hier zunächst, daß d'Holbach „gouvernement" und „société", d. h. Staat und Gesellschaft antithetisch gegenüberstellt[89]. Diese Gegenüberstellung von „gouvernement" und „société" gestattet es d'Holbach, in bemerkenswert klaren und knappen Sätzen den Mechanismus des Repräsentativsystems zu umreißen. Auf dieser Grundlage vermag er es, sich von den bisherigen naturrechtlich-hypothetischen Konstruktionen des Gesellschaftsvertrages, der die Gesellschaftsordnung legitimiert, zu lösen. Nach diesem Gedankenschritt gelingt es ihm, die sozialpsychologischen Voraussetzungen legitimer Herrschaft, nämlich die Bejahung der Staatsgewalt durch die Bevölkerung zu beschreiben. So stellt d'Holbach in seinem „Système social ou principes naturels de la morale et de la politique" (1773) fest, daß ein „souverain légitime" nur auf Grund des übereinstimmenden Willens seiner Nation regieren könne[90]; diese sei nur dann mit ihrer Regierung einverstanden, wenn die Idee der Glücksverwirklichung („l'idée d'être plus heureux") verfolgt werde. D'Holbach bemerkt, daß man in der Geschichte meist keinen ausdrücklichen Pakt zwischen Herrscher und Nation finden könne; seiner Ansicht nach liegt es im menschlichen Wesen begründet („dans les coeurs de tous les hommes"), daß man nur eine Herr-

[88] *Paul Henri Thiry Baron d'Holbach,* Système de la nature ou des lois du monde physique et du monde moral (1770, ben. Ausgabe: nouvelle édition, avec des notes et des corrections, par Diderot, Paris 1821, Neudruck: Hildesheim 1966) Bd. 1, S. 170; zur Frage, ob Diderot am „Système de la nature" Holbachs mitgeabreitet hat, vgl. *Yvon Belaval* in der Einleitung zu der zitierten Ausgabe S. XXIII mit Literaturnachweisen.

[89] Die Trennung von Staat und Gesellschaft beginnt in der politischen Philosophie der Aufklärung Gemeingut zu werden. Paradigmatisch hierfür ist wie *Louis de Jaucourt,* Art. Loi politique, in: Encyclopédie, Bd. 9 (1765), S. 667 das öffentliche und bürgerliche Recht in Beziehung auf Staat und Gesellschaft definiert: „Les lois politiques sont celles qui forment le gouvernement qu'on veut établir; les lois civiles sont celles qui le maintiennent. La loi politique a pour objet, le bien et la conservation de l'état, considéré politiquement en lui-même, et abstraction faite des sociétés renfermées dans cet état, lesquelles sont gouvernées par les lois qu'on nomme civiles. Ainsi, la loi politique est le cas particulier où s'applique la raison humaine pour l'intérêt de l'état qui gouverne."

[90] *Paul Henri Thiry Baron d'Holbach,* Système social ou principes naturels de la morale et de la politique (Amsterdam 1773, ben. Ausgabe: Neudr. Hildesheim und New York 1969), 2. Bd., Kap. I, S. 11; ebenso *François Marie Arouet de Voltaire,* Les droits des hommes et les usurpations des Papes, in: Oeuvres de Voltaire, 5. Bd. (Paris 1838), S. 18: „Le consentement libre du peuple" bezeichnet er als „le droit légitime" jeder Regierung.

schaft akzeptiert, die das öffentliche Wohl sich angelegen sein läßt[91]. So soll der Usurpator nur durch eine nachfolgende und freie Zustimmung des Volkes legitimiert werden können. Denn die Gewalt soll kein Rechtstitel sein, despotisch zu regieren: „Mais même le consentement libre et passager d'un peuple ne peut pas rendre légitime cet abus du gouvernement[92]." Diese Einschränkung der Befugnis der Bevölkerung, einer Herrschaft trotz ihres despotischen Charakters zuzustimmen, erscheint höchst bedeutungsvoll. Es kommt zum Ausdruck, daß es unverzichtbare, bzw. unveräußerliche Rechte gibt, die eine Art Kernbereich legitimer Herrschaft bilden. Hier begegnet uns das in dieser Epoche häufig auftretende Phänomen, daß nicht mehr die Person des Fürsten der Hort der Legitimität ist. Es ist das Volk, das über die Legitimität oder Illegitimität und damit den Fortbestand der Herrschaft entscheidet. Damit nimmt man von der Fürstensouveränität Abstand, und wendet sich bereits deutlicher der Volkssouveränität zu. So billigt etwa D'Holbach jeder Generation das Recht zur Revolution zu, selbst wenn die vorausgehende Generation mit der despotischen Herrschaft einverstanden gewesen war[93]. Für d'Holbach ist und bleibt immer die Nation die alleinige und wahre Quelle „de toute autorité légitime"[94]. Allein die Nation kann beurteilen. ob sie gut oder schlecht regiert wird; sie hat das Recht, die regierende Gewalt abzuberufen, weiter auszudehnen, einzuschränken und zu ändern.

Die Legitimität staatlicher Herrschaft liegt damit für d'Holbach vor allem in einem sozialpsychologischen Moment, in dem „consentement libre de la société" begründet. Diese sozialpsychologische Komponente des Legitimitätsbegriffes klingt auch bei Boucher d'Argis (1708 - 1780) an. Seiner Meinung nach[95] wird eine Usurpation dann legitim, wenn die Zustimmung des Volkes den souveränen Herrscher in seinen Rechten bestätigt, derer er sich bemächtigt hat. Er begründet dies mit der Erwägung, daß die Menschen die Gesellschaft nur begründet hätten, um glücklicher zu werden; nur zu diesem Zweck wollten die Menschen seiner Meinung nach souveräne Herrscher akzeptieren. Die von Bossuet immer wieder betonte These, daß der Staat göttlichen Ursprungs sei, und kraft gött-

---

91 *Paul Henri Thiry Baron d'Holbach,* Kap. I, S. 12 ff.

92 *Paul Henri Thiry Baron d'Holbach,* Kap. I, S. 16.

93 Diese Ideen liegen den Vorschlägen Condorcets und Jeffersons zu Grunde, daß jede Generation neu die verfassungsgebende Gewalt ausüben müsse, um zeitgemäß leben zu können; vgl. hierzu *Egon Zweig,* Die Lehre vom Pouvoir constituant (1909), S. 103.

94 *Paul Henri Thiry Baron d'Holbach,* Kap. V, S. 57.

95 *Boucher d'Argis,* Art. Souverains, in: Encyclopédie, Bd. 15 (1765), S. 424: „(Les souverains) ne deviennent légitimes que lorsque le consentement des peuples a confirmé aux souverains les droits dont ils s'étaient emparés" (vgl. *Eberhard Weis,* S. 178). Ähnlich auch *Emer de Vattel,* Le droit des gens ou principes de la loi naturelle (1758), S. 58 (Buch I, Kap. V).

licher Einsetzung die Monarchen das erbliche Recht zum Regieren besäßen, ist von d'Holbach, Diderot und Boucher d'Argis aufgegeben. Jede Identifizierung des Monarchen mit dem Staat wird verneint. Ein natürliches Recht eines Menschen, anderen zu befehlen, wird abgelehnt[96]. Der Fürst kann legitimerweise nur regieren, wenn und solange er vom Volk hierzu den Auftrag hat. Der Inhalt dieses Auftrages ist, das Glück aller zu verwirklichen, indem Freiheit, Ruhe und, allgemein ausgedrückt, die gute Ordnung für die Bürger gewährleistet werden[97].

Diese immer wieder anklingende sozialeudämonistische Komponente der Aufklärungsphilosophie wird besonders deutlich in dem Artikel „Société" von Louis de Jaucourt (1704 - 1779) in der Enzyklopädie[98]. Wie die Mehrzahl seiner Zeitgenossen sieht er den Zweck der Gesellschaft darin begründet, den Ausgleich des Glücksstrebens des Einzelnen mit dem der Gesamtheit herzustellen. Zu diesem Zweck fordert er, man müsse anerkennen, daß das allgemeine Wohl die oberste Regel allen Verhaltens sei, sowie das Prinzip der Gleichheit zwischen den Menschen verwirklichen. Das Prinzip der Gleichheit wird nicht in einem radikalen Sinn, wie etwa bei Rousseau verstanden, sondern bedeutet nur, daß jedem seinem Stand und Rang gemäß Ehre zu zollen sei[99]. Jaucourt hält daran fest, daß die Grundsätze der Über- und Unterordnung gewahrt bleiben müssen, damit ein anarchischer Zustand vermieden werde. Der Pflicht der Untertanen zur Unterordnung entspreche die Pflicht der Regierung, die Rechte der Untertanen zu wahren und nur nach dem Glück der Untertanen zu streben. „Le superieur est donc redevable aux inférieurs comme ceux-ci lui sont redevables; l'un doit procurer le bonheur commun par voie d'autorité et les autres par voie de soumission; l'autorité n'est légitime, qu'autant qu'elle contribue à la fin pour laquelle a été instituée l'autorité même[100]." Wer die Ausübung legitimer Autorität beanspruchen will, muß es sich sonach zum Ziel setzen, die Gesellschaft zu diesem Zustand zu führen, in dem ein höchstmögliches Ausmaß an Wohlergehen Aller garantiert ist; das Motiv aller staatlichen Akte muß die Prosperität sein, die sich vermittels einer festgefügten Sittenordnung, Aufrechterhaltung einer ordnenden Verwaltung, einheitlicher Gewährung von Recht sowie Stärke und Reichtum des Staates erreichen läßt[101]. Mit dieser eudämonistischen Bestimmung des Staatszieles verwandelt sich das ab-

---

[96] *Denis Diderot*, S. 898; *Boucher d'Argis*, S. 423.

[97] *Boucher d'Argis*, S. 424: „Le souverain doit établir le bon ordre par des lois salutaires."

[98] *Louis de Jaucourt*, Art. „Société", in: Encyclopédie, Bd. 15 (1765), S. 252 ff.; allgemein zu Jaucourt: *Sigrid Rapp*, Das Werk des Enzyklopädisten Louis de Jaucourt (Tübinger phil. Dissertation 1965).

[99] *Louis de Jaucourt*, Art. „Egalité", in: Encyclopédie, Bd. 5 (1755), S. 415; *ders.*, Société, S. 253.

[100] *Louis de Jaucourt*, Art. Société, S. 254 und ähnlich S. 256.

[101] *Louis de Jaucourt*, Art. Loi, in: Encyclopédie, Bd. 9 (1765), S. 643 f.

solute Königtum in eine staatliche Institution mit fest umrissenem Aufgabenkreis. Dies offenbart sich darin, daß das Epitheton „legitim" nicht mehr in Verbindung mit der Regierungsweise des Königtums gebraucht, sondern nunmehr der einen bestimmten Staatszweck verfolgenden Staatsgewalt beigelegt wird. Das erbmonarchische System wird nur akzeptiert, weil es zur Stabilität des Staates beiträgt. Nicht im Interesse der regierenden Familie, sondern im Interesse des Staates wird es aufrecht erhalten[102].

In ähnlicher Weise wurde auch in der Staats- und Wirtschaftslehre der Physiokraten diese sozialeudämonistische Komponente des Legitimitätsbegriffes herausgearbeitet. Dupont de Nemours (1739 - 1817) etwa geht davon aus[103], daß das natürliche Recht des Menschen dasjenige Recht sei, vermittels dessen er tun darf, was ihm vorteilhaft ist. Angesichts der Tatsache, daß sich der Mensch in seinem eigenen Interesse in eine soziale Ordnung einfügen muß, hat er ein Recht auf Genuß nur insoweit, als er bei der Verfolgung seines Vorteils nicht in die wohlbegründeten Rechte Anderer eingreift. Der in einer Gesellschaft lebende Mensch muß sich einer Rechtsordnung unterwerfen, die das reziproke Recht aller Mitglieder der Gesellschaft auf die Anerkennung eines bestimmten Freiheitsbereiches festsetzt. Dies kann im wesentlichen durch die Befolgung der natürlichen Gesetze der sozialen Ordnung erreicht werden; diese Gesetze müssen alle menschlichen Beziehungen durchdringen. Ihnen muß der Mensch seinem Wesen nach unterworfen sein, wenn er alle Vorteile einer gut funktionierenden sozialen Ordnung genießen möchte. Diese natürlichen Gesetze führen dann „à l'établissement de l'ordre légitime", die zunächst in der Garantie eines gesicherten Besitzrechtes besteht, des weiteren aber auch die Übereinstimmung der Rechtsordnung mit den Erfordernissen der natürlichen Ordnung zum Inhalt hat[104]. Dieses grundsätzliche Problem, wie man die Rechtsordnung mit der natürlichen Ordnung der Dinge am ehesten in Übereinstimmung bringen kann, wird auch von François Quesnay (1694 - 1774) behandelt[105]. Für ihn besteht der Unterschied zwischen dem natürlichen und dem legitimen Recht zunächst darin, daß das natürliche Recht gilt, weil es von der Vernunft anerkannt wird, das legitime in seiner Eigenschaft als das gesetzte Recht aber nur gilt, weil es mit Sanktionen gegen Zuwiderhandlungen versehen ist. Damit setzt Quesnay entgegen der sonst üblichen Terminologie legitimes und legales (gesatztes) Recht gleich; das legitime Recht will er aber in einer bestimmten Richtung fortentwickelt wissen: Unter dem Gesichts-

---

[102] *Louis de Jaucourt,* Art. Loi politique, ebd., S. 667.

[103] *Dupont de Nemours,* Discours de l'éditeur, in: Physiocrates, Bd. 1, hrsg. von E. Daire (1846), S. 19 ff.

[104] *Dupont de Nemours,* S. 22.

[105] *François Quesnay,* Le droit naturel, in: Physiocrates, Bd. 1, hrsg. von E. Daire (1846), S. 43 ff.

punkt einer Beseitigung der die gesellschaftliche Entwicklung hemmenden Zwangsordnung fordert Quesnay, daß das natürliche und das legitime Rechte zu einer größtmöglichen Konkordanz gebracht werden müßten, indem die Gesetze vervollkommnet, falsche Motive ausgeschaltet und allein die Vernunft bei Schaffung allen Rechts anerkannt werde. Auf dieser theoretischen Grundlage entwickeln die Physiokraten antithetisch zu der bestehenden Wirtschaftsordnung ein Gesamtbild des Wirtschaftskreislaufes und der Gewerbepolitik; so werden etwa entgegen der bestehenden Wirtschaftsverfassung Gewerbefreiheit und Abschaffung der Binnenzölle gefordert[106].

Friedrich Jonas hat treffend bemerkt[107], daß die Theorie, die später zur praktischen Gewalt werden sollte, in den Lehren der Enzyklopädisten und Physiokraten ihre Wurzel hat. Die Gesellschaft wird als Naturzusammenhang begriffen, der sich auf unbezweifelbare Tatsachen gründet und nach naturgegebenen und evidenten Gesetzen gelenkt werden kann. Die Angleichung der positiven Ordnung an eine allein mit dem Mittel der Vernunft konstruierte Ordnung wird als das zu erstrebende Ziel erachtet. Die Allmacht des souveränen Herrschers wird wesentlich eingeschränkt; seine Aufgabe ist es nur noch, zu deklarieren und sanktionieren, was die vernünftigen Gesetze der Natur vorschreiben. Obwohl die liberalen und eudämonistischen Maximen in den Lehren der Physiokraten und Enzyklopädisten eine hervorragende Stellung einnehmen und grundlegende gesellschaftliche Reformen fordern, wird im Prinzip doch an der bestehenden Ordnung festgehalten. Nur Rousseaus radikaldemokratische Ansichten verlassen den Boden der bestehenden Ordnung und begründen die Theorie der Revolution[108].

2. Legitimität und Volkssouveränität bei Jean-Jacques Rousseau

Mit Voltaire und Montesquieu[109] wird Jean-Jacques Rousseau (1712 bis 1778) oft in einem Atemzug als Wegbereiter der französischen Revolution von 1789 genannt, obwohl diese Denker, streng genommen, wenig miteinander gemeinsam haben. So besteht zwischen dem aristokratischen Liberalismus Montesquieus und der radikalen Gesellschaftstheorie Rousseaus[110] ein erheblicher Unterschied. Auf der anderen Seite verneint

---

[106] Vgl. etwa *Anne Robert Jacques Turgot,* Les réflexions sur la formation et la distributation des richesses, in: Oeuvres de Turgot, hrsg. von Gustav Schelle, 2. Bd. (1914), S. 534 ff.

[107] *Friedrich Jonas,* Geschichte der Soziologie, Bd. 1 (1968), S. 45.

[108] Zum Verhältnis Jean-Jacques Rousseaus zu den Enzyklopädisten siehe *Eberhard Weis,* S. 218 ff.

[109] *Charles du Secondat Baron de Montesquieu* (1689 - 1755) hat keine eigene Theorie von der Legitimität der Herrschaft entwickelt. Aus kurzen Bemerkungen wie etwa im „De l'esprit des lois" (1748), Buch X Kap. 4 am Ende läßt sich Gegenteiliges nicht entnehmen.

Voltaire die Tradition im Sinne des geschichtlich Gewordenen, das für Montesquieu gleichsam heilig ist. Voltaire sieht in der Verfeinerung und Ausbreitung der Kultur das Heil der Menschheit, Rousseau dagegen ihr Verderben. Rousseaus Ruf „Zurück zur Natur" meinte nicht, wie Voltaire spöttisch sagte, daß der Mensch wieder auf allen Vieren gehen soll, sondern er wollte, daß der Mensch sich seiner Ursprünglichkeit und Natürlichkeit wieder bewußt werde[111]. Die Aufmerksamkeit, die das 1762 erschienene Werk „Du Contrat Social" erregte, verdankte er im wesentlichen der Ablehnung, die er in Genf, seiner Vaterstadt, gefunden hatte[112]. Das Buch konnte zunächst kaum Einfluß gewinnen, da seine Distanz zu der politischen Wirklichkeit und der gesellschaftlichen Ordnung, in der die Menschen noch verhaftet waren, zu groß war. Es bedurfte eines Vierteljahrhunderts, bis der Bürger Voltaires mit den Einsichten Rousseaus politisch denken konnte. Diese Wendung trat ein, als sich erwies, daß der von Voltaire geforderte Absolutismus stets ein Trugbild bleiben werde, und die politische Situation nicht mehr auf den Fundamenten ruhte, auf denen ein John Locke oder ein Emer de Vattel ihre Systeme errichtet hatten. Diese Erkenntnis trieb die Revolution von 1789 voran, als die Fesseln der Vergangenheit zerrissen waren und jetzt das Problem von „Mensch und Staat" die Gemüter vornehmlich beschäftigte[113].

Was sein Menschenbild betrifft, so gehört Rousseau[114] in die Reihe der Spiritualisten[115]. Er hält den Menschen für von Natur aus gut; er bedarf

[110] Zu Jean-Jacques Rousseaus Staatsphilosophie wird aus der umfangreichen Literatur auf folgende Werke hingewiesen: *Werner Ziegenfuss*, Jean Jacques Rousseau (1952), S. 178 ff. (zum Übergang von der ständisch gebundenen Gesellschaft zur egalitären Klassengesellschaft); *Roger D. Masters*, The political philosophy of Rousseau (1968); *Friedrich Müller*, Entfremdung (1970), S. 23 ff. (zur Anthropologie Rousseaus); *Otto Vossler*, Rousseaus Freiheitslehre (1963); *Jring Fetscher*, Rousseaus politische Philosophie (1960).

[111] *Martin Göhring*, S. 154; *Albert Soboul*, Jean-Jacques Rousseau et la révolution, in: Jean-Jacques Rousseau, hrsg. von der Société des études robbespierristes (1968), S. 41 ff.

[112] *Hans Barth*, Volonté générale et volonté particulière, in: Rousseau et la philosophique politique (1965), S. 35. Erst zwischen 1789 und 1796 wurde der „Contrat social" nicht weniger als 20mal aufgelegt, nachdem er zuvor auf dem Index gestanden hatte.

[113] *Martin Göhring*, S. 155.

[114] Auf die kaum klärbare Frage, ob Jean-Jacques Rousseau eine individualistische oder eine totalitäre Staatsidee vertreten hat, kann nicht eingegangen werden, so interessant sie auch sein mag. Es sei lediglich auf die Zusammenstellung bei *Friedrich Glum*, J. J. Rousseau, Religion und Staat (1956), S. 298 ff. und *Alfred Voigt* (Hrsg.), Der Herrschaftsvertrag (1965), S. 33 verwiesen. Voigt führt aus: „Und man achte doch sehr auf die vielen Sätze im Contrat, aus denen geniale Naivität hervorleuchtet, ... und die ein Menschenalter später den Pariser Konvent verblendeten, (wie etwa) der Mehrheitsentscheidung, die nicht irren könne und eine schlechthin zwingende Legitimität besäße. Diesem arithmetischen Axiom hängen wir mit unerschütterlicher Gläubigkeit an".

[115] *Erich Kaufmann*, Die anthropologischen Grundlagen der Staatstheorie, in: Gesammelte Schriften, Bd. III (1960), S. 366 unter Hinweis auf Erich See-

weder der Kirche noch der Dogmen. Das „Gut-Sein“ im Naturzustand entspricht nicht einer moralischen Wertung; im Naturzustand ist der Mensch vor-sozial und vor-moralisch[116]. Der einfache, seinem natürlichen Gefühl lebende Mensch ist erst durch die Zivilisation und die menschlichen Herrschaftsformen entartet[117]. Es muß eine neue Form für Staat und Gesellschaft gefunden werden, will der natürliche Mensch wieder zu seinem Recht kommen und sich selbst vom Verfall befreien. In diesem Gedanken steckt eine gewaltige revolutionäre Spannung: Mit Abstreifen der Fesseln, die die Zivilisation, Kirche und bestehende Gesellschaftsformen auferlegen, kehrt das Paradies auf Erden wieder. Rousseau lehnt eine Ordnung ab, in der der Einzelne in einem festumrissenen Lebenskreis steht. Er bestreitet die Daseinsberechtigung der ständischen Ordnung; der Einzelne wird unmittelbar auf die unpersönliche Gesamtheit bezogen[118]. Die Antwort auf die Frage, wie das Gemeinwesen aussehen muß, in dem der frei geborene Mensch von den künstlichen Fesseln befreit und zugleich ein Glied des Gemeinwesens wird, findet sich in seiner politischen Hauptschrift, dem „Contrat social“. Während die naturrechtliche Staatstheorie den Staat als auf zwei Verträgen, dem Gesellschaftsvertrag (contrat social) und dem Unterwerfungsvertrag, beruhend konstruierte, hatte es Thomas Hobbes[119] unternommen, den „contrat social“ zu streichen. Nur den Unterwerfungsvertrag hält Hobbes zur Schaffung des politischen Gemeinwesens für erforderlich. Dies rührt daher, daß das Menschenbild von Hobbes außerordentlich pessimistisch ist. Der „homo homini lupus“ trachtet nach dem „bellum omnium contra omnes“. Ein derartiger Mensch läßt sich nur bändigen durch eine Unterwerfung unter die zügelnde Gewalt des alles absorbierenden Leviathan. In bewußter Antithese zu Thomas Hobbes streicht Rousseau den Herrschaftsvertrag. Das politische Gemeinwesen entsteht nur durch den sogenannten Gesellschaftsvertrag. Da der Mensch von Natur aus gut ist, bedarf es des Herrschaftsvertrages nicht; die Gewalt der Obrigkeit kann auf ein Mindestmaß reduziert werden.

Rousseau will in seinem „Contrat social“ erforschen, ob es in der bürgerlichen Ordnung (ordre civil) für einen legitimen und sicheren Staatsaufbau eine Regel gibt, wenn man die Menschen so nimmt, wie sie sind, und die Gesetze so, wie sie sein können. Hierbei will er versuchen, stets

---

berg und Peter Meinhold; vgl. weiter *Jring Fetscher*, S. 86 ff.; *Friedrich Müller*, Korporation und Assoziation (1965), S. 44 ff.

116 *Friedrich Müller*, S. 25.

117 *Jean-Jacques Rousseau*, Discours sur l'origine de l'inégalité parmi les hommes, in: Oeuvres de Rousseau, Collection Garnier (1962), S. 25 ff.

118 Zu dem damit verbundenen Verlust des ethischen Leitbildes der ständischen Ordnung und zum ethischen Vakuum in Rousseaus Gesellschaftslehre siehe *Werner Ziegenfuss*, S. 190 ff.

119 *Thomas Hobbes*, Leviathan (1651), benutzte Ausgabe: Rowohlts Klassiker, Nr. 187 - 189 (1965), S. 136 ff.

das, was das Recht erlaubt, mit dem was das Interesse vorschreibt, zu verbinden, damit Gerechtigkeit und Natürlichkeit nicht auseinanderfallen[120]. Wenn Rousseau die Menschen so nehmen will, wie sie sind, so richtet er sich in erster Linie gegen das Menschenbild der Naturrechtslehrer, die den Menschen als ein von vornherein mit Vernunft und Geselligkeitsbedürfnis ausgestattetes Wesen ansehen. Mit der Gegenüberstellung von Recht und Interesse, Gerechtigkeit und Nützlichkeit ist auf die Antinomie zwischen Ordnung und Freiheit angespielt. Denn für Rousseau sichert erst der wirksame rechtsstaatliche Zwang gegenüber der Gesamtheit, daß der Einzelne in Freiheit die gerechten Gesetze befolgen kann. Das Grundthema des „Contrat social" ist nicht eine anarchische Sprengung gesellschaftlicher Bindungen. Rousseau versucht vielmehr eine politische Struktur herauszuarbeiten, die die im Gesellschaftszustand unentbehrliche Herrschaft zugleich gerecht und zweckmäßig gestaltet. Die gefundene Ordnung wird die legitime schlechthin sein, die sich nur den örtlich und zeitlichen Gegebenheiten anpassen, sonst aber nicht verändert werden darf[121]. Diese Gedanken klingen bereits in den berühmten einleitenden Sätzen an: „L'homme est né libre, et partout il est dans les fers. Tel se croit le maître des autres, qui ne laisse pas d'être plus esclave qu'eux. Comment ce changement s'est-il fait? Je l'ignore. Qu'est-ce qui peut le rendre légitime? Je crois pouvoir résoudre cette question[122]." Rousseau wirft hier das allgemeine Problem auf, ob und wie sich der Prozeß gesellschaftlicher und politischer Machtbildung rechtfertigen läßt. Dieses bis auf den heutigen Tag aktuelle Problem[123] wird weiter verfolgt bei der Untersuchung des Verhältnisses von Recht und Gewalt. Hier stellt Rousseau klar, daß Recht nicht auf Gewalt gegründet werden kann; denn der Gewalt gehorchen, bedeute eine Notwendigkeit, dem Recht gehorchen, habe aber eine freie, von moralischen Grundsätzen gelenkte Willensentscheidung zur Voraussetzung. Gewalt schaffe daher kein Recht und man brauche nur der legitimen Macht zu gehorchen[124]. Da aber kein Mensch eine natürliche Gewalt über seinesgleichen ausüben kann, und da die Gewalt kein Recht schafft, bleiben nach Rousseaus These nur die „conventions" als Basis jeder legitimen Autorität zwischen den Menschen[125]. Mit diesem Gedanken wird ausgeführt, daß eine legitime Herrschaftsordnung nur durch den Ausgleich zwischen der notwendigen Herrschaftsausübung und der als unaufgebbar empfundenen Freiheit begrün-

---

[120] *Jean-Jacques Rousseau,* Du contrat social, in: Oeuvres de Rousseau, S. 235 (Buch I).

[121] Vgl. *Jring Fetscher,* S. 91 f.

[122] *Jean-Jacques Rousseau,* S. 236 (Buch I, Kap. I).

[123] Vgl. etwa *Heinrich Popitz,* Prozesse der Machtbildung (1968).

[124] *Jean-Jacques Rousseau,* S. 238 (Buch I, Kap. III): „Convenons donc que force ne fait pas droit et qu'on n'est obligé d'obéir qu'aux puissances légitimes."

[125] *Jean-Jacques Rousseau,* S. 239 (Buch I, Kap. IV).

det werden kann. Eine dementsprechende Herrschaftsordnung kann nicht aus der Natur entspringen oder aus der unmittelbar gegebenen physischen Überlegenheit einzelner Menschen abgeleitet werden[126]. Aber auch aus der freiwilligen Aufgabe der Freiheit kann ein legitimer Staat nicht entstehen, da weder der Einzelne für sich selbst noch ein ganzes Volk für sich und seine Nachfahren auf die Freiheit verzichten und sich einem absoluten Herren unterwerfen kann[127]. Eine derartige Selbstaufgabe ist unvereinbar mit der Natur des Menschen, da sie ihn seines freien Willens und seiner ethischen Entscheidung berauben würde[128]. Aus dieser Einsicht leitet Rousseau für jede Generation das Recht ab, über ihre Regierungsform bestimmen zu können: „Il faudrait donc, pour qu'un gouvernement arbitraire fût légitime, qu'à chaque génération le peuple fût le maître de l'admettre ou de le rejeter[129]."

Da es aus dem bloßen Nebeneinander der Individuen nicht zu einer staatlich geordneten Gemeinschaft kommen kann, stellt sich für Rousseau die Aufgabe, die Form einer „association" zu finden, die mit der ganzen gemeinsamen Macht die Person und das Eigentum jedes Gesellschaftsmitgliedes verteidigt. In dieser „association" soll jeder, indem er sich mit allen vereinigt, doch nur sich selbst gehorchen und ebenso frei bleiben, wie zuvor[130]. Rousseau will eine derartige „association" durch den Abschluß eines „contrat social" erreichen. Die zentrale Klausel dieses „contrat social" ist die „aliénation totale de chaque associé avec tous ses droits à toute la communauté"[131]. Hierdurch werden die freien Individuen zur Gemeinschaft geeint. Da sich jeder allen gegenüber verpflichtet, sind die gesellschaftlichen Bedingungen nach diesem Akt für alle gleich und keiner kann ein Interesse daran haben, ungerechte Bedingungen aufzustellen[132]. Der Einzelne nimmt einen doppelten Status an: als „citoyen" hat er an der souveränen Staatsgewalt teil, als „sujet" ist er den Gesetzen des Staates unterworfen[133]. Da die souveräne Gewalt im Staat von den Einzelnen getragen

---

[126] *Jean-Jacques Rousseau,* S. 236 ff.

[127] *Jean-Jacques Rousseau,* S. 239 ff. (Buch I, Kap. IV) versteht unter dem Ausdruck der „esclavage" den Verlust der den Menschen innewohnenden natürlichen Freiheit: „le droit d'esclavage est nul, non selement parce qu'il est illégitime, mais parce qu'il est absurde et ne signifie rien. Ces mots, esclave et droit, sont contradictoires; ils s'excluent mutuellement. Soit d'un homme à un homme, soit d'un homme à un peuple, ce discours sera toujours également insensé: Je fais avec toi une convention toute à ta charge et toute à mon profit, que j'observerai tant qu'il me plaira, et que tu observeras tant qu'il me plaira" (S. 242).

[128] *Jean-Jacques Rousseau,* S. 240 (Buch I, Kap. IV).

[129] *Jean-Jacques Rousseau,* S. 239 (Buch I, Kap. IV); zum Recht jeder Generation, die Regierungsform zu bestimmen, vgl. Anm. 93.

[130] *Jean-Jacques Rousseau,* S. 243 (Buch I, Kap. IV).

[131] *Jean-Jacques Rousseau,* S. 243 (Buch I, Kap. IV).

[132] *Jean-Jacques Rousseau,* S. 244 (Buch I, Kap. IV).

[133] *Jean-Jacques Rousseau,* S. 245 (Buch I, Kap. VII).

wird, kann sie auch kein Interesse daran haben, der Gesamtheit oder einem einzelnen „sujet“ zu schaden. Die souveräne Gewalt Aller ist durch ihr bloßes Sein identisch mit dem, was sein soll[134]. Auch der entgegenstehende Wille eines Bürgers muß dem Gemeinwillen, den die Gemeinschaft zum Ausdruck bringt, weichen. Denn der Bürger hat sein Recht auf Freiheit mit dem notfalls erzwungenen Gehorsam gegenüber dem Gemeinwillen erkauft[135]. „Ce qui ne signifie autre chose sinon qu'on le forcera à être libre; car telle est la condition qui, donnant chaque citoyen à la patrie, le garantit de toute dépendance personelle, condition qui fait l'artifice et le jeu de la machine politique, et qui seule rend légitimes les engagements civils, lesquels, sans cela seraient absurdes, tyranniques, et sujets aux plus énormes abus[136].“ Auf dieser Basis allein lassen sich nach Rousseaus Vorstellung eine legitime Eigentumsordnung und legitime Vorstellungen von der Gleichheit der Menschen verwirklichen.

Rousseaus Lehre vom Staat war ein Angriff auf die herrschende absolutistische Staatstheorie. Die Legitimität eines Staatswesens ist für ihn erst dann verwirklicht, wenn der Einzelne der ihn umgebenden absolutistischen Sklaverei entflieht und an deren Stelle im „contrat social“ den Willen aller, mit dem alle über alle herrschen, setzt. Ein Akt der souveränen Staatsgewalt ergeht nach Rousseaus Theorie nicht im Über- und Unterordnungsverhältnis, sondern auf Grund der Vereinbarung zwischen dem „corps politique“ und seinen Gliedern; diese Vereinbarung ist legitim, weil sie den „contrat social“ zur Basis hat, gerecht, weil sie allen gemein ist, und nützlich, weil die Gemeinschaft nur auf den allgemeinen Nutzen abzielt[137]. Wenn man sich völlig von der „volonté générale“ leiten läßt, gelangt man nach Rousseaus Ansicht zu einer legitimen Regierung („gouvernement légitime“), die das Wohl des Volkes sich angelegen sein läßt[138]. Für ihn ist es die erste Pflicht des Gesetzgebers, sich von dem allgemeinen Willen leiten zu lassen. Wie aber läßt sich dieser allgemeine Willen feststellen? Rousseau hält Abstimmungen oder Wahlen für überflüssig. Es reicht seiner Ansicht nach aus, daß die Regierung guten Willens ist; sie braucht nur nach dem allgemeinen Nutzen und gerecht zu

---

[134] *Jean-Jacques Rousseau,* S. 246 (Buch I, Kap. VII).

[135] Mit dieser These ist die Freiheit allen Sinnes beraubt, da die Möglichkeit entgegenstehenden Willens und einer Opposition ausgeschlossen ist. Absolute Konformität kann keine Freiheit sein, will man nicht der Freiheitsidee des totalitären Staates folgen; vgl. hierzu *Lester Crocker,* Rousseau et la voie du totalitarisme, in: Rousseau et la philosophie politique (1965), S. 103.

[136] *Jean-Jacques Rousseau,* S. 246 (Buch I, Kap. VII).

[137] *Jean-Jacques Rousseau,* S. 255 (Buch II, Kap. IV): „Qu'est-ce donc proprement qu'un acte de souveraineté? Ce n'est pas une convention du supérieur avec l'inférieur, mais une convention du corps avec chacun de ses membres: convention légitime, parce qu'elle a pour base le contrat social.“

[138] *Jean-Jacques Rousseau,* Art. Economie, in: Encyclopédie, Bd. 5 (1755), S. 337 ff., 339.

handeln, um sich mit dem allgemeinen Willen in Einklang zu befinden[139].

In gewisser Hinsicht ist Rousseau der erste Staatstheoretiker von Gewicht, der von einer Gebundenheit der Gesetzgebung[140] an göttliches oder natürliches Recht nichts mehr weiß und der mit der Ersetzung Gottes durch das Volk und dessen Unfehlbarkeit den Prozeß der Verweltlichung abschließt[141]. Nicht mehr der Monarch von Gottes Gnaden macht das Wesen der staatlichen Person aus, sondern an seine Stelle ist der Allgemeinwille getreten. Er ist unveräußerlich, unteilbar und unverjährbar — Attribute, mit denen der Absolutismus stets operierte. Rousseau schuf die Basis für den langen, erbitterten Kampf zwischen der Fürsten- und der Volkssouveränität, zwischen dem monarchischen Legitimitätsprinzip und den Legitimitätstheorien der Aufklärung.

3. Das Legitimitätsverständnis zur Revolutionszeit

Die politische und staatsrechtliche Literatur zur Zeit der französischen Revolution von 1789 vermochte eine eigene Legitimitätsdoktrin nicht zu entwickeln. In den zahlreichen Flugschriften und Abhandlungen, die damals das politische Tagesgeschehen zu kommentieren oder zu beeinflussen suchten, werden die Begriffe „légitime", „légitimer" oder „légitimité" verwandt, ohne daß ihnen ein spezifischer Sinn beigelegt würde. So gebrauchten etwa Grégoire, Jabinau, Cellier und Desprez[142] bei der Diskussion der Zivilverfassung des Klerus den Begriff der Legitimität ohne ihm eine spezifisch staatstheoretische Bedeutung zu verleihen. Die Stellungnahme zur Politik des Tages verbot tiefergehende wissenschaftliche Ausführungen, wollte man verständlich für die Masse der Bevölkerung oder leicht lesbar bleiben. Bei der Verwendung des Begriffes „légitime" rezipierte man je nach politischer Anschauung allgemein bekannte Dogmen. Für die konservativ-reaktionäre Fassung des Legitimitätsgedankens ist z. B. die Schrift „La politique du vieux temps ou les principes de Bossuet et de Fénelon sur la souveraineté" (1797) des Abbé J. A. Emery

---

[139] *Jean-Jacques Rousseau,* S. 340.

[140] Zu Rousseaus Anforderungen an den Gesetzgeber und die Gesetzgebung vgl. *C. J. Friedrich,* War and dictatorship in the contrat social, in: Rousseau et la philosophie politique (1965), S. 84 ff.

[141] *Herbert Krüger,* S. 69; *Pierre Burgelin,* Hors des ténèbres de la nature, in: Rousseau et la philosophie politique (1965), S. 30 drückt dies folgendermaßen aus: „La cité n'est pas un fait social, elle en est le fondement moral et la norme. Nos sociétés, nos constitutions, nos lois n'ont de légitimité que par référence à cette norme."

[142] Vgl. etwa *Abbé Grégoire,* La légitimité du serment civil exigé des fonctionaires ecclésiastiques (1791); *Jabinau,* La légitimité du serment civique (1791); *L. M. Cellier* et *A. B. Desprez,* Accord de la raison et de la tradition sur la légitimité des opérations de l'Assemblée Nationale concernant le clergé (1792) — alle zur Zivilverfassung des Klerus.

bezeichnend. Emery stellt die Frage, die auch von Bossuet und Fénelon aufgeworfen wurde, ob Gott die alleinige Quelle jeglicher Autorität sei. Wenn man diese Frage bejahen würde, so fährt er fort[143], müßte man nicht nur jedem Herrscher gehorchen, sondern jede Autorität auch als legitim anerkennen („reconnaître son autorité comme légitime"). In Anlehnung an Fénelon unterscheidet Emery zwischen einem „roi de fait" und einem „roi de droit". Dem „roi de fait" muß man gehorchen, weil er von Gott seine Autorität ableitet; zu einem „roi de droit" und damit zu einem legitimen Herrscher wird er nach Emerys Auffassung aber erst dadurch, daß er gerecht regiert[144]. Auch die Frage, wann ein Usurpator zum legitimen Herrscher wird, löst Emery in Anlehnung an die Ausführungen Fénelons an Hand zivilistischer Erwägungen unter besonderer Berücksichtigung der friedenstiftenden Funktion des Staates. Emery meint, Eigentum und Herrschaft seien beides Institutionen, die die Wahrung der Ordnung zur Aufgabe hätten[145]; ebenso wie ein lang andauernder Besitz zu legitimem Eigentum führen würde, mache auch der lange Besitz der Souveränität das Herrscherrecht legitim („l'ancienne possession de la souveraineté en rend l'autorité légitime"). Bei Emery wird damit der Gedanke der legitimierenden Funktion der Zeit deutlich ausgesprochen. Die aufklärerische, auf die Volkssouveränität gestützte Legitimitätsidee wird nur mit einer knappen Erwägung abgelehnt: Da anarchische Zustände vermieden werden müßten, sei eine Zustimmung des Volkes bei der Änderung der Regierungsform nicht erforderlich[146]. Demgegenüber finden sich bei Le Roy de Barincour in dessen zweibändigem Werk „Principe fondamental du droit des souverains" (1788) eingehende Auseinandersetzungen mit Rousseaus Ideen über eine legitime Regierung. Le Roy de Barincour geht auf Rousseaus Gedanken von der „légitimité de la pure démocratie"[147], von der „administration légitime et sûre"[148] oder von der „convention légitime"[149] ausführlich ein. Allerdings vermochte der Autor nicht, eine überzeugende Kritik an Rousseaus Thesen zu liefern. Mit dem Vorwurf unklarer Gedanken oder unfaßlicher Abstraktion lassen sich Rousseaus staatstheoretische Ansichten nicht

---

[143] *J. A. Emery,* La politique du vieux temps ou les principes de Bossuet et de Fénelon sur la souveraineté (1797), S. 200.

[144] *J. A. Emery,* S. 200: „Il y a une grande différence entre obéir au roi de providence, et reconnoître son droit comme légitime. Il faut sans doute payer les taxes, qu'un usurpateur impose, obéir aux lois civils qu'il fait, se soummettre généralement à toutes ses ordonnances qui sont nécessaires pour conserver l'ordre et la paix de la société; mais il ne faut jamais que cette obéissance aille jusqu'à approuver l'injustice de son usurpation."

[145] *J. A. Emery,* S. 210.

[146] *J. A. Emery,* S. 202.

[147] *Le Roy de Barincour,* Principe fondamental du droit des souverains (1788), Bd. 1, S. 205.

[148] *Le Roy de Barincour,* S. 173, 244 - 257.

[149] *Le Roy de Barincour,* S. 187.

abtun. Hier wird deutlich, wie schwierig es für die zeitgenössische Staatslehre ausgangs des 18. Jahrhunderts sein mußte, die staatstheoretischen Gedanken Rousseaus nachzuvollziehen und kritisch zu interpretieren.

Die Wirkung der aufklärerischen Ideen in der Revolution von 1789 offenbarte sich im Hinblick auf den Legitimitätsbegriff besonders deutlich, als man nach einem Namen für das französische Parlament suchte. Die Erklärung des Dritten Standes zur Nationalversammlung vom 17. Juni 1789 und die hiermit zusammenhängenden Akte hat man als eine „Revolution der Juristen" bezeichnet[150]; denn die Verlagerung der Verantwortung für die Nation von der Krone auf den dritten Stand wurde vor allem von Advokaten propagiert. Sie ging ohne Blutvergießen vor sich in einem halbwegs geordneten Verfahren und wurde durch Berufung auf naturrechtliche Prinzipien legitimiert. Die Formulierungsvorschläge, die bei der Suche nach einem Namen für das Parlament zur Debatte standen, zeigen mit aller Neutlichkeit, daß man sich als souveräner Repräsentant des Volkes ansah und dem bislang souveränen Fürsten sich nicht mehr verbunden fühlte. Zwei der sieben Formulierungsvorschläge sind besonders bemerkenswert[151]: „Assemblée légitime des représentants de la maieure partie de la nation, agissant en l'absence de la mineure partie" (Antrag Mounier vom 15. Juni 1789) und „assemblée active et légitime des représentants de la nation française" (Antrag Pisan du Goland vom 16. Juni 1789). Der Versammlung wird hier das Epitheton „legitim" beigelegt, das nach bisheriger herrschender Doktrin der Person des gerecht regierenden Königs zukam. Man spürte offenbar das Bedürfnis, schon bei der Namensgebung eine Verbindung zu dem Legitimen als der Maxime des „Richtigen" und „Gerechten" bei dem künftigen Regieren herstellen zu müssen. Gleichzeitig wendete man sich mit der Bezeichnung „assemblée légitime" und der Wendung von den „réprésentants légitimement et publiquement connus et verifiés"[152], die auf das Beglaubigungsverfahren Bezug nimmt, gegen das Recht der beiden anderen Stände, sich selbständig zu konstituieren. Man gab vor, die einzige legitime Repräsentation der Nation zu sein und versuchte dem Beglaubigungsverfahren, das von den beiden anderen Ständen durchgeführt wurde, die legitimierende Wirkung abzusprechen. Jetzt wird der Begriff „légitime" dazu verwendet, um einen Ausschließlichkeitsanspruch auf Repräsentation des Volkes zum Ausdruck zu bringen.

Im übrigen wird ,wie bereits bei Fénelon und bei den Enzyklopädisten, auch in der Revolutionszeit der Ausdruck „légitime" gebraucht, um eine

[150] *Eberhard Schmitt*, Repräsentation und Revolution (1969), S. 277 mit Nachw.

[151] *Eberhard Schmitt*, S. 266 ff. mit Nachw.; *Dolf Sternberger*, Nicht alle Staatsgewalt geht vom Volke aus (1971), S. 86.

[152] *Dolf Sternberger*, S. 86.

freiheitliche und auf dem Prinzip der Gleichheit basierende Gesellschaftsordnung zu bezeichnen. So schreibt etwa Lafayette (1757 - 1834) am 18. Juni 1792 an die „Assemblée Nationale", daß er auf ihre „autorité légitime" vertrauen möchte[153]. Lafayette ist überzeugt davon, daß keine ungerechte oder tyrannische Maßnahme getroffen werden könne, solange man die „heiligen Grundsätze" der Freiheit und Gleichheit anerkenne. In demselben Sinn fordert Maximilien Robespierre (1758 - 1794) in einer Parlamentsrede über die Ausgestaltung der französischen Verfassung vom 24. Juni 1793, es dürfe kein anderes „gouvernement légitime" anerkannt werden als ein „gouvernement républicain", das auf die Prinzipien der Freiheit und Gleichheit gestützt sei[154]. In einer anderen Rede kommt Robespierre zu dem Ergebnis, der Legitimitätsbegriff stelle für viele seiner Zeitgenossen ein Rätsel dar[155], dürfe aber seiner Meinung nach nur auf eine zunächst revolutionäre, später konstitutionelle Regierung bezogen werden, die das allgemeine Wohl (le salut publique) anstrebe und tyrannische Herrschaftsformen vermeide.

In der Revolutionsepoche erscheint, will man die ziemlich heterogenen Äußerungen auf eine gemeinsame Argumentationsbasis zurückführen, letztlich die Nationalversammlung als der Hort legitimer Herrschaft. Die Prinzipien der Volkssouveränität und der Repräsentation leisteten der Vorstellung Vorschub, daß allgemein nur die Volksvertretung politisch richtig handeln könne. Der Glaube, daß „le consentement libre du peuple" und die Rationalität der „volonté générale" die Herrschaft zu legitimieren vermöchten, war durch die politische Philosophie der Aufklärung geweckt worden. Die Herrschaft des „bon ordre", die man sich erhofft hatte, ließ allerdings auf sich warten.

---

[153] Abgedruckt in der anonymen Schrift: „Histoire des Jacobins en France", 2. Bd. (1795), S. 90 ff., 97.

[154] *Maximilien Robespierre,* Discours et rapports à la convention (1965), S. 154.

[155] *Maximilien Robespierre,* S. 190; ähnlich wie bei Robespierre kommt diese Abwehrhaltung gegenüber tyrannischer Herrschaft auch bei *Louis Antoine Léon Saint-Just* (Oeuvres choisies [1968], S. 124) in einem Verfassungsentwurf vom 24. April 1793 zum Ausdruck. Er formuliert: „Le pouvoir de l'homme est injuste et tyrannique: le pouvoir légitime est dans les lois." Saint-Just geht hier davon aus, daß das persönliche Regiment des Monarchen besonders leicht zu Ungerechtigkeiten führen und in eine Tyrannis umschlagen kann. Er möchte der Vernünftigkeit und Richtigkeit des parlamentarisch beschlossenen Gesetzes vertrauen und nur einer an Gesetze gebundenen Regierung Legitimität zusprechen.

Drittes Kapitel

Die Rolle der Legitimität bei der Restauration der Bourbonen

Die politische Philosophie der Aufklärung war die Wegbereiterin einer Revolution[1], die eine neue Epoche politischen Denkens in Europa einleitete. 1789 war das Jahr der Erklärung der Menschenrechte, einer revolutionären Tat auf dem Kontinent, durch die Freiheit, Gleichheit und Brüderlichkeit als Grundlagen einer neuen gerechteren Gesellschaftsordnung postuliert und im Gefolge fortschrittlicher, liberaler und aufgeklärter Ideen in die Wege geleitet wurden[2]. Doch mit dem Fanal einer neuen Zeit, dem Sturm auf die Bastille, begann zugleich die „große Furcht"[3]. Die Gesellschaft, der Hof, der Adel, die Geistlichkeit und das Volk erlebten mit der Überwindung des Absolutismus den Zusammenbruch des Gesetzes. Ludwig XVI. war die Macht entglitten, als sich das Volk uno actu gegen ihn erhob; der König versuchte zu fliehen, der Adel verließ zum Großteil das Land, die Kirche wurde enteignet, das politische Leben

---

[1] Zum Einfluß Rousseaus auf die Staatstheorien der französischen Nationalversammlung vgl. *Robert Redslob*, Die Staatstheorien der französischen Nationalversammlung von 1789 (1912), S. 18 ff. und passim; zum Einfluß der Wirtschafts- und Soziallehre der Physiokraten auf die Auflösung der überkommenen Institutionen während der Revolutionszeit siehe *Alexis de Tocqueville*, L'ancien régime et la révolution, 2. Aufl. (1856), S. 263 ff.; zu den Auseinandersetzungen zwischen radikalen und konservativen Strömungen in der Revolutionszeit vgl. *Duvergier de Hauranne*, Histoire du gouvernement parlamentaire, Bd. 1 (1857), S. 168 ff.; *Talleyrand*, Mémoires du prince de Talleyrand, hrsg. von Broglie, Bd. 1 (1891), S. 87 gibt folgende treffende Darstellung der Ursachen der französischen Revolution: „Si les écrivains s'évertuent à chercher les hommes auxquels ils peuvent décerner l'honneur ou adresser le reproche d'avoir fait ou dirigé ou modifié la révolution française, ils se donneront une peine superflue. Elle n'a point eu d'auteurs, de chefs, ni de guides. Elle a été sémée par les écrivains, qui dans un siècle éclairé et entreprenant, voulant attaquer les préjugés, ont renversé les principes réligieux et sociaux et par les ministres inhabiles qui ont augmenté la détresse du Trésor et le mécontentement du peuple."

[2] Was die Entstehung der Erklärung der Menschenrechte anbelangt, wird auf die Beiträge von *Georg Jellinek*, *Emile Boutmy* und *Georg Ritter*, in: Zur Geschichte der Erklärung der Menschenrechte, hrsg. von Roman Schnur (1964) sowie auf *Jürgen Sandweg*, Rationales Naturrecht als revolutionäre Praxis (1972) und *Sigmar-Jürgen Samwer*, Die französische Erklärung der Menschen- und Bürgerrechte von 1789/91 (1970) verwiesen.

[3] *Georges Lefebvre*, La grande peur de 1789 (1932); *René Laforgue*, Talleyrand, l'homme de la France (o. J.), S. 13.

des Staates kam in den Machtkämpfen der rasch wechselnden Mehrheiten gegen die jeweiligen Minderheiten nicht zur Ruhe. Das zerstörerische Element der französischen Revolution, die Vernichtung der alten Formen des Lehenswesens, der Sturz des Königtums und die Entrechtung der Kirche bestimmten bis zur Errichtung der Diktatur das Geschehen.

Die Misere in den Finanzen des Staates war nur der äußere Anlaß der Revolution. Die treibende Kraft war das politisch selbstbewußt gewordene Bürgertum. Die politische Aktivität des dritten Standes lag nicht zuletzt in den ihr vorausgegangenen gesellschaftlichen Umschichtungen begründet. Es war das Königtum, das mit dem rational bestimmten Bau einer neuen Gesellschaftsordnung begonnen hatte[4]. Als die Finanznot Ludwig XVI. zur Wiedereinberufung der Stände zwang, hatte er die Absicht, zur vorabsolutistischen Zeit zurückzukehren. Um die beiden ersten Stände in Schach zu halten, sollte der dritte Stand durch Verdoppelung seiner Stimmzahl gestärkt werden. Der dritte Stand verwarf jedoch die Tagung und Abstimmung nach Ständen und erklärte sich aus eigener Macht zur einheitlichen Vertretung der Nation. Hiermit hatte der dritte Stand sich als Vertreter der souveränen Nation konstituiert[5]. Die Nation ist jetzt die Gesamtheit der freien und rechtlich gleichen Staatsbürger. Die Menschen- und Bürgerrechte definieren diesen Status als Bedingung jeder künftigen Verfassung. Der Staat ist von nun an in seiner Existenz von Person und Dynastie des Monarchen losgelöst. Auf der Grundlage des Volkswillens übt der Staat die souveräne Gewalt in dem ihm durch die Erklärung der Menschen- und Bürgerrechte gezogenen Rahmen aus. In der Folgezeit gingen vom revolutionären Frankreich aus Bewegungen durch ganz Europa, Bewegungen in Richtung auf die soziale Emanzipation der noch herrschaftlich gebundenen Schichten, auf ein allgemeines Staatsbürgertum, auf die Freiheit der wirtschaftlichen Betätigung und auf die Vertretung des ganzen Volkes in den gesetzgebenden Körperschaften.

Die politische und staatsrechtliche Literatur der Revolutionszeit und auch der Epoche der Napoleonischen Diktatur vermochte, wie dargestellt wurde, eine eigenständige Legitimitätsdoktrin nicht zu entwickeln. Erst als sich der Zusammenbruch der Herrschaft Napoleons abzeichnete, besann man sich wieder auf die Idee der Legitimität und auf das mit diesem Begriff verbundene Gedankengut. Letzten Endes ist es Talleyrands politischem Geschick zuzuschreiben, daß der Legitimitätsbegriff auf dem Wiener Kongreß bei der Erörterung einer gemeineuropäischen Friedensordnung allseits verwendet wurde. Damit schuf Talleyrand die Voraus-

---

[4] *Franz Schnabel*, Deutsche Geschichte im 19. Jahrhundert, 1. Bd. (1929), S. 109 ff.

[5] Hierzu *Eberhard Schmitt*, Repräsentation und Revolution (1969), S. 261 ff. u. passim (Literaturnachweise).

setzungen dafür, daß der Legitimitätsbegriff von nun an bei der Diskussion staatsrechtlicher und völkerrechtlicher Fragen eine vorrangige Rolle zu spielen vermochte. Der Konzeption der vorliegenden Arbeit entsprechend, sollen hier die völkerrechtlichen Aspekte des Legitimitätsbegriffes nicht im einzelnen behandelt werden[6]. Andererseits ist zu bedenken, daß auf dem Wiener Kongreß die zwischenstaatlichen und innerstaatlichen Ordnungsfragen als eine Einheit angesehen wurden. Die europäischen Fürsten fühlten sich als eine große Familie und wollten ihre Länder nach denselben Prinzipien regieren. Ein dauerhaftes gesamteuropäisches Gleichgewicht meinte man durch eine homogene Regierungsweise in den einzelnen Ländern am besten sichern zu können. Daher erscheint es erforderlich, auch die Funktion der Legitimitätsidee bei der Diskussion der zwischenstaatlichen europäischen Ordnung auf dem Wiener Kongreß wenigstens kurz darzustellen.

Es war nicht primär die Eindämmung der seit der Revolution von 1789 vertretenen liberal-radikalen Ideen, die den Wiener Kongreß beschäftigte. Mit der Verbannung Napoleons, mit der Restauration der Dynastie der Bourbonen sowie mit der Gewährung einiger begrenzter Freiheitsrechte glaubte man, die die traditionelle Ordnung zersetzenden aufklärerischen Gedanken zurückdrängen zu können. Das Problem der Eindämmung der liberal-radikalen Ideen sollte sich erst in der auf den Wiener Kongreß folgenden Epoche stellen, als es um die Verteidigung der konservativen Staatsordnung ging.

Der eigentliche Zweck des Wiener Kongresses war es, das Gleichgewicht in Europa wiederherzustellen und damit Ruhe und Unabhängigkeit für die verschiedenen Nationen zu sichern[7]. Napoleon hatte das europäische Staatensystem des 18. Jahrhunderts sowohl in seiner äußeren Gestalt als auch in seinen historischen und rechtlichen Grundlagen zerschlagen. Die Mediatisierung und die damit verbundene Neuverteilung der Territorien hatte der deutschen Reichsverfassung die reale Grundlage geraubt. Hatten Preußen und Österreich aus eigener Kraft die Ausbildung einer souveränen Gewalt im Staate zu Wege gebracht, so bot sich nun den süddeutschen Mittelstaaten die Chance, in Anlehnung an Frankreich ein modernes souveränes Staatswesen herauszubilden. Nach der Schlacht von Austerlitz stellte Napoleon den verbündeten Kurfürsten von Bayern, Württemberg und Baden öffentlich „die volle und uneingeschränkte Souveränität nach Maßgabe der Souveränität, die der deutsche Kaiser in seinen österreichischen Erblanden und der König von Preußen

---

[6] Zur historischen Entwicklung des völkerrechtlichen Legitimitätsgedankens siehe *Alexander Gauland*, Das Legitimitätsprinzip in der Staatenpraxis seit dem Wiener Kongreß (1971) mit eingehenden Literaturnachweisen.

[7] Vgl. den Vertrag von Chaumont (1. 3. 1814) zwischen England, Österreich und Preußen, in dem diese Ziele besonders betont sind (*Johann Ludwig Klüber*, Acten des Wiener Kongresses, 1. Bd., 1. Heft [1815], S. 7 ff.).

in Brandenburg inne hat", in Aussicht[8]. Der Rheinbund vom Juli 1806 und die Auflösung des alten Reiches brachten den deutschen Territorien die souveräne Gewalt. Art. 26 der Rheinbundakte zählt im wesentlichen dieselben Hoheitsrechte auf, die das preußische Landrecht (II 13 §§ 5 ff.) dem König zusprach: Gesetzgebung, oberste Gerichtsbarkeit, hohe Polizei, Militär- und Steuerhoheit. Da diese Souveränitätsrechte dem Territorialfürsten zugesprochen wurden, so brachte die zunächst nach außen gemeinte Unabhängigkeit der Landesherren ihnen auch die völlige Souveränität nach innen, insbesondere den Ständen gegenüber. Es kam zu den gewaltsam durchgeführten Staatsschöpfungen König Friedrichs I. in Württemberg und des Grafen Montgelas in Bayern[9], aber auch zu schwächeren Ansätzen in Baden und Hessen-Darmstadt.

Nach Napoleons endgültiger Niederlage versuchten die alten Großmächte England, Rußland, Preußen und Österreich zusammen mit dem von Napoleon befreiten Frankreich, die in den napoleonischen Kriegen vollkommen veränderte Ordnung Europas wieder neue Gestalt gewinnen zu lassen. Unter diesem Aspekt ist der Wiener Kongreß ein tiefgreifendes Ereignis, das zugleich Ende und Anfang einer Epoche bedeutet. Das in Wien geschaffene Friedenswerk beendet die Zeit der politischen Totalkatastrophe der Revolution von 1789. Es ist der Ausgangspunkt jener Epoche der Restauration, in welcher das Europa des 19. Jahrhunderts sich herausbildet. In den Jahren 1814 und 1815 werden für die äußere und innere Ordnung der europäischen Staaten Entscheidungen von größter Wirkungskraft für die folgenden Jahrzehnte gefällt. Diese Entscheidungen beruhen auf zwei grundlegenden Prinzipien, die als Maxime der inneren und äußeren Politik wie auch des Völkerrechts der Zeit zur Geltung kamen: es sind dies die Prinzipien des Gleichgewichts der Mächte und der Legitimität der Dynastien. Die Anerkennung des Legitimitätsprinzips gab den Politikern die Möglichkeit, an die vorrevolutionäre Ordnung Europas wiederanzuknüpfen und die alten Herrscherhäuser wieder in ihre traditionellen Rechte einzusetzen. Der Kern des Gleichgewichtsprinzips war die Überzeugung, daß Friede, Ordnung und Recht in Europa nur entstehen können, wenn die rivalisierenden Staaten durch die Ausgeglichenheit des Gesamtzustandes ihrer Kräfte in ein stabiles Gleichgewicht gesetzt seien. Hegemonialpolitik jeglicher Art wurde als Gefährdung der allgemeinen europäischen Ordnung durch Momente der Instabilität, der ständigen Beunruhigung und des permanenten Machtkampfes angesehen. Insofern kann man den Wiener Kongreß als einen

[8] Zitat bei *Hanns Hubert Hofmann,* Die Entstehung des modernen souveränen Staates (1967), S. 259.

[9] *Ludwig Doeberl,* Maximilian von Montgelas und sein Prinzip der Staatssouveränität bei Neubau des „Reiches Bayern", in: Die Entstehung des modernen souveränen Staates (1967), hrsg. von Hanns Hubert Hofmann, S. 273 ff.; vgl. insbesondere die vorzügliche Schrift von *Wolfgang Quint,* Souveränitätsbegriff und Souveränitätspolitik in Bayern (1971).

europäischen „Friedensvollzugskongreß“ bezeichnen, auf dem die Alliierten des Befreiungskrieges und das besiegte Frankreich sich zusammenfanden, um auf der Grundlage des ersten Pariser Friedens vom 30. Mai 1814 die Neuordnung Europas zu vollenden. Er war außerdem ein deutscher Verfassungskongreß, auf dem die deutschen Staaten sich unter Führung Österreichs und Preußens vereinten, um sich durch den Abschluß eines Bundesvertrages zu verbinden[10].

Das Prinzip des Gleichgewichts war als völkerrechtlicher Ordnungsfaktor lange vor dem Wiener Kongreß von den europäischen Mächten anerkannt und bei den Friedensschlüssen verwirklicht[11]. Insofern handelte es sich darum, die Kräfteverhältnisse zwischen den Einzelstaaten festzustellen und ihnen sodann durch entsprechende Gebietsabtretungen oder Gebietszuweisungen eine neue Gestalt zu geben. Dagegen ist die Anerkennung der Legitimität als völkerrechtliches und zugleich innerstaatliches Ordnungsprinzip, sieht man von seiner Vorgeschichte in Frankreich ab, ein Novum. Das Legitimitätsprinzip wird von Talleyrand im entscheidenden Moment gegenüber den Verbündeten mit dem Ziel einer Restauration der Bourbonen ausgesprochen und zur Stützung des Gleichgewichtsprinzips immer wieder herangezogen. Talleyrand ist aber keineswegs, wie häufig angenommen wird, der Schöpfer des Gedankens der Legitimität[12]. Es kann mit Sicherheit angenommen werden, daß er sich bei der Formulierung des Legitimitätsprinzips von einigen politischen Flugschriften des Jahres 1814 inspirieren ließ.

I. Die Legitimitätsidee in der politischen Publizistik der Jahre 1814/1815

Als sich die Niederlage Napoleons abzeichnete und die Alliierten in Frankreich einmarschierten, endete eine auf dem Schlachtfeld ruhmreiche

[10] Vorgeschichte und Geschichte des Wiener Kongresses sowie seine Auswirkungen auf das Völkerrecht und das innerstaatliche Recht können nicht behandelt werden. Hingewiesen sei auf folgende Werke: *Webster*, The Congress of Vienna (1963); *Robert Rie*, Der Wiener Kongreß und das Völkerrecht (1957); *J. L. Klüber*, Acten des Wiener Kongresses (1815 - 1818); *E. R. Huber*, Deutsche Verfassungsgeschichte seit 1789, Bd. I, S. 543 mit weiteren Angaben.

[11] Vgl. etwa *Friedrich von Gentz*, Fragment aus der neuesten Geschichte des politischen Gleichgewichts in Europa (1806); *Henry Wheaton*, Histoire des progrès du droit des gens en Europe depuis la paix de Westphalie jusqu'au Congrès de Vienne (1841), S. 26 ff.; *François Fénelon*, Examen de conscience sur les devoirs de la royauté, in: Oeuvres, Bd. 3 (1838), S. 348; *Joachim von Elbe*, Die Wiederherstellung der Gleichgewichtsordnung durch den Wiener Kongreß, in: Zeitschrift für ausländisches öffentliches Recht und Völkerrecht, Bd. IV, 2 (1934), S. 226 ff.; zur Rolle des Gleichgewichts im Völkerrecht vgl. *Friedrich Berber*, Lehrbuch des Völkerrechts, Bd. 3 (1964), S. 141 ff. mit weiteren Nachweisen.

[12] Darauf hat bereits *Heinrich Ritter von Srbik* in seiner großangelegten Metternichbiographie (Metternich, Bd. 1 [1925], S. 363) hingewiesen. Daß auch

und innenpolitisch bewegte, aber auch zum Teil konsolidierte Epoche. Jetzt wurde es Gegnern und Anhängern des Kaisers klar, daß ein Frieden zwischen Napoleon und den verbündeten Fürstenhäusern kaum möglich sein würde. Der von Frankreich geführte „totale Krieg“ und die Verbreitung des revolutionären Gedankengutes über ganz Europa hatten im Hinblick auf einen Friedensschluß eine noch nie dagewesene Situation geschaffen. Es wuchs die Überzeugung, daß eine Aussöhnung mit dem übrigen Europa, die die Unabhängigkeit und die Grenzen Frankreichs wahrte, nur durch die Absetzung des Kaisers und die Wiedereinsetzung des entrechteten Königshauses der Bourbonen geschehen konnte.

Während die Franzosen das Einrücken der alliierten Truppen erwarteten, beginnt François-René de Chateaubriand (1768 - 1848) damit, sich zur politischen Situation nach Napoleons Sturz zu äußern[13]. Er hält es für nötig, das Land auf das Ende des napoleonischen Regimes und auf die Rückkehr der Bourbonen vorzubereiten, um das Zwischenstadium der Anarchie abzukürzen[14]. Hierbei erachtet er es als eine Schwierigkeit, daß die junge Generation kaum noch den Namen des Königshauses kennt, das Jahrhunderte lang Frankreich regiert und dessen letzter Regent unter dem Fallbeil der Revolution geendet hat. Seine Schrift „De Buonaparte et les Bourbons“[15] ist bereits fertig, als Napoleon noch im Besitz der Macht ist. Sie wird in den Tagen des Umsturzes zum Druck gegeben und erscheint beim Einmarsch der Alliierten am 1. April 1814. Bei der Bevölkerung findet sie einen reißenden Absatz. In seinen Memoiren meint Chateaubriand, mit der genannten Flugschrift der Sache der Bourbonen durch die Beeinflussung der öffentlichen Meinung mehr genutzt zu haben, als ein Heer von 100 000 Mann[16]. In dem ersten Kapitel dieser Schrift wird Napoleon als das Schreckgespenst eines Diktators dargestellt, der in der Verwaltung des Staates „absurd“, in der Politik „kriminell“ ist und der der französischen Nation einen Aderlaß ohnegleichen in den verschiedenen europäischen Kriegen zugefügt hat. Ist der gegen Napoleon gerichtete Teil der Schrift von einer beißenden, manchmal maßlos übertrie-

---

Pozzo di Borgio (so aber *F. Strobel von Ravelsberg,* Metternich und seine Zeit, Bd. 1 [1898], S. 105 f.) und Castlereagh (so aber *Heinrich O. Meisner,* Die Lehre vom monarchischen Prinzip [1913], S. 116) nicht den Begriff der Legitimität geprägt haben, ergibt sich aus einem Studium der einschlägigen Quellen.

[13] Zu François-René de Chateaubriands politischen Erfolgen und Mißerfolgen in der Restaurationsepoche siehe *Friedrich Sieburg,* Chateaubriand, Romantik und Politik (1965), S. 267 ff.; auf die Ähnlichkeiten und Unterschiede in der Staatslehre von François-René de Chateaubriand und Benjamin Constant geht besonders anschaulich *Dominique Bagge,* Les idées politiques en France sous la restauration (1952), S. 166 ff. ein.

[14] *François-René de Chateaubriand,* Mémoires d'outre-tombe, Bd. 2 (Ausgabe Gallimard 1951), S. 203.

[15] *François-René de Chateaubriand,* De Buonaparte et des Bourbons, in: Oeuvres complètes, Bd. 24 (1828), S. 1 ff.

[16] *François-René de Chateaubriand,* Mémoires d'outre-tombe, S. 215.

benen und abstoßenden Schärfe, so ist der Teil, der sich den Bourbonen widmet, eigentümlich zurückhaltend. Chateaubriand vermeidet es, die Rückkehr des Königs und die damit verbundene Herrschaftsform als die ideale Lösung einer Regierung zu preisen. Er verzichtet darauf, die legitime Monarchie als eine Institution darzustellen, die allen anderen grundsätzlich überlegen ist[17]. Seine Ausführungen sind im Gegenteil sehr generell gehalten. Seiner Ansicht nach würde der Sturz eines oder mehrerer Königshäuser, die alle in Europa nach ähnlichen Regeln regieren, neue Leute vom Schlage eines Bonaparte an die Macht bringen, was ein Ende des alten Europa bedeuten würde. Aus diesem Grund hält er es für eine Aufgabe Europas, die Dynastie der Bourbonen zu verteidigen[18]. Allein die Bourbonen bieten seiner Meinung nach durch ihre Abstammung, Mäßigung ihres Charakters und ihre Legitimität die Garantie für die Einhaltung von Verträgen und einen dauerhaften Frieden[19]. Dagegen könne ein Mann wie Bonaparte, der aus den unteren Gesellschaftsschichten hervorgegangen sei, sich nicht ungestraft auf den Thron seines Herren setzen und einen Platz zwischen den legitimen Herrschern einnehmen, sie als Brüder behandeln und nachher auf der Welle der Revolution die angestammten Rechte der Legitimität über den Haufen werfen[20]. Chateaubriand prophezeit, daß eine Rückkehr zu der Monarchie nach den Zeiten des Sturmes und des Unglücks dem Lande Ruhe bringen würde, da man dann unter der väterlichen Autorität des legitimen Souveräns stehen würde[21]. Er räumt allerdings ein, daß gegebenenfalls die Verfassung geändert werden müsse[22], fordert aber gleichzeitig, daß der Monarch als legitimer König, Vater und Oberhaupt des Vaterlandes[23] die Geschicke des Landes wieder in die Hand nehmen müsse.

Infolge seiner gefühlsbetonten Ausdrucksweise gelingt es Chateaubriand nicht, den vollen Sinngehalt des Legitimitätsbegriffes näher zu umschreiben. Er hofft, wenn er von der Legitimität der Bourbonen redet, auf eine Wende der stürmischen Zeit zu einer friedvollen gesellschaftlichen Ordnung. Das Epitethon „legitim" nimmt alle Erwartungen, die an eine bessere Zukunft gestellt werden, in sich auf. Gleichzeitig erscheint

[17] Erst in seiner Schrift „De la monarchie selon la charte" (1816) bestimmt *Chateaubriand* näher die rechtlichen Voraussetzungen des legitimen Königtums. Er distanziert sich vom „ancien régime" und Despotismus und meint: „La France veut son roi légitime avec la Charte" (S. 1). Dies ist für ihn der Ausgangspunkt, um die Grundsätze der konstitutionellen Monarchie darzulegen.

[18] *François-René de Chateaubriand,* De Buonaparte et des Bourbons, S. 55.

[19] *François-René de Chateaubriand,* S. 62.

[20] *François-René de Chateaubriand,* S. 55.

[21] *François-René de Chateaubriand,* S. 53: „Qu'il sera doux de se reposer enfin de tant d'agitation et de malheur sous l'autorité paternelle de notre souverain légitime."

[22] *François-René de Chateaubriand,* S. 50.

[23] *François-René de Chateaubriand,* S. 35.

der legitime König mystisch verklärt als eine charismatische Persönlichkeit, deren Einfluß sich niemand entziehen kann. Anläßlich der Rückkehr Ludwigs XVIII. gibt Chateaubriand dieser schwärmerischen Haltung beredten Ausdruck: „Tous les intéressants exilés revenus avec leur maître de la terre étrangère, tous les officiers de l'armée se serraient la main comme des frères, se disant: Plus de factions, plus de partis! Tous pour Louis XVIII! Telle est en France la force du souverain légitime, cette magie attachée au nom du roi[24]." Mit diesen Worten appelliert Chateaubriand an das Gefühl. Ludwig XVIII. erscheint als ein König mit väterlicher Autorität und charismatischen Fähigkeiten, zu dem das Volk sich in ewiger Treue hingezogen fühlt. Der Romantiker Chateaubriand[25] setzt hier alle Hoffnungen auf eine legitime Monarchie, die an eine lange Tradition der Machtausübung anknüpfen kann und die „guten alten Zeiten" ohne Revolution und Diktatur verkörpert. Eine romantisch-verklärte Erinnerung an den vorrevolutionären Zustand läßt bei Chateaubriand den Monarchen als Verkörperung des Gedankens der Legitimität und damit als Garanten einer neuen besseren Staatsordnung erscheinen[26].

Ebenso wie Chateaubriand und manchmal in verblüffender Übereinstimmung mit ihm, verleiht auch Benjamin Constant (1767 - 1830) der Stimmung in den Tagen des Umbruchs beredten Ausdruck. Ende Januar 1814 erscheint während seines Aufenthaltes in Deutschland in Hannover seine berühmte Schrift „De l'esprit de conquête et de l'usurpation dans leurs rapports avec la civilisation européenne"[27]. Man hat Constant das Verdienst zugesprochen, als erster „le mot, devenu depuis sacramentel, de légitimité"[28] ausgesprochen zu haben. Dies ist bereits angesichts der langen Vorgeschichte des Legitimitätsgedankens nur bedingt richtig. Aber auch in den Tagen der politischen Katastrophe Frankreichs hat Constant mit dem Hinweis auf die Legitimität der Herrschaft nicht als erster eine Regierung des Hauses der Bourbonen befürwortet. Man über-

---

[24] *François-René de Chateaubriand,* Compiègne, Avril 1814, in: Oeuvres complètes, a.a.O., S. 71 ff., 77; „c'est en s'abandonnant ainsi à la loyauté des Français qu'il prouve invinciblement la légitimité de ses droits et la solidité de son trône" (De l'Etat au 4 octobre 1814, ebd., S. 81 ff., 96).

[25] Zu François-René de Chateaubriands romantischer Grundhaltung siehe etwa sein Werk „Génie du christianisme" oder „Itineraire de Paris à Jérusalem" (1807).

[26] Diese von romantischen Gefühlen beeinflußte Stimmung wich freilich, als sich François-René de Chateaubriands politische Hoffnungen, die er auf einen Regimewechsel gesetzt hatte, nicht erfüllten. Er geht sogar so weit später zu behaupten, nie ein richtiger Anhänger der Legitimität gewesen zu sein, bzw. mit seiner Schrift „De Buonaparte et des Bourbons" mißverstanden worden zu sein (*François-René de Chateaubriand,* Oeuvres complètes, a.a.O., S. IV).

[27] *Benjamin Constant,* De l'esprit de conquête et de l'usurpation dans leurs rapports avec la civilisation européenne, in: Oeuvres, hrsg. von Alfred Roulin (1957), S. 950 ff.

[28] *Duvergier de Hauranne,* Histoire du gouvernement parlamentaire en France, 1. Band (1857), S. 81.

sieht allzu leicht, daß in den ersten beiden Auflagen der genannten Flugschrift auf die Legitimität der Bourbonen nicht eingegangen wird, da sie für eine Regentschaft von Bernadotte verfaßt wurden[29]. Erst nach dem Scheitern der Bemühungen Bernadottes beeilt sich Constant, die auf ihn hinzielenden Stellen in der dritten Auflage vom 22. 4. 1814 zu streichen. Aber erst in der 4. Auflage, die im Juli 1814 in Paris erscheint — also erst nach dem Regierungsantritt von Ludwig XVIII. —, finden sich eingehende Bemerkungen zur Frage der Legitimität der Herrschaft.

In seinem „De l'esprit de conquête et de l'usurpation" schildert Constant die Unterschiede zwischen Usurpation und Monarchie in scharfer Antithese. Der Wert der Erbmonarchie erscheint in hellem Lichte, während die Usurpation, die Thronbesteigung ohne Erbrecht den dunklen Hintergrund abgibt. Ein Usurpator vermag keine Monarchie zu begründen und dem Volk nicht deren Verzüge zu gewähren. Während im Monarchen eine Tradition mehrerer Jahrhunderte verkörpert ist, ist der Usurpator derjenige, der ohne Billigung durch den nationalen Willen sich der Macht bemächtigt oder die Grenzen einer beschränkten Machtstellung überschreitet[30]. Ein Monarch, der den Thron seiner Vorfahren besteigt, folgt einem Weg, auf den er sich nicht mit eigenem Willen begeben hat. Er braucht nicht erst seine alles überragende Stellung zu begründen. Der Usurpator dagegen ist immer gezwungen, seine Stellung zu rechtfertigen. Die Vorzüge der Erbmonarchie und Nachteile der Usurpation zeigen sich nach Constants Meinung in allen Zweigen der äußeren und inneren Verwaltung. Die Usurpation führt notwendig zum Krieg. Sie sucht Ersatz für das Prestige des Althergebrachten durch das Prestige der Eroberung.

Auf der Antithese zwischen Usurpation und Erbmonarchie, die hier nicht in extenso ausgeführt werden kann, beruht eine wichtige Komponente in Constants Legitimitätsverständnis. Liberale Ideen hat Constant erst später in den Begriff der Legitimität eingearbeitet. Dies wird im nächsten Kapitel eingehender behandelt werden. Im Jahre 1814 umreißt Constant den Begriff der Legitimität folgendermaßen: „J' admets deux sortes de légitimité: l'une positive, qui provient d'une élection libre, l'autre tacite, qui repose sur l'hérédité; et j'ajoute, que l'hérédité est légitime, parce que les habitudes qu'elle fait naître, et les avantages qu'elle procure, la rendent le voeu national[31]." Der legitime Monarch verkörpert damit alle Vorteile, die ein Usurpator nicht zu bieten vermag. Der legitime Monarch erscheint bei Constant als Garantie gegen alle Gewalt im zwischenstaatlichen und innerstaatlichen Bereich; er ist die Spitze einer organisch gegliederten Gesellschaft, die nicht von verheerenden Machtkämpfen zerrüttet wird.

---

[29] *Alfred Roulin*, in: Benjamin Constant, Oeuvres, S. 1571.
[30] *Benjamin Constant*, S. 1580.
[31] *Benjamin Constant*, S. 1581.

Ähnlich wie bei Chateaubriand liegt in den Monaten des politischen Umbruchs auch bei Constant der besondere Akzent seines Legitimitätsbegriffes in der Art seiner emotionalen Betonung. Der legitime Monarch und der illegale Usurpator zeigen sich als Gegenspieler. Diese Gegenüberstellung bezweckt nicht zuletzt auch eine ästhetische Wirkung auf den Leser. Darin liegt, wie Carl Schmitt[32] herausgestellt hat, ein Wesenszug der politischen Romantik. Bei Constant wird die Legitimität zu einem Teil einer bildhaften Komposition. Der uralte Gegensatz von „legitimus ordo" und „usurpatio" wird hier in Berechnung ästhetischer Effekte ausgesprochen[33].

Es waren aber nicht allein der schwärmerische Legitimitätsgedanke Chateaubriands und die Gegenüberstellung von Legitimität und Usurpation bei Constant, die in den Krisenjahren 1814/15 in politischen Flugschriften vertreten wurden. Im Gegensatz zu den romantisch-traditionellen Schriftstellern versucht der als Nationalökonom bekannte Simonde de Sismondi (1773 - 1842)[34] an die Staatslehre der Aufklärung und Revolution anzuknüpfen[35]. Zunächst betont Simonde de Sismondi, daß die Regierungen verschiedener Nationen den Charakter der Legitimität besitzen könnten, gleichgültig ob sie auf dem erbmonarchischen Prinzip oder auf einer Repräsentativverfassung beruhen[36]. Denn der Regierung von Venedig, das er als den ältesten Staat der Christenheit bezeichnet, könne man ja die Legitimität nicht absprechen. Auf Grund dieser Überlegung definiert Simonde de Sismondi die Legitimität folgendermaßen: „La légitimité est seulement la preuve que donne un Gouvernement, qu'il a été établi conformément aux lois qui existaient immédiatement

[32] *Carl Schmitt,* Politische Romantik, 2. Aufl. (1925), S. 153 ff.

[33] Die Frage nach dem Unterschied zwischen „souverain légitime" und „usurpator" stellt auch *Carnot* in seinem „Mémoire adressé au roi en Juillet 1814" (1815). Er legt dar, daß die legitime Regierungsgewalt (pouvoir légitime) durch eine Sozialbindung der Freiheitsrechte (liberté sociale) garantiert würde (S. 39). Nur auf diese Weise, so meint er, könne man öffentliche Wohlfahrt erreichen. Von der erbmonarchischen Legitimitätsidee bleibt hier nicht viel übrig. Carnot begreift die Idee der Legitimität, wie sie von den Enzyklopädisten und Physiokraten formuliert wurde: Legitim ist die Ordnung, die die öffentliche Wohlfahrt garantiert; also stellt sich die Aufgabe, ein besonders leistungsfähiges Wirtschaftssystem nach allen Seiten abzusichern (S. 40 ff.).

[34] *Simonde de Sismondi,* Examen de la constitution française (1815), und: Observations générales sur le gouvernement actuel (20. 4. 1815). Als Nationalökonom hing Simonde de Sismondi (1773 - 1842) zunächst einem konsequenten Liberalismus an; später befürwortete er entschieden eine Intervention zum Schutz der Arbeiter. Seine politischen Ansichten dürften sich in dem Kreis um Madame de Staël, dem er in Coppet angehörte, herausgebildet haben. Während Leben und Werk Simonde de Sismondis in seiner Eigenschaft als Nationalökonom mehrfach behandelt wurden (vgl. die Nachweise bei *Alfred Amonn,* Artikel: Simonde de Sismondi, in: Handwörterbuch der Sozialwissenschaften, Bd. 9 [1956], S. 278 ff.), ist über seine politische Einstellung wenig bekannt.

[35] Siehe oben II. Kap. unter 2.

[36] *Simonde de Sismondi,* Examen de la constitution française, S. 75.

avant lui, en sorte que son autorité, si elle est nouvelle, du moins lui a été transmise régulierement et légalement par l'autorité plus ancienne que tout le monde reconnaissait[37]." Mit dieser Definition setzt Simonde de Sismondi die Legitimität der Regierung mit der Legalität ihrer Machtergreifung gleich. Er betrachtet die Legitimität nur als ein äußeres Zeichen, vermittels dessen jeder Bürger beurteilen kann, ob die Regierung von ihm im Namen der Nation Gehorsam fordert oder durch Rechtsbruch gegen den Willen der Nation sich der Staatsgewalt bemächtigt hat. Nach Simonde de Sismondis Auffassung wird mit der Bejahung der Legitimität einer Regierung noch nicht entschieden, ob sie gerecht oder ungerecht ist und in Einklang mit den Prinzipien der Philosophie und Politik steht[38]. Der Legitimitätsbegriff hat keine bestimmte Wertskala zum Inhalt, vermittels derer die Handlungen der Regierung als rechtmäßig oder unrechtmäßig qualifiziert werden können. Für den einzigen Vorteil des Legitimitätsprinzips hält es Simonde de Sismondi, daß jenes dazu beiträgt, Bürgerkriege zu vermeiden. Das gilt jedoch nur so lange, als ein allgemeiner Konsens über die Legitimität der Herrschaft besteht. Die Berufung auf einen legitimen Herrschaftstitel wird seiner Meinung nach dann nutzlos, wenn seine Berechtigung von der Nation diskutiert oder bestritten wird.

Auf die politische Situation des Jahres 1815 bezogen reicht es aus, so schreibt er[39], daß man die Legitimität der Regierung Ludwigs XVIII. der Legitimität der Regierung Napoleons gegenüberstellt, um nicht mehr die Regierung suchen zu müssen, die auf legale Weise zur Macht gelangt ist, sondern diejenige, die im Einklang mit den Interessen des Volkes steht. Simonde de Sismondi geht davon aus, daß sich Napoleon ebenso wie Ludwig XVIII. dem Volk als legitimer Monarch präsentieren könne. Denn seiner Meinung nach wurde auf Napoleon in legaler Weise die Regierungsgewalt von der französischen Nation übertragen: Ludwig XVI. hat die Generalstände einberufen, sie als Nationalversammlung anerkannt und eingewilligt, daß die Nationalversammlung Frankreich eine Verfassung gibt. „Il transféra donc à cette nouvelle loi de l'Etat l'autorité légitime, qu'on pouvait auparavant croire concentrée en lui[40]." Mit dieser Bemerkung ruft Simonde de Sismondi ins Gedächtnis zurück, daß die Bourbonen eigentlich ein auf der Volkssouveränität beruhendes Königtum im Jahre 1791 akzeptiert hatten und Ludwig XVIII. nicht guten Gewissens an die Herrschaft Ludwigs XVI. anknüpfen konnte. Darüber hinaus weist er darauf hin, auch Napoleons Regierung beruhe auf dem Willen des Volkes, da bei den Volksentscheiden mit überwältigender Mehrheit für ihn gestimmt wurde. Damit kommt Simonde de Sismondi

[37] *Simonde de Sismondi*, S. 76.
[38] *Simonde de Sismondi*, S. 77.
[39] *Simonde de Sismondi*, S. 79.
[40] *Simonde de Sismondi*, S. 79.

zu dem Schluß, daß Napoleon nur durch den Willen des Volkes seine legitime Gewalt verlieren konnte und Ludwig XVIII. sie neu begründen mußte[41]. Wie bekannt ist, hat Ludwig XVIII. diesen Weg nicht eingeschlagen; er berief sich vielmehr auf sein unveräußerliches und vom Volk unabhängiges Recht, als souveräner Monarch in Frankreich zu herrschen. Daraus folgert Simonde de Sismondi, daß der König nicht in der Art auf legitime Weise zur Regierung gelangen wollte, wie es die französische Nation für richtig erachtet[42]. Denn die von Ludwig XVI. gebilligte Verfassung war ja zur legitimen Grundlage aller folgenden Verfassungen geworden. War Simonde de Sismondi zunächst zu dem Ergebnis gelangt, daß Napoleon eigentlich der legitime Herrscher in Frankreich sei und Ludwig XVIII. in der Terminologie der Zeit lediglich ein Usurpator, so möchte er doch in seinen weiteren Ausführungen keinen allzu großen Wert auf die Frage der Legitimität legen. Denn ein sehr legitimes Recht, so führt er aus, könne oft sehr ungerecht ausgeübt werden, und die Wohlfahrt des Volkes könne es erfordern, daß man sich von der Strenge des Gesetzes entferne[43]. In diesem Sinne habe man nach dem Sturz Napoleons allgemein eine Regierung gefordert, die der französischen Nation ein friedliches Leben zu sichern vermochte. Obwohl sich Ludwig XVIII. nicht einer allgemeinen vorherigen Volksabstimmung bei der Übernahme seines Amtes stellte, kann er nach Simonde des Sismondi dennoch eine gewisse Legitimität für sich gewinnen, da die Nation mit der Übernahme der Herrschaft einverstanden war und es keine beachtlichen Gegenstimmen gab[44]: „On était avide d'espérances et d'un changement qui promettait le repos; on croyait aux bonnes dispositions du Roi et on se fiait à ses promesses".

An diesen Ausführungen Simonde de Sismondis zeigt sich deutlich, daß in Frankreich in den Jahren 1814/1815 mit Nachdruck die Grundlagen der Legitimität der Herrschaft diskutiert und bereits frühzeitig versucht wurde, die Ideen der Aufklärung mit dem Legitimitätsbegriff zu versöhnen[45]. Rousseau hat sicherlich Pate gestanden, wenn Simonde de Sismondi schreibt: „La souveraineté réside dans le peuple, seule source légitime du pouvoir[46]." Es mag an der politischen Unsicherheit der Umbruchsjahre gelegen haben, daß Simonde de Sismondi das Legitimitätsprinzip nicht eindeutig scharf formulieren konnte. Setzt er, wie wir sahen, die Legalität des Erwerbs der Herrschaft ihrer Legitimität gleich, so schreibt er an anderer Stelle, daß ein legitimer König nur derjenige

[41] *Simonde de Sismondi*, S. 83.

[42] *Simonde de Sismondi*, S. 84.

[43] *Simonde de Sismondi*, S. 87.

[44] *Simonde de Sismondi*, S. 88.

[45] Vgl. auch Anm. 33.

[46] *Simonde de Sismondi*, Observations générales sur le gouvernement actuel (20. 4. 1815), S. 6.

sein könne, dessen Gewalt auf von seinem Willen unabhängige Gesetze gegründet ist. Hier klingt bereits die liberale Legitimitätsdoktrin Constants an, wie dieser sie in seinen späteren Schriften entwickelt hat[47].

II. Talleyrands Kampf um die Restauration der Bourbonen

Leben und Werk Charles Maurice de Talleyrands (1754 - 1838) haben ungewöhnlich widersprüchliche Würdigungen erfahren. Einige seiner Zeitgenossen bezeichnen ihn als ein „monstre ayant tous les vices“; er sei ein durch und durch verderbter und prinzipienloser Mensch, sein einziges Ziel bestehe darin, persönlichen Reichtum anzuhäufen und sein Leben zu genießen. Andere wiederum betrachten ihn als weit voraussehenden Staatsmann, der seine persönlichen Neigungen stets dem Interesse der französischen Politik untergeordnet habe[48]. In den neueren biographischen Darstellungen feiert ihn Guglielmo Ferrero[49] als Staatsmann der konstruktiven Ideen, der das Recht in den Beziehungen der Staaten untereinander wiederentdeckt und ihm auf dem Wiener Kongreß mit der Herausstellung des Legitimitätsprinzips Geltung verschafft habe. Da die Würdigung eines Politikers in erheblichem Maße von der eigenen Stellungnahme zu der von ihm vertretenen politischen Richtung abhängt, wird es immer schwer fallen, Talleyrands Leben und Werk wirklich objektiv darzustellen. Hier soll nur versucht werden, an Hand der gegebenen Fakten Talleyrands Ausformung des Legitimitätsdogmas bei seinen Bemühungen um die Restauration der Bourbonen zu verfolgen.

Ende des Jahres 1813 nahmen die royalistischen Kreise Frankreichs Verbindung mit Talleyrand auf. Tätig gegen Napoleon wurde Talleyrand allerdings erst, als im Namen Napoleons Coulaincourt in Châtillon mit den verbündeten Mächten um den Frieden verhandelte. Über den Verlauf der Verhandlungen scheint Talleyrand gut informiert worden zu sein, obwohl er sich nach seiner Auseinandersetzung mit Napoleon aus dem politischen Leben zurückgezogen hatte[50]. Talleyrand muß bereits damals erkannt haben, daß ein Friedensschluß der Verbündeten mit Napoleon wegen dessen übermäßigen Forderungen nicht zustande kommen werde, daß aber auf der anderen Seite Napoleons militärische Lage aussichtslos geworden war und der endgültige Zusammenbruch des Kaiserreiches bevorstand. Daß damit Napoleons Herrschaft gebrochen sein

---

[47] Siehe unten 4. Kap., II.

[48] Vgl. etwa die Zusammenstellung bei *René Laforgue*, Talleyrand, l'homme de la France (1947), S. 19 ff.

[49] *Guglielmo Ferrero*, Wiederaufbau, Talleyrand in Wien (1950).

[50] Vgl. zu den Einzelheiten: *Hermann Wendorf*, Talleyrand als Staatsmann in neuer Sicht, in: Historische Vierteljahresschrift, 31. Jahrg. (1937), S. 469 ff., 500; *Lacour-Gayet*, Talleyrand, Bd. 2 (1930), S. 330 ff.; *Jules Bertaut*, Talleyrand (1945), S. 196 ff.

würde, und Frankreich eines neuen Regenten bedurfte, war offensichtlich. In Frage kam der noch sehr junge Sohn Napoleons, der infolge seiner Abstammung gegebenenfalls auf die Hilfe Österreichs rechnen konnte, weiterhin die jüngere Linie des Hauses Orleans und endlich der ältere Bruder Ludwigs XVI., dessen Rachegefühle von den Politikern der Revolution und des Kaiserreiches besonders gefürchtet wurden.

Angesichts seiner politischen Vergangenheit war auch für Talleyrand eine Regentschaft des Hauses der Bourbonen sicherlich nicht eine erstrebenswerte Lösung. Auf Grund welcher Ereignisse sich Talleyrand dennoch für die Restauration der Bourbonen, für Ludwig XVIII. entschied, wird wohl nie mit Sicherheit klärbar sein. Es mögen die allgemeine Stimmung in Paris, die Erklärung des Senates oder die Haltung der royalistischen Kreise Talleyrands Entscheidung beeinflußt haben[51]. Sicher jedoch ist, daß die Alliierten nicht auf die Restauration der Bourbonen gedrängt haben, sondern in diesem Punkte eine seltsame Unentschlossenheit an den Tag legten. Die Bestimmung des neuen Monarchen sahen sie als eine Frage an, die nur Frankreich etwas angeht. Mit der Entscheidung für die Bourbonen wandte sich Talleyrand der Idee der Legitimität zu. Nach den bisherigen Ausführungen kann es nicht mehr zweifelhaft sein, daß nicht Talleyrand es war, der in den Tagen des Zusammenbruchs der Herrschaft Napoleons als erster den Gedanken der Legitimität ausgesprochen hat. Es kann mit Sicherheit angenommen werden, daß Talleyrand zumindest die Flugschrift Chateaubriands „De Buonaparte et des Bourbons“ gelesen hat, die in den ersten Apriltagen des Jahres 1814 reißenden Absatz gefunden hat[52]. Auch wird er frühzeitig von Constants „De l'esprit de conquête et de l'usurpation“ Kenntnis erlangt haben. Beide Schriften beschäftigen sich mit der Nachfolge Napoleons in Frankreich und stellen in mehr oder weniger romantisch-schwärmerischer Weise das Prinzip der Legitimität gegen das der Usurpation[53]. Talleyrand hat klar erkannt, daß er mit der Idee der Legitimität weite Kreise des Volkes für die Dynastie der Bourbonen gewinnen könne. Das Prinzip der Legitimität war in den vielgelesenen Flugschriften Chateaubriands und Con-

---

[51] Vgl. zu den Einzelheiten *Duvergier de Hauranne*, Histoire du gouvernement parlamentaire en France, 2. Bd. (1857), S. 80 ff.; *Hermann Wendorf*, Die Ideenwelt des Fürsten Talleyrand, in: Historische Vierteljahresschrift, 28. Jahrg. (1934), S. 335 ff. belegt quellenmäßig Talleyrands Schwanken bei der Frage der Nachfolge Napoleons.

[52] *François-René de Chateaubriand*, Mémoires d'outre-tombe, S. 251 ff.

[53] *Guglielmo Ferrero*, S. 57 hat mit Recht darauf hingewiesen, daß Talleyrand in dem 1816 abgeschlossenen Teil seiner Memoiren eine Definition der Usurpation und Legitimität voraussetzt, die er als ihm und dem Leser gemeinsam ansieht. Diese Definition mit allgemeinen Erwägungen zu suchen, wie Guglielmo Ferrero es unternimmt, scheint mir verfehlt zu sein. Sie kann nur aus dem Geist der Zeit heraus interpretiert werden. Dabei sind aber die Schriften Chateaubriands und Constants, die sich mit der Antithese zwischen Usurpation und Legitimität beschäftigen, zugrunde zu legen.

stants dem Prinzip der Usurpation, dem Expansionsdrang Napoleons entgegengesetzt worden. Die französische Nation war nach zahlreichen blutigen Schlachten und großen Entbehrungen des Expansionsdranges müde geworden. Man suchte nach einer Friedensregelung, die für die französische Nation ehrenvoll ist und in der Frankreich von den übrigen europäischen Fürsten als Großmacht anerkannt wird. „Avec la maison de Bourbon“, so schrieb Talleyrand in seinen Memoiren[54], „la France cessait d'être gigantesque pour redevenir grande. Soulagée du poids de ses conquêtes, la maison de Bourbon seule pouvait la replacer au rang élevé qu'elle doit occuper dans le systeme social ... La France, au milieu des horreurs de l'invasion, voulait être libre et respectée: c'était vouloir la maison de Bourbon dans l'ordre prescrit par la légitimité“. Nur eine Regentschaft der Bourbonen konnte nach Talleyrands Meinung in den Jahren des Umbruchs den europäischen Mächten die nötigen Garantien für einen dauerhaften Frieden geben. Die Abrüstung Frankreichs, die Anerkennung der früheren Grenzen und ein allgemeiner Friede schien sich erfolgreich nur mit der Linie der Bourbonen herbeiführen zu lassen.

Damit stellte Talleyrand zunächst, wenn er die Legitimität der Dynastie der Bourbonen betont, wie Constant und Chateaubriand auf die Möglichkeit einer dauerhaften, auf dem Prinzip der Legitimität beruhenden europäischen Friedensordnung ab. Der Gedanke der Legitimität wurde von Talleyrand zur Erreichung seiner bereits früher mit Nachdruck verfolgten außenpolitischen Ziele übernommen. Talleyrand strebte seit jeher nach der Herbeiführung und Stabilisierung des Friedens in Europa[55]. So schrieb er etwa anläßlich des Friedensvertrages von Campo-Formio (1797), daß dem Direktorium unsterblicher Dank bezeugt werden müsse, da es zur richtigen Zeit seinem Siegeszug Einhalt geboten und ein Empfinden dafür gehabt habe, daß die wahre Größe sich selbst bezwinge und der wahre Ruhm sich die Dankbarkeit des ganzen Volkes gewinne[56]. Talleyrand mahnte immer wieder, daß das System, das darauf hinaus will, die Freiheit mit offener Gewalt den benachbarten Völkern aufzuzwingen, am meisten dazu beitrage, den Haß und Unfrieden zwischen den Völkern zu schüren[57]. Johannes Kraft hat mit Nachdruck darauf hingewiesen, wie sehr sich Talleyrand auch zur Zeit der Herrschaft Napoleons um eine Friedensordnung bemüht und eigenmächtig eine freilich erfolglose Friedenspolitik betrieben hat[58].

---

[54] *Charles Maurice de Talleyrand,* Mémoires du prince de Talleyrand, hrsg. von Broglie, 2. Bd. (1891), S. 156 f.

[55] Siehe die Zusammenstellung bei *Johannes Kraft,* Prinzipien Talleyrands in der Außen- und Innenpolitik (1958), S. 14 f.

[56] *Emile Dard,* Napoleon und Talleyrand (1938), S. 48.

[57] *G. Pallain,* Correspondance inédite du prince de Talleyrand et du roi Louis XVIII. pendant le congrès de Vienne (1881), S. 468.

[58] *Johannes Kraft,* S. 16 ff. mit vielen Nachweisen.

Wenn auch das Prinzip der Legitimität in seinem modernen Sinn nicht von Talleyrand zum ersten Mal formuliert wurde, so ist es Talleyrands Verdienst, das Legitimitätsprinzip beim Einmarsch der Alliierten in Paris zum Diskussionsgegenstand für einen allgemeinen Friedensschluß gemacht zu haben. Den verbündeten Monarchen kam offenbar das ihnen von Talleyrand erläuterte Legitimitätsprinzip sehr zustatten. Man hatte hier ein Prinzip gefunden, das einen Friedensvertrag mit Napoleon verbot und gleichzeitig eine vorrevolutionäre Friedensordnung rechtfertigen konnte. Talleyrand beschreibt in seinen Memoiren plastisch, wie er zunächst gegenüber Zar Alexander von Rußland die Notwendigkeit der Restauration der Bourbonen, das Festhalten am Prinzip der Legitimität betont hat[59]: Am 31. März 1814 marschierten Zar Alexander, der König von Preußen und der Prinz von Schwarzenberg an der Spitze ihrer Truppen in Paris ein. Zar Alexander wollte zunächst im Elyseepalast Quartier nehmen. Es ging jedoch das Gerücht, daß der Elyseepalast unterminiert sei und der Zar dort nicht sicher sein würde. Zar Alexander stieg daraufhin im Hause Talleyrands ab, in dem bereits seit dem Vormittag Nesselrode sich aufhielt. Talleyrand berichtet, der erste Gegenstand, der zwischen ihm und Zar Alexander verhandelt wurde, sei die Frage der Wahl der Regierung Frankreichs gewesen. Sein Eintreten für die Linie der Bourbonen schildert er in seinen Memoiren folgendermaßen[60]:

„Ni vous, Sire, ni les puissances alliées, ni moi, à qui vous croyez quelque influence, aucun de nous, ne peut donner un roi à la France. La France est conquise, elle l'est par vos armes, et cependant aujourd'hui même vous n'avez pas cette puissance. Un roi quelconque, imposé, sérait le résultat d'une intrigue ou de la force; l'une ou l'autre serait insuffisante. Pour établir une chose durable et qui soit acceptée sans réclamation, il faut agir d'après un principe. Avec un principe nous sommes forts: nous n'éprouverons aucune résistance; les oppositions, en tout cas, s'effaceront en peu de temps; et un principe, il n'y en a qu'un: Louis XVIII. est un principe; il est le roi légitime de la France.“

Daß Talleyrand mit Zar Alexander über die Frage der Legitimität tatsächlich gesprochen hat und es sich hier nicht nur um eine Ausschmükkung der Memoiren handelt, geht mit aller Deutlichkeit aus der Deklaration der Verbündeten an das französische Volk vom 31. 3. 1814 hervor. Diese Deklaration wurde gemeinschaftlich von Zar Alexander und Talleyrand entworfen. In ihr wurde unmißverständlich ausgeführt, daß ein Friedensschluß mit Napoleon Bonaparte nicht in Frage komme. Des weiteren sichern die Alliierten zu, daß sie die Integrität des alten Frankreich anerkennen würden, so wie es unter seinen legitimen Königen bestanden habe[61]. Diese Deklaration wurde bereits am Abend des 31. 3. 1814 in Paris

[59] *Charles Maurice de Talleyrand,* Mémoires, S. 162 ff.

[60] *Charles Maurice de Talleyrand,* S. 165.

[61] Le Moniteur, Paris, 1. 4. 1814, S. 363: „Les armées des Puissances Alliées ont occupé la capitale de la France. Les Souverains Alliés acceuillent le voeu

angeschlagen. Obwohl sich die Deklaration hierüber nicht weiter ausließ, wurde der Bevölkerung klar, daß eine Rückkehr der Bourbonen zu erwarten sei. Man kann es als eine große Leistung Talleyrands bezeichnen, mit politischem Gespür sich des Begriffs der Legitimität bemächtigt und in die den Friedensschluß vorbereitenden Verhandlungen eingeführt zu haben. Damit waren die Voraussetzungen dafür geschaffen, daß auf dem Wiener Kongreß die Legitimität neben dem Gleichgewicht der europäischen Mächte zu den großen Ordnungsprinzipien erhoben werden konnte.

Es ist für die gesamte Art der politischen Argumentation Talleyrands bezeichnend, daß die Maßstäbe politischen Handelns im Gewande von Prinzipien erscheinen. Politisches Denken und Handeln ist für die Staatsmänner der Restaurationsepoche, wie für Talleyrand und seine Kollegen Metternich[62], Castlereagh, Pozzo di Borgio u. a. eine Selbstverständlichkeit. Das Bestreben, die Welt nach Prinzipien zu ordnen, entstand mit dem sich seit der Renaissance ausbreitenden Rationalismus. Als hervorstechender Zug dieser Geistesrichtung erscheint der Drang zur Systematisierung der Lebenswirklichkeit. Das wissenschaftliche System bietet, sei es etwa in der Form der natürlichen Theologie oder des Naturrechts, allgemeingültige Prinzipien für die Führung des Lebens und die Leitung der Gesellschaft dar[63]. Für die Politik hat das natürliche System den Sinn, in einheitlicher und objektiver Gesetzlichkeit die Stellung des Menschen und des Staates in der sozialen Welt zu bestimmen. „Es liegen nach diesem System in der Menschennatur feste Begriffe, gesetzliche Verhältnisse, eine Gleichförmigkeit, welche überall dieselben Grundlinien von wirtschaftlichem Leben, naturalistischem Gesetz, Schönheitsregeln und Gottesverehrung zur Folge haben muß[64].“ Als diese vermittels des menschlichen Intellekts gefundenen universal-zeitlosen Maßstäbe und absoluten Normen erscheinen einer politischen Ordnungslehre des sozialen Lebens eben die Prinzipien. In ihnen tritt eine außerhalb des

de la nation française; ils déclarent: ... Qu'ils respecteront l'intégrité de l'ancienne France, telle qu'elle a existé sous ses rois légitimes; ils peuvent même faire plus, parce qu'ils professent toujours le principe que, pour le bonheur de l'Europe, il faut que la France soit grande et forte.“

[62] Metternichs Prinzipientreue wird von *Grillparzer,* Fürst Metternich (1839), in: Werke, hrsg. von A. Sauer, 7. Bd. (o. J.), S. 106 f., 108 scharf angegriffen. Grillparzer meint, daß das Prinzipiendenken der Eitelkeit Metternichs geschmeichelt habe, da es Würde und scheinbare Konsequenz in seine Handlungen brachte. Sein Aushängeschild habe „Legitimität“ geheißen, ohne auf der anderen Seite seinem aphoristischen Geist zu enge Schranken zu setzen. Denn das Legitimitätsprinzip habe ihn nicht gehindert, von Zeit zu Zeit Intrigen anzuzetteln, selbst auf die Gefahr hin, das auf dem Gedanken der Legitimität erbaute System zu gefährden.

[63] Näheres bei *Wilhelm Dilthey,* Das natürliche System der Geisteswissenschaften im 17. Jahrhundert, in: Gesammelte Schriften, 2. Bd., 5. Aufl. (1957), S. 90 ff.

[64] *Wilhelm Dilthey,* S. 91.

menschlichen Bewußtseins ruhende Gesetzlichkeit zutage, die ganz der objektiven Wirklichkeit der Welt verhaftet ist. Solchermaßen spiegeln die Prinzipien eine für alle Zeiten und Völker gültige Seinsordnung wider[65]. Wenn Talleyrand von dem Prinzip der Legitimität oder dem Prinzip des europäischen Gleichgewichts spricht, meint er die zu treffende oder zu wahrende Übereinstimmung der Maßnahmen staatlicher Politik mit den ewigen Gesetzen der staatlichen und gesellschaftlichen Ordnung. „Le premier besoin de l'Europe", so schreibt er in seinen Memoiren[66], „était donc de bannir les doctrines de l'usurpation, et de faire revivre le principe de la légitimité, seul remède à tous les maux dont elle avait été accablé, et le seul qui fût propre à prévenir le retour. Ce principe n'est pas uniquement un moyen de conservation pour la puissance des rois et la sûreté de leur personne; il est surtout un élément nécessaire de repos et du bonheur des peuples, la garantie la plus solide ou plutôt la seule de leur force et de leur duré. La légitimité des rois, ou pour mieux dire, des gouvernements, est la sauvegarde des nations; c'est pour cela qu'elle est sacrée." Damit fordert Talleyrand[67], daß dem Legitimitätsprinzip im innerstaatlichen Bereich bei der Neuordnung Europas zu folgen ist. Er bezeichnet das Legitimitätsprinzip als die Grundlage, auf der die ganze soziale Ordnung beruht[68].

Für den zwischenstaatlichen Bereich diente Talleyrand das Legitimitätsprinzip als Rechtsprinzip im Gegensatz zum Machtprinzip, um Frankreich gegen die Ansprüche der Sieger im Kriege von 1813/1814 zu verteidigen. Das Legitimitätsprinzip half Talleyrand zwischen den rechtmäßigen Interessen Frankreichs und den machtmäßigen Interessen Napoleons zu unterscheiden. Er stellte immer wieder die Bourbonen, die Träger des Gedankens der Legitimität, als Repräsentanten des Rechts gegen die Person Napoleons, den Vertreter des Machtprinzips. Mit dem Legitimitätsprinzip versuchte Talleyrand, übermäßigen Forderungen der Alliierten zu begegnen. Die Betonung des Legitimitätsprinzips gibt ihm die Möglichkeit, den Alliierten eine legale Regierung als Verhandlungspartner zu präsentieren, eine Regierung, die nicht ihr Feind gewesen war und in gewisser Weise selbst im Lager der Alliierten stand. Der legitime König Frankreichs war der Feind Napoleons; damit repräsentierte er

---

[65] *Hermann Wendorf*, S. 356 f.

[66] *Charles Maurice de Talleyrand*, S. 159.

[67] In diesem Zusammenhang kann noch auf eine Stelle aus einem Brief Talleyrands an Ludwig XVIII. vom 22. 9. 1814 (*Pallain*, S. 141 ff.) verwiesen werden: „Nos principes, dont nous ne faisons pas mystère, sont-ils connus de l'Empereur Alexandre? S'il me fait, comme je dois le croire d'après tout ce qui me revient, l'honneur de m'entretenir sur les affaires de Pologne et de Saxe, je serais doux, conciliant, ne parlant qu'en principes et m'en écartant jamais."

[68] *Charles Maurice de Talleyrand*, S. 281.

nicht bei den Friedensverhandlungen ein geschlagenes Frankreich, sondern er befand sich auf Seiten der Sieger[69].

Was den Inhalt des innerstaatlichen Legitimitätsbegriffes bei Talleyrand betrifft, so verband er zunächst die Regierungsform der erblichen Monarchie mit dem Gedanken der Legitimität. In diesem Sinne schrieb er etwa am 19. 4. 1814 an Metternich, daß jedes legitime Recht als geheiligt angesehen werden möge und daß jede legitime Dynastie erhalten oder wieder eingesetzt werden sollte[70]. Talleyrand hielt jedoch die erbmonarchische Regierungsform nicht unbedingt erforderlich für die Wahrung des Legitimitätsprinzips. Auch eine republikanische oder demokratische Regierung soll legitim sein können. Voraussetzung ist, daß ihr Dasein, Form und ihre Handlungsweise durch eine lange Folge von Jahren, am besten durch ein jahrhundertealtes Herkommen gefestigt ist[71]. Auch verband Talleyrand das Legitimitätsprinzip nicht mit dem Gedanken eines Königtums von Gottes Gnaden: Solange die religiösen Gefühle in den Herzen der Menschen tief eingegraben waren und ihre Macht auf die Geister ausübten, so schreibt Talleyrand in seinem Rapport an Ludwig XVIII. vom Juni 1815[72], konnten die Menschen glauben, daß die souveräne Macht eine Emanation der Göttlichkeit darstelle. Man konnte glauben, daß die Familien, die der Schutz des Himmels auf die Throne erhoben und die sein Wille dort lange gehalten hatte, über sie mit göttlichem Recht herrschten. „Mais dans un temps où il reste à peine une trace légère de ces sentiments, où le lien de la réligion, s'il n'est rompu, est au moins bien relâché, on ne veut plus admettre une telle origine de la légitimité." Dieser Hinweis auf den Zeitgeist ist zunächst eine Kennzeichnung der allgemeinen Bewußtseinslage in der Epoche der Restauration der Bourbonen. Mit der Berufung auf religiöse Überzeugungen konnte man die Staatsgewalt nicht mehr rechtfertigen. Für den Realpolitiker Talleyrand gehörte eine Legitimitätsauffassung, wie sie etwa Bossuet vertreten hatte, der Vergangenheit an. Die politische Philosophie der Aufklärung hatte die Vorstellung von einem Monarchen, der seine souveräne Gewalt von Gott ableitet, abgebaut. Der Monarch

[69] Die völkerrechtliche Komponente Talleyrands Legitimitätsprinzips wird besonders klar von *Friedrich Brockhaus*, Das Legitimitätsprinzip (1868), S. 11 ff. und *Johannes Kraft*, S. 47 ff. herausgearbeitet. Daß die Legitimitätsidee bei Talleyrand auch bei der inneren Ordnung des Staates schon frühzeitig eine große Rolle gespielt hat, konnte im 19. Jahrhundert noch nicht voll erkannt werden, da die einschlägigen, bereits 1816 verfaßten Stellen in den Memoiren erst 1891 der Öffentlichkeit zugänglich wurden. Am fehlenden Quellenmaterial mag es auch liegen, daß man lange Zeit hindurch Talleyrand zwar als Schöpfer des Legitimitätsbegriffes bezeichnete, sich aber nie eingehender mit seinen Lehren auseinandersetzte.

[70] Aus Metternichs nachgelassenen Papieren, hrsg. von *Richard Metternich-Winneburg*, 1. Teil, 1. Bd. (1880), S. 510 f.

[71] *Charles Maurice de Talleyrand*, S. 159.

[72] *Charles Maurice de Talleyrand*, Mémoires, 3. Bd. (1891), S. 217.

war zu einer Institution des Staates geworden und mußte in dieser Eigenschaft eine neue Legitimierung anstreben.

Talleyrand hielt die Gleichsetzung einer legitimen mit einer absoluten Regierung für verhängnisvoll. Er betonte die Zeitbedingtheit des Legitimitätsproblems und kam für die Restaurationsepoche zu der Erkenntnis, daß die oberste Gewalt im Staate nur unter Mitwirkung einer Repräsentativvertretung ausgeübt werden könne[73]. Gegen diese Meinung ankämpfen, erachtete Talleyrand für völlig aussichtslos. Er bestritt ausdrücklich das Recht des Monarchen, sich unter Berufung auf das Prinzip der Legitimität über die staatlichen Gesetze hinwegzusetzen. In dem bereits genannten Rapport an Ludwig XVIII.[74] betonte Talleyrand, daß die Regierungen ausschließlich im Interesse der Völker da seien. Für eine notwendige Folge dieser Auffassung hielt er es, daß nur diejenige Regierungsgewalt legitim sei, die der Völker Glück und Ruhe am besten sichern könne. Mit dieser Bestimmung des Legitimitätsbegriffs befindet sich Talleyrand in Übereinstimmung mit der politischen Philosophie der Aufklärung. Auch die Enzyklopädisten hatten immer wieder betont, daß es die Aufgabe des „ordre légitime“ sei, das Glück des Einzelnen und der Nation bestmöglich zu fördern. Allerdings leitete Talleyrand aus dieser Forderung nicht ein bestimmtes Wirtschaftssystem ab; er forderte jedoch, daß die neue Verfassung Frankreichs bestimmte politische Rechte der Bürger garantieren müsse. Zu dieser Forderung gelangte er aufgrund einer komplizierten Überlegung. Für ihn werden Glück und Ruhe des Volkes zunächst einmal durch diejenige Staatsgewalt garantiert, die bereits seit langen Jahren regiert und darum als legitim erscheint. Er glaubte, daß die Dauer einer Staatsgewalt ihr auch Legitimität verleihe, weil sie sich im langen Bemühen vieler Generationen um eine soziale Ordnung konsolidiert habe[75]. Für ihn bedeutete es ein feststehendes und zeitloses Wesensmerkmal der Legitimität, daß eine Regierung fähig sei, Ruhe und Ordnung herzustellen, da ja auch Ruhe und Ordnung im Staate wesentlich zum Glück des Volkes beitragen würden. Fehlt dieses Merkmal, so habe die regierende Gewalt ihre Legitimität verloren. Der Herrschaftsanspruch einer Regierung sei nur solange rechtmäßig, als sie ihre Aufgabe, die öffentliche Ordnung herzustellen und zu erhalten, verwirklicht. Talleyrand sprach einer überkommenen Regierung jede Legitimität ab, wenn sie ihre Macht mißbrauche und dadurch die Forderung nach Ruhe und Ordnung verletze: „Mais si l’on vient malheureusement à penser que les abus de ce pouvoir l’emportent sur les avantages qu’il peut procurer, on est conduit à regarder la légitimité comme une chimère[76].“ Um dem Volk das Gefühl zu geben, einer legitimen Regie-

---

[73] *Charles Maurice de Talleyrand*, S. 214.
[74] *Charles Maurice de Talleyrand*, S. 217.
[75] *Charles Maurice de Talleyrand*, S. 217.
[76] *Charles Maurice de Talleyrand*, S. 127.

rung zu gehorchen, forderte Talleyrand, daß Ludwig XVIII. gewisse fundamentale Rechte garantieren müsse. Talleyrand hob das sozialpsychologische Element, nämlich daß die Legitimität der Herrschaft von allen Kreisen des Volkes anerkannt werden müsse und nur so eine stabile soziale Ordnung gewahrt werden könne, immer wieder hervor. War es früher die Autorität der Religion, die ein gewisses Gefühl der Legitimität vermitteln konnte, so hielt es Talleyrand im Jahre 1815 für erforderlich, dem Volke gegen den Machtmißbrauch der absoluten Staatsgewalt gewisse Garantien zu geben. Er forderte von Ludwig XVIII., daß er in der neuen Verfassung z. B. die individuelle Freiheit, die Pressefreiheit, unabhängige Gerichte, Beschränkung der Strafverfolgung auf Fälle von Gesetzesübertretung, Verantwortlichkeit der Berater des Königs und Gesetzgebung unter Mitwirkung des durch Repräsentation verkörperten Volkswillen garantieren müsse.

An dieser Formulierung der Voraussetzungen einer legitimen Herrschaft und der Eigenschaften eines legitimen Monarchen wird deutlich, wie sehr der Restaurationspolitiker par excellence Talleyrand geistig noch im Denken der Aufklärung verwurzelt ist. Es liegt nahe, bei der Forderung auf Einschränkung der absoluten Gewalt an eine Beeinflussung durch Montesquieus Lehre von der Gewaltenteilung zu denken. Talleyrand rechnete Montesquieu zu den wahren Philosophen und nannte seinen Namen des öfteren mit Verehrung[77]. Darüber hinaus steht Talleyrands innerstaatliche Definition des Gedankens der Legitimität unter der gestaltenden Macht der öffentlichen Meinung. Die Bedeutung der öffentlichen Meinung wurde von der Aufklärungsphilosophie der zweiten Hälfte des 18. Jahrhunderts in ihrer vollen Tragweite erfaßt[78]. Die öffentliche Meinung wurde bald als Summierung und Zusammenfassung zu einem Gesamtbilde, bald mit einer Wendung in das Voluntaristische als eine Vereinigung der einzelnen Willen zu einem ganz bestimmt gerichteten Gesamtwillen von besonderer Festigkeit, bald als Kritik der aufgeklärten Kreise des Volkes gegen die Maßnahmen der Regierung, aber auch als eine geheimnisvoll wirkende Macht verstanden, die allein durch ihr Vorhandensein sich auswirkt und die Männer der Politik in ihre Bahnen zwingt. Talleyrand neigte dem letztgenannten Verständnis der öffentlichen Meinung zu. Er sprach in der Mahnung an den König im Sommer 1815 eben nicht von der „opinion publique“, sondern verlangte im Namen des „esprit de temps“ die Beteiligung des Volkes an der Staatsgewalt und damit die Garantie von Individualrechten, um die Vorstellung

---

[77] *Hermann Wendorf*, S. 376 hält allerdings hier eine Beeinflussung Talleyrands durch Montesquieu für unwahrscheinlich, da Talleyrand als Freund des Grafen Mirabeau sicherlich die Gefahren für das Leben des Staates gesehen habe, wenn seine organischen Funktionen mechanisch zerteilt werden.

[78] *Wilhelm Bauer*, Die öffentliche Meinung und ihre geschichtlichen Grundlagen (1914), S. 16 ff.

von der Menge der einzelnen fordernden Individuen zu ersetzen durch eine andere, der er eine stärkere Kraft und Wirkung zutraute[79]. Wie so oft vermochte der Politiker Talleyrand auch bei der Bestimmung der Voraussetzungen einer legitimen Regierung für das Frankreich der Restaurationsepoche die allgemeinen Forderungen der Zeit präzise zu formulieren. Seine Auseinandersetzungen mit den politischen Lehren der Aufklärung[80] und dem Geist der Revolution und Diktatur sowie sein Gespür für die allgemeine politische Stimmung hatten ihn erkennen lassen, daß das Königtum nur durch ein rechtsstaatliches Beschränken seiner Macht Legitimität gewinnen konnte. Daß Talleyrand bei Durchsetzung dieses politischen Programmes bereits nach kurzer Zeit an Ludwig XVIII. scheiterte, bedeutete nicht nur für ihn eine persönliche Tragik, sondern führte letzten Endes auch zum Sturze des Hauses der Bourbonen im Jahre 1830.

---

[79] *Hermann Wendorf*, S. 378; charakteristisch ist auch, wenn Talleyrand im November 1830 schreibt, daß die absolutistischen Ostmächte „soutiennent leur droit divin avec du canon; nous soutiendrons l'opinion publique avec des principes; les principes se propagent partout, et le canon n'a qu'une portée dont la mesure est connue" (*Pallain*, Le ministère de Talleyrand sous le Directoire [o. J.], S. XLVIII).

[80] *Charles Maurice de Talleyrand*, Mémoires, 2. Bd., S. 279 ff.

Viertes Kapitel

Die Entwicklung des Gedankens der Legitimität bis zur Julirevolution

I. Die Traditionalisten

Unter der Bezeichnung Traditionalisten versteht man eine Gruppe katholischer Schriftsteller und Politiker, die in der Zeit zwischen der Restauration der Bourbonen und der Julirevolution in Frankreich eine besondere politische Aktivität entfalteten. Kennzeichnend für diese Gruppe ist die gleichzeitige Behandlung staatstheoretischer und kirchlich-religiöser Probleme. Thematisch werden die Werke der Traditionalisten zusammengehalten „durch die Kritik an der Revolution, durch die Betonung des geschichtlichen Werdens und der Vorsehung gegenüber dem mechanischen Machen und der menschlichen Autonomie, endlich durch die Forderung nach Wiederherstellung der alten monarchischen Ordnung Frankreichs[1]."

Der politische Gehalt der traditionalistischen Lehre ist entscheidend durch die Auseinandersetzung mit Revolution und Aufklärung geprägt. Die Greueltaten der Revolution, die innerpolitische Instabilität der Republik und die napoleonische Diktatur geben den traditionalistischen Autoren immer wieder Anlaß, sich von den politischen Ideen der Aufklärung kritisch zu distanzieren. In diesem Zusammenhang ist es ein allgemeines Phänomen, daß besonders in der Restaurationsepoche die Kritik an der Gesellschaftslehre der Aufklärung und Revolution wächst. Hierauf wird bei der Darstellung der Legitimitätsidee Benjamin Constants und der Doktrinäre noch zurückzukommen sein. Mit Nachdruck wendet sich die traditionalistische Staatsphilosophie gegen das Hauptziel der französischen Revolution, mit den Mitteln der menschlichen Vernunft die Verwirklichung einer vernünftigen Gesellschaftsordnung zu erreichen. Verwirft die Revolution alles historisch Gewordene als Werk

---

[1] *Hans Maier,* Revolution und Kirche, 2. Aufl. (1965), S. 145; zum französischen Traditionalismus vgl. *Dominique Bagge,* Les idées politiques en France (1952), S. 187 ff.; *H. Michel,* L'idée de l'Etat. Essai critique sur l'histoire des théories sociales et politiques en France depuis la Révolution (1895), S. 108 ff.; *Waldemar Gurian,* Die politischen und sozialen Ideen des französischen Katholizismus 1789/1914 (1929).

des Zufalls und beansprucht sie, an seine Stelle einen sozialen Zustand zu setzen, der normative Gültigkeit für alle Völker und Zeiten besitzt, so betont demgegenüber der Traditionalismus den Wert der in der Vergangenheit herangewachsenen Institutionen. Kirche, Monarchie und ständische Gesellschaft werden gegenüber den revolutionären Leitmotiven als die staatstragenden Elemente herausgestellt. Gegenüber dem Menschenbild von 1789, dem von jeder religiösen Bindung befreiten, ganz auf sich gestellten Individuum, wird von den Traditionalisten immer wieder eingewandt, daß der Mensch erst durch die Gesellschaft geformt werde. Der menschlichen Vernunft wird die Fähigkeit abgesprochen, das Leben der Natur und der Gesellschaft zu gestalten. Die Individualvernunft soll sich der Kollektivvernunft, einer „raison générale“ unterordnen, der der Charakter der Unfehlbarkeit zuerkannt wird[2]. Dem liegt der Gedanke zugrunde, das Individuum sei unfähig, mit den ihm zur Verfügung stehenden Mitteln zur Wahrheit vorzudringen; daher müsse der Mensch die Wahrheit aus der Tradition heraus zu erfassen suchen.

Trotz unserer heutigen kritischen Distanz zu der restaurativen Staatsphilosophie des Traditionalismus wird man nicht übersehen dürfen, daß sie dem Bedürfnis der Bevölkerung nach einem akzeptablen sozialen Ordnungsmodell zu genügen versuchte. Denn die Ausbreitung des Maschinensystems führte zu einem sozialen Wandel, der infolge der durch die Revolution erschütterten gesellschaftlichen Strukturen in seinem Ausmaß nicht zu übersehen ist. Mit den neu auftretenden sozialen Problemen und ohne die stabilisierende Kraft einer intakten Sozialordnung wurde eine tiefgreifende Entfremdung gegenüber der entstehenden industriellen Gesellschaft geschaffen. Man sehnte sich zurück zu einfacheren, übersichtlicheren Verhältnissen, zu einer Ordnung, in der der Einzelne wieder seinen festen Platz hat[3]. Es war der Versuch, die sozialen Erschütterungen durch Revolution, Diktatur und Restauration und den damit verbundenen Wertabbau in der Bevölkerung politisch zu bewältigen, der als legitimistische Utopie den Traditionalismus gebar[4]. Er ist die bewußte Einsicht in den Wert und die Notwendigkeit der historischen Kontinuität. Hier bewahrheitet sich, daß das Phänomen der Dauer erst dann in den Kreis der Überlegungen tritt, wenn eine überkommene Gesellschaftsordnung entscheidend in ihrer Existenz bedroht wird[5]. Der

---

[2] *Hans Maier*, S. 146 f.

[3] *Friedrich Jonas*, Geschichte der Soziologie, Bd. 2 (1968), S. 32.

[4] Was die Unterscheidung zwischen Konservatismus und Traditionalismus anbelangt, wird *Karl Mannheim*, Das konservative Denken, in: Archiv für Sozialwissenschaft und Sozialpolitik, Bd. 57 (1927), S. 68 ff., 470 ff. gefolgt. Traditionalismus bedeutet nur das Festhalten am Althergebrachten und manifestiert sich als ein reaktives Handeln, während dagegen der Konservatismus eine historisch und soziologisch erfaßbare Kontinuität verfolgt und sich in unmittelbarem Konnex mit dem historisch Lebendigen entwickelt.

[5] *Peter Richard Rohden* in der Einführung zu Joseph de Maistre, Politische Betrachtungen (1924), S. 9; *Hans Maier*, S. 146 ff.

in der Überlieferung lebende Mensch wird nicht auf den Gedanken kommen, ihren Wert einer kritischen Reflexion zu unterziehen. Alles Denken über die Tradition setzt bereits einen gewissen Bruch, eine traditionsfeindliche Strömung voraus. Diese aus der Defensive geborene Grundhaltung gibt generell dem Traditionalismus ein reaktionäres, und dem französischen, in der Religion tief verwurzelten Traditionalismus des frühen 19. Jahrhunderts ein reaktiv-apologetisches Gepräge. So ist die Entstehung der traditionalistischen Geistesrichtung undenkbar ohne das durch die Aufklärung verbreitete liberale Gedankengut, die Ablehnung der Religion und die Zerschlagung der alten Gesellschaftsordnung.

Die reaktive Grundhaltung verhinderte es, daß der Traditionalismus zu einer wahrhaft geschichtlichen Auffassung der Wirklichkeit durchdringen konnte. Wie die Revolution dadurch über alle Geschichte hinauswuchs, daß sie den Prozeß des Mündigwerdens des Menschen zu einem vorläufigen Abschluß brachte, so bildet sie für die Traditionalisten des frühen 19. Jahrhunderts ein einzig dastehendes Ereignis, weil sie ein gleichsam teuflisches Prinzip verkörpert. Die Dauer als der absolute Grundwert des traditionalistischen Denkens ist ein statisches Element, dem die schöpferische Kraft des Fortschritts fehlt. Für den Traditionalisten liegt trotz allen gegenteiligen Beteuerns die Idealvorstellung von der Wirklichkeit in einem vergangenen geschichtlichen Zustand begründet, den man auffinden und rekonstruieren muß. Dem Vergangenen Ewigkeitsrang beimessen, ist die von den Traditionalisten theoretisch untermauerte Handlungsmaxime der reaktionären Restaurationspolitiker. In Antithese zu der Aufklärungsphilosophie besannen sich die Traditionalisten auf die Religion und arbeiteten eine Theorie und Rechtfertigung der durch den Sturm der Revolution in den Grundfesten erschütterten feudalistischen Gesellschaftsordnung heraus.

1. Ambroise de Bonald

Mit seinen Werken „Théorie du pouvoir politique et réligieux“[6] und „Législation primitive“[7] ist Ambroise de Bonald (1754 - 1840) der Doktrinär der ständischen und bewahrenden Gesellschaftsordnung der Traditionalisten. In bewußter Antithese zu den Lehren der Revolution, der Liberalen und der Politik Napoleon Bonapartes[8] lehnt er die Volkssouveränität ab. Er behauptet, daß die Souveränität in Gott ruhe und alle

---

[6] *Ambroise de Bonald,* Théorie du pouvoir politique et réligieux dans la société civile (1795).

[7] *Ambroise de Bonald,* Législation primitive considerée dans les derniers temps (1802).

[8] *Ambroise de Bonald,* Considérations sur la révolution française (1818), in: Collection Nos Maîtres, „Bonald“ (o. J.), S. 73 f., 76 ff.; gegen die Volkssouveränität in: Du gouvernement représentatif (1819), ebd., S. 140 ff.; gegen den „contrat social“ in: La société et ses développements (1820), ebd., S. 247 ff., 250.

Gewalt von Gott herrühre. Die absolute Macht des Staates sei unabhängig von den Gewaltunterworfenen und von Gesetzen, die von den Menschen gemacht werden. Erst wenn die Macht in völliger Unabhängigkeit von den Menschen verfaßt ist, soll sie sich in den Bahnen ihrer natürlichen Gesetzlichkeit befinden. Sie ist göttlich, da Gott selbst der Urheber aller natürlichen Gesetze des Staates ist[9]. Der irdische Herrscher übt nach Ansicht de Bonalds nur ein delegiertes Recht aus[10]. Die vom Herrscher ausgeübte Staatsgewalt dient zur Erhaltung der Gesellschaft[11]; der Wille des Herrschers ist das Gesetz. Beziehen wir den Untertan als den Gewaltunterworfenen in unsere Betrachtungen ein, so haben wir eine dreigliedrige Kette[12]: der Herrscher repräsentiert den Willen Gottes auf Erden, der durch bestimmte Zwischenglieder den Gewaltunterworfenen manifest gemacht werden muß. Der Mensch mag sich gegen diese Doktrin wenden, meint de Bonald, aber die Natur verhelfe ihr immer wieder zum Erfolg. So ist der Angelpunkt des Staatssystems de Bonalds eine nur von den Befehlen des Herrschers abhängige[13], unabsetzbare Verwaltungsaristokratie, bestehend aus dem erblichen Adel und vermögenden Bürgerfamilien. Wie im ancien Régime üben sie die Rechtsprechung und die Verwaltungsaufgaben aus und stellen im Heer die Offiziere[14]. De

---

[9] *Ambroise de Bonald*, Considérations sur la révolution française, S. 52.

[10] *Ambroise de Bonald*, S. 70: „Il (Ludwig XVIII., der Verf.) est rentré de plein droit, aprés dix-neuf ans d'absence, dans l'héritage dont il est l'usufruitier. Et il a donné lui même la loi à la France."

[11] *Ambroise de Bonald*, L'aristocratie et la noblesse, in: Collection Nos Maîtres, „Bonald" (o. J.), S. 116 ff., 125: „La défense de la société doit donc être la première loi du pouvoir qui fait les lois, et la fonction essentielle, spéciale du pouvoir qui les exécute". Da die bürgerliche Gesellschaft de Bonalds die absolute Erhaltung des Menschen zum Inhalt hat, kann er sie nur unter Einschluß dessen definieren, was den Menschen absolut begründet, d. h. sie ist Gesellschaft zwischen Gott und Mensch, Anwesenheit Gottes. Es besteht eine übergreifende Einheit von Staat und Religion, die die bürgerliche Gesellschaft in den Fugen hält; vgl. weiter *Robert Spaemann*, Der Ursprung der Soziologie aus dem Geist der Restauration (1959), S. 63 ff.

[12] Mit der Formel „Cause, moyen, effet" dachte Ambroise de Bonald alle Probleme lösen zu können. Auf das politische Leben im Staate angewandt lautete diese Formel „Pouvoir, ministre, sujet", mit anderen Worten: der König regiert, der Adel verwaltet, das Volk gehorcht; so erstmals in: La fin de la Pologne (1800), in: Collection Nos Maîtres, „Bonald", S. 172 f.; vgl. weiter *Duvergier de Hauranne*, Histoire du gouvernement parlementaire en France, Bd. 2 (1857), S. 338; *Heinrich Meisner*, Die Lehre vom monarchischen Prinzip (1913), S. 120; *Hans Maier*, S. 160 ff.

[13] *Ambroise de Bonald*, Considérations sur la révolution française, S. 31: „Dans la monarchie indépendante, où le pouvoir législatif est tout entier et sans partage entre les mains du roi, la fonction et la raison de la noblesse ne peuvent être que d'exercer, sous les ordres du roi, les fonctions publiques".

[14] *Ambroise de Bonald*, S. 33 ff. bezeichnet die Aristokratie als die politische Miliz, deren Anführer und Richter der König ist. Ähnliche Gedanken über die Erblichkeit der Ämter bei *Joseph de Maistre*, Essai sur le principe générateur des constitutions politiques, in: Oeuvres Bd. 1, 2. Teil (1852), S. 61. Die vorrevolutionären Zustände in der französischen Gesellschaft, die Am-

Bonald proklamiert so einen noch in konfessionellen und patrimonialen Ideen befangenen Absolutismus, der — wie etwa bei Bossuet — theokratische Züge besitzt und die Tendenz hat, zu den mittelalterlichen Erscheinungsformen des Staates zurückzukehren[15].

Ein zentraler Gedanke des Gesellschaftssystems de Bonalds ist die Erblichkeit der Ämter. Hierdurch soll es möglich sein, den Staat vor inneren Machtkämpfen zu bewahren und gleichzeitig ein gut ausgebildetes Beamtentum zu schaffen. Durch die Erblichkeit des Amtes wird die gesamte Gewalt innerhalb des Staates erblich, da die Familien mit dem Staat für immer verschmelzen. Der die Gesellschaft lenkende Mensch wird unsterblich und läßt keinen Augenblick sein erhabenes Amt durch interne Machtkämpfe erschüttern. Es ist für de Bonald eine natürliche Entwicklung, daß der Gemeingeist (l'esprit public) und der Familiengeist (l'esprit de famille) und die mit ihnen verbundenen Tugenden eins werden und so eine Tradition des Pflichtbewußtseins, der Achtung vor dem Beruf und Ergebenheit gegenüber König und Staat entsteht, — eine Tradition, die de Bonald für bei weitem wertvoller als alle Kenntnisse aus Büchern hält. Die Erblichkeit der Macht als Naturzustand bezeichnet er als die „légitimité de succession", als Grundstein der Gesellschaft und Bewahrerin aller Legitimitäten, deren Geheimnisse man erforschen muß[16]. Hier klingt bereits der das traditionalistische Denken beherrschende Topos der legitimierenden Kraft der Zeit an, der bei de Maistre noch vertieft werden sollte.

Neben der „légitimité de succession" kommt in de Bonalds Staatsphilosophie der Unterscheidung zwischen Legalität (état légal) und der Legitimität (état légitime) einer Ordnung[17] große Bedeutung zu. Diese Unterscheidung war schon bei Fénelon zum Ausdruck gekommen[18], als er zwischen dem legitimen Recht und dem Recht, dem man folgen muß, unterschied. In der französischen traditionalistischen Staatsphilosophie der zwanziger Jahre des 19. Jahrhunderts wurde diese Trennung von Legalität und Legitimität immer wieder dazu verwendet, um den bestehenden, legalen gesellschaftlichen Zustand zu kritisieren und eine legitime Ordnung zu fordern. So beklagt Hugues Félicité Robert de Lamennais (1782 - 1854)[19], das Königtum sei nicht mehr legitim im christ-

---

broise de Bonald bei seinen Ausführungen vorschweben, werden besonders plastisch bei *Martin Göhring*, Montesquieu (1956), S. 4 ff. geschildert.

[15] Besonders deutlich in *Ambroise de Bonald*, La société et ses développements, S. 249.

[16] *Ambroise de Bonald*, S. 256; *ders.*, Pensées, in: Collection Nos Maîtres, „Bonald", S. 277; zu de Bonalds Legitimitätsbegriff vgl. *Robert Spaemann*, S. 88 ff.

[17] *Ambroise de Bonald*, Pensées, S. 277.

[18] Siehe oben S. 88 f.

[19] Zu Lamennais vgl. *E. L. Woodward*, S. 248 ff.; *Hans Maier*, S. 181 ff.; *Charles Boutard*, Lamennais, sa vie et ses doctrines, 3 Bände (Paris, 1905 bis 1913).

lichen Sinn des Wortes, sondern lediglich noch eine legale Institution[20]; beispielsweise werde, wenn die souveräne Gewalt im Staat gestürzt werde, nur eine legale, aber nicht eine göttliche Ordnung gestürzt. Demgegenüber stellt Lamennais als wichtiges Element einer legitimen Staatsgewalt („pouvoir légitime") immer wieder ihr enges Verbundensein mit der göttlichen Ordnung heraus[21]. Gott allein soll die wahre Souveränität zukommen, die er, da er Ordnung wünscht, in jeder Nation auf einen Regierungschef überträgt[22]. Das Königtum ist demgemäß eine „souveraineté légitime", wenn es sich von der göttlichen Souveränität herleitet. Beruht es jedoch in der Theorie der Zeit auf dem Volkswillen oder wird es durch Erwägungen, die von der menschlichen Vernunft ihren Ausgang nehmen, gerechtfertigt, so ist es für Lamennais lediglich legal. In ähnlicher Weise sucht Fabre d'Olivet (1767 - 1825) in seiner „Histoire philosophique du genre humain" (1822) den Unterschied zwischen den Begriffen „légal" und „légitime" durch eine Darstellung liberalistischer und monarchistischer Denkpositionen zu erklären[23]: Für den Liberalen „ce qui est de fait et légal se compose d'un Destin soumis à la Volonté", während für den Monarchisten „ce qui est légitime et de droit annonce une Volonté soumise au Destin". Der Liberale betrachtet, wie Fabre d'Olivet meint, den König lediglich als König ohne das Königtum als vorgegebene, dauerhafte Institution anzuerkennen. Demgegenüber betrachten nach der Ansicht Fabre d'Olivets die Monarchisten die Dinge nicht losgelöst aus ihrem geistigen Zusammenhang, sondern sehen sie in ihrer Tradition. So ist für sie das Königtum eine vorgegebene Institution mit festem Inhalt. Nicht die Erbfolgeordnung ist es, „qui fait la légitimité; c'est au contraire la légitimité qui consacre l'hérédité. Si la légitimité dépendait de l'hérédité, le peuple pourrait la soumettre à son examen, et la rendre légale, en réglant le mode de cette hérédité; mais comme elle résulte uniquement de la royauté, selon l'ordre du temps, le peuple n'a rien à y voir; car la royauté est une, et le temps n'a pas deux manières de procéder[24]." Fabre d'Olivet wie auch Lamennais grenzen die Begriffe „légal" und „légitime" dadurch gegeneinander ab, daß sie all jenes als legal bezeichnen, was durch menschliches Machen, durch menschliche Vernunft entstanden ist. Mit dem Begriff legitim wird demgegenüber eine meta-

---

[20] *Hugues Félicité Robert de Lamennais,* Progrès de la révolution et de la guerre contre l'église (1829, in: Oeuvres complètes, Band 9, Paris 1837; Neudr. Frankfurt 1967), S. 103: „La royauté a cessé d'être légitime, selon le sens chrétien du mot, pour devenir simplement légale; de sorte que renverser la souveraineté, c'est renverser un ordre légal, et non pas un ordre divin."

[21] *Hugues Félicité Robert de Lamennais,* S. 37, 69, 87, 93, 97, 74 („ordre légitime") und passim.

[22] *Hugues Félicité Robert de Lamennais,* S. 38 ff.

[23] *Fabre d'Olivet,* Histoire philosophique du genre humain, 2. Band, 4. Aufl. (1967), S. 338 ff. — hier auch das folgende Zitat.

[24] *Fabre d'Olivet,* S. 341.

physische Begründung der Institutionen verbunden, die auf Gottes Ordnung zurückgeführt oder aus ihrem historischen Gewachsensein heraus als notwendig begriffen werden müssen. Aufgrund dieser Differenzierung vermag man den liberalistischen Ordnungsmodellen, die nur „legale" Gesellschaftsordnungen anzubieten hatten, eine moralische Verbindlichkeit abzusprechen und das Festhalten an der überkommenen „legitimen" Ordnung als geboten erscheinen zu lassen.

Den Unterschied zwischen Legitimität und Legalität sucht de Bonald weniger in der beschriebenen Antithese von liberalem und monarchistischem Denkstil als eher in einer Übereinstimmung mit oder einem Auseinandertreten der Gesellschaftsordnung von der gottgewollten Naturordnung.

Für de Bonald steht die Legitimität im Einklang mit dem Willen der Natur, damit aber auch mit dem Willen ihres Schöpfers. Natur ist für de Bonald nicht ein Zustand, über den hinausgegangen werden kann und soll. Man kann nur auf ihn oder hinter ihn zurückgehen und versuchen, einen Urzustand zu erreichen. Natur als solche existiert gar nicht, sie ist eine Abstraktion, ein Gedankending, das weder Stimme noch Organ hat. Ihre Wirklichkeit ist die Intention des Schöpfers der Dinge[25]. Der Wille des Schöpfers offenbart sich in den Grundsätzen der Vernunft, den ethischen Maximen der Religion und der überkommenen Zivilisation. Eine Gesellschaft, die infolge ihrer Gesetze die Menschen nicht zu ihrer sittlichen Vollkommenheit führen kann, in der die Gesetze der Natur des Menschen und der Gesellschaft entgegenstehen, in der die Religion absurd ist und in der die Handlungsweisen barbarisch oder zügellos sind, ist keine legitime Gesellschaft, da sie nicht mit dem Willen des Vaters und Urhebers aller Gesellschaft übereinstimmt. Eine Gesellschaft, die dem göttlichen Willen entspricht, ist mithin legitim, weil sie auf den Vernunftgrundsätzen der Religion und Zivilisation aufbaut. Die Legalität einer Gesellschaftsordnung dagegen wird nach de Bonalds Meinung lediglich durch den menschlichen Willen erzeugt. So ist die Unauflösbarkeit der Ehe der legitime Zustand der häuslichen Gemeinschaft, während die Auflösbarkeit der Ehe nur durch einen legalen, d. h. gesetzlichen Akt statuiert werden kann[26]. Des weiteren sieht er die Unteilbarkeit der Staatsgewalt als den legitimen Zustand des öffentlichen Lebens an, während die Teilung der Staatsgewalt lediglich einen legalen Zustand bedeuten würde. Es mag für de Bonald die Trennung zwischen Legalität und Legitimität ein Kunstgriff gewesen sein, um den Vorwurf zu ver-

---

[25] Vgl. zu Ambroise de Bonalds Verständnis von der Natur *Robert Spaemann*, S. 65 ff.

[26] *Ambroise de Bonald*, Considérations sur la révolution française, S. 54; zur Methode, wie der natürliche Zustand dargestellt werden kann, vgl. *Ambroise de Bonald*, Résumé sur la question du divorce, in: Collection Nos Maîtres, „Bonald", S. 238 ff.

meiden, daß die von ihm entworfene Staatstheorie angesichts der Entwicklung nach der Rückkehr der Bourbonen utopisch sei. Denn Fortschritt und Vervollkommnung der Gesellschaft bestehen für de Bonald darin, dasjenige legal zu machen, was legitim ist, und legitim, was legal ist[27]. Die guten und natürlichen Gesetze sind die legitimen. Alles, was legitim ist, ist gleichzeitig auch göttlich, da die Legitimität nichts anderes bedeutet, als die Übereinstimmung mit den Gesetzen, deren Urheber Gott ist[28]. Der legitime Zustand der Gesellschaft ist die Zivilisation, denn sie ist deren natürlicher Zustand, und die Zivilisation ist nichts anderes als das auf den gesellschaftlichen Zustand angewandte Christentum. Mit dieser Betonung der Vorzüge einer durch die Religion in den Fugen gehaltenen ständischen Gesellschaft und der hier weniger interessierenden Polemik gegen die Greuel der Herrschaft des entfesselten Volkes und eines unersättlichen Diktators ist de Bonald zusammen mit de Maistre herausragender Wortführer der gegenrevolutionären politischen Argumentation. Er lehnt den Gedanken ab, Recht und Staat wären Dinge, die aus der planmäßigen Tätigkeit der einzelnen Menschen zu entstehen vermöchten. Alle wichtigen Institutionen der Gesellschaft, namentlich die Verfassung sollen sich im Laufe der Zeit von selbst aus der Lage der Verhältnisse und der Natur der Sache ergeben, deren vernünftiger Ausdruck, nicht aber Urheber sie sind. Die Dinge nach einem abstrakten Schema zu ordnen, wird für sinnlos gehalten. Nation und Gesellschaft entstehen nicht von heute auf morgen durch ein doktrinäres „Machen“, sondern in langen Zeiträumen, ohne daß die beteiligten Einzelmenschen sie übersehen oder gar berechnen könnten. De Bonald sieht bereits 1796 in seinem Werk „Théorie du pouvoir politique et réligieux“ den Gegensatz von liberalem Individualismus und sozialer Solidarität: Nicht das Individuum oder die Gesamtheit der Individuen sind Träger historischer Aktivität, sondern die in der Geschichte lebende, nach bestimmten Gesetzen sich konstituierende Gesellschaft, die den Einzelmenschen überhaupt erst hervorzubringen vermag[29].

2. Joseph de Maistre

Neben de Bonald ist Joseph de Maistre (1754 - 1821) der zweite große Repräsentant des Traditionalismus in Frankreich. Ebenso wie de Bonald geht auch de Maistre davon aus, daß die auf rationalistische Maximen sich stützende Aktivität der Individuen nichts entscheidend Neues schaffen, daß sie vielmehr nur den natürlichen Gang der Dinge aufhalten und zerstören, kaum aber Dauerhaftes hervorbringen könne. Das Grund-

---

[27] *Ambroise de Bonald,* Pensées, S. 277.

[28] *Ambroise de Bonald,* Considérations sur la révolution française, S. 53 ff.; *ders.*, Pensées, S. 277.

[29] *Carl Schmitt,* Politische Romantik, 2. Aufl. (1925), S. 154.

anliegen, für das sich de Maistre einsetzt, kann man als die „zeitliche Herrschaft der göttlichen Vorsehung“ bezeichnen[30]. Er fordert die Anerkennung Gottes als des Schöpfers und Lenkers der Welt und die Unterwerfung des Menschen unter die Allwirksamkeit des göttlichen Willens. Mit aller Schärfe nimmt de Maistre gegen die revolutionären Werte und Ideale Stellung. Die Gesellschaft hält er für eine übernationale Institution. Nicht die Anerkennung von übernatürlichen Prinzipien, sondern der Glaube der Menschen vermag nach der Ansicht de Maistres der Gesellschaft die erforderliche Stabilität zu verleihen. Seine „Considérations sur la France“ (1796) schreibt de Maistre zur geschichtsphilosophischen Unterweisung einer Generation, die den „deus providens“ aus ihrem Weltbild gestrichen hatte. Den Triumph der „Revolutionsverbrecher“[31] erklärt er damit, daß sie bloß Werkzeuge in der Hand des rächenden Gottes seien. Denn Gott züchtige das Königtum, den Adel und den Klerus, weil sie, anstatt die aufrührerischen Ideen der Philosophen zu unterbinden, ihren verderblichen Einflüsterungen ein nur allzu williges Ohr geliehen haben. Aber Frankreich werde aus diesem Fegefeuer gereinigt hervorgehen, so fährt de Maistre fort, wie das Gold aus dem Schmelztiegel. Die Vorsehung lösche immer nur aus, um etwas Neues zu schreiben. Am vorher bestimmten Zeitpunkt werde sie die Männer der Revolution fallen lassen, um das Königtum in seine alten Rechte wieder einzusetzen[32]. Diese Betonung des historisch Gewordenen im Hinblick auf die göttliche Vorsehung kommt in de Maistres „Essai sur le principe générateur des constitutions politiques“ (1810) nochmals klar zum Ausdruck. Einer der großen Irrtümer des Jahrhunderts, so meint er, sei der Glaube, daß eine politische Verfassung a priori konzipiert und geschrieben werden könne. Vernunft und Erfahrung erweisen es seiner Meinung nach, daß eine Verfassung ein göttliches Werk sei, und die fundamentalen und wichtigsten verfassungsmäßigen Grundsätze einer Nation nicht von Menschenhand kodifiziert werden können[33]. Die verfassungsmäßigen Rechte eines Volkes sollen allenfalls als einfache Erklärungen früherer, nicht geschriebener Rechte gesammelt werden können. Die Menschen sind bei dieser Bestandsaufnahme nur die „Umstände“ und handeln im Namen Gottes[34],

[30] *Max Huber,* Die Staatsphilosophie von Joseph de Maistre im Lichte des Thomismus (1958), insbes. S. 60 ff.; *Michael Hackenbroch,* Die zeitliche Herrschaft der göttlichen Vorsehung. Gesellschaft und Recht bei Joseph de Maistre (Kölner Dissertation 1964).

[31] *Joseph de Maistre,* Considérations sur la France (1796), in: Oeuvres, Bd. 1 (1851), S. 4 ff., — zu den politischen Ideen von de Maistre siehe *Francis Bayle,* Les idées politiques de Joseph de Maistre (1945); *Dominique Bagge,* S. 293 ff.; *Peter Rohden,* Joseph de Maistre als politischer Theoretiker (1929); *Hans Maier,* S. 149 ff.

[32] *Joseph de Maistre,* S. 25 ff.

[33] *Joseph de Maistre,* Essai sur le principe générateur des constitutions politiques, in: Oeuvres, Bd. 1 (1851), 2. Hälfte, S. VII und 1 ff., wobei er auf den Satz verweist: „La loi salique était écrite ÈS coeurs des Français.“

[34] *Joseph de Maistre,* S. VIII, IX.

ebenso wie der Urgesetzgeber in der Antike und Frühzeit einer Nation, dessen damaliges Wirken heute nicht mehr positiv feststellbar ist. Wie die Erschaffung von Verfassungen der menschlichen Macht entzogen ist, lehnt de Maistre es auch ab, daß ein Souverän von den Untertanen berufen werden könne. Der Mensch kann der göttlichen Vorsehung nur als Instrument zur Absetzung eines Souveräns und der Überantwortung seines Staates an einen anderen Souverän dienen. Dem Satz „c'est moi, qui fais les souverains“[35] spricht er nicht nur für die Kirche Bedeutung zu, sondern auch für das politische Leben. „Dieu fait les Rois, au pied de la lettre. Il prépare les races royales; il les mûrit au milieu d'une nuage qui cache leur origine. Elles paraissent ensuite courronnées de gloire et d'honneur; elles se placent; et voici le plus grand signe de leur légitimité[36].“ Wie kann man aber erkennen, ob es sich um eine legitime Dynastie handelt? Den Willen des Volkes hält de Maistre nicht für ausschlaggebend, da das Volk seinen Herrn nur empfange, aber niemals wählen werde[37]. Der Ursprung der Souveränität, der aller menschlichen Macht enthoben ist, muß daher außerhalb der Sphäre der menschlichen Macht liegen, so daß auch hier, wie bei dem deklaratorischen Niederschreiben der Verfassungen der Mensch nur der „Umstand“ Gottes ist, der durch die Vorsehung gelenkt wird[38]. In diesem Sinne äußert sich Gott über die Legitimität einer Dynastie in einer für die Menschen erkennbaren Weise nur durch die Zeit, in der er sie bestehen läßt. Die Zeit ist der Premierminister Gottes auf dieser Welt, durch den er den Menschen Einblick in sein durch die Vorsehung gelenktes Walten gibt[39]. Am Anfang dieser durch den Zeitablauf für den Menschen erkennbaren Legitimierung kann eine „Usurpation légitime“ stehen, die die Zeit sich eilt zu weihen[40].

Die These de Maistres, daß eine Dynastie durch die Vorsehung zur Herrschaft berufen werde und sich durch die lange Dauer ihrer Herrschaft legitimiere, ist Ausdruck seines okkasionalistischen Weltbildes[41]. De Maistre zieht die wirkende Gottheit aus ihrer überweltlichen Transzendenz herunter auf den irdisch-geschöpflichen Plan der Naturwesen

---

[35] *Joseph de Maistre*, S. XII f.

[36] *Joseph de Maistre*, S. XIII.

[37] *Joseph de Maistre*, Considérations sur la France, S. 138.

[38] Über den Einfluß der thomistischen Lehre von der causa prima und causa secunda siehe bei *Max Huber*, S. 211.

[39] *Joseph de Maistre*, Essai sur la principe générateur des constitutions politiques, S. 38 f.

[40] *Joseph de Maistre*, S. XIII.

[41] Zum Okkasionalismus vgl. näher *Carl Schmitt*, S. 123 ff. Das Problem der wahren Ursache allen Geschehens ist das Ausgangsproblem des Okkasionalismus. In Gott fand er alle wahre Ursache und alle Vorgänge dieser Welt erklärte er für einen bloßen okkasionellen Anlaß. Gott ist die wahre Ursache jedes psychischen und physischen Vorgangs; in Wahrheit handelt nicht der Mensch, sondern Gott.

und schwenkt damit in den Pantheismus ein. Alle bewegenden Kräfte der Welt tun den Willen des Allerhöchsten kund, die Natur ist bloß das im Universum sich offenbarende göttliche Wirken. Das Wort Natur, wenn es ein Wirken ausdrückt, kann nur das göttliche Wirken bedeuten, gleichviel ob sich nun dieses unmittelbar oder durch das Dazwischenschalten eines Zweithandelns äußert. Daraus folgert de Maistre, man dürfe die Größe Natur für die Gottes setzen[42]. Während für de Bonald der Naturzustand der Gesellschaft ein Fernziel ist, auf das hingearbeitet werden muß, und das zu erreichen die Aufgabe der Menschen ist, ist für de Maistre alles gut, solange sich der Mensch nicht in frevelhafter Weise über den Wirkungsmodus der göttlichen Vorsehung hinwegsetzt. Gerade dies aber war für de Maistre das Verbrechen von Aufklärung und Revolution, für das die Menschen durch Chaos und Krieg gestraft worden sind.

Diese Haltung de Maistres muß man aus seinem Emigrantenschicksal und seiner religiösen Einstellung heraus verstehen. In Genf und Lausanne, wohin er vor der französischen Revolution geflohen war, und seit 1803 am Hofe des Zaren von Rußland, an dem er die Interessen des Königs von Sardinien vertrat, war er nicht nur der Theoretiker der gegenrevolutionären Kreise, sondern er wurde mit seiner These vom Wirken der göttlichen Vorsehung in der Zeit auch der Prophet für die Restauration der durch die Dauer legitimierten früheren Ordnung Europas. Als sich seine Prophezeihung von der Wiederkehr der alten Zustände in der Epoche der Restauration teils erfüllte, teils durch die veränderten Umstände illusorisch erschien, wurde er zu einem neuen Durchdenken der politischen Lage und Theorie veranlaßt. Daß die Grundsätze der Volkssouveränität die Menschen in das Verderben führen, hatte er immer schon behauptet. Nun aber erscheint ihm auch der Absolutismus gefährlich, da er leicht in eine für die Untertanen unerträgliche Tyrannis ausarten kann. Die Gesellschaft befindet sich, wie er meint, zwischen zwei Abgründen[43]. Nur eine Einschränkung der Souveränität der weltlichen Herrschaft könne helfen. Dies aber könne nicht durch die Schaffung einer liberalen Verfassung oder Teilung der Gewalten geschehen, da die Souveränität als absolute Gewalt im Staate ihrer Natur nach nicht begrenzt sein könne[44]. Außerdem vermöge, wie bereits ausgeführt, das Werk des Menschen die Gesellschaft nicht zu lenken. Da es keine weltliche Macht gebe, die die vom Monarch ausgeübte Souveränität zu kontrollieren vermöge, sucht de Maistre diese Rolle allein der geistlichen Macht, dem Papsttum zukommen zu lassen[45], das die absolute und unfehlbare Souveränität in religiösen Dingen ausübt. Beide Souveränitäten, die

---

[42] *Joseph de Maistre,* Examen d'un écrit de J.-J. Rousseau sur l'inégalité des conditions parmi les hommes, in: Oeuvres, Bd. VII (1884), S. 509 ff., 527.

[43] *Joseph de Maistre,* Du Pape (1819), 9. Aufl. (1851), S. 163.

[44] *Joseph de Maistre,* S. 165, 251.

[45] *Joseph de Maistre,* S. 166 f.

des Monarchen und die des Papstes, bezeichnet er als heilig und als ein Fortwirken der göttlichen Macht[46]. Setzt man diese beiden Souveränitäten miteinander in Relation, so scheint es de Maistre, daß die religiöse Souveränität die weltliche Souveränität in ihren legitimen Grenzen halten könne; die religiöse Souveränität soll seiner Meinung nach in das innerpolitische Leben des Staates eingreifen dürfen, um die fundamentalen Gesetze des Staates zu wahren, als deren erstes er die Religion bezeichnet[47]. Mit vielen, mehr oder weniger gut fundierten Beispielen versucht de Maistre zu beweisen, daß die Päpste sich immer nur dann das Recht genommen hätten, souveräne Fürsten durch Exkommunikation oder deren Androhung zu bestrafen, wenn sie sich gewisser Verbrechen schuldig gemacht hätten. Nie aber hätten sie aus eigennützigen Motiven eingegriffen[48]. Dieses Recht, auf die innerstaatlichen Verhältnisse Einfluß zu nehmen, sei auch von den Betroffenen nie bestritten worden; auch dies sei ein Zeichen für die legitime Gewalt der Päpste in weltlichen Dingen[49]. Aber auch bei Einsetzung der Monarchen werde die weltliche Macht des Papstes offenbar. Der göttliche Ursprung der Souveränität und die individuelle Legitimität des Monarchen, die durch den Stellvertreter von Jesus Christus beim Akt der Krönung anvertraut und öffentlich erklärt werde, seien seit jeher in jedermanns Geist verwurzelt[50]. Die Einwirkung des Papstes auf das staatliche Leben schaffe die nötige Mäßigung in allen Dingen und garantiere den Untertanen eine gerechte Behandlung. „Immortels bienfaiteures du genre humain ils combattaient toute à la fois et pour le caractère divin de la souveraineté et pour la liberté légitime des hommes[51].“

Mit dieser Wendung von der „liberté légitime des hommes“ wird das Epitheton „légitime“ nicht mehr allein auf Herrscher oder Papst bezogen, sondern auch auf den Freiheitsbereich des Einzelmenschen. Es wäre freilich verfehlt, hierin einen Einfluß liberaler Staatsphilosophie auf de Maistre sehen zu wollen. De Maistre denkt hier nicht an rational begründbare und unantastbare Freiheitsrechte, sondern an einen religiös gebundenen und in der Tradition verwurzelten Freiheitsbereich. Der Papst, so meint er, erreiche durch seinen Einfluß ein Gleichgewicht im Staate, das dem Monarchen alle Macht gebe, ohne ihn zum Tyrannen werden zu lassen, und dem Volk alle Freiheit, ohne den notwendigen Gehorsam auszuschließen.

Etwas vordergründig wurde de Maistre vorgeworfen, er habe in seinem Buch „Du Pape“ das mit dem Königtum von Gottes Gnaden not-

---

[46] *Joseph de Maistre,* S. 164.
[47] *Joseph de Maistre,* S. 170.
[48] *Joseph de Maistre,* S. 223 ff. und passim.
[49] *Joseph de Maistre,* S. 241.
[50] *Joseph de Maistre,* S. 243.
[51] *Joseph de Maistre,* S. 372.

wendig verknüpfte theologische Element zu sehr in den Vordergrund treten lassen[52]. Der eigentliche Zweck der Ausführungen de Maistres sei nicht mehr die Konstruktion des Staates im Sinne und zugunsten des monarchischen Prinzips, sondern es handle sich für ihn nur noch darum, unter Benutzung staatsrechtlicher Parallelen einem religiösen Dogma Anerkennung zu verschaffen[53]. Demgegenüber darf man aber wohl nicht das politische Anliegen übersehen, das hinter de Maistres theologischer Konstruktion wirksam ist. Er bemüht sich in der Restaurationsepoche um eine effektive Beschränkung der absoluten politischen Gewalt; aus dieser Zielrichtung heraus ist sein Votum für die päpstliche Suprematie zu verstehen[54]. Die Beschränkung der souveränen politischen Gewalt ist das Grundmotiv de Maistres politischer Theologie. Gegen den politischen Absolutismus des revolutionären Staates und gegen absolutistische Tendenzen der Restaurationsepoche setzt de Maistre die geistliche Gewalt der Kirche. Damit lenkt er zu der klassischen Zweigewaltentheorie zurück, ohne daß man hierin freilich wie Hans Maier[55] „erstaunlich moderne, ja geradezu liberale Züge" sehen kann. Die Lehre de Maistres von der Suprematie des Papstes in den inneren Angelegenheiten der christlichen Staaten kann man wohl eher als eine Apologie der katholischen Sozial- und Kirchenlehre des Mittelalters bezeichnen. Während die katholische Kirche in ihrer mittelalterlichen Periode in einem engen gesellschaftlichen Connubium mit der Welt gelebt hatte, wobei sie die Sozialformen mitgeprägt und mitverändert hatte, hatte sie seit dem 16. Jahrhundert immer mehr ihre gesellschaftlichen Einbettung in der europäischen Staatenwelt wie auch, dadurch bedingt, ihre soziale Prägekraft verloren. An die Stelle einer nach innen geschlossenen christlichen Welt war die scharf ausgeprägte Dualität zwischen der zunehmend sich säkularisierenden Welt einerseits und der Kirche andererseits getreten[56]. Suchte die Kirche lange Zeit mit der Lehre von der „potestas indirecta in temporalibus" mit einem Rest ihres mittelalterlichen Schiedsrichteramtes am Staatsgeschehen maßgeblich beteiligt zu bleiben, so verläßt die nach und nach in der Praxis sich durchsetzende Lehre vom modernen Staat die mittelalterlich-christliche Vorstellung einer in Kirche und politische Welt sich

---

52 *Heinrich O. Meisner*, S. 125.

53 In diesem Zusammenhang kann *Carl Schmitt* (Politische Theologie, 2. Aufl. [1934], S. 71) nicht unwidersprochen bleiben, wenn er ausführt, daß für de Maistre in der bloßen Existenz einer obrigkeitlichen Autorität eine Entscheidung liege und er in de Maistres Lehre von der weltlichen und religiösen Gewalt eine Art von Dezisionismus sieht. Es geht nicht an, einen religiös fundierten Glauben an eine gottgewollte Verfassung des staatlichen Lebens, die sich nach Meinung de Maistres im Ablauf der Geschichte offenbart, als Vorstufe zu einer Diktatur im Namen der Legitimität anzusehen.

54 *Hans Maier*, S. 155 f.

55 *Hans Maier*, S. 156.

56 *Hans Maier*, Katholische Sozial- und Staatslehre und neuere deutsche Staatslehre, in: Archiv des öffentlichen Rechts, 93. Bd. (1968), S. 1 ff., 5.

gliedernden Gesellschaft. Dem Staat wird das uneingeschränkte Monopol der Machtverwirklichung in der Gesellschaft zuerkannt und die Kirche verliert ihren gesellschaftlichen Ort inmitten der politischen Welt. In dieser Hinsicht scheint die Lehre de Maistres eher in das Mittelalter zu gehören; ein Anspruch des Papstes, lenkend in das staatliche Geschehen einzugreifen und gegebenenfalls die souveräne Macht abzusetzen, war angesichts der Verwirklichung der Idee vom souveränen Staat nicht mehr diskutabel. In ähnlicher Hinsicht geht aber auch die Gesellschaftslehre de Bonalds an den Zeichen seiner Zeit vorbei[57]. Auch sie war, wie gezeigt wurde, in religiösen Maximen verwurzelt und betonte die Vorzüge einer ständischen Ordnung. Im wirtschaftlichen Bereich war aber gerade die bürgerliche Aufstiegsmoral, die unter der Diktatur Napoleons propagiert wurde[58], in die statisch-ständische Struktur der katholischen Soziallehre eingebrochen. War die ältere Gesellschaftsordnung und ihre politische Theorie gekennzeichnet durch eine stark ausgeprägte traditionelle Anspruchs- und Pflichtenordnung, so werden in der neueren von Hobbes ausgehenden Naturrechtslehre dem einzelnen Individuum natürliche Rechte zuerkannt. Es entsteht mit der französischen Revolution ein von allen vorgegebenen Aufgaben und Berufspflichten gänzlich freier Mensch[59], der unter dem Gesichtspunkt der Erlangung besserer Lebensbedingungen nach eigener rechtsgeschäftlicher Wahl und Willkür handelt[60]. Für diesen modernen Menschen war die Gesellschaft der Traditionalisten, die ihre Existenz und Organisation aus dem Christentum und seiner ewigen Gesetzlichkeit ableitet und hieraus die Gesetze der Freiheit, Ordnung und Hierarchie bestimmt, in einem rückständigen theokratischen Absolutismus verwurzelt[61]. Der Papst als Hort der Legitimität und die Natur als Offenbarerin legitimer Gesetze konnten in einer Zeit, in der praktisch alles in Frage gestellt war, mangels rationalistischer Beweisbarkeit als Maxime staatlicher Ordnung nicht anerkannt werden.

3. Conrad Malte-Brun

Bei weitem realistischer als de Maistre und de Bonald formuliert der Politiker Conrad Malte-Brun (1775 - 1826) den Gedanken der Legitimität.

---

[57] Was den allgemeinen Niedergang der feudalen Ordnung betrifft, so wird auf *Martin Göhring*, Weg und Sieg der modernen Staatsidee in Frankreich, 2. Aufl. (1946), S. 278 ff. hingewiesen.

[58] *Fritz von Hippel*, Zum Aufbau und Sinnwandel unseres Privatrechts (1957), S. 43 f.

[59] Es genügt in diesem Zusammenhang nur auf das Allgemeine Landrecht Friedrichs des Großen einerseits und auf den Code Napoléon andererseits hinzuweisen. Ein Vergleich zeigt dort ein letztes umfassendes Bild einer einheitlich gefügten ständischen Berufs- und Lebensordnung unter Darstellung der Aufgaben und Verantwortlichkeit aller einzelnen Glieder, hier ein individuell gefaßtes Personen-, Sachen- und Schuldrecht und das Recht der Kleinfamilie.

Nach seinen eigenen Angaben bilden für ihn die Bibel sowie Bossuets und Chateaubriands Formulierung des Legitimitätsprinzips die Grundlagen für die Entwicklung seiner Gedanken. Unter der Idee der Legitimität will er alle legitimen Elemente in der Gesellschaft begreifen: die Sachen ebenso wie die Personen, die Institutionen ebenso wie die Dynastien[62]. Königtum, Aristokratie und Demokratie hält er für die legitimen Elemente der politischen Gesellschaft[63]. Obwohl er das Prinzip der Legitimität aus dem Geist der Heiligen Allianz ableitet[64] und die Legitimität als eine indirekte Emanation des göttlichen Gedankens bezeichnet[65], treten bei Malte-Brun religiöse Gründe in den Hintergrund. Er schreibt nicht eine Geschichte der Legitimität im Sinne einer nur katholischen Monarchen zukommenden Eigenschaft, sondern er streitet für die „Legitimitäten" auf allen Gebieten des öffentlichen Lebens, zu denen neben der Erblichkeit der Krone auch die Beständigkeit der Staatsgewalt in einer Republik, neben den Privilegien gewisser Stände auch die Interessen jeder Schicht der Bevölkerung und die Unabhängigkeit der Nationen überhaupt gehören[66]. Legitimität bedeutet bei Malte-Brun nicht allein die mythische Begründung der regierenden Dynastie, sondern auch den Drang der Nationen, den Institutionen des öffentlichen Lebens einen gewissen Ewigkeitswert zu verleihen, so daß ihnen die Wirren der Zeit nicht schaden können. „La légitimité est donc une émanation indirecte de la pensée divine: la tendance de tous les peuples à la consacrer est une noble tentative de reproduire dans la société politique l'ordre éternel du monde moral et intellectuel, cette image réfléchie de la perfection divine[67]." Damit wird die jus-divinum-Lehre bei Malte-Brun sehr viel vorsichtiger formuliert als bei Bossuet, de Bonald und de Maistre. Legitimität bezieht sich nicht mehr einseitig auf die Verwirklichung der Fürstensouveränität. Malte-Brun versucht vielmehr zwischen den Ansprüchen der Dynastien und der Nationen zu vermitteln.

Eine bloße Restauration der legitimen Dynastien hält Malte-Brun für die Bewahrung der Gesellschaft vor inneren Wirren nicht ausreichend. Er fordert darüber hinaus auch die Einrichtung legitimer Institutionen[68], die die natürlichen Rechte des Menschen und die erworbenen Rechte des

---

[60] *Fritz von Hippel*, S. 33.

[61] Das Werk der Traditionalisten wird von *Dominique Bagge*, S. 328 f. positiver beurteilt.

[62] *Conrad Malte-Brun*, Traité de la légitimité (1825), S. V.

[63] *Conrad Malte-Brun*, S. XII.

[64] *Conrad Malte-Brun*, S. 5.

[65] *Conrad Malte-Brun*, S. 24.

[66] *Conrad Malte-Brun*, S. 97 ff.

[67] *Conrad Malte-Brun*, S. 24.

[68] *Conrad Malte-Brun*, S. 129; „nous n'exposerons pas la légitimité sociale sous la seule sauvegarde des idées morales et des sentiments élevés, nous l'environnerons d'un ensemble d'institutions" (S. 21).

Bürgers garantieren[69]. Zu diesen Institutionen rechnet er die frei verwalteten Gemeinden, Provinzialversammlungen, die nationalen Kammern, die Pressefreiheit, die gleiche Zulassung zu allen Ämtern, die Unabhängigkeit der Rechtsprechung etc. Für Malte-Brun sind diese Institutionen dann legitim, wenn sie sich harmonisch zu einem organisch geordneten Staatswesen zusammenfügen. In diesem Staat muß sich die legitime Dynastie auf die liberalen Institutionen stützen, die Feudalaristokratie muß politische Freiheitsrechte anerkennen etc.[70]. Mit der Errichtung legitimer Institutionen werden nach Malte-Bruns Ansicht Despotie und Anarchie vermieden und wird zur Errichtung einer stabilen Gesellschaft ein wichtiger Beitrag geleistet. Obwohl Malte-Brun mehrfach von „légitimité sociale" und „principe social" spricht[71], setzt er sich doch nicht mit den sozialen Problemen seiner Zeit auseinander. Die Legitimität der Institutionen und Nationen, von Kirche und König mündet bei ihm ein in eine organisch gegliederte und für soziale Konflikte nicht anfällige Gesellschaftsordnung.

Auf weitere Einzelheiten einzugehen, erübrigt sich wegen der weitschweifigen Darstellungsweise, aber auch der sehr zeitbedingten Ausführungen Malte-Bruns. Auf eines sei aber noch hingewiesen. Es wird mit der Schrift Malte-Bruns die Diskussion um die Legitimität der Institutionen eingeleitet, eine Diskussion, die über Friedrich Julius Stahl bis auf unsere Tage andauert. Malte-Brun sah in der Legitimität erstmalig das Prinzip, das unaufhörlich und beharrlich bestimmte geistige Werte von einer Generation auf die andere überträgt und einen gewissen Rechtszustand, der gegenüber den Gesetzen vorrangig ist, wahrt. Die sozialen Mächte können dieses Prinzip nicht zerstören, sondern müssen sich ihm angleichen[72]. Insofern hat er trotz seines religiösen Ansatzpunktes den unfruchtbaren Standpunkt der Traditionalisten zu überwinden vermocht und den Weg zu einer kontinuierlichen Fortentwicklung der Gesellschaftsordnung unter Achtung des Hergebrachten gewiesen.

II. Legitimität durch Begrenzung der Souveränität bei Benjamin Constant

Die Restauration übernahm im nachnapoleonischen Frankreich einen festen Bestand von Macht, die sich in festgefügten politischen Organisationen gebildet hatte. Die Revolution hatte am Ende die Gleichheit über die Freiheit gestellt und eine ungemein starke Zentralisierung gebracht. Napoleon hatte einen Staatsapparat errichtet, der den des früheren Absolu-

[69] *Conrad Malte-Brun*, S. 43.
[70] *Conrad Malte-Brun*, S. 271 f.
[71] *Conrad Malte-Brun*, S. 21, 271.
[72] *Conrad Malte-Brun*, S. 12 ff.

tismus bei weitem übertraf. In diesem Staatswesen war ein Mann wie der Polizeiminister Fouché unentbehrlich. Trotz seiner Teilnahme an den Hinrichtungen der Guillotine und seiner militanten Meinungsunterdrükkung während Napoleons Herrschaft konnte anfangs auch der Staat der Bourbonen auf ihn nicht verzichten. Mit sarkastischem Hohn sagte er: „Les Bourbons se sont couchés dans le lit de Napoléon", wobei Napoleons Bett dasjenige von Ludwig XIV. ist, nur einfacher, bequemer und durch Revolution und Empire den Anforderungen seines letzten Benutzers angepaßt[73].

Da es in der Geschichte den Schritt zurück nicht gibt, konnte es der traditionalistischen Philosophie der Restauration nicht gelingen, die tiefgehenden Umwälzungen, die das revolutionäre Frankreich erschüttert hatten, zu verwischen. Das Bürgertum, das den Erwerb der Freiheit dazu benutzte, nach materiellen Gütern zu streben, war gegenüber klerikalen Tendenzen und den Anstrengungen des Adels, die alten Privilegien wiederzugewinnen, feindlich gesinnt. Gleichzeitig war es aber auch daran interessiert, eine Einschränkung der staatlichen Macht zu erreichen, die nach der Theorie von der Volks- wie auch von der Fürstensouveränität unumschränkt und im politischen Leben der letzten Jahre verhängnisvoll war. Nur dann läßt sich in Frankreich die Stoßrichtung des entstehenden Liberalismus und des mit ihm verbundenen spezifischen Legitimitätsverständnisses begreifen, wenn man den Kampf des Bürgertums gegen staatliche Bevormundung einerseits und den Terror im Namen der Freiheit und Gleichheit andererseits sieht.

Es ist der liberale Politiker Benjamin Constant[74], der die Maximen einer die Freiheit des Individuums verbürgenden Gesellschaftsordnung in einer Epoche zu formulieren sucht, in der traditionelle und vernunftrechtlich orientierte Systeme um die Neugestaltung der sozialen Ordnung ringen[75]. In diesem Sinne ist die Beschränkung des staatlichen Eingriffsrechts in allen Bereichen des menschlichen Zusammenlebens und die Befreiung des Bürgers von jeder Form von Zwang das zentrale Thema, das Constant in seinem Lebenswerk behandelt: „J'ai défendu quarante ans le même principe, liberté en tout, en réligion, en philosophie, en littérature, en industrie, en politique: et par liberté j'entends le triomphe de l'individualité, tant sur l'autorité qui voudrait gouverner par le despo-

---

[73] Zitiert nach *Luis Díez del Corral,* Doktrinärer Liberalismus (1964), S. 160; vgl. auch *Lothar Gall,* Der Liberalismus als regierende Partei (1968), S. 1 f.

[74] Allgemein zu Benjamin Constant: *Paul Bastid,* Benjamin Constant et sa doctrine, 2 Bde. (1966); *Lothar Gall,* Benjamin Constant. Seine politische Ideenwelt und der deutsche Vormärz (1963) mit ausführlichen Literaturnachweisen; aus der älteren Literatur ist zu erwähnen: *Alexandre Fabre-Luce,* Benjamin Constant (1939); *G. de Lauris,* Benjamin Constant et les idées libérales (1904); *F. Wagner,* Der liberale Benjamin Constant (1932).

[75] *Luis Díez del Corral,* S. 160.

tisme, que sur les masses qui réclament le droit d'asservir la minorité à la majorité[76]." Für Constant liegt das Vermächtnis der Revolution von 1789 darin begründet, nicht nur eine „liberté de fait" zu schaffen und die Willkür der Macht zu beschränken, wo sie auch immer konzentriert sein mag. Er erkennt, welche Anforderungen eine liberale Ordnung an den Bürger stellt, an seine Selbstverantwortlichkeit und seinen Willen, nicht nur den eigenen Interessen nachzugehen, sondern sich auch der Gestaltung des politischen Lebens zu widmen. So hängt Constant nicht einer mechanistischen Staatsauffassung an, sondern sieht, daß im staatlichen Leben die bewegenden Kräfte aus der Gesellschaft und von der Initiative des Einzelnen kommen müssen, daß die stärkste Kraft der Verfassung in dem „attachement du peuple" besteht[77].

Der entscheidende Gesichtspunkt in Constants Werk, der ihn uns als einen der Begründer des Liberalismus erscheinen läßt, ist seine Ablehnung der herkömmlichen Auffassung sowohl der Volks- als auch der Fürstensouveränität[78]. Die Anhänger der Fürsten- wie der Volkssouveränität sehen die Staatsgewalt als absolut und ohne Grenzen an. Volks- und Fürstensouveränität betrachtet Constant nur als Instrumente verschiedener politischer Kräfte, sich aller Machtmittel des Staates zu bemächtigen. Er ist davon überzeugt, daß jede absolute Staatsgewalt, gleichgültig ob sie aus der Volks- oder Fürstensouveränität abgeleitet wird, zum Despotismus führen müsse[79]. Die einzige Hilfe hiergegen scheint Constant die Begrenzung der Souveränität, indem man die Entfaltung der öffentlichen Macht beschränkt. Dieses Anliegen verfolgt Constant bereits während der hundert Tage Napoleons, als er sich bemüht, die wichtigsten Verbürgungen der individuellen Freiheit des Bürgers in die Verfassungsurkunde aufnehmen zu lassen[80]. Er anerkennt, daß die Staatsgewalt die gesamte Gemeinschaft umfassen und das Prinzip der Volkssouveränität, d. h. die Überlegenheit des Gemeinwillens über individuelle Absichten formell bewahrt werden müsse. Der „volonté générale" kommt seiner Meinung nach Legitimität zu, gleichgültig auf die Anerkennung welcher Herrschaftsform sich der Gemeinwille bezieht; jede Ausübung von Gewalt, die durch die Untertanen nicht anerkannt wird, bezeichnet er als illegitim[81]. Befindet sich Constant insoweit in Einklang

[76] *Benjamin Constant*, Mélanges de littérature et de politique (1829), in: Oeuvres, hrsg. von Roulin (1964), S. 801.

[77] *Lothar Gall*, S. 322.

[78] *Jean-François Suter*, L'idée de légitimité chez Benjamin Constant, in: L'idée de légitimité (1967), S. 184 ff.

[79] *Benjamin Constant*, Principes de politique (1815), in: Oeuvres, S. 1073 und passim.

[80] *Benjamin Constant* schrieb in seinem Tagebuch vom 13. Mai 1815: „Soirée chez l'Empereur; Causé longtemps avec lui. Il entend très bien la liberté" (Journaux intimes [1887], in: Oeuvres, S. 749).

[81] *Benjamin Constant*, Principes de politique, S. 1069.

mit Rousseau, so macht er ihm zum Vorwurf, er habe die Natur des Gemeinwillens verkannt und seine Bedeutung falsch bestimmt. Rousseau habe zwar die Gefahren einer absoluten Gewalt erkannt und daher die Volkssouveränität für unveräußerlich erklärt[82]. Aber diese Vorsichtsmaßregel habe sich nach der Lehre der letzten 25 Jahre als völlig unpraktikabel erwiesen. Denn als man zu einer Organisation der nur vom Gemeinwillen abhängigen Staatsgewalt geschritten sei, hätten sich die revolutionären Führer und später Napoleon Bonaparte alle Rechte zugeeignet, die Rousseau dem souveränen Volk zuerkannt habe. Die demagogischen Plebiszite des Napoleon Bonaparte haben Rousseau nach der Meinung Constants ad absurdum geführt und sollen zu einem Mittel der Knechtung der Bürger geworden sein[83]. Constant hält es für erforderlich, daß, obgleich die Souveränität bei der Gemeinschaft der Bürger liege, man nicht im Namen dieser Souveränität über die Existenz eines Individuums verfügen dürfe. Es müsse im Gegenteil einen Teil der menschlichen Existenz geben, der unabhängig und außerhalb jeder gesellschaftlichen Einflußmöglichkeiten bestehen kann. Insofern zieht Constant jeder Art von Souveränität Grenzen. Überschreitet die Gesellschaft ihre Grenzen, so wird sie despotisch. Keinesfalls soll immer die Zustimmung der Mehrheit ausreichen dürfen, um einen staatlichen Akt zu legitimieren[84].

Die kritische Auseinandersetzung mit Rousseau und die Erfahrungen der jüngsten Vergangenheit lassen Constant erkennen, daß die Freiheit des Einzelnen nur dann gesichert sein kann, wenn die Menschenrechte ein unveräußerlicher Besitz des Bürgers bleiben und die staatlichen Schutzrechte ihre Legitimierung durch Wahl und Repräsentation erhalten. Die allerdings unentbehrliche Teilnahme des Volkes am politischen Leben begründet nicht erst diese Freiheit, sondern garantiert sie bloß. Die Forderung der Volkssouveränität verliert somit — das ist für das liberale Staatsdenken Frankreichs ein entscheidender Vorgang — ihren freiheitsbegründenden Charakter und wird zu einem Garantieprinzip erklärt.

Für Constant können nicht die Volks- oder Fürstensouveränität, sondern allein die ewigen Prinzipien der Gerechtigkeit und der Vernunft die staatliche Gewalt begrenzen und ihre Akte legitimieren[85]. Hierunter ver-

---

[82] *Benjamin Constant,* S. 1072.

[83] *Benjamin Constant,* S. 1074.

[84] *Benjamin Constant,* S. 1071: „Il y a une partie de l'existence humaine, qui, de nécessité, reste individuelle et indépendante, et qui est de droit hors de toute compétence sociale. La souveraineté n'existe que d'une manière limitée et relative. Au point où commencent l'indépendance et l'existence individuelle, s'arrête la juridiction de cette souveraineté ... l'assentiment de la majorité ne suffit nullement dans tous les cas, pour légitimer ses actes."

[85] *Benjamin Constant,* S. 1075: „Les citoyens possèdent des droits individuels indépendants de toute autorité sociale ou politique, et toute autorité qui viole ces droits devient illégitime. Les droits des citoyens sont la liberté individuelle, la liberté réligieuse, la liberté d'opinion, dans laquelle est comprise sa publicité,

steht er vor allem die unveräußerlichen Menschenrechte, die kein Staat verletzen kann, ohne illegitim zu werden. Im einzelnen sind dies die persönliche Freiheit, Glaubensfreiheit, Meinungs- und Pressefreiheit, Garantie des Eigentums. Auch durch Gesetz darf in diese Freiheitsrechte nicht eingegriffen werden, da ebenso wie die Souveränität auch die Macht des Gesetzes nicht ohne Grenzen sein darf. In konsequenter Weiterentwicklung seiner Gedanken spricht Constant dem Individuum im modernen Verfassungsstaat ein Widerstandsrecht zu, während Rousseau einen Widerstand gegen die „volonté générale" ablehnte. Dieses Widerstandsrecht richtet sich nicht nur gegen illegale Regierungsakte, sondern auch gegen legale, aber nicht legitime Maßnahmen, falls sie den Prinzipien des Naturrechts oder Vernunftrechts widersprechen. Das Erleben des legalen Terrors der Jakobiner und Napoleons läßt Constant zu der Einsicht kommen: „L'obéissance à la loi est un devoir; mais comme tous les devoirs, il n'est pas absolu, il est relatif; il repose sur la supposition que la loi part d'une source légitime et se renferme dans ses justes bornes[86]." Kein Gehorsam kann den Menschen an Gesetze binden, die nicht allein die legitimen Freiheiten einschränken, sondern sich menschlichen Handlungen widersetzen, die sie nicht untersagen dürfen. Dies soll nach Constant auch für Befehle gelten, die sich gegen die ewigen Prinzipien der Gerechtigkeit und Barmherzigkeit wenden, ohne die der Mensch seine Natur leugnen würde. Während für Locke das Widerstandsrecht ein Mittel zur Verteidigung der Gesellschaft gegen den Staat darstellt, bedeutet es für Constant ein letztes Aufbäumen des Individuums gegen die Unterdrükkung durch die Macht der Gesellschaft[87].

In der Staatslehre Constants wird die Ausübung der Staatsbürgerrechte jedes einzelnen durch die Wahl der Repräsentanten, die die Gesetze vorbereiten und über sie abstimmen, garantiert. Um legitim zu sein, muß das Gesetz den Weg durch das Parlament durchlaufen haben, in dem mindestens eine Kammer das Volk repräsentieren muß. Die Repräsentation der Gemeinschaft der Bürger ist eine der wichtigsten Grundlagen des konstitutionellen Staates. Aber auch das Parlament darf seinen legitimen Kompetenzbereich nicht überschreiten. Seine Grenzen werden auf der einen Seite durch die monarchische Prärogative und auf der anderen Seite durch die unveräußerlichen Rechte des Individuums gebildet. Neben dieser „positiven" Legitimität, die aus der freien Wahl und der Achtung der Freiheitsrechte der Bürger entspringt, erkennt Constant eine „unterschwellige" Legitimität an, die auf dem Prinzip der Erblich-

---

la jouissance de la propriété, la garantie contre tout arbitraire ... la souveraineté du peuple n'étant pas illimitée et sa volonté ne suffisant point pour légitimer tout ce qu'il veut ..."

86 *Benjamin Constant,* Cours de politique constitutionelle (1818 - 1820), Bd. 1, S. 311, und: Principes de politique, S. 1075.

87 *Jean-François Suter,* S. 187.

keit beruht. Die Erblichkeit ist ein Legitimitätsprinzip, weil die Gewohnheiten, die sie hervorbringt und die Vorteile, die sie schafft, sie zum Wunschbild des Volkes erheben[88]. Constant betont anfangs des Jahres 1814 die Gefahren, die Frankreich die Wiedereinsetzung der Bourbonen bringen könnte[89]. Er warnt vor der Konterrevolution, die Rachegefühle und tiefgreifende Umwälzungen zur Folge haben kann, und hatte angesichts des weiteren Verlaufs der Dinge nicht ganz unrecht. Constant meint, man müsse eine Persönlichkeit mit einer „mission légitime" finden, wie England im Jahre 1688 in Wilhelm III. oder wie Schweden in jüngster Zeit sie fanden[90]. Es müsse die gesamte Nation sein, die den König berufe, der die Regierung unter gewissen Einschränkungen seiner Macht übertragen erhalte. Dieser Monarch wird nach Meinung Constants durch seine alte Würde und seinen neuen, auf der nationalen Abstimmung beruhenden Titel stark sein. Hierbei komme ihm, wenn er sich mit den ihm anvertrauten Rechten begnüge, zustatten, daß die Erblichkeit der Krone für das Volk eine gewisse Anziehungskraft besitze und das Volk die durch die Erblichkeit zum Ausdruck kommende Legitimität anerkenne[91].

Die Bedeutung, die Constant der Verknüpfung zwischen den beiden Formen der Legitimität zugemessen hat, kommt in einer Parlamentsrede besonders klar zum Ausdruck: „Je ne prends pas la légitimité comme un dogme; mais avec la liberté la légitimité est un grand bonheur. La liberté est le droit de l'espèce humaine. La monarchie constitutionelle est une forme suffisante pour assurer la jouissance de la liberté. C'est un immense avantage qu'une famille sur un trône incontesté[92]." Constant als Politiker hat allerdings im Krisenjahr 1814 nicht eindeutig Stellung bezogen, ob eines der europäischen Fürstenhäuser oder ob etwa Napoleon für Frankreich eine „mission légitime" in Anspruch nehmen könnte. Als Napoleon gestürzt war, will er Bernadotte zu der französischen Königswürde verhelfen, erklärt sich aber dann für die Bourbonen[93], fällt mit seinem Buch „De l'esprit de conquête et de l'usurpation" ein vernichtendes Urteil über Napoleon, um während der hundert Tage im Auftrag Napoleons eine

[88] *Benjamin Constant*, De l'esprit de conquête et de l'usurpation, in: Oeuvres, S. 1581.

[89] *Benjamin Constant*, S. 1588; diese Ausführungen finden sich nur in der ersten Auflage, die am 30. Januar 1814 erschien, aber kaum bekannt geworden ist.

[90] *Benjamin Constant*, S. 1582, 1588.

[91] *Benjamin Constant*, S. 1583.

[92] *Benjamin Constant*, zitiert nach *Klimrath*, Über das französische Gesetz vom 10. April 1834, in: Kritische Zeitschrift für Rechtswissenschaft und Gesetzgebung, 1835, S. 46.

[93] *Alfred Roulin*, in: Oeuvres, S. 1571 gibt einen Überblick über den Werdegang des Buches „De l'esprit de conquête et de l'usurpation", aus dem das auf Bernadotte hinzielende Kapitel für die dritte Auflage am 22. April 1814 gestrichen wurde.

liberale Zusatzakte zu den Konstitutionen des Kaiserreiches zu redigieren und anläßlich der zweiten Restauration wieder der Charte der Bourbonen anzuhängen. Nach der Vertreibung Karls X. wird er dann ein eifriger Verteidiger der Legitimität Louis-Philippes[94]. In diesem Verhalten ist nicht ein unschöner Opportunismus zu sehen, wenn auch sein Ausspruch im Jahre 1813 „je ne veux pas être en retard pour l'hallali"[95], als sich die Niederlage Napoleons und das Ende des Emigrantenlebens abzeichneten, zu einer solchen Beurteilung Veranlassung geben könnte. Denn für Constant waren allein entscheidend die Wahrung der individuellen Freiheiten des Einzelnen und freie Wahlen als deren Garantie. Die Monarchie nimmt demgegenüber einen zweitrangigen Platz ein, wenn er auch ihre bewahrende Funktion in einer unruhigen Zeit nicht verkennt[96]. In der Person des Monarchen sollte der Staat jenseits aller politischen und sozialen Spaltungen als lebendige Einheit verkörpert werden, ein Gedanke, der der romantischen und organischen Staatslehre entspringt[97]. Im Kampf um eine liberale Verfassung gegen die Diktatur Napoleons und die Restauration[98] erkennt Constant dem König in der konstitutionellen Monarchie die Stellung „d'un pouvoir neutre" zu und schafft so die theoretische Grundlage für die Lösung der Organisationsprobleme in der parlamentarischen Demokratie. Der König als „pouvoir neutre" sollte ein Gleichgewicht zwischen den politischen Mächten im Staat herstellen, damit die Freiheit nicht bedroht werde, und zugleich eine seiner Würde und seinem Ansehen entsprechende herausragende Stellung einnehmen.

Constants Verdienst ist es, bei seinem Streben nach einer freiheitlichen und demokratischen Ordnung des Staates einen möglichen Kompromiß zwischen dem erbmonarchischen und dem auf der Volkssouveränität beruhenden Legitimitätsverständnis gewiesen zu haben. Die legitimierende Funktion eines erblichen Königtums liegt für ihn darin begründet, daß es über dem Streit zwischen den einzelnen Gewalten eine erhabene Stellung innehat und sich der Aufgabe widmet, Freiheit und Ordnung zu bewahren. Im Prinzip erkennt er die Volkssouveränität an, begrenzt sie aber durch die Anerkennung individueller Freiheitsbereiche, bei deren Verletzung aus dem legitimen ein despotisches Staatswesen wird. In Frankreich wird damit bereits frühzeitig die fruchtlose Antithese zwischen Volkssouveränität und erbmonarchischer Legitimität verlassen

---

[94] *A. M. Dolmatowsky*, Der Parlamentarismus in der Lehre Benjamin Constants, in: Zeitschrift für die gesamte Staatswissenschaft (1907), S. 602.

[95] *Alexandre Fabre-Luce*, S. 225.

[96] *Benjamin Constant*, Mélanges de littérature et de politique, S. 821.

[97] *Otto Kimminich*, Das Staatsoberhaupt in der parlamentarischen Demokratie, in: Veröffentlichungen der Vereinigung Deutscher Staatsrechtslehrer, Heft 25 (1967), S. 18; *Lothar Gall*, S. 201 ff.

[98] *Carl Schmitt*, Der Hüter der Verfassung (1931), S. 132.

und durch Constant die Basis für eine sachgerechte Diskussion der rechtlichen Stellung des Königs und der Grenzen staatlicher Macht geschaffen.

III. Legitimität durch Verwirklichung der Idee von Recht und Vernunft in der Geschichtsphilosophie der Doktrinäre

Angesichts der Bezeichnung „Doktrinäre“[99] ist man versucht zu glauben, es handle sich hier um eine Richtung, die sich auf festgefügte und starre Prinzipien stützt. Dies ist jedoch ein Fehlschluß. Als Gruppe der Doktrinäre wird eine kleine Anzahl liberaler Politiker zwischen 1815 und 1848 bezeichnet, die sich gerade dadurch auszeichnen, keine politische Doktrin zu besitzen. Ihre „Doktrin“ besteht lediglich darin, gewisse politische Situationen pragmatisch zu analysieren und Impulse für den Fortschritt zu geben[100].

Während der französischen Revolution war die Mehrzahl der Doktrinäre in die Emigration gegangen. Später hatten sie unter Napoleon teilweise hohe Stellen in der Verwaltung inne; teilweise hatten sie sich in das Privatleben zurückgezogen, wobei sie sich jedoch politisch informierten. Serre, Jordan und Broglie hatten sich in Deutschland aufgehalten, Guizot und Barante hatten in Genf gelebt und Royer-Collard hatte die schottische common-sense Philosophie Thomas Reids in Frankreich eingeführt[101]. So verfügte die Gruppe der Doktrinäre über einen weiten kulturellen Horizont und repräsentierte gleichsam das Bewußtsein Europas. Sie leisteten Hervorragendes in der Philosophie, Geschichtswissenschaft und Soziologie[102]. Gleichzeitig stand die Theorie und Praxis des nachrevolutionären französischen Staates im Vordergrund ihrer Bemühungen. Sie unternahmen auf Grund ihrer umfassenden Kenntnisse einen der ehrgeizigsten Versuche des 19. Jahrhunderts, die verschiedenen Gebiete des Denkens zu vereinigen und auf der Ebene des sozialen Lebens zielstrebig auf eine Politik der Versöhnung hinzuwirken. Diese Politik war in den ersten Jahren nach der Restauration der Bourbonen nicht

[99] Der Ursprung der Bezeichnung „Doktrinäre“ kann nicht mit Sicherheit angegeben werden; vgl. hierzu *Marcel Prélot*, Histoire des idées politiques, 2. Aufl. (1959), S. 447. Allgemein zur Philosophie und Staatsauffassung der Doktrinäre vgl. *Luis Díez del Corral*, Doktrinärer Liberalismus. Guizot und sein Kreis (1964).

[100] *Luis Díez del Corral*, S. 96 ff.; *Dominique Bagge*, S. 99.

[101] *Erich Rothacker*, Philosophie und Politik im französischen Denken des frühen 19. Jahrhunderts, in: Mensch und Geschichte, 2. Aufl. (1950), S. 113; zum Einfluß der Philosophie Condillacs auf die Doktrinäre, S. 106 ff.

[102] Zur Philosophie vgl. *A.-L.-C. Destutt de Tracy*, Eléments d'idéologie, 4 Bd. (1825 - 1827); zur Geschichte vgl. *François Guizot*, Histoire générale de la civilisation en Europe, 3. Aufl. (1840); zum geistesgeschichtlichen Hintergrund generell vgl. *Erich Rothacker*, S. 109 und *Gerhard Funke*, Maine de Biran (1947).

leicht zu betreiben. Es galt einen Ausgleich zwischen der Allmacht des Staates und der Freiheit des Einzelnen zu schaffen und die durch die Revolution zerschlagenen Institutionen in neuem Geist wiederaufzubauen[103]. „Repousser l'ancien régime" und „fonder le régime constitutionnel" waren die politischen Maximen der Doktrinäre[104], bei deren Verfolgung sie in der Mitte zwischen den Ultraroyalisten und dem aggressiven Flügel der Liberalen standen. Den Konservativen schien das Denken der Doktrinäre allzu stark durch die revolutionären Ideen von 1789 geprägt; für die linksstehenden Liberalen waren die Doktrinäre eine unglaubhafte Salonbewegung, mit denen man sich gelegentlich verband, die aber letzten Endes doch als reaktionär gesinnt galten[105].

Die Parole der Doktrinäre war: Autorität und Freiheit. Die Synthese dieser Prinzipien war das konstitutionelle Königtum. Sie kämpften für die Macht der Krone als Symbol der Autorität und Ordnung und für die Verfassung als Symbol für Gerechtigkeit und Freiheit. Es war dies der Standpunkt des „juste milieu", der richtigen Mitte zwischen den Extremen[106].

Ohne eine in sich geschlossene Doktrin zu entwickeln, was wegen der täglichen Auseinandersetzungen mit den konservativen und progressiven Kräften fast unmöglich erschien, fanden die Doktrinäre doch einen geistigen Ort oberhalb des das Leben und Denken ihrer Zeit zerreißenden Parteienstreites. Sie gründeten ihre politische Philosophie auf die soziologische Erkenntnis, daß die Gesellschaft einen Organismus darstellt, daß sie eine Einheit bildet und sich nicht aus einer wahllosen Anhäufung von Individuen zusammensetzt[107]. Für sie war die Welt nicht in einen idealen und realen Bereich, wie für die Philosophie des 18. Jahrhunderts, aufgespalten; Vernunft und Leben hielten sie für innig verbunden. Durch das „Verstehen" der Gegenwart[108] aus dem Verlauf der Geschichte wollten sie die Grundsätze für die praktische Politik gewinnen.

---

[103] *François Guizot,* Des moyens de gouvernement et d'opposition dans dans l'état actuel de la France, 2. Aufl. (1821), S. 1 ff.

[104] *François Guizot,* S. 17 f.; „il s'agit également de fonder l'ordre constitutionnel et de maintenir le trône légitime. La question se pose donc en ces termes: Pour atteindre à ce double but, quel instrument est le meilleur, la révolution ou la contre-révolution? ... Quelle entreprise est la plus facile, faire accepter à la révolution la légitimité, ou la charte à la contre-révolution?" (*François Guizot,* Du gouvernement de la France depuis la restauration, 3. Aufl. [1820], S. 136); „il ne s'agit donc point de renverser ce qui est, de porter atteinte à la légitimité. Nous voulons ce qui est, au profit de ce qui est, et non de ce qui n'est plus. Nous réclamons pour l'ordre nouveau cette même légitimité que l'ancien régime prétend usurper" (*François Guizot,* S. 129).

[105] *Luis Díez del Corral,* S. 25 f.

[106] Zur Politik des „juste milieu" vgl. *Ernst-Rudolf Huber,* Legitimität, Legalität und juste milieu, in: Nationalstaat und Verfassungsstaat (1965), S. 71 ff.

[107] *Dominique Bagge,* S. 142 f.

Die auf die Geschichte bezogene Grundhaltung der doktrinären Politiker tritt besonders bei dem Historiker François Guizot (1787 - 1874) in Erscheinung[109]. Am Ende des 1. Kapitels seiner „Histoire générale de la civilisation en Europe“[110] führt er aus, daß man sich manchmal versucht fühle, den Prinzipien des barbarischen Europas früherer Zeiten, nämlich der Gewalt und der Lüge zu folgen, die man doch eigentlich verachte. Und wenn man dieser Versuchung stattgegeben habe, so würde man heutzutage nicht mehr die unerhörte Energie früherer Menschen antreffen, die, mit ihrem Schicksal unzufrieden, unaufhörlich daran gearbeitet hätten, um eine bessere Zukunft zu erlangen. Er meint, man solle mit den Zuständen und der Zeit, in der man lebt, zufrieden sein und sich mit den Prinzipien der Zivilisation: Gerechtigkeit, Legalität, Öffentlichkeit und Freiheit beschäftigen. Durch historische Analysen versucht Guizot die großen Krisen in der Entwicklung der modernen Gesellschaft zu zeigen. Gleichzeitig weist er darauf hin, daß die Zivilisation aus zwei Komponenten bestehe: nämlich der menschlichen Gesellschaft als politischem und soziologischem und dem Menschen als geistigem Bauelement[111]. Immer steht bei Guizot das Historische im Hintergrund der Beziehungen von Individuum und Gesellschaft. Die in der Geschichte zur Herrschaft gekommenen politischen Ideen sollen die Führer zu der Lösung und zu dem Verständnis der politischen Probleme der Gegenwart sein.

Die Beziehungen zwischen Recht und Geschichte im doktrinären Denken lassen sich an Hand des Legitimitätsverständnisses Guizots gut verfolgen[112]. Er stellt fest, die Prinzipien der Monarchie, Theokratie, Aristokratie und Demokratie hätten in der europäischen Geschichte alle einmal geherrscht und einen Absolutheitsanspruch gestellt, indem sie sich als die allein mögliche, allein gerechte und immer schon befolgte Ordnung bezeichnet hätten. In Wirklichkeit aber sei keines dieser genannten Prinzipien rein verwirklicht worden; es habe immer Übergänge von dem einen zum anderen Prinzip und Auseinandersetzungen zwischen den einzelnen Prinzipien gegeben. Bei diesen Auseinandersetzungen habe sich die „idée de la légitimité politique“ herausgebildet; sie werde von jedem der genannten Prinzipien in Anspruch genommen[113]. Mit dieser Einsicht

---

108 Zum „Verstehen der Doktrinäre“ vgl. etwa *François Guizot,* Histoire parlamentaire de France, Bd. 1 (1863), S. 138.

109 Zum Leben Guizots immer noch grundlegend: *Henriette de Witt,* Guizot dans sa famille et avec ses amis, 4. Aufl. (1880); *Charles Pouthas,* Guizot pendant la Restauration (1923); zu Guizots politischer Einstellung: *Ernest L. Woodward,* Three studies in european conservatism (1963), S. 111 ff.; *Elizabeth Parnham Brush,* Guizot in the early years of the orleanist monarchy (1929); *Douglas Johnson,* Guizot (1963).

110 *François Guizot,* S. 30 ff.

111 *François Guizot,* S. 428.

112 *François Guizot,* S. 68 ff.

113 *François Guizot,* S. 70 und in: Du gouvernement de la France depuis la restauration, S. 203.

findet sich bei Guizot ebenso wie auch bei Talleyrand oder in Deutschland bei von Gentz bereits frühzeitig die Relativität des Legitimitätsgedankens angesprochen. Die legitime Ordnung ist nicht die allein verbindliche politische Ordnung, sondern die in einer konkreten historischen Situation herrschende Ordnung. Primäre Kriterien der Legitimität sind die Prinzipien der Dauer und der Priorität: „La priorité dans le temps est invoqué comme la source du droit, comme la preuve de la légitimité du pouvoir[114].“ Bezieht man diesen Gedanken auf die Restaurationsepoche, so führt Guizot aus, ist es ein Irrtum, die Idee der Legitimität nur mit dem monarchischen Prinzip zu verknüpfen. Auch die Schweizer Demokratien seien auf alte Institutionen und auf ein dauerhaftes Regierungssystem gegründet und damit legitim. Die Erblichkeit der Throne habe allein den Zweck, dem Recht höchste Würde zu verleihen, damit es überall verbindlich sei. Allein unter dieser Voraussetzung hält Guizot das erbmonarchische Prinzip für legitim[115]. Guizot bleibt damit nicht bei einer rein historischen Konstatierung des Phänomens der Legitimität stehen. Mit dem Blick auf die konkrete politische Situation in Frankreich versucht er vielmehr einzelne Kriterien herauszuarbeiten, die den Inhalt des Legitimitätsbegriffes ausmachen. In die metaphysische Diskussion des Legitimitätsgedankens einzutreten, lehnt Guizot ausdrücklich ab, da er weder an ein göttliches Recht noch an die Volkssouveränität glaubt[116]. Unter Berufung auf beide Schlagworte sei die Staatsgewalt usurpiert worden, aus einem gewaltsamen Akt könne aber keine wahre Legitimität entstehen[117]. Er glaubt vielmehr „à la souveraineté de la raison, de la justice, du droit: c'est là le souverain légitime que cherche le monde et qu'il cherchera toujours[118].“ Der wichtigste Wesenszug der politischen Legitimität ist, nach Guizots Meinung, der Gewalt als Quelle der staatlichen Macht abzuschwören und die staatliche Macht an eine sittliche Idee zu binden, an die Idee des Rechts, der Gerechtigkeit und der Vernunft. Wie entsteht diese Legitimität, der die Rechtsidee und die Grundsätze der Vernunft inne wohnen? Auch hier wieder weist Guizot der Geschichte die Aufgabe zu, das Recht zu offenbaren. Die Entstehung des Rechts betrachtet er als einen geschichtlichen Prozeß. Der Ursprung der Rechtsidee liegt seiner Ansicht nach tiefer; er liegt in einer höheren um die Idee der Gerechtigkeit gegliederten Ordnung der Vernunft. Die Entwicklung der Legitimität, die sich im Werden der Idee des Rechts und der Vernunft manifestiert, meint Guizot, mittels einer geschichtlichen Analyse deutlich machen zu können: Stand am Anfang die Usurpation durch die bloße

---

114 *François Guizot,* Histoire générale de la civilisation en Europe, S. 71.

115 *François Guizot,* Du gouvernement de la France depuis la restauration, S. 204.

116 *François Guizot,* S. 201.

117 *François Guizot,* Histoire générale de la civilisation en Europe, S. 73.

118 *François Guizot,* Du gouvernement de la France depuis la restauration, S. 201, und in: Histoire générale de la civilisation en Europe, S. 73.

Gewalt, so ändert die Zeit die Gestalt der Gewalt; die Legitimität einer bestehenden Gesellschaftsordnung liegt in ihrer Veränderung durch die Zeit begründet, aber auch in der Tatsache, daß die Gesellschaftsordnung von politisch tätigen Menschen gestaltet wird. Denn der Mensch trägt nach der Ansicht Guizots in sich selbst einen bestimmten Katalog von Ordnungsvorstellungen, Gedanken über die Gerechtigkeit und Ideen bezüglich vernünftiger Lösungen, die er in die Umgebung, in der er lebt, einfließen läßt. Hieran arbeitet er unaufhörlich, und wenn die Gesellschaftsordnung, in der er lebt, fortbesteht, so hat sein Werk Erfolg. Es ist der Mensch, der die Vernunft, die Sittlichkeit und die Gerechtigkeit in der Welt, in der er lebt, verwirklicht und damit eine legitime soziale Ordnung schafft. Aus dem Moment des Fortbestehens einer Gesellschaftsordnung will Guizot schließen, daß sie nicht unsinnig und ungerecht sei.

Auch bei den Traditionalisten ist uns das Moment der Dauer entgegengetreten, das eine Herrschaftsordnung legitim erscheinen läßt. Die Traditionalisten verstanden jedoch das Moment der Dauer in einem konservativen, einem die tradierten Zustände bewahrenden Sinn. Die Geschichte lieferte die Maximen menschlichen Zusammenlebens, nach denen die gegenwärtige Ordnung sich richten muß. Für die Doktrinäre dagegen ist es der Mensch in der Geschichte, dem die Suche nach der bestmöglichen Ordnung aufgegeben ist, der aus schlechten Erfahrungen, die aus geschichtlichen Studien evident werden, gelernt hat und unaufhörlich um die Verbesserung der Gesellschaftsstrukturen bemüht ist[119].

Die Verbindungskette von Gesellschaft — Mensch — Rechtsidee — Legitimität führt Guizot zu einer Einsicht, die man gemeinhin für eine soziologische Erkenntnis des beginnenden 20. Jahrhunderts hält. Guizot hat bereits 100 Jahre früher betont, daß es allzu wenig sei, wenn jeder Mensch auf seine Freiheiten als legitime Rechte achte; es sei vielmehr entscheidend, daß die staatliche Gewalt, die den Bürgern befehle, in den Augen der Bürger auch legitim erscheine. Er stellt fest, daß die Gesellschaft sich auflöse, wenn der Macht nur das Recht innewohne, dieses Recht aber nicht von den Bürgern als legitim anerkannt werde[120]. Er fordert, daß die Rechte des Staates gegen den Bürger und des Bürgers gegen den Staat in einem Verhältnis der Reziprozität stehen müssen, damit beide Rechte sich gegenseitig begrenzen. Sobald ein derartiges reziprokes Verhältnis bestehe, so würden, meint er, sich die beiderseitigen Rechte bald mit ihren übergeordneten Prinzipien, der Idee und dem Gefühl der Pflicht verbinden. Wenn so das Recht und die Legitimität der Ordnung überall auch als Pflichtgefühl in das Bewußtsein der Bürger eingedrungen sind, dann allein hält Guizot die Gesellschaftsordnung für

[119] Ähnlich ist auch das Legitimitätsverständnis von Royer-Collard; vgl. hierzu *Luis Díez del Corral*, S. 168 f.

[120] *François Guizot*, S. 203.

stabil[121]. Es klingt hiermit die Einsicht an, daß eine soziale Ordnung nur dann stabil sein kann, wenn ihre Legitimität von der Mehrzahl der in der geordneten Gemeinschaft lebenden Menschen anerkannt wird. In konsequenter Fortentwicklung dieses Gedankens kommt Guizot zu dem Schluß, daß das schwindende Legitimitätsbewußtsein der Hauptgrund der englischen Revolution von 1688[122] und der französischen Julirevolution von 1830 war. In einer Parlamentsrede vom 25. 11. 1830 zur Frage der Pressefreiheit[123] wendet sich Guizot gegen die Stimmen, die die Julirevolution von 1830 als einen gewaltsamen Akt und bloße Usurpation bezeichnen und ihr die Legitimität bestreiten, die man ausnahmslos einem bestimmten Regierungssystem zusprechen möchte. Diese Einwände gegen die durch die Julirevolution von 1830 gegründete neue Staatsform hält Guizot einerseits für grundlos, andererseits erkennt er aber die Notwendigkeit, derartige Einwände zurückzuweisen. Seiner Ansicht nach mußte die Julirevolution zum Erfolg führen, da es dem Wesen eines Volkes entspreche, einer reinen Gewaltherrschaft die Anerkennung zu verweigern; das Volk müsse vielmehr daran glauben, daß die Herrschaft, der es gehorche, zu recht bestehe; es müsse von der Legitimität der Herrschaft überzeugt sein. Um diesen Legitimitätsglauben im Volke aufrecht zu erhalten, hält es Guizot im Interesse der Staatsgewalt und Beruhigung der Gemüter für unbedingt erforderlich, daß die Angriffe gegen die Legitimität der Julirevolution und der durch diese Revolution entstandenen Regierung mit aller Schärfe zurückgewiesen werden. „Affirmer la légitimité du gouvernement actuel et de l'insertion de ses principes dans nos lois", hält Guizot für die vordringliche Aufgabe[124].

Die Spontaneität der nationalen Bewegung vergleicht Guizot mit einem Naturereignis, das auf die fehlerhafte Entwicklung der Restaurationsepoche folgen mußte. In der Kausalität zwischen Restaurationsherrschaft und Revolution sieht er die legitimierende Kraft der Julirevolution begründet[125]. Die Restaurationsherrschaft habe zwar eine gewisse Legitimationsbasis besessen, da sie sich als Garantin des Friedens und der Stabilität in Europa verstanden und sich zur Charte wie auch zu dem alten überkommenen Recht bekannt habe. Mit der Zeit haben jedoch die schlechten Seiten der Restauration über die guten gesiegt. Es habe im Wesen der Restaurationsherrschaft begründet gelegen, daß die Doktrin der unbegrenzten Souveränität des Fürsten schließlich zum einzigen Fundament der monarchischen Staatsform geworden sei, die Ausdehnung der absoluten Souveränität ins Unbegrenzte gegangen und die Macht, wie

---

[121] *François Guizot*, S. 204.

[122] *François Guizot*, Discours sur l'histoire de la révolution d'Angleterre (1850), S. 85 ff.

[123] *François Guizot*, Histoire parlamentaire en France, Bd. 1 (1863), S. 153 ff.

[124] *François Guizot*, S. 154.

[125] *François Guizot*, S. 151, 156.

bereits unter dem ancien régime, mißbraucht worden sei. Dennoch durchbrach das französische Volk nach der Meinung Guizots keineswegs die durch die Legalität gezogenen Schranken, sondern es begnügte sich zunächst noch mit der ruhigen Ausübung der ihm unentziehbaren Freiheitsrechte und dem Betonen der Prinzipien der Charte[126]. Schließlich kam aber in den plötzlichen Ereignissen der Julirevolution der langsam herangereifte Umschwung zum Durchbruch. Diesen Umschwung bezeichnet Guizot als „le resultat naturel attendu du cours des choses“[127]. Für ihn war die Julirevolution das Ergebnis einer gleichsam naturnotwendigen Entwicklung. Nicht aufgrund einer zweifelhaften Theorie, nicht aufgrund einer revolutionären Geisteshaltung und auch nicht durch den bewußten Willen eines Menschen, sondern durch die spontane Bewegung aller gegen die illegitim gewordene Herrschaft des Absolutismus wurde sie ausgelöst. Darin liegt nach Guizot die sittliche und politische Legitimität der Julirevolution begründet[128]. Aufgrund einer Entscheidung des Volkes mußte die überkommene erbmonarchische Legitimität einer neuen rationellen Legitimität weichen[129].

Hier steht im Mittelpunkt der Ausführungen Guizots der Gedanke, daß dem allgemeinen Volksbewußtsein ein bisher legitimer Zustand mit einem Schlag als illegitim erscheint und daß dieses Volksbewußtsein dann, wenn der illegitim gewordene Zustand sich nicht von selbst ändert, in spontanen Aktionen zur Revolution schreitet. Bei Guizot wird damit die Legitimität der Revolution auf ein allgemeines Rechtsbewußtsein des Volkes gestützt, dessen Wandlungen die herrschende Staatsgewalt sich anpassen muß, wenn sie im Rechte und damit in der Legitimität bleiben will. Wie gezeigt wurde, ist Guizot freilich bei dieser soziologischen Komponente des Legitimitätsbegriffes nicht stehen geblieben. Er hält es für die Aufgabe des Menschen schlechthin, die politische Ordnung des Gemeinwesens mitzugestalten, die Probleme der Gegenwart zu erfassen und einer praktikablen Lösung zuzuführen und damit an einer für alle als legitim geltenden Ordnung gestaltend mitzuwirken.

[126] *François Guizot,* S. 159.
[127] *François Guizot,* S. 160.
[128] *François Guizot,* S. 161.
[129] *François Guizot,* S. 147.

Fünftes Kapitel

Das deutsche staatsrechtliche Schrifttum bis zur Reichsgründung von 1871

I. Die Rezeption des Begriffes Legitimität

1. Rechtfertigungsdenken und Verfassungstheorie ausgangs des 18. Jahrhunderts

Bei der Verfolgung der Entwicklung des Legitimitätsbegriffes in den französischen und lateinischen Quellen zeigte sich, daß der Legitimitätsbegriff Jahrhunderte hindurch mit teilweise sehr heterogenen politischen Ideen in Verbindung gebracht wurde. Es wurde deutlich, wie zum Ende des 16. Jahrhunderts das lateinische Epitheton „legitimus" mit einem spezifisch öffentlichrechtlichen Bedeutungsgehalt in der französischen Sprache als „legitime" wiedergegeben wurde. Seit dieser Zeit gehört die Frage nach der legitimen Staatsgewalt zum festen Repertoire französischer staatsphilosophischer Diskussion. Im deutschen Sprachraum bemühten sich vornehmlich Samuel Pufendorf und Christian Wolff um die Beschreibung der legitimen Staatsgewalt[1]. In ihren lateinisch verfaßten Schriften forderten sie von der legitimen Staatsgewalt, sie müsse rechtlich begrenzt sein (Christian Wolff) und dürfe nur das Wohl des Staates und der Bürger verfolgen (Pufendorf). In der Nachfolge Pufendorfs und Wolffs[2] entwickelte sich in Deutschland eine am Vernunftrecht orientierte Staatstheorie, die bislang noch nicht voll erschlossen zu sein scheint[3]. So wurde von einem Teil der deutschen Staatslehre die Verwirklichung des allgemeinen Glücks zum Staatszweck erhoben, ohne daß freilich, wie in Frankreich von den Physiokraten und Enzyklopädisten, mehr oder

[1] Siehe oben 1. Kap. III., 4.

[2] *Fritz Hartung*, Der aufgeklärte Absolutismus, in: Staatsbildende Kräfte der Gegenwart (1961), S. 157 f.; *Michael Stolleis*, Staatsraison, Recht und Moral in philosophischen Texten des späten 18. Jahrhunderts (1972), S. 42 ff. (besonders zu Christian Wolffs Einflüssen auf Christian Garve).

[3] *Hans Maier*, Ältere deutsche Staatslehre und westliche politische Tradition (1969), S. 5 ff. nennt die Schwierigkeiten, die ein Studium der deutschen Staats- und Verwaltungslehre des 17. und 18. Jahrhunderts bereitet, nämlich Mangel an leicht zugänglichen neueren Editionen und, hierdurch bedingt, eine recht spärliche Sekundärliteratur.

weniger radikale Reformforderungen zwecks Erreichung dieses Staatszweckes aufgestellt wurden. Erwähnt sei etwa der Kameralist Johann Heinrich von Justi (1717 - 1771)[4], der sich mit der Wolffschen Eudämonielehre auseinandersetzte und einen Ausgleich zwischen den Glückseligkeitsbestrebungen der Einzelnen und des gesamten Staates forderte. Die Gemeinwohllehre des Philosophen Christian Garve (1742 - 1789)[5], die sich praktisch als eine „Glückseligkeitslehre der Oberschicht" (Stolleis) darstellte, wurde weithin anerkannt, geriet allerdings infolge der Kritik Kants schnell in Vergessenheit. Des weiteren waren Johann Stephan Pütter (1725 - 1807), Heinrich Gottfried Scheidemantel (1739 - 1788) und Nikolaus Thaddäus Gönner (1764 - 1827) bereits am vernunftrechtlichen Gedankengut orientiert, wenn sie die Regierungsgewalt aus dem Staatszweck zu begründen suchten[6].

Trotz dieses Einflusses aufklärerischer Gedanken auf die deutsche Staatslehre des 18. Jahrhunderts wurde auf ein allgemeines, auf die Staatsgewalt bezogenes Rechtfertigungsdenken vor Ausbruch der Revolution von 1789 wenig Wert gelegt. Eine kritische Reflexion der Rechtmäßigkeit der Staatsgewalt fehlte im Gegensatz zur französischen Literatur fast völlig. Der Terminus der Legitimität blieb der deutschen staatstheoretischen Literatur bis in das 19. Jahrhundert hinein fremd, obwohl an eine Übernahme dieses Wortes aus den lateinisch verfaßten Werken eines Pufendorf oder Wolff durchaus hätte gedacht werden können. Die Frage, worin dieses mangelhafte Interesse an einem Rechtfertigungsdenken begründet liegt, läßt sich zu einem gewissen Teil[7] aus der politischen Situation des Heiligen Römischen Reiches Deutscher Nation und seiner

---

[4] *Johann Heinrich von Justi,* Die Grundfeste zu der Macht und Glückseligkeit der Staaten, Bd. 1 (1760), § 8; vgl. hierzu: *Hans Maier,* Die ältere deutsche Staats- und Verwaltungslehre (1966), S. 218 ff.; *Gottfried Salomon-Delatour,* Moderne Staatslehren (1965), S. 310 ff.

[5] *Christian Garve,* Abhandlung über die Verbindung der Moral mit der Politik, 2. Aufl. (1788), S. 33, 50, 151 f. und passim; zu Garve und der Kantkritik vgl. *Michael Stolleis,* S. 45 ff.

[6] Einzelheiten bei *Ernst-Wolfgang Böckenförde,* Gesetz und gesetzgebende Gewalt (1958), S. 56 ff.

[7] Das mangelnde Rechtfertigungsdenken in Deutschland bis weit in das 18. Jahrhundert hinein läßt sich vielleicht auch dadurch erklären, daß nach dem Ende des Dreißigjährigen Krieges der Wiederaufbau die ganzen Kräfte des Volkes in Anspruch nahm. *Otto Kimminich* (Deutsche Verfassungsgeschichte [1970], S. 292) charakterisiert die deutsche Mentalität dieser Epoche dahin, daß man von der Obrigkeit Frieden und Ordnung erwartete, an ein Mitregieren oder Widerstand gar nicht gedacht habe. Eine derartige Mentalität kann natürlich nicht das kritische Bewußtsein aufkommen lassen, das eine Lehre von der Legitimität der Staatsgewalt erfordert. Symptomatisch für diese Situation ist ein Satz von *Kant* aus dem Jahre 1798 (Anthropologie in pragmatischer Hinsicht, in: Theorie-Werkausgabe Suhrkamp Bd. 12 [1968], S. 667): „Der Deutsche fügt sich unter allen zivilisierten Völkern am leichtesten und dauerhaftesten der Regierung, unter der er ist und ist am meisten von Neuerungssucht und Widersetzlichkeit gegen die eingeführte Ordnung entfernt."

Territorien beantworten. Der Unterschied in der politischen Entwicklung Frankreichs und Deutschlands setzte der Entwicklung einer am souveränen Staat der Neuzeit orientierten Staatstheorie wesentliche Hemmnisse entgegen. In Frankreich war es die starke Zentralgewalt des Monarchen, die das Problem der Rechtfertigung staatlicher Gewalt immer wieder virulent werden ließ. In Deutschland dagegen begannen sich nur langsam die wesentlichen Herrschaftsrechte bei den Landesherren der Territorien zu konzentrieren, während die kaiserliche Gewalt im Verblassen begriffen war. Nach der Legitimität der kaiserlichen Gewalt zu fragen, erschien nicht nötig, da diese durch Verträge und Herkommen fest umrissen war und als Herrschaftsgewalt immer mehr an Bedeutung verlor. Es fehlte der umfassende Herrschaftsanspruch, der die kritische Frage nach der Legitimität entstehen läßt. Ähnlich war die Lage in den einzelnen Territorien.

In Deutschland war die politische Ordnung in der frühen Neuzeit dadurch geprägt, daß eine Vielzahl begrenzter und in sich eigenständiger politischer Herrschaftsbefugnisse bestand. Die Krise der Ständegesellschaft, die sich u. a. im Schwinden der Autonomie des geistlichen Standes oder in der Reformbedürftigkeit des Wirtschaftslebens offenbarte, stellte eine Fülle neuer Ordnungsaufgaben an die politischen Instanzen. Ein zentraler Verwaltungs- und Polizeistaat wurde mehr und mehr nötig[8]. Nicht nur aus persönlichem Machtstreben, sondern auch um der neuen Ordnungsprobleme in einer sich ändernden Gesellschaft Herr zu werden, strebten die Landesherren in den einzelnen Territorien allgemein nach einer Mehrung ihrer landesherrlichen Herrschaftsbefugnisse und zur Errichtung eines absolutistischen Staatswesens. Dieses Ziel konnte freilich nicht in jedem Staat völlig erreicht werden. Die Erlangung der umfassenden politischen Herrschaftsgewalt, insbesondere der Jurisdiktionsbefugnisse, des Gesetzgebungsrechts und Befehls über Polizei und Heer war von mannigfaltigen politichen Faktoren abhängig. So scheiterte der Versuch des Herzogs Karl Leopold von Mecklenburg-Schwerin, die Rechte seiner Landstände aufzuheben. In der Schmälerung der Rechte der Landstände sah man nicht nur eine Rechtskränkung gegenüber den Ständen, sondern auch gegenüber dem Reichsoberhaupt[9]. In Württemberg kam nach heftiger Auseinandersetzung zwischen den Ständen und dem Herzog ein Erbvergleich (1770) zustande. Nach diesem Erbvergleich

[8] *Helmut Quaritsch,* Staat und Souveränität, Bd. 1: Die Grundlagen (1970), S. 155 ff.; 178 ff. (mit weiteren Literaturnachweisen); *Gerhard Oestreich,* Ständetum und Staatsbildung in Deutschland, in: Der Staat, Bd. 6 (1967), S. 61 ff.; *Hans Maier,* S. 83 ff.; *Otto Brunner,* Die Freiheitsrechte in der altständischen Gesellschaft, in: Aus Verfassungs- und Landesgeschichte, Bd. 1 (1954), S. 293 ff.

[9] *Fritz Hartung,* Deutsche Verfassungsgeschichte, 7. Aufl. (1959), S. 135 mit Literaturnachweisen.

durften die Beamten nicht allein auf den Herzog, sondern mußten auf die Einhaltung der Rechtsordnung des Landes verpflichtet werden. Auf diese Weise wollte man verhindern, daß die Exekutive zu einem dienstbaren Instrument des Fürsten werde. In ähnlicher Weise wußte man auch in Ostfriesland und Kursachsen die landständische Verfassung gegen absolutistische Bestrebungen des Fürsten zu wahren. Allein in den österreichischen Erblanden und in Preußen war die Ausbildung eines modernen souveränen Staates weit vorangetrieben worden[10]. In Preußen hatte der Große Kurfürst ein stehendes Heer geschaffen, das nur an die Person des Herrschers gebunden war. Friedrich Wilhelm I. hatte einen Steuer- und Verwaltungsapparat durchgesetzt, den er als antifeudales Instrument gegen die überkommene ständische Ordnung zu gebrauchen wußte.

Daß außer in Preußen und allenfalls noch in Österreich im übrigen Heiligen Römischen Reich Deutscher Nation ein auf das zeitgenössische Naturrecht gestützter, souveräner Staat nicht entstehen konnte, lag nicht zuletzt daran, daß der Weg, auf dem man in Frankreich oder Italien sich von der alten Politik zu lösen begann, in Deutschland nicht gangbar war. Die Emanzipation des modernen Staatsdenkens von der aristotelischen Tradition vollzog sich in Frankreich vornehmlich in zwei Richtungen: in der des machiavellistischen Machtstaatsdenkens und in der des neuen säkularisierten Naturrechts[11]. Beide geistigen Strömungen vermochten in Deutschland die Staatslehre kaum entscheidend zu beeinflussen. Die machiavellistische Politik ist Ausdruck fortgeschrittener staatlicher Desintegration; es wird der Selbstbehauptungstrieb isolierter politischer Organismen verabsolutiert. Das Ziel des Wirkens im Staat liegt nicht in der Eudämonie der Bürger oder in christlicher Tugendübung, sondern in der Erlangung persönlicher Macht begründet. Der deutsche Ständestaat leistete derartigen Machtstaatsgedanken weitgehend erfolgreich Widerstand. Zwar entwickelten sich im 16., 17. und 18. Jahrhundert in den deutschen Territorien die ersten Ansätze einer verwaltenden und regierenden Tätigkeit im Sinn des modernen Staates, die die Selbstverwaltungskörper des mittelalterlichen Staates zurückzudrängen vermochten. Im ganzen gesehen blieb aber trotz des Vordringens des fürstlichen Gebotsrechts unter dem Druck der Stände ein Großteil der wohlerworbenen Rechte gewahrt. Hiermit hängt es zusammen, daß

---

[10] Zu den Einzelheiten vgl. *Karl Otmar Freiherr von Aretin*, Heiliges Römisches Reich, 1776 - 1806, Teil I (1967), S. 23 ff.; *Hans Hubert Hofmann*, Vorbemerkung zu: Staatsorganisation und Reichsorganismus im 18. Jahrhundert, in: Die Entstehung des souveränen Staates (1967), S. 203 ff.; *Otto Kimminich*, S. 251 ff.; zur Entwicklung des souveränen Staates in Bayern: *Wolfgang Quint*, Souveränitätsbegriff und Souveränitätspolitik in Bayern (1971), S. 29 ff., 62 ff.

[11] *Wilhelm Hennis*, Bemerkungen zur wissenschaftsgeschichtlichen Situation der politischen Wissenschaft, in: Gesellschaft, Staat, Erziehung (1960), S. 205 ff.; *Hans Maier*, Ältere deutsche Staatslehre und westliche politische Tradition (1966), S. 9 ff.

man in Deutschland den Lehren von der Staatsraison und des modernen Naturrechts nur zögernd folgte. Bis in das 18. Jahrhundert hinein blieb das deutsche staatstheoretische Denken konservativ. Machiavelli, Bodin und Hobbes blieben bis zur Schwelle der französischen Revolution, wie Hans Maier bemerkt, „im konservativen ‚Teutschen Fürstenstaat' im Grunde außerhalb der Diskussion"[12]. Die absolutistische Staatslehre eines Jean Bodin und die französischen Anschauungen über das Königtum, wie sie etwa von Ludwig XIV. verwirklicht worden waren, wurden nicht einfach übernommen, sondern allenfalls kritisch dargestellt. Die Zurückhaltung gegenüber naturrechtlichem Gedankengut zeigt sich auch an der geringen Breitenwirkung der Schriften Pufendorfs in Deutschland. In den Übersetzungen Barbeyracs und Wises erfuhr Pufendorf die geistige Wirkung im Ausland, die ihm in Deutschland versagt war. Eine gewisse Breitenwirkung erreichte nur das Naturrechtssystem Christian Wolffs[13] und seiner Schule. Es wurde aber nicht, wie in Frankreich, gegenüber dem absoluten Staat kritisch Stellung bezogen. In Deutschland hatte der aufgeklärte Absolutismus des 18. Jahrhunderts die Verfolgung des allgemeinen Wohls zur Maxime seines Handelns erhoben. Auch schien allgemein ein gewisses Maß an ständischen Freiheitsrechten garantiert. Damit mußte aber dem deutschen Naturrecht die revolutionäre Spitze gegen den absolutistischen Staat fehlen. Die deutsche Naturrechtslehre der zweiten Hälfte des 18. Jahrhunderts läßt sich dahin charakterisieren, daß von einem abstrakten schlechthin geltenden Naturrecht abgesehen wurde und man sich stärker der nationalen Rechtstradition zuwandte. Man forderte eine Gesetzgebung, die Neuerungen und Verbesserungen in der Rechtsordnung bringen sollte. Ergebnis dieser Reformbestrebungen war das Allgemeine Landrecht für die Preußischen Staaten vom 1. Juni 1794[14]. Das neue preußische Gesetzbuch brachte eine Grundlegung des Rechtsstaates mit einer Art Grundrechtskatalog. Hier zeigt sich, in welchem Maß der deutsche aufgeklärte Absolutismus naturrechtlichen Reform-

---

[12] *Hans Maier*, S. 8; differenzierend: *Horst Dreitzel*, Protestantischer Aristotelismus und absoluter Staat (1970), S. 427.

[13] *Christian Wolff*, Ius naturae, pars octava de imperio publico seu iure civitatis (1748) bestimmt den Staatszweck völlig rationalistisch: „Finis civitatis sunt sufficientia, tranquillitas atque securitas" (Cap. I, § 17). Aus diesem Grundsatz heraus betont er, daß das „imperium temporarium absolutum esse potest", wobei er sich auf Hobbes und Grotius beruft (§§ 66 ff.). Das Verhältnis zwischen Friedrich Wilhelm I. und Christian Wolff ist symptomatisch für die politische Wirkung der naturrechtlichen Staatstheorie in Deutschland: Christian Wolff wurde durch Kabinettsordre bei Strafe des Stranges befohlen, Preußen zu verlassen. Friedrich Wilhelm I. bekundete hier mit Entschiedenheit, daß allein er es sei, der über die Anwendung vernunftrechtlicher Ideen bei der Regierung des Staates entscheide. Ein Regieren nach abstrakten, von Vernunftrechtlern deduzierten Maximen lehnte er ab.

[14] *Hermann Conrad*, Einleitung zu: Vorträge über Recht und Staat von Carl Gottlieb Svarez (1746 - 1798) (1960), S. XIII (mit eingehendem Literaturnachweis).

vorschlägen nachzukommen bereit war. Da wegen dieser Offenheit gegenüber naturrechtlichem Reformstreben der absolute Staat in Deutschland in seinem Bestand nicht von breiten Schichten in Frage gestellt wurde, konnte gegenüber dem sozialen System jenes kritische Bewußtsein nicht entstehen, das eine Reflexion über die Rechtmäßigkeit staatlicher Herrschaft voraussetzt.

Dieser Befund bestätigt sich, wenn die alte Reichsstaatslehre auf Einflüsse durch naturrechtliches Gedankengut untersucht wird. In den Schriften von Johann Jakob Moser (1701 - 1785) und Johann Stephan Pütter werden naturrechtliche Thesen entweder überhaupt nicht oder nur am Rande behandelt. Ein Infragestellen der bestehenden Ordnung anhand vernunftrechtlich konstruierter Maßstäbe lag der alten Reichsstaatslehre völlig fern.

Moser verfaßte seine Werke vor allem zu dem praktischen Zweck, daß einer, „der mit teutschen Staatshändeln umzugehen hat, hier das Nötigste antreffe“[15]. Diese, sein ganzes Werk beherrschende Grundhaltung verhinderte die Errichtung eines wissenschaftlichen Begriffs- und Denksystems. Das Anliegen, das Staatsrecht nach den vorgefundenen staatlichen Erscheinungen zu gliedern, weist bereits auf Mosers Ablehnung einer naturrechtlichen Denkweise als Grundlage der Staatsrechtswissenschaft hin. Das staatsrechtliche Fragen betreffende Schrifttum von Grotius, Pufendorf und Christian Wolff verweist er in den Bereich der Propädeutik zum Rechtsstudium, insbesondere zu den Fächern Logik, Metaphysik, Sittenlehre und Recht der Natur[16]. Mosers streng und bewußt am positiven Recht ausgerichtete Arbeitsweise trug entscheidend zur Entstehung eines justiziablen öffentlichen Rechts und der Rechtssicherheit im Staatsleben bei[17]. Mit seiner das Staatsrecht positivistisch ordnenden Methode trat er der Gefahr absolutistischer Willkürherrschaft entgegen; den Anspruch auf unbeschränkte Gesetzgebungsgewalt begrenzte er durch Darstellung und Systematisierung bestehender Berechtigungen und Hoheitsrechte.

Bei Pütter[18] dagegen findet sich bereits die Lehre einer vernunftrechtlich begründeten, einheitlichen und souveränen Staatsgewalt angedeutet: „Sowohl die kayserliche Gewalt als die Landeshoheit haben mit jeder anderen Gewalt diese wesentliche Grenze gemein, daß nur die gemeine Wohlfahrt ihr Ziel sein darf ... müssen alle Gerechtsame aller und jeder

---

15 *Johann Jakob Moser*, Teutsches Staatsrecht I (1737), S. 2.

16 *Johann Jakob Moser*, Vermischte Schriften über das Teutsche Staatsrecht II (1736), Anhang S. 36 ff.

17 *Erwin Schömbs*, Das Staatsrecht Johann Jakob Mosers (1701 - 1785) (1968), S. 271 f. (auch zu Mosers Frontstellung gegen das Vernunftrecht).

18 Zu Pütter vgl. *Ulrich Schlie*, Johann Stephan Pütters Reichsbegriff (1961); *Ernst-Rudolf Huber*, Reich, Volk und Staat in der Reichsrechtswissenschaft des 17. und 18. Jahrhunderts, in: Zeitschrift für die gesamte Staatswissenschaft, 102. Bd. (1942), S. 622; *Eberhard Schmidt-Aßmann*, Der Verfassungsbegriff in der deutschen Staatslehre der Aufklärung und des Historismus (1967), S. 33 ff.

Unterthanen ungekränkt bleiben, so daß der Unterthanen natürliche Freiheit zum gemeinen Besten zwar eingeschränkt, aber niemandem sein wohlerworbenes Recht (ius quaesitum) benommen werden kann; es sey denn, daß eines Einzelnen Recht mit der Wohlfahrt des Ganzen in solchen Widerspruch komme, daß dieses ohne des ersten Hindansetzung nicht erhalten werden könnte[19]." Mit dieser knappen und nicht weiter ausgeführten Äußerung wird vorsichtig tastend vernunftrechtliches Gedankengut in die Darstellung des Reichsstaatsrechts aufgenommen. Im übrigen ist die Staatslehre Pütters kaum von philosophischen Gedanken und Ideen bestimmt. Dies bemerkt man bereits an der Methode seiner Darstellung. Ebenso wie Moser erkennt er nicht allgemeinen Grundsätzen des Staatsrechts die entscheidende Bedeutung zu, sondern eine Fülle mannigfacher Rechtsverhältnisse wird nach bestimmten Ordnungsgesichtspunkten systematisch zusammengestellt. Es wird eine Vielzahl an historischen Gegebenheiten verarbeitet, die in ihrem Zusammenspiel die Ordnung des alten Reiches ausmachen. Werden allgemeine Lehren aufgestellt, so folgen sie der Ausarbeitung des konkreten Materials nach. Sie werden in der Weise dargeboten, in der sich der Begriffsinhalt des Allgemeinen schlechthin bildet: durch Abstraktion vom konkret Anschaulichen[20]. Ihr wissenschaftliches System gewinnen Pütter und Moser aus dem inneren Zusammenhang der Erscheinungen, wie er sich in ihrer äußeren Zuordnung manifestiert. Hierdurch wird eine weitgehend einheitliche Erfassung der Phänomene erreicht. Diese einheitliche Gesamtschau kann nur auf Kosten der Frage nach der Rechtfertigung der einzelnen sozialen Institutionen und des Staates insgesamt herbeigeführt werden. Eberhard Schmidt-Aßmann hat auf die beiden Aspekte hingewiesen, die den völligen Mangel des Legitimationsdenkens in der alten Reichsstaatslehre im wesentlichen bedingten[21]: Es wird von ihren Vertretern die Möglichkeit des wissenschaftlichen Protestes gegen die wirkliche Macht nicht wahrgenommen; das Gute und Böse, wenn und soweit es nur Gesetz war, wird hingenommen. Man sucht nicht nach einem Maßstab, anhand dessen man die bestehende staatliche Gewalt für legitim oder illegitim erachten kann. Das an den konkreten Gegebenheiten ausgebildete System rechtfertigt die einzelnen Institute aus ihrem historischen Gewachsensein. Hätte das Legitimationsdenken der rational bestimmten Staatslehre nachvollzogen werden sollen, so hätte ein Maßstab konstruiert werden müssen, an dem die geschichtlich gewachsenen Erscheinungen meßbar gewesen wären. Daß derartige Gedankengänge in der alten Reichsstaats-

[19] *Johann Stephan Pütter*, Kurzer Begriff des Teutschen Staatsrechts, 2. Aufl. (1768), S. 49 f.

[20] *Johann Stephan Pütter* erörtert z. B. in seinen „Institutiones iuris publici germanici" (1787) zunächst das „ius publicum particulare" und dann erst das „ius publicum universale".

[21] *Eberhard Schmidt-Aßmann*, S. 36.

lehre nicht vollzogen worden sind, zeigt sich beispielhaft in der geringen Bedeutung, die der Lehre vom Gesellschaftsvertrag zugemessen wird. Ohne die hypothetische Fassung dieser Vertragskonstruktion konnte zu dem modernen Legitimationsgedanken nicht vorgedrungen werden[22].

Eine notwendige Folge dieses Standes der deutschen Rechtswissenschaft war, daß die Entwicklung eines allgemeinen Rechtfertigungsdenkens im Sinne einer Herausarbeitung allgemeiner Maßstäbe, an denen staatliches Handeln gemessen werden kann, nicht möglich war. Der gegebene Rechtszustand war meist der Ausgangspunkt aller staatstheoretischen Erörterungen. Die Monarchie war zu fest etabliert und in der Gesellschaft zu stark verwurzelt, als daß man Persönlichkeit und Regierungsweise des Monarchen an konstruierten rechtlichen Maßstäben messen und für legitim oder illegitim erklären konnte. Ein derartiges Unterfangen wäre ebenso wie ein Zweifel an der Existenzberechtigung der Monarchie an der politischen Wirklichkeit vorbeigegangen. Erst die Auseinandersetzungen mit dem Gedankengut der französischen Revolution und ihren politischen Wirkungen zusammen mit dem Umbruch von der altständischen Gesellschaft zur Industrienation gaben Anlaß, die Funktion des Monarchen im Staat neu zu bestimmen und nach der Rechtfertigung seiner Herrschaft zu fragen. An dieser Frage sollte sich die Diskussion des Legitimitätsbegriffes im deutschen staatsrechtlichen und politischen Schrifttum der ersten Hälfte des 19. Jahrhunderts entzünden.

2. Vorgang und Gründe der Rezeption

Die Rezeption des Legitimitätsbegriffes aus dem französischen Sprachraum ist ein quellenmäßig belegbarer Vorgang. In den ersten beiden Jahrzehnten der Restaurationsepoche wird von dem deutschen staatsrechtlichen und politischen Schrifttum der von Talleyrand auf dem Wiener Kongreß in die Debatte geworfene Begriff der Legitimität übernommen und in die allgemeine verfassungstheoretische Diskussion eingeführt. Jeder Schriftsteller, der sich eingehender mit den mit der Legitimität zusammenhängenden Fragen beschäftigt, betont, daß Talleyrand der eigentliche Schöpfer dieses Begriffes sei. Beispielhaft für die teilweise recht unreflektierte Übernahme des Begriffes der Legitimität ist die folgende Bemerkung von Pölitz: „Was den durch Talleyrand im Jahre 1814 der europäischen Staatskunst eingelegten Begriff der Legitimität anlangt, so erhält er seine politische und geschichtliche Bedeutung nur im Gegensatz des Begriffes eines Usurpators und einer Revolution. Der Begriff der Legitimität setzt eine rechtlich bestehende, erbliche Regierungsform voraus, so daß die Legitimität auf der in der Erbmonarchie

---

[22] Zu den Ansätzen eines Rechtfertigungsdenkens bei Carl Friedrich Häberlin vgl. *Eberhard Schmidt-Aßmann*, S. 40 ff.

rechtlich begründeten Thronerbfolge nach einer angenommenen festen Successionsordnung beruht[23]."

Daß im allgemeinen Talleyrand, und nicht Constant oder Chateaubriand, im deutschen staatsrechtlichen Schrifttum des 19. Jahrhunderts als der eigentliche Schöpfer des modernen Gedankens der Legitimität angesehen wird, beruht auf zwei Gründen. Es fällt entscheidend ins Gewicht, daß die politischen Flugschriften Chateaubriands und Constants nur auf die augenblickliche Situation Frankreichs gemünzt waren und daher naturgemäß in Deutschland nicht bekannt oder nicht entsprechend gewürdigt wurden. Zum anderen aber war es gerade Talleyrand, der auf dem Wiener Kongreß, wie gezeigt wurde, das Legitimitätsprinzip als rechtliches Formprinzip europäischer Ordnung in allen Zweifelsfragen verfocht. Nur in Verbindung mit der Stellungnahme Talleyrands wurde der Gedanke der Legitimität in Klübers „Acten des Wiener Congresses"[24] dem an dem politischen Geschehen interessierten deutschen Publikum vermittelt. Infolgedessen konnte die Persönlichkeit Talleyrands mit dem Gedanken der Legitimität im allgemeinen Bewußtsein des deutschen Sprachraumes eine enge Allianz eingehen, obgleich Talleyrand nicht der eigentliche Schöpfer jenes Prinzips gewesen ist.

Daß von den am Wiener Kongreß unmittelbar beteiligten Personen der Begriff der Legitimität bereits 1815 in die deutsche Sprache übernommen wurde, ergibt sich aus zwei Briefen von Friedrich von Gentz an Adam Heinrich Müller[25] und an Fürst Metternich[26] aus den Monaten Juli und August 1815. Man ist sich über die wahre Bewandtnis des Begriffes der Legitimität noch nicht voll im klaren und legt ihm unreflektiert die eigenen Gedanken zugrunde. Im Gegensatz zu Adam Heinrich Müller (1779 - 1829) sah Friedrich von Gentz (1764 - 1832) das Legitimitätsprinzip nie als ein bleibendes Ordnungsprinzip an: „Das Prinzip der Legitimität, so heilig es auch sein mag, ist in der Zeit geboren, darf also nicht absolut, sondern nur in der Zeit begriffen, und muß durch die Zeit, wie alles Menschliche modifiziert werden. Für einen neuen Ausfluß oder einen

[23] *Karl Heinrich Ludwig Pölitz*, Die Staatswissenschaften im Lichte unserer Zeit, 1. Bd. (1823), S. 167, 433; in dem selben Jahre 1823 erschien auch von *H. W. A. Graf von Kalkreuth* unter dem Titel „Die Legitimität" die erste Monographie in Deutschland über diesen damals neuen Begriff; an der Behandlung des Themas bei Graf von Kalkreuth zeigt sich, daß noch keineswegs Klarheit über die Bedeutung der Frage der Legitimität für die Grundfragen des Verfassungsrechts herrschte.

[24] *Johann Ludwig Klüber*, Acten des Wiener Congresses, 7. Bd. (1817), S. 48 ff.: Talleyrand spricht hier von „Princes légitimes", „dynastie légitime", „droit légitime", „les deux principes de la légitimité et de l'équilibre" (S. 52) und „que le principe de la légitimité triomphe sans restriction" (S. 62).

[25] Briefwechsel zwischen *Friedrich Gentz* und *Adam Heinrich Müller*, ohne Herausgeber (1857), S. 202 f.

[26] Briefe von und an *Friedrich von Gentz*, hrsg. von Friedrich Carl Wittichen, 3. Bd., 1. Abt. (1913), S. 312.

geoffenbarten Willen der Gottheit hielt ich es nie[27]." Gleichzeitig wendet sich von Gentz in diesem Brief an seinen Freund Adam Heinrich Müller gegen dessen religiös-theokratische Interpretation des Legitimitätsbegriffes und allgemein gegen dessen theosophische Staatslehre. Von Gentz versteht unter Legitimität nichts weiter als die Rechtmäßigkeit der Regentschaft des Monarchen[28]. In seinem Memorandum über den Aufstand der Griechen ergänzt er diese Definition dahin, daß er eine legitime Regierung mit einer Regierung gleichsetzt, die im Sinne des öffentlichen Rechts und der völkerrechtlichen Verträge legal ist[29]. Er wendet sich hier wiederum gegen eine christlich-religiöse Fundierung des Legitimitätsgedankens. Er erkennt die Herrschaft der Pforte über die christliche griechische Bevölkerung als legitim an, da sie seit über 300 Jahren unbestritten besteht und durch eine Vielzahl von Verträgen anerkannt worden ist. Aber auch Adam Heinrich Müller rückt in späteren Äußerungen von der Auffassung ab, der Begriff der Legitimität könne im Zusammenhang mit einer theologischen Rechtfertigung des Staates sinnvoll gebraucht werden. Er bezeichnet die Legitimität „als eine kalte Sache"[30] und spricht von der „pharisäischen Ansicht von der Legitimität"[31]. Die Antinomie zwischen der Partei der Legitimität und der Partei der Liberalität will er durch religiöse Besinnung und durch eine Universalherrschaft der katholischen Kirche überbrücken[32]. Er erhofft eine moralisch-organische Einheit der christlichen Republik von Europa, in der die Fortdauer aller Verfassung an die Sache der katholischen Freiheit geknüpft ist. Bei diesem Bejahen und Verneinen des Gedankens der Legitimität treten uns wesentliche Züge der romantischen Lebenshaltung entgegen. Man weist das Juristische als eng und „mechanisch" von sich ab und sucht den über Recht und Unrecht erhabenen Staat gleichsam als Anknüpfungspunkt für Gefühle[33]. Ganz anders dagegen sieht von Gentz das Wesen der Legitimität. Aufgrund einer normativen Bewertung der historischen Fakten und Einsicht in den geschichtsbedingten Wandel der Institutionen erkennt er, daß die Legitimitätsdoktrin zur momentanen Ordnung des

[27] Briefwechsel zwischen *Friedrich Gentz* und *Adam Heinrich Müller*, S. 202 f.

[28] Briefe von und an *Friedrich von Gentz*, S. 302.

[29] *Friedrich von Gentz*, Mémoire sur l'insurrection des Grecs considérée dans ses rapports avec les puissances européennes (1823), in: Aus dem Nachlasse Friedrich von Gentz, hrsg. von Prokesch-Osten, 2. Bd. (1868), S. 235 ff., 242 f.

[30] Briefwechsel zwischen *Friedrich Gentz* und *Adam Heinrich Müller*, S. 302.

[31] Zitat bei *Heinrich O. Meisner*, Die Lehre vom monarchischen Prinzip (1913), S. 157.

[32] Vgl. weiter *Adam Heinrich Müller*, Von der Notwendigkeit einer theologischen Grundlage der gesamten Staatswissenschaften und der Staatswirtschaft insbesondere (1819), in: Schriften zur Staatsphilosophie, hrsg. von Rudolf Kohler (o. J.), S. 177 ff., 205 f.

[33] *Carl Schmitt*, Politische Romantik, 2. Aufl. (1925), S. 162.

Staates beizutragen, sonst aber keine Allgemeingültigkeit zu erlangen vermag.

Außer von Gentz und Adam Heinrich Müller, die als Teilnehmer am Wiener Kongreß eine Sonderstellung einnehmen, beziehen sich fast alle deutschen Autoren, die sich in der ersten Hälfte des 19. Jahrhunderts mit dem Begriff der Legitimität beschäftigen, auf französisches Schrifttum. Mit dieser Übernahme des Begriffes der Legitimität aus dem französischen verfassungsrechtlichen und politischen Schrifttum wird gleichzeitig auch die dem Legitimitätsprinzip zugrundeliegende politische Fragestellung und Diskussion aus den französischen Verfassungskämpfen rezipiert. Sowohl die konservativ als auch die liberal eingestellte deutsche Staatsrechtslehre beruft sich zur Begründung ihres Legitimitätsverständnisses auf die ihrer Einstellung entsprechenden französischen Autoren oder setzt sich mit ihnen kritisch auseinander. Auf die einzelnen Berührungspunkte und Einflüsse wird bei der Darstellung des deutschen Legitimitätsverständnisses im 19. Jahrhundert jeweils hingewiesen. Hier sollen nur zum Beweis der These von der Übernahme des Begriffes der Legitimität aus dem französischen Denken einige den Rezeptionsvorgang widerspiegelnde Quellenstellen aufgeführt werden.

Was die Auseinandersetzung der deutschen Liberalen mit dem neuen Begriff der Legitimität betrifft, so sei zunächst auf Johann Christian Freiherr von Aretins (1771 - 1824) „Staatsrecht der konstitutionellen Monarchie" (1824) hingewiesen. Er betont, bereits Bossuet habe unter dem Gedanken der Legitimität sowohl das Gottesgnadentum des Monarchen als auch die Ablehnung einer despotischen Herrschaft zusammengefaßt[34]. Zur Begründung seiner Gleichsetzung von Legitimität und Gesetzmäßigkeit der Regierung beruft sich von Aretin auf Simonde de Sismondis „Examen de la constitution française" (1815), der beweist, daß Napoleons Regierung legitim und Ludwigs XVIII. Regentschaft illegitim gewesen sei. Gleichzeitig lehnt von Aretin de Maistres auf dem Walten der Vorsehung beruhendes Legitimitätsprinzip ab[35]. Daneben übernimmt von Rotteck, der Wortführer des progressiv eingestellten Flügels der badischen Liberalen des Vormärz, bei der Erörterung des Legitimitätsgedankens vor allem Constants liberale Ideen über die Beschränkung staatlicher Gewalt und die Neutralisierung des Monarchen[36]. Aber auch

---

[34] *Johann Christian Freiherr von Aretin,* Staatsrecht der konstitutionellen Monarchie, Bd. 1 (1824), S. 184.

[35] *Johann Christian Freiherr von Aretin,* S. 185; was Simonde de Sismondis Legitimitätstheorie betrifft, wird auf das 3. Kap. I. verwiesen.

[36] Zu den Einflüssen der Aufklärung auf Carl von Rottecks Staatstheorie vgl. *Hans Jobst,* Die Staatslehre Karl von Rottecks, in: Zeitschrift für die Geschichte des Oberrheins 103. Bd. (1955), S. 468 ff.; zu den Einflüssen Benjamin Constants auf Friedrich Murhard, Karl Salomon Zachariä, Johann Ludwig Klüber und Carl von Rotteck siehe *Lothar Gall,* Benjamin Constant (1963),

mit den Ansichten des Doktrinärs Guizot über die Legitimität des Kampfes des Volkes um die Freiheit und gegen die Willkür setzt sich von Rotteck auseinander[37].

Außer der von liberalen Vorstellungen beherrschten französischen Literatur wurden auch die mehr konservativen Stellungnahmen zur Frage der Legitimität frühzeitig in Deutschland bekannt. So wird etwa Malte-Bruns „Traité de la légitimité" (1824) häufig zitiert[38]. Nicht zuletzt dürfte Fr. J. Stahl bei der Formulierung des Prinzips der Legitimität bereits frühzeitig von den Ideen de Bonalds und de Maistres beeinflußt worden sein, deren Gedanken er teilweise übernimmt, teilweise weiterentwickelt[39].

Hinsichtlich der geistigen Grundlagen dieses Rezeptionsvorganges kann man mit Carl Schmitt sagen[40], daß Kants Rechtsphilosophie die Brücke war, die das konstitutionelle deutsche Verfassungsrecht „mit der von Westen kommenden Dauerwirkung Rousseaus und mit der Zeitwirkung Benjamin Constants verband". Es wurde nämlich nicht nur der Begriff der Legitimität, sondern auch eine Vielzahl von Rechtsbegriffen der westlichen Nachbarländer Frankreich, Belgien und England rezipiert. Dafür eigneten sich die ausgeprägten Begriffe des französisch-belgischen Konstitutionalismus besonders gut. Die wissenschaftliche Erörterung westeuropäisch-konstitutionellen Verfassungsrechts beginnt in den deutschen Staaten, als das alte Reich untergegangen war und die souverän gewordene staatliche Gewalt ein neues politisches System und rechtliches Gedankengebäude erforderlich machte[41]. Seit der Zeit des Rhein-

S. 192 ff.; weiterhin sei hingewiesen auf *Carl von Rottecks* Vorrede zu Aretins „Staatsrecht der konstitutionellen Monarchie", 2. Bd., 2. Abt. (1828), S. VII, wo er den Einklang der deutschen Liberalen mit den Lehren Constants und anderer französischer liberaler Schriftsteller betont.

[37] *Carl von Rotteck*, Art. Doctrin, Doctrinairs, in: Staatslexikon, hrsg. von Rotteck und Welcker, 4. Bd. (1837), S. 440 ff.

[38] Vgl. etwa *Romeo Maurenbrecher*, Grundsätze des heutigen deutschen Staatsrechts (1837), S. 56, Anm. c; *Heinrich Albert Zachariä*, Deutsches Staats- und Bundesrecht, 1. Bd., 2. Aufl. (1853), S. 73; *Johann Ludwig Klüber*, Öffentliches Recht des Teutschen Bundes, 4. Aufl. (1840), S. 110, der auch auf die Geschichte des Begriffes der Legitimität in Frankreich (Cardinal *Retz*, Mémoires, Bd. 2 (o. J.), S. 219; *de Pradt*, Du congrès de Vienne, Bd. 2 (1815), S. 74) verweist. *Joseph Held*, Über Legitimität, Legitimitätsprinzip (1859) verarbeitet die gesamte konservativ eingestellte französische Literatur zu der Frage der Legitimität.

[39] Daß *Friedrich Julius Stahl* die Werke zumindest de Maistres gekannt und dessen Ansichten gebilligt hat, läßt sich mit einer Stelle in: Die gegenwärtigen Parteien in Staat und Kirche (1863), S. 291, nachweisen.

[40] *Carl Schmitt*, Das „allgemeine deutsche Staatsrecht" als Beispiel rechtswissenschaftlicher Systembildung, in: Zeitschrift für die gesamte Staatswissenschaft, 100. Bd. (1940), S. 9.

[41] *Carl Schmitt*, S. 10 f. und passim mit Quellennachweisen. *Ernst-Rudolf Huber*, Legitimität, Legalität und juste milieu, in: Nationalstaat und Verfassungsstaat (1965), S. 71 betont, daß die deutschen Verfassungskämpfe des

bundes wird erörtert, was Konstitution, konstitutionelle Monarchie, Legislative, Exekutive etc. bedeuten[42].

Frühkonstitutionalismus und des Vormärz mit der Geschichte der französischen Julirevolution und des französischen Bürgerkönigtums eng verknüpft gewesen seien. Das Verständnis der frühkonstitutionellen deutschen Verfassungsentwicklung setzt daher die Kenntnis der französischen Staatsereignisse zwischen der bourbonischen Restauration und dem orleanistischen Regime voraus.

[42] Daß mit der Rezeption französischer verfassungsrechtlicher Begriffe auch die ihnen zugrunde liegenden politischen Probleme mit übernommen und zu lösen versucht wurden, zeigt sich beispielhaft an der Herkunft der Formulierung des monarchischen Prinzips in Artikel 57 der Wiener Schlußakte. Die Formulierung stammt aus den französischen Verfassungswirren, was ein Vergleich zwischen Artikel 57 der Wiener Schlußakte und der Präambel der Charte Ludwigs XVIII. vom 4. Juli 1814 ergibt (Präambel der Charte Ludwigs XVIII.: „Bien que l'autorité toute entière résidât en France dans la personne du roi, nos prédécesseurs n'avaient point hésité à en modifier l'exercice." Artikel 57 der Wiener Schlußakte: „Da der Deutsche Bund ... aus souveränen Fürsten besteht, so muß dem hierdurch gegebenen Grundbegriff zufolge, die gesamte Staatsgewalt in dem Oberhaupt des Staates vereinigt bleiben, und der Souverän kann durch eine landständische Verfassung nur in der Ausübung bestimmter Rechte an die Mitwirkung der Stände gebunden werden"). Die entscheidenden Wendungen, nämlich die „Vereinigung der gesamten Staatsgewalt" im Fürsten und die bloße Zulassung einer Beschränkung in der Ausübung stimmen fast wörtlich überein. Es hatte die Charte von 1814 zuerst den Gedanken der Trennung der Gewalten gegen den der Einheitlichkeit der Staatsgewalt, den Gedanken der Entstehung der Verfassungen aus dem Willen der Nation gegen den der Entstehung durch Selbstbeschränkung des an sich unbeschränkten Monarchen ins Spiel gebracht, — und war so das Vorbild des Artikels 57 der Wiener Schlußakte und der Süddeutschen Verfassungen geworden. Dieses neue monarchische Prinzip mit seiner polemischen Wendung gegen revolutionäre Ideen konnte nicht den anders gelagerten deutschen Verhältnissen entstammen. Es ist vielmehr als ein Produkt der politischen Machtkämpfe Frankreichs zu verstehen. In Frankreich mußten die zurückkehrenden Bourbonen an die ursprünglichen, umfassenden Befugnisse ihres legitimen und absoluten Königtums anknüpfen, wenn sie nicht ihren niemals erloschenen Rechten etwas vergeben wollten (*Erich Kaufmann*, Studien zur Staatslehre des monarchischen Prinzips, in: Gesammelte Schriften, Bd. 1 (1960), S. 36 mit Nachweisen zur älteren Literatur). Für die deutschen Fürsten und Monarchen stellte sich dieses „Anknüpfungsproblem" nicht. Für sie bestand das nicht minder schwere Problem, den vor dem Sturz Napoleons bestehenden Rechtszustand zu wahren und gegen die Angriffe der Liberalen zu verteidigen. So stritt man etwa darüber, ob Art. 13 der Bundesakte: „In allen Bundesstaaten wird eine landständische Verfassung stattfinden", eine ständische oder eine Repräsentativverfassung meine. (Vgl. etwa *Friedrich von Gentz*, Über den Unterschied zwischen den landständischen und Repräsentativverfassungen, in: Klüber-Welcker, Wichtige Urkunden für den Rechtszustand der deutschen Nation [1844], S. 220 ff.) Bei diesen Auseinandersetzungen wandte man sich unwillkürlich dem politischen Schrifttum Frankreichs zu, wo der größte Teil der revolutionären Ideen erstmals in Europa diskutiert wurde. Diese Wendung nach Westen hatte zwangsläufig zusammen mit der Übernahme des Legitimitätsbegriffes die Rezeption einer Vielzahl von weiteren politischen Begriffen aus den französischen Verfassungswirren zur Folge. Selbst bei Begriffen, die bereits in der deutschen staatstheoretischen Literatur gebraucht wurden, gab es noch äußerst polemische Auseinandersetzungen. So warf man etwa auf dem Wiener Kongreß dem Souveränitätsbegriff „Unteutschheit", Despotie und Völkerrechtswidrigkeit vor (vgl. hierzu *Wolfgang Quint*, Souveränitätsbegriff und Souveränitätspolitik in Bayern [1971], S. 364 f. und passim).

II. Die Position der Legitimität im Dualismus von Staat und Gesellschaft

Wenn auch der Begriff der Legitimität aus dem französischen staatsrechtlichen und politischen Schrifttum in Deutschland übernommen wurde, so ist nicht zu übersehen, daß er bereits kurz nach seiner Rezeption in Deutschland einen besonderen Akzent erhielt. Bei der Übernahme eines juristischen Begriffes aus einem fremden Rechtssystem ist oft zu beobachten, daß man zunächst seine Funktion und seinen Inhalt in dem fremden Rechtssystem analysiert. Hiernach versucht man, den juristischen Begriff dem eigenen Rechtssystem mehr oder weniger gewaltsam zu inkorporieren. Was den Begriff und die Idee der Legitimität betrifft, so bestand im deutschen Rechtssystem, wie gezeigt wurde, eine Lücke. Erst seit Beginn des 19. Jahrhunderts war das Problem der Rechtfertigung einer konkreten Staatsgewalt und nicht bloß des Staates schlechthin in den Vordergrund der Diskussion getreten. Da insoweit staatsphilosophisches Neuland beschritten wurde, war eine Rezeption des französischen Diskussionsstandes unschwer durchzuführen; der Bedeutungsgehalt des Legitimitätsbegriffes brauchte zunächst nicht tiefgreifend geändert oder spezifisch deutschen Verhältnissen besonders angepaßt werden. Eine neue Nuance erhielt der Begriff der Legitimität unmittelbar nach seiner Rezeption im deutschen staatsphilosophischen Schrifttum allerdings dadurch, daß man genauer als in Frankreich im gleichen Zeitraum die Trennung von Staat und Gesellschaft zu erfassen begann. Die Lehre der Trennung von Staat und Gesellschaft ist ein mehr oder weniger geheimes Leitmotiv eines beachtlichen Teiles des deutschen staatsphilosophischen Schrifttums in der ersten Hälfte des 19. Jahrhunderts. Der Gegensatz von Staat und Gesellschaft kann als das typusbestimmende Strukturmerkmal des deutschen Verfassungsdenkens seit Georg Wilhelm Friedrich Hegel (1770 - 1831) bezeichnet werden. Mit der Erkenntnis, daß Staat und Gesellschaft zwei verschiedene soziale Phänomene sind, konnten Inhalt und Funktion des Begriffes der Legitimität neu überdacht und schärfer bestimmt werden. Nach einer kurzen Darstellung der Frage der Trennung von Staat und Gesellschaft im 19. Jahrhundert soll auf das Legitimitätsprinzip Hegels und Lorenz von Steins eingegangen werden, da sich hier die Auswirkung der theoretischen Trennung von Staat und Gesellschaft auf die Verwendung des Begriffes der Legitimität besonders klar verfolgen läßt.

Die Unterscheidung von „Staat" und „Gesellschaft" ist das Produkt eines um die Mitte des 18. Jahrhunderts einsetzenden Trennungsprozesses, in dem der Staat schließlich als juristische Person der Gesellschaft als Trägerin geistiger und materieller Werte entgegengesetzt wird[43]. Das

[43] *Otto Brunner*, Moderner Verfassungsbegriff und mittelalterliche Verfassungsgeschichte, in: Herrschaft und Staat im Mittelalter (1956), S. 1 ff.;

gesamteuropäische Phänomen[44] des Prozesses der Aufspaltung der ständisch-feudalen Sozialordnung in einen Staat und eine Gesellschaft begann, was im zweiten Kapitel bereits angedeutet wurde, in Frankreich in der zweiten Hälfte des 18. Jahrhunderts. Wie in Deutschland verstand man auch in Frankreich bis weit ins 18. Jahrhundert hinein „societas" und „civitas" in aristotelischer Tradition als gleichbedeutend. Die Gesellschaft galt als ein politischer Körper in einer gegliederten Herrschaftsordnung[45]. „Bürgerliche Gesellschaft" und „societas civilis" waren politische Traditionsbegriffe. Sie bezeichneten ein Gemeinwesen, in dem Staat und Gesellschaft eng verbunden das in sich homogene Herrschaftsgefüge der bürgerlich-politischen Gesellschaft bilden. Nicht alle Bewohner des Gemeinwesens sind Mitglieder dieser bürgerlichen Gesellschaft; es gibt Unfreie aller Art, die nicht der öffentlich-politischen Bürgersphäre angehören. Es sind dies z. B. die an die häusliche Werkstatt gefesselten Handwerker oder die Frauen, die Teil der häuslichen Gemeinschaft sind und denen die politische Stellung fehlt, welche die „civilitas" verleiht[46]. Es gilt bis zum Ausgang des 18. Jahrhunderts der Grundsatz der aristotelischen Politik, daß es für Sklaven keine Polis gebe. Das Leben der Knechte, Tagelöhner und Handwerker spielt sich außerhalb der bürgerlichen Gesellschaft im häuslichen Bereich ab. „Die Gesellschaft der Menschen", so schreibt Thomasius, „an sich selbst aber ist entweder bürgerlich oder häuslich. Diese ist der Grund von jener, weil bürgerliche Gesellschaft hier nichts anderes bedeutet, als eine Vereinigung vieler häuslicher Gesellschaften und derer darinnen lebenden Personen, sofern sie unter einem allgemeinen Regiment stehen[47]."

1. Georg Wilhelm Friedrich Hegel

Für den deutschen Sprachraum hat Manfred Riedel[48] darauf aufmerksam gemacht, daß es eine merkwürdige Erscheinung in der Begriffsgeschichte von „bürgerliche Gesellschaft" sei, daß fast zur gleichen Zeit,

---

Werner Conze, Staat und Gesellschaft in der frührevolutionären Epoche Deutschlands, in: Historische Zeitschrift, 186. Bd. (1958), S. 1 ff.; *Gerhard Schulz*, Die Entstehung der bürgerlichen Gesellschaft, in: Festschrift für Hans Rosenberg, hrsg. von Gerhard A. Ritter (1970), S. 3 ff.

[44] Was die Sonderstellung Englands anbelangt, wird auf *Horst Ehmke*, „Staat" und „Gesellschaft" als verfassungstheoretisches Problem, in: Festgabe für Rudolf Smend (1962), S. 25 hingewiesen.

[45] *Manfred Riedel*, Aristoteles-Tradition am Ausgang des 18. Jahrhunderts, in: Festschrift für Otto Brunner (1963), S. 292 ff.

[46] *Manfred Riedel*, Der Begriff der „Bürgerlichen Gesellschaft" und das Problem seines geschichtlichen Ursprungs, in: Studien zu Hegels Rechtsphilosophie (1969), S. 144; *ders.*, Bürgerliche Gesellschaft und Staat bei Hegel (1970), S. 22 ff.

[47] Zitat bei *Manfred Riedel*, Aristoteles-Tradition am Ausgang des 18. Jahrhunderts, S. 292 ff.

[48] *Manfred Riedel*, Der Begriff der „Bürgerlichen Gesellschaft" und das Problem seines geschichtlichen Ursprungs, S. 138 ff.

nämlich um 1820, das Wort nicht nur als inhaltliche Neuprägung in Hegels Philosophie des Rechts, sondern auch als politischer Zentralbegriff in Carl Ludwig von Hallers „Restauration der Staatswissenschaft" auftrete. Für von Haller als Theoretiker der Restauration ist „bürgerliche Gesellschaft" ein revolutionärer Begriff der Aufklärungsphilosophie. Bereits in seiner Vorrede zu der „Restauration der Staatswissenschaft" erklärt er, daß Mutter und Wurzel alles Irrtums der Revolutionszeit die unselige Idee einer „societas civilis" gewesen sei[49]. Indem die Menschen als gleiche und freie Glieder einer bürgerlichen Gesellschaft bezeichnet würden, habe sich der gesellige Verband aufgelöst. Wendet sich von Haller mit aller Kraft gegen den sich vollziehenden Traditionsbruch, gegen die Auflösung der alten Gesellschaft, so versucht Hegel den Begriff der Gesellschaft neu zu bestimmen[50]. Hegel lehnt einen synonymen Gebrauch der Begriffe „Staat" und „Gesellschaft" ab. Er bezeichnet die Gesellschaft als die Differenz von Staat und Familie: „Die bürgerliche Gesellschaft ist die Differenz, welche zwischen die Familie und den Staat tritt, wenn auch die Ausbildung derselben später als die des Staates erfolgt, denn als Differenz setzt sie den Staat voraus, den sie als Selbständiges vor sich haben muß, um zu bestehen[51]." Hatte die Tradition der politischen Metaphysik von Aristoteles bis Kant den Staat als bürgerliche Gesellschaft bezeichnet, weil das gesellschaftliche Leben an sich schon politisch war, so trennt Hegel die politische Sphäre des Staates von dem nunmehr „bürgerlich" gewordenen Bereich der Gesellschaft. „Bürgerlich" erhält einen neuen, primär sozialen Gehalt und ist nicht mehr wie im 18. Jahrhundert gleichbedeutend mit politisch[52]. Mit „bürgerlich" wird

---

[49] *Carl Ludwig von Haller,* Restauration der Staatswissenschaft, Bd. 1, 2. Aufl. (1820), S. XXVIII.

[50] Bekanntlich hat Hegels Staatsphilosophie äußerst heterogene Deutungen erfahren. Hingewiesen sei etwa auf: *Hermann Heller,* Hegel und der nationale Machtstaatsgedanke in Deutschland (1921, Neudr. 1963); *Jakob Barion,* Hegel und die marxistische Staatslehre (1963); *Theodor Haering,* Hegels Lehre von Staat und Recht (1940), S. 25 ff.: Hegel als geistiger Vater des totalen Staates; *A. A. Piontkowski,* Hegels Lehre über Staat und Recht und seine Strafrechtstheorie (1960), S. 351 ff.: Hegels Staatsphilosophie im Lichte marxistisch-leninistischer Ideologie; *Karl Larenz,* Hegelianismus und preußische Staatsidee. Die Staatsphilosophie Joh. Ed. Erdmanns und das Hegelbild des 19. Jahrhunderts (1940). Allen diesen Hegel-Deutungen liegt ein bestimmtes, ideologisch gefärbtes Vorurteil zugrunde, das an Hegels Staatsphilosophie herangetragen wird. Hier soll der Konzeption der Arbeit entsprechend lediglich Hegels Auffassung von Funktion und Legitimität des Monarchen herausgearbeitet werden. Wegen Hegels eigentümlicher Sprache, die konsensfähige Deutungen erheblich erschwert, werden im folgenden die wichtigsten Stellen wörtlich wiedergegeben.

[51] *Georg Wilhelm Friedrich Hegel,* Grundlinien der Philosophie des Rechts, Sämtliche Werke, hrsg. von H. Glockner, Bd. 7, 4. Aufl. (1964), § 182, S. 262.

[52] *Paul Vogel,* Hegels Gesellschaftsbegriff und seine geschichtliche Fortbildung durch L. Stein, Marx, Engels und Lasalle (1925), S. 8 weist darauf hin, daß die Geschichtlichkeit Hegels philosophischen Denkens bei der ihm gegenwärtigen Welt halt macht: „1. Die französische Revolution hatte dem Bürger-

nur nech die gesellschaftliche Stellung des privatisierenden Bürgers im politisch absolut gewordenen Staat bezeichnet, der seinerseits der Gesellschaft erst damit einen eigenen Schwerpunkt verliehen hat und sie als „bürgerlich" freigibt. Die von Hegel betonte historische Differenz zwischen Staat und Gesellschaft läuft mit der Zentralisierung des „Politischen" im Staate und der Verschiebung des „Bürgerlichen" auf die Gesellschaft parallel. Hegel verbindet in seiner Rechtsphilosophie den von seiner politisch-rechtlichen Bedeutung emanzipierten Bürgerbegriff mit der gleichermaßen emanzipierten Gesellschaft. Hierdurch umschreibt er den europäischen Traditionsbruch ausgangs des 18. Jahrhunderts, der sich in der industriellen und politischen Revolution manifestiert. Denn jetzt wird der Bürger als Bourgeois zum prinzipiellen Problem der politischen Philosophie, da die moderne Gesellschaft mehr und mehr die Substanz des alten Hausverbandes zerstört[53].

Die „Besonderheit", die allseitige Befriedigung der individuellen Bedürfnisse durch die Individuen, sieht Hegel als das Prinzip der Gesellschaft an[54]. In grundsätzlicher Emanzipation aus allen Voraussetzungen der tradierten Lebensordnungen des Menschen hat die Gesellschaft allein die Bedürfnisnatur des Menschen als Individuum und ihre Befriedigung in der Form der abstrakten Arbeit und Arbeitsteilung zum Inhalt[55]. Ob-

---

tum die langerstrebte Herrschaft gesichert, so daß diese Bevölkerungsschicht den Charakter der Gesellschaft bestimmte. 2. Das Wort (bürgerliche Gesellschaft, d. V.) hat einen wirtschaftlichen Sinn. Es bezeichnet die Gesellschaft der Wirtschaftsform, die durch die sich immer mehr ausbreitende Industrie bestimmt wurde. 3. In dem Ausdruck ist der Sinn einer bestimmten soziologischen Auffassung lebendig, ohne daß Hegel sich diese kritiklos zu eigen machte. Es ist die das 17. und 18. Jahrhundert kennzeichnende atomistische summenhafte Gesellschaftsauffassung."

[53] *Manfred Riedel*, S. 146 ff.; „Zunächst ist die Familie das substanzielle Ganze, dem die Vorsorge für diese besondere Seite des Individuums sowohl in Rücksicht der Mittel und Geschicklichkeiten, um aus dem allgemeinen Vermögen sich erwerben zu können, als auch seiner Subsistenz und Versorgung im Falle eintretender Unfähigkeit, angehört. Die bürgerliche Gesellschaft reißt aber das Individuum aus diesem Bande heraus, entfremdet dessen Glieder einander, und anerkennt sie als selbständige Personen; sie substituiert ferner statt der äußeren unorganischen Natur und des väterlichen Bodens, in welchem der Einzelne seine Subsistenz hatte, den ihrigen und unterwirft das Bestehen der ganzen Familie selbst der Abhängigkeit von ihr, der Zufälligkeit. So ist das Individuum Sohn der bürgerlichen Gesellschaft geworden, die ebenso sehr Ansprüche an ihn als er Recht auf sie hat" (*Georg Wilhelm Friedrich Hegel*, § 238, S. 314 f.).

[54] *Georg Wilhelm Friedrich Hegel*, § 182, S. 262 f.

[55] *Georg Wilhelm Friedrich Hegel*, S. 270 bezeichnet „die Vermittlung des Bedürfnisses und die Befriedigung der Bedürfnisse aller Übrigen — das System der Bedürfnisse" als eines der drei Momente der bürgerlichen Gesellschaft. Was den Einfluß der Gesellschaftstheorie der englischen politischen Ökonomie auf Hegel betrifft, wird auf *Joachim Ritter*, Hegel und die französische Revolution, in: Metaphysik und Politik, Studien zu Aristoteles und Hegel (1969), S. 218 ff. und auf *Paul Chamley*, Economie politique et Philosophie chez Steuart et Hegel (1963) verwiesen.

wohl in dieser auf die Bedürfnisbefriedigung abzielenden bürgerlichen Gesellschaft zunächst jeder sich Zweck und alles andere ihm Nichts ist[56], so stellt Hegel auf der anderen Seite darauf ab, daß man ohne Anerkennung gewisser Spielregeln seine Zwecke nicht erreichen kann[57]: Die Bedürfnisbefriedigung des Einzelnen ist isoliert undenkbar und hat die Allgemeinheit und die Bedürfnisse der Anderen zur notwendigen Voraussetzung. „Indem in der bürgerlichen Gesellschaft Besonderheit und Allgemeinheit auseinandergefallen sind, sind sie dennoch beide wechselseitig gebunden und bedingt. Indem das Eine gerade das dem Anderen Entgegengesetzte zu thun scheint, und nur seyn zu können vermeint, indem es sich das Andere vom Leib hält, hat jedes das Andere doch zu seiner Bedingung[58].“ So entsteht nach Hegel ein System allseitiger Abhängigkeit, indem die Subsistenz und das Wohl des Einzelnen und sein rechtliches Dasein in die Subsistenz, das Wohl und Recht Aller verflochten ist und nur in diesem Zusammenhang wirklich und gesichert ist[59]. Dieses System der gegenseitigen Abhängigkeit, die Spielregeln der emanzipierten Vertrags- und Erwerbsgesellschaft, bezeichnet Hegel als den „Not- und Verstandesstaat“, der keinen Bezug auf das Allgemeine und Überindividuelle besitzt. Hierzu gehören z. B. die Rechtspflege, da sie lediglich die Wechselbeziehung der Bedürfnisse ordnet und den Einzelnen als abstrakte Rechtsperson schützt oder die Polizei, die die äußere Ordnung im Ablauf des gesellschaftlichen Prozesses aufrecht erhält.

Die bürgerliche Gesellschaft wird durch die übergreifende, auf das Allgemeine ausgerichtete Ordnung des Staates zusammengehalten und kann sich so in ihrer individualistischen Zwecksetzung voll entfalten. Das Leitprinzip des Hegelschen Staates ist die Verwirklichung des Allgemeinen, d. h. einer überpersönlichen und objektiven Ordnung. Nur in dem überpersönlichen Lebenszusammenhang des Staates kann nach Hegel das Individuum zur vollen Entfaltung seines Wesens gelangen. „Indem er (der Staat, der Verf.) objektiver Geist ist, so hat das Individuum selbst nur Objektivität, Wahrheit und Sittlichkeit, als es ein Glied desselben ist[60].“ Hegels Staat ist die konkrete Allgemeinheit, seine Vernünftigkeit besteht in der sich durchdringenden Einheit der Allgemeinheit und der Einzelheit[61]; der Staat nimmt den Einzelnen als Moment in sich auf und

[56] *Georg Wilhelm Friedrich Hegel,* § 182, S. 263.

[57] „Aber ohne Beziehung auf Andere kann er den Umfang seiner Zwecke nicht erreichen: diese Anderen sind daher Mittel und Zweck des Besonderen ... Die Besonderheit, beschränkt durch die Allgemeinheit, ist allein das Maß, wodurch jede Besonderheit ihr Wohl befördert“ (*Georg Wilhelm Friedrich Hegel,* § 182, S. 263).

[58] *Georg Wilhelm Friedrich Hegel,* § 184, S. 264.

[59] *Georg Wilhelm Friedrich Hegel,* § 183, S. 263.

[60] *Georg Wilhelm Friedrich Hegel,* § 258, S. 329.

[61] *Georg Wilhelm Friedrich Hegel,* § 258, S. 329.

läßt ihn gleichzeitig zu einer vollen Entfaltung kommen. „Das besondere Interesse soll nicht beiseite gesetzt werden oder gar unterdrückt, sondern mit dem Allgemeinen in Übereinstimmung gesetzt werden, wodurch es selbst und das Allgemeine erhalten wird ... Auf die Einzelheit der Allgemeinheit und Besonderheit im Staat kommt alles an[62]."

Die Übereinstimmung der besonderen Ziele, die der Einzelne in seinem Tun erstrebt, mit dem objektiven Endziel des Staates ist nicht schlechthin gegeben; sie ist Sache des substantiell bestimmten eigenen Wissens und Wollens. Es wird zwar von der Idee des Staates her gefordert, daß das besondere Interesse mit dem Allgemeinen in Übereinstimmung gebracht werden soll; aber ein Sollen bestimmt das Tun nicht mit Notwendigkeit. Hegel ist überzeugt, daß im modernen Staat die Forderung der Übereinstimmung zwischen individuellen und allgemeinen Interessen aus Einsicht in ihre Vernünftigkeit erfüllt werde[63]. Dann wäre der Staat die Wirklichkeit der sittlichen Idee. Hegel sieht jedenfalls die Stärke und Tiefe des Prinzips des modernen Staates darin, „das Prinzip der Subjektivität sich zum selbständigen Extreme der persönlichen Besonderheit vollenden zu lassen und zugleich es in die substantielle Einheit zurückzuführen und so ihm selbst diese zu erhalten[64]."

Rousseaus und Fichtes rationalistische Staatsauffassungen werden von Hegel verworfen[65]. Mit seiner philosophischen Methode befreit er den Staatsbegriff vom Zufälligen und von der Gesetzmäßigkeit im rein naturhaften, biologischen und geschichtlichen Sinn. Dies wird durch eine gedankliche Hypothese, durch die Einordnung des Staates in das sich selbst begründende Werden des absoluten Geistes erreicht[66]. Hiermit begründet Hegel die allgemein anzuerkennende Autonomie des Staates; er sieht den Staat als Eigenwesen mit eigener Gesetzmäßigkeit an. Die individuellen Eigenheiten des Staates werden nicht aus natürlichen Gegegebenheiten oder äußeren Einflüssen abgeleitet. Für Hegel ist der Staat eine Vernunftorganisation, deren Schicksal in souveräner Unabhängigkeit vom Willen der Einzelnen der absolute Weltgeist bestimmt. Nach Hegels These soll die der Vernunft schlechthin innewohnende Gesetzlichkeit auch im Staat ihre Allgemeingültigkeit haben. Indem Hegel den

[62] *Georg Wilhelm Friedrich Hegel,* § 261, S. 341.

[63] Hier setzt die Kritik von *Herbert Marcuse,* Vernunft und Revolution, 2. Aufl. (1962), S. 193 an, der davon ausgeht, daß ein Individuum, das sein wahres Interesse im allgemeinen Interesse weiß und erstrebt, nicht existiert. Für Herbert Marcuse existieren die Individuen nur als Privateigentümer, als Subjekte der unbeherrschten Prozesse der bürgerlichen Gesellschaft und abgeschnitten vom allgemeinen Interesse durch die Selbstsucht.

[64] *Georg Wilhelm Friedrich Hegel,* § 260, S. 338.

[65] *Georg Wilhelm Friedrich Hegel,* § 258, S. 330.

[66] *Georg Wilhelm Friedrich Hegel,* § 263, S. 341 und passim; vgl. *Paul Vogel,* S. 73.

Staat als objektiven Geist betrachtet, umschreibt er als Philosoph die Idee des Staates und scheidet alle geschichtlichen Komponenten aus. Hegel sucht die Vernunft in der Geschichte und verlegt das Vernunftvolle in die der Erfahrung gegebene Wirklichkeit. Er unternimmt es, in der Wirklichkeit der Erfahrungswelt das Walten der alles bestimmenden und alles erhöhenden Vernunft zu begreifen[67].

Institutionen und Verfassung offenbaren den vernünftigen Geist des Staates[68]. Die Verfassung als Gliederung der Staatsmacht enthält die Bestimmungen, „auf welche Weise der vernünftige Wille insofern er in den Individuen nur an sich der allgemeine ist, teils zum Bewußtsein und Verständnis seiner selbst komme und gefunden werde, teils durch die Wirksamkeit der Regierung ... in Wirklichkeit gesetzt und darin erhalten ... werde“[69]. Der Geist des gesamten Volkes, das sich seiner Vernunft bewußt ist, garantiert eine Verfassung mit vernünftigen Gesetzen[70].

Was nun die Verfassung des politischen Staates betrifft, so unterscheidet Hegel die gesetzgebende Gewalt, die das Allgemeine bestimmt und festsetzt, von der Regierungsgewalt, die die einzelnen Fälle unter das Allgemeine subsumiert, und von der fürstlichen Gewalt, in der die unterschiedenen Gewalten zur individuellen Einheit zusammengefaßt sind. Die fürstliche Gewalt ist „die Spitze und der Anfang des Ganzen — der konstitutionellen Monarchie“[71]. Die monarchische Verfassung bezeichnet Hegel als die Verfassung der entwickelten Vernunft[72], da hier die Einheit des beschließenden Willens eine wirkliche Existenz erlangt. Dem Monarchen kommt im Staate die oberste Entscheidungsbefugnis zu. In der Person des Monarchen gelangt die Souveränität des Staates zur Existenz, der Monarch ist das absolut entscheidende Moment des Ganzen[73]. Alle Handlung und Wirklichkeit im Staat geht vom Monarchen aus. Obwohl dem Monarchen von Hegel die letzte sich selbst bestimmende Willensentscheidung und die oberste Stellung im Staate zugebilligt wird, kann er doch nicht willkürlich handeln. Die Handlungen des Monarchen sind „eingeschlossen in die gediegen bleibende Vereinigung der Gewalten“,

---

[67] Vgl. *Paul Vogel*, S. 74; *Herbert Marcuse*, S. 193 ff.

[68] *Georg Wilhelm Friedrich Hegel*, § 265, S. 344.

[69] *Georg Wilhelm Friedrich Hegel*, Encyclopädie der philosophischen Wissenschaften, hrsg. von Johannes Hoffmeister, 5. Aufl. (1949), § 539, S. 435 und Grundlinien der Philosophie des Rechts, § 274, S. 376.

[70] *Georg Wilhelm Friedrich Hegel*, Encyclopädie der philosophischen Wissenschaften, § 540, S. 439.

[71] *Georg Wilhelm Friedrich Hegel*, Grundlinien der Philosophie des Rechts, § 273, S. 371.

[72] *Georg Wilhelm Friedrich Hegel*, Encyclopädie der philosophischen Wissenschaften, § 542, S. 441.

[73] *Georg Wilhelm Friedrich Hegel*, Grundlinien der Philosophie des Rechts, § 275, S. 377, § 279, S. 381 ff., § 300, S. 407.

er hat keine eigene souveräne Macht, sondern ist nur der Repräsentant der Souveränität des Staates. Mit seinem „Ich will" spricht der Monarch die Entscheidung über die Staatsangelegenheiten aus. Aber der Monarch in Hegels Rechtsphilosophie fällt keine subjektive Entscheidung, die Subjektivität kann er nicht für sich in Anspruch nehmen. Der Monarch ist an den konkreten Inhalt der Beratungen seiner „kollegialisch konstituierten Behörden"[74] gebunden, er kann nur formell entscheiden: „Das Schwerere ist, daß dieses Ich will als Person gefaßt werde. Hiermit soll nicht gesagt seyn, daß der Monarch willkürlich handeln dürfe; vielmehr ist er an den festen Inhalt der Berathungen gebunden, und wenn die Konstitution fest ist, so hat er oft nicht mehr zu thun, als seinen Namen zu unterschreiben[75]." Wenn er mit seinem Namen unterzeichnet, tritt seine wesentliche politische Funktion hervor, nämlich an der Spitze der Organisation des Staates zu stehen. Auf den Charakter des Monarchen kommt es gar nicht an, da er nur „Ja" zu sagen und den Punkt auf das „i" zu setzen hat: „Es ist bei einer vollendeten Organisation des Staates nur um die Spitze formellen Entscheidens zu thun und man braucht zu einem Monarchen nur einen Menschen, der „Ja" sagt und den Punkt auf das I setzt ... In einer wohlgeordneten Monarchie kommt dem Gesetz allein die objektive Seite zu, welchem der Monarch nur das subjektive „Ich will" hinzuzusetzen hat[76]." Der Monarch als Repräsentant des souveränen Staates ist aller Verantwortlichkeit für die Regierungshandlungen enthoben[77]. Die Verantwortung tragen die den Monarchen beratenden Sachverständigen.

Was nun die Frage der Legitimität des Monarchen betrifft, so führt Hegel aus, daß das Geburts- und Erbrecht den Grund der Legitimität ausmachen, und zwar nicht bloß als positives Recht, sondern zugleich auch in der Idee[78]. Hegel setzt damit den Anschauungen seiner Zeit entsprechend das Prinzip der Legitimität mit dem erbmonarchischen Prinzip gleich. Nur eine festgelegte Thronfolgeordnung verhindert einen Streit partikulärer Interessen, wenn es um die Bestimmung des neuen Monarchen geht, weil ja nach dem Postulate Hegels die Person des Monarchen außerhalb und über allen Auseinandersetzungen stehen soll. Die Möglichkeit einer Wahlmonarchie wird von Hegel mit Entschiedenheit abgelehnt[79]. Die Vorstellung vom Monarchen als oberstem Staatsbeamten und von einem Vertragsverhältnis zwischen Monarch und Volk hält er für verfehlt, da sich hier das „Belieben, die Meinung und Willkür der

[74] *Georg Wilhelm Friedrich Hegel*, § 289, S. 404.

[75] *Georg Wilhelm Friedrich Hegel*, § 279, S. 386.

[76] *Georg Wilhelm Friedrich Hegel*, § 280, S. 389.

[77] *Georg Wilhelm Friedrich Hegel*, § 284, S. 393.

[78] *Georg Wilhelm Friedrich Hegel*, § 281, S. 389; vgl. *Karl Marx*, Kritik der Hegelschen Rechtsphilosophie, in: Die Frühschriften, hrsg. von S. Landshut (1964), S. 54 f.

[79] *Georg Wilhelm Friedrich Hegel*, § 281, S. 390.

Vielen" durchsetzen, was dem Prinzip des Staates entgegensteht. Da in dem Wahlreiche der partikuläre Wille die Person des Monarchen bestimmt, wird auch die Staatsgewalt von dem partikulären Willen abhängig gemacht; hierdurch geht die Souveränität des Staates, die Unabhängigkeit der Staatsgewalt von den Einzelinteressen verloren und der Staat löst sich auf. Die theokratische Legitimitätstheorie wird von Hegel ebenso wie die auf der Volkssouveränität beruhende Monarchie abgelehnt. Die Behauptung, daß Gott die Könige eingesetzt habe, hält er für nichtssagend, da Gott Alles, auch das Schlechteste gemacht hat. Hiermit wird die These der Traditionalisten von dem Walten Gottes in der Wirklichkeit und von der Vorsehung, die die Könige einsetzt, ad absurdum geführt. In seinen „Vorlesungen über die Philosophie der Geschichte" aus den Jahren 1822 bis 1831 spricht Hegel mit Verachtung von der „gesalbten Legitimität der Könige, d. h. einer Willkür der Fürsten, die als solche, weil sie Willkür der Gesalbten ist, göttlich und heilig sein soll"[80]. Nach Hegels Meinung kann man den Willen des Fürsten nur insoweit für ehrwürdig halten, als er mit der „Weisheit des Rechts, der Gerechtigkeit und dem Wohl des Ganzen" harmoniert.

Betrachtet man Hegels Verständnis des Begriffes der Legitimität isoliert von seinem philosophischen System, so befindet er sich angesichts der Betonung der erbmonarchischen Komponente des Begriffes der Legitimität durchaus in Übereinstimmung mit der herrschenden Doktrin der Restaurationspolitik. Eine derartige Betrachtungsweise wäre jedoch verfehlt. Hegel will gerade nicht die Vorrangstellung des Monarchen im Staat begründen. Der Monarch im Hegelschen Staat hat allein die Funktion des formellen Entscheidens; eigene Interessen darf er bei seinen Entscheidungen nicht verfolgen. Damit hat Hegel die Person des Monarchen neutralisiert und seiner wesentlichen Regierungsrechte beraubt. Zwar ist der Monarch, systematisch gesehen, der Ursprung aller Staatstätigkeit. Seiner Funktion nach ist er aber nur „der fast inhaltslose abschließende formelle Wille"[81], durch den die im Amtsweg zustande-

---

[80] *Georg Wilhelm Friedrich Hegel,* Vorlesungen über die Philosophie der Geschichte, Sämtliche Werke, hrsg. von H. Glockner, 11. Bd., 4. Aufl. (1961), S. 555.

[81] *Franz Rosenzweig,* Hegel und der Staat, 2. Bd. (1920, Neudr. 1962), S. 141; Hegel kann, worauf Rosenzweig hingewiesen hat (S. 136), insofern als Vorläufer der Theorie Constants bezeichnet werden, als er dem Monarchen ein Amt oberhalb von Regierungs- und Gesetzgebungsgewalt einräumte. Ob Hegel bei der Entwicklung seiner Gedanken allerdings von Constants verfassungstheoretischen Schriften beeinflußt wurde, erscheint fraglich. Während seines Aufenthaltes in Bern (1793 - 1796) dürften auf Hegel entgegen der Ansicht von *Karl Rosenkranz* (Georg Wilhelm Friedrich Hegels Leben [1844], S. 61 f.) Constants Schriften, falls er sie überhaupt gelesen haben sollte, keinen besonderen Eindruck gemacht haben. Denn Constant war bis zu diesem Zeitpunkt nur mit drei Flugschriften an die Öffentlichkeit getreten; erst nach dem Sturz Napoleons entwickelte er seine Staatstheorie (vgl. *Friedrich Bülow,* Einleitung zu Hegel, Volk. Staat. Geschichte [1939], S. 16). Bemerkenswert bleibt, daß Con-

gekommenen Beschlüsse vollzogen werden. Unabhängig vom subjektiven Wollen des Monarchen liefern in einem wohlgeordneten Staate Verfassung und Gesetz einen politischen Rahmen, in dem die rechte Vermittlung von besonderem und allgemeinem Willen stattfinden kann. Das Gesetz allein trifft die materielle Entscheidung, der der Monarch sein „Ich will" hinzuzusetzen hat[82]. Das erbmonarchische Prinzip und die Idee der Legitimität haben nur die Aufgabe, die Person des Monarchen allem Streit der einzelnen Interessen zu entziehen. Dies ist für Hegel eine zwingende Konsequenz aus dem Prinzip des modernen Staates, in dem die Vermittlung zwischen dem besonderen Wohl des Einzelnen mit dem allgemeinen Wohl des Ganzen erreicht wird. So gelangt Hegel, wie ausgeführt wurde, zur Verwirklichung der Vernunft im Staate. Der legitime Monarch stimmt der sich im Staat verwirklichenden vernünftigen Ordnung zu und sanktioniert sie durch seine Billigung. Es ist in Hegels Rechtsphilosophie die erbmonarchische Legitimität einer der Bausteine, mit denen er einen Staat zu konstruieren sucht, in dem weder die Willkür des Monarchen noch die des Volkes herrscht, sondern allein die in der Verfassung gesicherte Ordnung die Einheit von Besonderheit und Allgemeinheit und damit die Sittlichkeit hervorbringt. Somit sieht Hegel in der Legitimität der Herrschaft kein zentrales Problem des Staates; vielmehr steht der Begriff der Legitimität im Bereich des bloß Partikulären, da er nur auf die Person des Monarchen bezogen ist.

2. Lorenz von Stein

In ähnlicher Weise wie Hegel sieht Lorenz von Stein (1815 - 1890) die konkrete staatlich-politische Wirklichkeit in dem Dualismus vom monarchischen Staat und der bürgerlichen Gesellschaft begründet. Während eines Studienaufenthaltes in Paris beschäftigt sich von Stein mit den Lehren der frühen französischen Sozialisten. Unter ihrem Einfluß behandelt er in der Folgezeit verfassungsrechtliche Fragen von einem soziologischen Ansatzpunkt aus. Auf der Basis von Hegels Philosophie gelangt er zu einer geisteswissenschaftlichen Soziologie[83]. Sieht Hegel in

stant und Hegel das Anliegen verfolgen, den Monarch zu einem gewissen Teil zu entpolitisieren. Diese Übereinstimmung sollte jedoch nicht überinterpretiert werden, da die Hegelsche Staatsphilosophie und Constantsche Staatstheorie sonst kaum Berührungspunkte besitzen.

[82] *Georg Wilhelm Friedrich Hegel*, Grundlinien der Philosophie des Rechts, S. 389; bei der Beschreibung der fürstlichen Gewalt betont Hegel (§ 285, S. 393 f.) deren Bezogenheit auf Gesetz und Verfassung: „Das dritte Moment der fürstlichen Gewalt betrifft das an und für sich Allgemeine, welches in subjektiver Rücksicht in dem Gewissen des Monarchen, in objektiver Rücksicht im Ganzen der Verfassung und in den Gesetzen besteht."

[83] *Ernst-Wolfgang Böckenförde*, S. 145; *Paul Vogel*, S. 125 ff.; teilweise kritisch *Manfred Hahn*, Bürgerlicher Optimismus im Niedergang. Studien zu Lorenz Stein und Hegel (1969), S. 17 ff. und passim.

den Dingen und dem geschichtlichen Geschehen ein Walten der Vernunft, so wendet sich von Stein der in der Gesellschaft real wirkenden Gesetzlichkeit zu. Die Rechts- und Staatsordnung ist für ihn Ausdruck gesellschaftlicher Prozesse. „Jede Gesellschaft hat ihr Rechtsprinzip und bildet durch ihr eigenes inneres Leben dasselbe zu ihrem Rechtssystem aus[84].“ Nur wenn man sich der Klassenbildung und der sozialen Bewegung in der werdenden Industriegesellschaft bewußt wird, kann man nach von Stein das positive Staatsrecht begreifen[85]. Ernst-Wolfgang Böckenförde[86] hat darauf aufmerksam gemacht, daß von Steins „Geschichte der sozialen Bewegung in Frankreich von 1789 bis auf unsere Tage“[87] der große und im 19. Jahrhundert wohl letzte Versuch gewesen sei, in der Nachfolge Hegels die Gesamtwirklichkeit des geschichtlichen Geschehens als Einheit zu begreifen und die Ideen eingebettet in das reale Geschehen und als dessen bewegende Kraft zu erfassen und so ins Zentrum geschichtlicher Entwicklung vorzudringen. Von Stein anlysiert das revolutionäre Geschehen mit Begriffen, die das Hegelsche Denken zur Erfassung der Wirklichkeit bereitstellte. So stößt er zu den die äußeren Ereignisse in Gang setzenden Elementen vor. Nicht der Gedanke des Sozialstaates oder der Kampf zwischen Monarchie und Volkssouveränität bestimmen für von Stein den Fortgang der Geschichte, sondern die Gesellschaft, ihre Ordnung, ihre bewegenden Kräfte und Gegensätze[88]. Am Beispiel der Entwicklung Frankreichs in dem Zeitraum von 1789 bis 1848 zeigt er das innere Baugesetz und die aus ihm hervorgehenden Entwicklungstendenzen, die bestimmend sind für jene politisch-soziale Wirklichkeit, die auf den Prinzipien von 1789 aufbaut[89].

In Anlehnung an Hegel betrachtet auch von Stein[90] das Königtum als die „persönliche Spitze“ des ganzen Staatslebens. Es hat das Recht seiner Existenz in sich selber, wie das Ich des Menschen sein absoluter eigener Grund ist. Das Königtum ist die unmittelbare und unbedingte Voraus-

---

[84] *Lorenz von Stein,* Gegenwart und Zukunft der Rechts- und Staatswissenschaften Deutschlands (1876), S. 135.

[85] *Lorenz von Stein,* S. 146.

[86] *Ernst-Wolfgang Böckenförde,* Lorenz von Stein als Theoretiker der Bewegung von Staat und Gesellschaft zum Sozialstaat, in: Alteuropa und die moderne Gesellschaft, Festschrift für Otto Brunner (1963), S. 248 ff., 250.

[87] *Lorenz von Stein,* Geschichte der sozialen Bewegung in Frankreich von 1789 bis auf unsere Tage, 3 Bd. (1850, zitiert nach dem Neudr. Darmstadt 1959).

[88] *Lorenz von Stein,* ebd., Bd. 3: Das Königtum, die Republik und die Souveränität der französischen Gesellschaft seit der Februarrevolution 1848, S. 3.

[89] *Lorenz von Stein,* S. 146 f.

[90] Zum Einfluß Hegels auf Lorenz von Stein siehe: *Paul Vogel,* S. **125 ff.;** *Dirk Blasius,* Lorenz von Steins Lehre vom Königtum der sozialen Reform und ihre verfassungspolitischen Grundlagen, in: Der Staat, Bd. 10 (1971), S. 42 f.; *Theodor Schieder,* Diskussionsbemerkung, in: Joachim Ritter, Hegel und die französische Revolution (1957), S. 69; *Manfred Hahn,* S. 17 ff. (mit weiteren Literaturnachweisen).

setzung aller Verfassung. Seiner Ansicht nach erfordert der Begriff des Staates das Zusammenfassen seines Wollens und Denkens in einem persönlichen und individuellen Willen[91]. Hiermit kennzeichnet von Stein den Herrscher zunächst als die höchste Persönlichkeit im Staate. Der König steht außerhalb und über der Gesellschaft und ist der selbständige Ausdruck des Staatslebens. Angesichts der historischen Entwicklung gelangt von Stein zu der Feststellung, daß in der Tradition der germanischen Völker das Königtum für die große Masse des Volkes mit der Idee des Staates verschmolzen sei[92]: der Name des Königs wird mit der Staatsgewalt, der Hof mit der Herrlichkeit des Staates identifiziert und der Wille des Königs als der persönlich erscheinende Wille des Staates angesehen. Damit galt das germanische Königtum bis in das 19. Jahrhundert hinein als die unbedingte Voraussetzung jeder Staatsverfassung.

Mit der industriellen Revolution und dem Vordringen einer kapitalistischen Arbeitsweise wird, wie von Stein feststellt, diese führende und unangefochtene Stellung des Königtums mehr und mehr angegriffen. Die Rolle des Königtums wird von der Masse des Volkes angesichts der sozialen Konflikte neu durchdacht und bestimmt. Für von Stein muß der Ausgangspunkt einer derartigen Reflexion das Verhältnis von Staat und Gesellschaft sein.

Er sieht als Prinzip aller Gesellschaft das Interesse und als Grundlage aller Gesellschaftsordnung den Besitz an. Es ist der Besitz, der die Abhängigkeit der Nichtbesitzenden von den Besitzenden erzeugt. Daher geht das Interesse der besitzenden Klasse dahin, ihren Besitzstand, die organisch gegliederte Abhängigkeit der Nichtbesitzenden zu sichern gegen die Aufstiegsbestrebungen der nichtbesitzenden Klasse. Diese Sicherung kann, will man von Stein folgen, nur über die Usurpation der Staatsgewalt geschehen. Für von Stein muß jede bestehende gesellschaftliche Ordnung zwangsläufig zur Unfreiheit führen, da sie ihrem Wesen nach dazu tendiert, Abhängigkeitsverhältnisse zu schaffen und zu perpetuieren. Die Gesellschaft als solche ist nicht auf eine liberale Ordnung ausgerichtet, da sie die Herrschaft der einen Klasse über die andere ist[93]. In Übereinstimmung mit der Gesellschaftskritik des Frühsozialismus meint von Stein, daß die liberalen Errungenschaften wie Gewerbefreiheit, Freiheit des Arbeitsvertrages etc. stets nur die Freiheit der besitzenden Klasse und die Unfreiheit der nichtbesitzenden Klasse widerspiegeln: gesellschaftliche Freiheit führt notwendig zu wachsenden Unterschieden in den Besitzverhältnissen, die Ausdruck gesellschaftlicher Unfreiheit sind.

---

[91] *Lorenz von Stein*, S. 2, 49, 104.

[92] *Lorenz von Stein*, S. 3.

[93] *Lorenz von Stein*, S. 5 f.

Als Gegengewicht gegen die zum Zustand der Unfreiheit strebende Gesellschaft setzt von Stein den Staat. Er ist „neben und zum Teil über der Gesellschaft eine zweite Form der menschlichen Gemeinschaft, deren Prinzip die Freiheit ist[94].“ Sein Wesen beruht auf dem Prinzip der Freiheit, nämlich darin, „daß das höchste Maß der persönlichen Entwicklung jedes einzelnen erst das höchste Maß der Entwicklung des ganzen ist[95].“ Staat und Gesellschaft stehen nach von Steins Lehre in einem unaufhebbaren Widerspruch, da der Staat seiner Idee nach auf Freiheit abzielt, die Gesellschaft aber die Unfreiheit zum Prinzip hat. Gleichwohl wird ihr Kampf durch ein höheres Prinzip geregelt. Staat und Gesellschaft sind Ausdruck des Gedankens der Persönlichkeit, wobei der Staat die Idee der sittlichen Freiheit der sittlichen Person und die Gesellschaft die Befriedigung des persönlichen Interesses ausdrücken[96].

Infolge dieser Sicht des Verhältnisses zwischen Staat und Gesellschaft muß es nach der Meinung von Steins unbedingt vermieden werden, daß die herrschende Klasse in der Gesellschaft sich der Staatsgewalt und damit des ganzen Staates bemächtigt. Dann nämlich kann die herrschende Klasse in Verfassung und Verwaltung ihre Position festigen und es wird „die faktische gesellschaftliche durch den Willen des Staates als gesellschaftliches Recht zur rechtlichen Unfreiheit“[97]. Von Stein will dies dadurch verhindern, daß er für die Verwirklichung der Staatsidee eine Persönlichkeit sucht, die über alles gesellschaftliche Interesse erhaben ist. Es muß jemand gefunden werden, der über allen Interessen der Individuen und insbesondere über allem gesellschaftlichem Gegensatz steht und dem unbedenklich die Vertretung der Persönlichkeit und Herrlichkeit des Staates anvertraut werden kann[98]. Der Staat, das Prinzip der Freiheit darf das einzige Interesse sein, das diese Persönlichkeit zu verfolgen willens ist. Allein das Königtum mit einem von ihm abhängigen Beamtentum hält von Stein für fähig, eine gegenüber der Gesellschaft selbständige staatliche Organisation zu vertreten[99]. Es hat die Aufgabe, die Staatsgewalt als eine selbständige, über die Klassen der Gesellschaft erhabene Macht auszuüben und so Träger der gesellschaftlichen Freiheit zu werden[100]. Das Königtum darf sich nicht von der herrschenden Klasse unterwerfen und sich von ihren Zielen mißbrauchen lassen. Es muß danach trachten, entgegen den Absichten der herrschenden Klasse die Staats-

---

94 *Lorenz von Stein*, S. 6, 104.

95 *Lorenz von Stein*, S. 6.

96 *Ernst-Rudolf Huber*, Lorenz von Stein und die Grundlegung der Idee des Sozialstaates, in: Nationalstaat und Verfassungsstaat (1965), S. 131 f.

97 *Lorenz von Stein*, S. 6.

98 *Lorenz von Stein*, S. 8.

99 *Lorenz von Stein*, S. 11.

100 *Lorenz von Stein*, S. 14.

gewalt allein in seiner Person zu konzentrieren und den sozialen Machtkämpfen zu entziehen[101]. Der König als Verkörperung des Staates und damit des Prinzips der Freiheit wird, wenn er seiner Rolle gerecht sein will, von dem unterdrückten Teil der Gesellschaft als der natürliche Schutzherr und Helfer anerkannt. Voraussetzung ist, daß das Königtum sich der mittellosen Klasse annimmt und für die Hebung ihres sozialen Niveaus eintritt[102]. Die herrschende Klasse, so meint von Stein, wird diese Tätigkeit des Königs akzeptieren, da soziale, den Produktionsprozeß aufhaltende Konflikte sowie Machtkämpfe zwischen Gruppen der herrschenden Klasse durch ein neutrales Königtum vermieden werden. So gelangt von Stein zu dem „wahren, mächtigsten und dauerndsten Königtum, dem Königtum der gesellschaftlichen Reform", das nach der Vermeidung sozialer Konflikte trachtet und einen geordneten Ablauf des Wirtschaftsprozesses zu garantieren vermag[103]. Das derart umrissene „soziale Königtum" ist nicht ein abstraktes Postulat, sondern nach der Meinung von Steins die einzige Chance des geschichtlichen Königtums, wenn es überleben will.

Ob das Königtum als Träger der sozialen Reformen genügend Substanz besitzt, dem Machtstreben der industriellen Gesellschaft gegenüberzutreten und die gesellschaftlichen Konflikte zu lösen, untersucht von Stein am Schicksal der französischen Julimonarchie. Wie bei allen seinen Analysen geht er auch hier wieder von der wirtschaftlichen und sozialen Entwicklung aus. In Frankreich hatte seit Napoleon die Industriegesellschaft eine mehr und mehr dominierende Stellung erlangt. Sie hatte in Parlament, Presse und öffentlichen Versammlungen um die Staatsgewalt gekämpft, die die Adelspartei im Namen des Königtums in ihre Hände zu bringen suchte[104]. Diese unaufhörlichen Auseinandersetzungen führten nach von Steins Sicht der Dinge zu der Julirevolution, in der die Masse des Volkes zusammen mit der herrschenden Schicht nicht das Königtum an sich, sondern die gesellschaftliche Idee der Restauration angriff[105]. Nach dem Sturz der Bourbonen lag es im Bereich des Möglichen, daß die abhängige, nicht besitzende Klasse den Augenblick der Anarchie dazu ausnutzte, sich der Staatsgewalt zu bemächtigen. Dies hätte eine große Gefahr für die herrschende Klasse dargestellt, da damit die nichtbesitzende Klasse der Gesellschaft plötzlich zu einer politischen Macht geworden wäre. Man mußte daher in aller Eile „eine Staatsgewalt herstellen, welche unabhängig über der aufgeregten niederen Klasse als ein durchaus

---

[101] *Lorenz von Stein*, S. 17 f.

[102] *Lorenz von Stein*, S. 39 f.

[103] *Lorenz von Stein*, S. 40; zum Königtum der sozialen Reform vgl. *Manfred Hahn*, S. 97 ff. (mit weiteren Literaturhinweisen).

[104] *Lorenz von Stein*, S. 46 f.

[105] *Lorenz von Stein*, S. 47.

selbständiges Element des Staates dastand. Man mußte aber dadurch diese selbe Staatsgewalt auch über die herrschende Klasse hinstellen[106]." Dies konnte nur ein neues Königtum ermöglichen. Es wurde von der herrschenden Klasse als ein Mittel für ihren nächsten und dringendsten Zweck, der Bewahrung der Staatsgewalt in ihren Händen eingesetzt[107]. So wurde von der herrschenden Klasse ein Königtum geschaffen, „in welchem Namen, Macht und äußere Stellung mit dem wahren Geiste des Königtums in unauflöslichem Widerspruch standen[108]." Denn, wie bereits anfangs ausgeführt wurde, fordert von Stein ein von den gesellschaftlichen Kräften ganz und gar unabhängiges Königtum, während hier das Königtum zunächst in den Dienst der herrschenden Klasse gestellt wurde. Das neue Königtum wurde trotz dieser Tatsache wegen des Fehlens brauchbarer Alternativen von der breiten Masse des Volkes rasch akzeptiert. Nach kurzer Zeit waren das Königtum einerseits und die soziale Herrschaft der besitzenden Klasse andererseits nach außen hin gesichert. Von nun an konnte der Widerspruch zwischen der Stellung des Königtums, das nach der uneingeschränkten Besitznahme der Staatsgewalt streben mußte, und der herrschenden Klasse, die Königtum und Staatsgewalt in ihrem Sinne zu beeinflussen suchte, zutage treten. Herrschende Klasse und Königtum standen sich nun allein gegenüber.

Die Notwendigkeit der Auseinandersetzung des französischen Julikönigtums mit der herrschenden Klasse sieht von Stein in dem Element der Legitimität begründet. Die Idee der Legitimität hat seiner Ansicht nach Louis Philippe gedrängt, sich von dem Einfluß der besitzenden Klasse unabhängig zu machen. Unter dem Begriff der Legitimität versteht von Stein „nichts anderes als eben jenes Wesen des wahren Königtums, nach welchem es die absolute Voraussetzung jeder Verfassung ist[109]." Diese Definition ist freilich abstrakt und kann in dem einen oder anderen Sinn interpretiert werden. Von Stein erklärt diese abstrakte Formel aus der Geschichte der vergangenen dreihundert Jahre: Zunächst drückte die Bezeichnung „von Gottes Gnaden" die alles überragende und von jedem Einzelnen unabhängige Stellung des Königtums aus. Bereits dadurch gewann die Idee der Legitimität eine starke Macht, „die durch die innere Natur des Fürstentums selber unmittelbar entstanden war[110]." Im Kampf gegen den Expansionsdrang Napoleons und gegen die Idee der Volkssouveränität erhielt die Idee der Legitimität eine neue Bedeutung. Sie wird nunmehr als das unmittelbare Anrecht des erbberechtigten Fürsten auf die Thronfolge im Gegensatz zu den auf den Thron erhobenen Fürsten der Revolution verstanden. So entstand, wie von Stein nach-

[106] *Lorenz von Stein*, S. 47.
[107] *Lorenz von Stein*, S. 50.
[108] *Lorenz von Stein*, S. 50.
[109] *Lorenz von Stein*, S. 52.
[110] *Lorenz von Stein*, S. 52.

weist, eine Solidarität der Fürsten in ganz Europa. Die erbmonarchische Legitimitätsidee „machte jede Gefahr des einzelnen Fürsten zur gemeinsamen Gefahr für das gesamte Fürstentum, und jeden Sieg des letzteren in einem Lande zu einem Sieg desselben in jedem anderen Lande. Sie war dadurch gleichsam Lebensluft und Muttererde für das Fürstentum überhaupt und jeder, der sie angriff oder bedrohte, ward dadurch zum Feinde des ganzen europäischen Fürstensystems. Das war und das ist die Legitimität[111]."

So gesehen mußte, wie von Stein folgert, der Gedanke der Legitimität die europäischen Fürsten zum Gegner Louis Philippes machen. Louis Philippe war vom Volk gewählt; er hatte seine Krone nicht mehr „von Gottes Gnaden", sondern aus der Hand des Volkes empfangen. Außerdem war er zunächst nur ein Werkzeug in der Hand der herrschenden Klasse; in ihm war die Krone zu einem bürgerlichen Institut geworden. Auch damit stand er außerhalb der alten Legitimität und war als schlechtes Beispiel des Königtums eine latente Gefahr für die übrigen europäischen Fürsten, die unabhängig von Einflüssen Dritter ihre Länder regierten. Damit hatte das französische Julikönigtum das ganze System des legitimen Königtums in Europa zum Gegner.

Angesichts der Regierung Louis Philippes ist von Stein der Meinung, daß dieser Monarch entschlossen war, eine legitime Herrschaft aufzubauen. Nur so konnte Louis Philippe für seine Linie die Solidarität der übrigen Fürsten Europas gewinnen und seinen Kindern die Thronfolge sichern. Es waren zwei Gründe, die seine Dynastie in den Augen der europäischen Fürsten illegitim erscheinen ließen: Die Einsetzung durch das Volk und die Beherrschung des Königtums durch das Bürgertum. Mit Erfolg angreifen konnte der König nur den zweiten Grund; er mußte, um den Legitimitätstitel zu erwerben, die rechtliche Abhängigkeit des Königtums von der Verfassung, also den sog. Konstitutionalismus beseitigen. Dieser Auseinandersetzung zwischen Königtum und Bürgertum mißt von Stein epochale Bedeutung zu. Siegte die Julimonarchie, so hatte das Königtum in Europa nach der Meinung von Steins bewiesen, daß es in der Lage war, die Hauptprobleme der industriellen Gesellschaft zu bewältigen. „Siegte dagegen diese Gesellschaft, so war das System der Legitimität in ganz Europa angegriffen[112]."

Um seiner Herrschaft Legitimität zu verleihen, mußte Louis Philippe die Macht der industriellen Gesellschaft brechen. Louis Philippe mußte in jeder Weise die Selbständigkeit der herrschenden Gesellschaftsklasse vernichten, so weit sie die Staatsgewalt für sich forderte. Legitimität kann ein Königtum nach von Steins Darstellung nur dadurch erwerben,

---

[111] *Lorenz von Stein*, S. 53.
[112] *Lorenz von Stein*, S. 53.

„daß es sich vermöge der ihm innewohnenden Elemente seiner Selbsttätigkeit als die allgemeine, so viel als möglich ausschließlich leitende und herrschende Gewalt im ganzen Staate darstellt, damit es, als die Spitze des ganzen persönlichen Staatslebens äußerlich erscheinend endlich als die absolute Grundlage aller Tätigkeit des Staates angenommen werde[113]." Die Persönlichkeit des Königs muß selber als wollend und handelnd in den Vordergrund treten; dies aber bedeutet nach von Steins Auffassung seit jeher den Anfang des Kampfes zwischen Königtum und herrschender Schicht. Im Gegensatz zur Herrschaft der obersten Gesellschaftsklasse mußte Louis Philippe das Prinzip der persönlichen Regierung, das „gouvernement personnel" zu verwirklichen suchen. Er mußte die Vertretung der herrschenden Klasse in der Deputiertenkammer sowie Minister und Regierung von seinem Willen abhängig machen und einen Scheinkonstitutionalismus anstreben.

Auf welche Weise nach von Steins Ansicht Louis Philippe dieses Ziel erreichte und warum er gleichwohl nach 18 Jahren Herrschaft gestürzt wurde, braucht hier nicht weiter erörtert zu werden. Abschließend soll nur noch auf einige Gemeinsamkeiten und Unterschiede bei von Steins und Hegels Bestimmung des Begriffes der Legitimität eingegangen werden. Von Stein und Hegel wollen beide die sozialen Phänomene Staat und Gesellschaft getrennt betrachtet wissen. Für beide taucht die Frage der Legitimität bei der Beschreibung des Phänomens Staat im Zusammenhang mit der Bestimmung der Funktion des Königtums auf. Beide bestimmen die Stellung des Königs im Staat unter Anwendung der dialektischen Methode: Was für Hegel der Ausgleich zwischen Allgemeinheit und Besonderheit ist, ist für von Stein der Ausgleich des sozialen Konfliktes zwischen der herrschenden und der beherrschten Klasse. Während Hegel entsprechend seiner philosophischen Konzeption mit dem Gedanken der Legitimität eine erbmonarchische Sukzessionsordnung verbindet und hiermit den Monarchen den Streitigkeiten der Individualinteressen entziehen will, legt von Stein bei weitem mehr Wert auf die wirtschaftlichen und sozialen Ordnungsprobleme seiner Zeit. Von Stein hebt das Königtum aus der untergeordneten Stellung, die es bei Hegel einnimmt, heraus und weist ihm eine neue Funktion zu: Das Königtum muß als die „Voraussetzung jeder Verfassung" erscheinen, wenn es legitim sein möchte. Bei von Stein steht das Königtum nicht lediglich wie bei Hegel in politischer Neutralität an der Spitze des Staates, der die Verwirklichung der Freiheit zur Aufgabe hat[114]. Der König ist in der Stein'schen

---

113 *Lorenz von Stein*, S. 56.

114 *Georg Wilhelm Friedrich Hegel*, §§ 257 ff., S. 328 ff.; Hegel folgert u. a. die erbliche konstitutionelle Monarchie aus dem Begriff der Freiheit. Die Freiheit des Geistes innerhalb des Staatslebens soll nur dann verwirklicht werden können, wenn die „Atomistik" der einzelnen Willen vermieden und die letzte sich selbst bestimmende Willensentscheidung über alle Besonderung erhaben

Staatsphilosophie nicht nur akzidentiell ein besonders geeigneter Träger der Staatsgewalt, weil man wie Hegel ein sichtbares und aktionsfähiges Zentrum staatlicher Autorität benötigt. Von Stein kommt es gerade auf die Institution des Königtums als solche an, weil in dem Kampf zwischen Staat und Gesellschaft der Staat regelmäßig unterliegt[115]. Aus dieser Situation scheint für von Stein in der konkreten historischen Lage der Mitte des 19. Jahrhunderts ein unabhängiges und als Voraussetzung jeder Verfassung gedachtes Königtum der einzig diskutable Ausweg zu sein; denn es allein vermag sich über alle gesellschaftlichen Parteiungen zu erheben[116]. Was als die Voraussetzung jeder Verfassung zu gelten hat, kann sich freilich im Laufe der Zeit ändern. Für den die Industrialisierung fördernden Staat von 1848 fordert von Stein, daß das Königtum die Mittlerrolle zwischen den Interessen der besitzenden Klasse einerseits und der abhängigen Klasse andererseits einnehme und so zu einem Königtum der sozialen Reform werde. Im Staat Hegels wäre ein derartiges aktives Eingreifen des Königs in das politische Geschehen undenkbar; der Hegelsche Monarch bestätigt nur den sich von selbst vollziehenden Ausgleich zwischen Allgemeinheit und Besonderheit. Fällt dem Königtum nach Hegels Auffassung durch die Anerkennung des erbmonarchischen Prinzips ipso iure die Legitimität zu, so muß nach von Steins These das Königtum um die Legitimität kämpfen. Es muß sich von der herrschenden Schicht im Staat emanzipieren und nach einem „gouvernement personnel“ streben, um seiner sozialen Ausgleichsfunktion gerecht zu werden. Es muß allseitig annehmbare Kompromisse suchen, um bei der herrschenden wie auch bei der nichtbesitzenden Klasse das Gefühl zu erzeugen, unentbehrlich zu sein.

III. Der Liberalismus des Vormärz

Das große Problem, das das politische Leben Deutschlands nach 1815 beherrschte, lag in dem Umschwung der Zeiten begründet, der sich auf dem Wiener Kongreß vollzogen hatte. Europa war gespalten in zwei große Heerlager: „der Solidarität der legitimen Regierungen auf der einen, der nach Freiheit und Selbstbestimmung trachtenden Nationen auf der anderen Seite[117].“ Die im Gefolge der französischen Revolution

---

ist (*Paul Vogel*, S. 80 f.). Nach der Vorstellung Hegels kann der Monarch die Freiheit nicht mißbrauchen, da der Monarch sich nur vom Allgemeinen leiten lassen darf.

[115] *Lorenz von Stein*, S. 15 ff.; *Paul Vogel*, S. 190 ff.

[116] *Erich Angermann*, Zwei Typen des Ausgleiches gesellschaftlicher Interessen, in: Staat und Gesellschaft im deutschen Vormärz 1815 - 1848, hrsg. von Werner Conze (1962), S. 173 ff., 184.

[117] *Friedrich Meinecke*, Weltbürgertum und Nationalstaat, 7. Aufl. (1928), S. 211.

in Europa verbreiteten liberalen Ideen und das im Befreiungskampf erwachende National- und Selbstbewußtsein der Völker[118] kämpften für die Errichtung eines modernen Verfassungsstaates. Hingegen gingen die Tendenzen der Restauration, orientiert an der Idee von einer absoluten Regierung, auf die Zurückdrängung des liberal-aufklärerischen Gedankengutes. In Frankreich wurde diese Auseinandersetzung durch die Enzyklopädisten und Physiokraten geistig vorbereitet und war in der französischen Revolution zu einem vorläufigen Ende gelangt, um mit der Restauration der Bourbonen und der Formulierung der Charte von 1814 erneut lebendig zu werden. Bei diesen Auseinandersetzungen hat sich gleich dem französischen Liberalismus der Restaurationsepoche auch der deutsche Liberalismus des Vormärz[119] des Begriffes der Legitimität bei der Darstellung seines Programmes einer neuen Gesellschaftsordnung bedient. Hierbei gelang es schon frühzeitig den liberalen Politikern und Staatsrechtlern, den Legitimitätsbegriff in durchaus eigenständiger Weise gegenüber den Legitimitätsvorstellungen der Anhänger der Restauration zu interpretieren.

Unter Liberalismus soll jene im 18. Jahrhundert sich herausbildende und im 19. Jahrhundert schillernde Konturen aufweisende Denkrichtung verstanden werden, die in erster Linie auf dem Gedanken der Autonomie der Persönlichkeit beruht. Der Liberalismus „war eine geistig-politische Bewegung, eine Weltanschauung, die das ganze staatliche und kulturelle Leben von dem Gedanken der Autonomie aus neu gestalten wollte[120]." Die politische Theorie des Liberalismus bestimmt die Aufgaben des Staats vor allem von dem Bedürfnis des Individuums nach Freiheit und Eigentum aus. Damit wendet man sich ab von der Herrschaft des „ancien regime" und des aufgeklärten Absolutismus. Ähnlich wie in Frankreich, wo die Doktrinäre einen gemäßigten und der Kreis um Constant einen radikalen Liberalismus vertraten, ist auch der deutsche Liberalismus des Vormärz in sich vielfältig differenziert. Das liberale Denken bewegt sich in einem weiten Spannungsfeld; es reicht von den Ideen der Aufklärung und des Rationalismus[121] bis zu romantisch-organologischen Vorstellun-

---

[118] Vgl. etwa *Ernst-Moritz Arndt,* Entwurf einer teutschen Gesellschaft (1814).

[119] Zum Liberalismus des Vormärz: *Ernst-Rudolf Huber,* Deutsche Verfassungsgeschichte seit 1789, Bd. 2 (1960), S. 371 ff. (ausführliche Literaturangaben); *Hartwig Brandt,* Landständische Repräsentation im deutschen Vormärz (1968), S. 160 ff.; *Theodor Schieder,* Das Verhältnis von politischer und gesellschaftlicher Verfassung und die Krise des bürgerlichen Liberalismus, in: Staat und Gesellschaft im Wandel unserer Zeit (1958), S. 58 ff.; *Friedrich Müller,* Korporation und Assoziation (1965), S. 220 ff.; *Ludwig Bergsträsser,* Geschichte der politischen Parteien in Deutschland, 11. Aufl., hrsg. von Wilhelm Mommsen (1965), S. 35 ff.; *Friedrich C. Sell,* Die Tragödie des deutschen Liberalismus (1953), S. 11 ff.; *Oskar Klein-Hattingen,* Geschichte des deutschen Liberalismus, Bd. 1 (1911), S. 79 ff.

[120] *Franz Schnabel,* Deutsche Geschichte im 19. Jahrhundert, 2. Bd., 2. Aufl. (1949), S. 93.

gen vom Staat[122]. Dabei ruht bei den einzelnen Autoren naturgemäß der Akzent jeweils stärker auf der einen oder der anderen Position. Gleichzeitig versucht man auf dem Hintergrund liberaler Ideen zu einer Rechtsstaatstheorie vorzudringen. Jetzt fällt dem Staat bei der Organisation der menschlichen Gesellschaft nicht nur die Aufgabe zu, das allgemeine Wohl zu fördern, sondern auch dem Bürger gegen die Willkür staatlicher Organe eine Freiheitssphäre rechtlich zu garantieren.

In Anlehnung an Ernst-Rudolf Huber[123] kann man im deutschen Liberalismus zwischen einer englisch und einer französisch orientierten Richtung unterscheiden. Der englisch orientierte Liberalismus[124] hing weniger den Ideen von 1789 als vielmehr dem englischen Verfassungsmodell an[125]. Vorbild war der im englischen Verfassungsstaat geformte Konstitutionalismus, der als geschichtlich gewachsen und damit „organisch" erschien. Diese englisch-orientierte Richtung des deutschen Liberalismus war historisch evolutionär, jedoch nicht revolutionär gesinnt. Sie trat für eine konstitutionelle Monarchie ein und forderte eine gleichmäßige Verteilung der Staatsgewalt zwischen dem erblichen Monarchen und der gewählten Volksvertretung[126]. Gegenüber dem gemäßigten englisch gesinnten Liberalismus bildete der französisch orientierte Liberalismus die liberale Linke[127]. Das Programm des französisch orientierten Liberalismus war in hohem Maße vom westlichen Rationalismus bestimmt. Montesquieu, Rousseau, Constant und Guizot waren hier die richtungweisenden französischen Vorbilder. Das Verfassungsideal der liberalen Linken war die parlamentarische Monarchie. Der Monarch sollte lediglich ein überparteiliches Amt innehaben und nur auf eine repräsentative Funktion beschränkt sein.

Insbesondere der französisch orientierte deutsche Liberalismus rezipierte eine Vielzahl von Begriffen aus dem französischen Verfassungs-

---

[121] Hierauf wird bei der Darstellung der Lehren Carl von Rottecks noch näher eingegangen. *Paul Pfizer*, Art. Liberalismus, in: Staatslexikon, hrsg. von Rotteck und Welcker, Bd. 8, 2. Aufl. (1847), S. 523 bezeichnet den Liberalismus als den „Inbegriff der auf Herstellung eines vernünftigen Rechts gerichteten Bestrebungen".

[122] Das Verfassungsideal des romantisch-organischen Liberalismus ist eine harmonische Einheit zwischen der konstitutionellen Monarchie und der neuerwachten Volksfreiheit unter Wahrung der geschichtlichen Tradition und der gewachsenen politischen Ordnung.

[123] *Ernst-Rudolf Huber*, Deutsche Verfassungsgeschichte seit 1789, S. 390 ff.

[124] Hierzu zählen insbesondere: Georg Beseler (1809 - 1888), Gustav Droysen (1808 - 1884), Eduard von Simson (1810 - 1899), Georg Waitz (1813 - 1886), Heinrich Frhr. von Gagern (1799 - 1880).

[125] *Th. Wilhelm*, Die englische Verfassung und der vormärzliche deutsche Liberalismus (1928).

[126] Vgl. *G. Neumann*, Geschichte der konstitutionellen Theorie in der deutschen Publizistik 1815 - 1848 (1931).

[127] Zu der liberalen Linken gehörten u. a.: Carl von Rotteck (1775 - 1840), Sylvester Jordan (1792 - 1861), Robert von Mohl (1799 - 1875).

leben. Da die Frage nach der Ausgestaltung einer Verfassung bis zum Wiener Kongreß im deutschen Raum nicht eigentlich akut geworden war[128], blieben auch die aus Frankreich rezipierten und in die deutsche Sprache einfließenden verfassungstheoretischen Begriffe inhaltlich im wesentlichen noch ungeklärt. So wurde der Unterschied in den Begriffen einer ständischen und einer repräsentativen Volksvertretung noch kaum voll erkannt[129]. Ferner stellte man schlagwortartig den Legitimisten die Jakobiner gegenüber[130], ohne den Sinn einer solchen Kennzeichnung kritisch zu reflektieren. Zu einem einheitlichen Verständnis der vornehmlich von den französisch orientierten Liberalen übernommenen politischen Begriffe kam es nur allmählich[131]. Hinderlich war, daß durch die Beschränkung der Pressefreiheit die liberalen Ideen sich nur langsam durchsetzen konnten. Die Kanonen standen auf Seiten des reaktionär ausgelegten Vokabulars, wie es von Rotteck anschaulich formulierte[132]. Daneben fehlte es aber auch an der Ausbildung eines allgemeinen liberalen Parteilebens. Zwar war es in den deutschen Mittel- und Kleinstaaten zur Verleihung von Verfassungen gekommen. Die liberalen Kräfte sammelten und formierten sich aber nur langsam; von einer an liberalen Ideen orientierten Volksbewegung kann nicht gesprochen werden[133]. Auch verhinderte der deutsche Partikularismus ein einheitliches konstitutionelles Leben und die Prägung eines liberalen Programmes[134].

1. Der Widerstreit zwischen Volkssouveränität und Legitimität

Der französisch orientierte Liberalismus im Deutschland des Vormärz wurde durch den von ihm provozierten und für unüberwindbar gehalte-

---

[128] Daß mit der Verfassungsfrage in Deutschland Neuland beschritten wurde, zeigt sich bei dem Studium der politischen Flugschriften zwischen 1815 und 1820; vgl. die zitierte Schrift von *Ernst-Moritz Arndt; J. Weitzel,* Hat Deutschland eine Revolution zu fürchten?, 2. Aufl. (1819), S. 26 ff. und passim; *Anonym,* Denkschrift über Teutschlands jetzigen Zustand (1819).

[129] Zur Klärung versuchten unter anderem die folgenden Schriften beizutragen: *Carl von Rotteck,* Ideen über Landstände (1819); *Friedrich Christoph Dahlmann,* Ein Wort über Verfassung (1815), in: Kleine Schriften und Reden (1886), S. 12 ff.; *Friedrich von Gentz,* Über den Unterschied zwischen den landständischen und Repräsentativverfassungen, in: Klüber-Welcker, Wichtige Urkunden über den Rechtszustand der deutschen Nation (1844), S. 220 ff.

[130] Vgl. *Ludwig Wieland,* Gibt es gegenwärtig in Deutschland eine revolutionäre Partei? (1819), S. 8 und passim.

[131] Hierzu bemerkt *Karl-Ludwig Haller,* Des noms de partis politiques, in: Mélanges de droit public et de haute politique (1839), S. 149: „Ce jargon libéral est en effet tout particulier: il ressemble à des locutions françaises, mais en les prenant dans leur sens ordinaire, on y comprend rien et quelquefois même on rit de ces absurdités apparentes."

[132] *Carl von Rotteck,* Art. Legitimität, in: Staatslexikon, hrsg. von Rotteck und Welcker, 2. Aufl., 8. Bd. (1847), S. 644.

[133] *Lothar Gall,* Der Liberalismus als regierende Partei (1968), S. 30 ff.

[134] *Otto Westphal,* Welt- und Staatsauffassung des deutschen Liberalismus (1919), S. 18 f.

nen Dualismus zwischen Regierung und Volksvertretung geprägt. Die liberalen Politiker sahen in der Verfassung nicht die allgemein anzuerkennende politische Grundordnung, sondern ein Instrument, um den Staat innerlich nach französischem Muster umzugestalten[135]. Anstelle eines konstruktiven politischen Programmes verfolgten die Liberalen des Vormärz wegen ihres allzu theoretisch bleibenden Ansatzpunktes eine noch nicht zu verwirklichende Idee: daß es nur die bestehenden staatlichen Strukturen zu sprengen gelte, um zu einer besseren Gesellschaftsordnung zu gelangen. Mögen wir heute auch die Berechtigung der liberalen Ansprüche gegenüber dem absolutistischen Staat anerkennen, so waren die damaligen politischen Forderungen doch tiefgreifender Natur und mußten den Staat im Ganzen in hohem Maße in Frage stellen.

Insbesondere im ersten Badischen Landtag von 1819 sahen die Liberalen ihre Aufgabe nicht nur darin, die Rechte der Untertanen gegenüber dem absolutistischen Regime zu wahren, sondern gleichzeitig auch in grundsätzlicher Opposition gegen die gegebene Ordnung einschneidende eigene Alternativen zu entwickeln. So wurden bereits kurz nach Eröffnung der Badischen Landtage für die damalige Zeit höchst revolutionäre Anträge gestellt: Trennung der Justiz von der Verwaltung, Einführung des öffentlich-mündlichen Verfahrens und der Geschworenengerichte sowie der Ministerverantwortlichkeit, die Abschaffung bzw. Umwandlung der Standes- und grundherrlichen Rechte und die Freigabe des innerdeutschen Handelsverkehrs[136]. Durch das Scheitern der Durchsetzung der überspannten politischen Ideen bildete sich besonders in Baden eine Freund-Feind-Ideologie zwischen der oppositionellen „Bewegungspartei" und der regierungsfreundlichen „Stillstandspartei", zwischen denen es nach von Rotteck niemals einen Kompromiß geben durfte[137]. Diese ständige Kritik am Bestehenden gab den vormärzlichen Liberalen revolutionären Elan und eine integrierende Kraft und vermochte sie trotz innerer Differenzen nach außen als eine einheitliche Gruppe erscheinen lassen.

Die theoretische Grundlage für die Auseinandersetzungen zwischen den Liberalen und der Regierung bildete die Stellungnahme zu der Antinomie zwischen den beiden Prinzipien der Volkssouveränität und der Legitimität[138]. Als ein Repräsentant dieser Auseinandersetzung betont

---

[135] *Lothar Gall*, S. 24 ff.

[136] Verhandlungen der zweiten Kammer der Ständeversammlung des Großherzogtums Baden (1819), 1. Heft.

[137] *Carl von Rotteck*, Art. Bewegungspartei, in: Staatslexikon, hrsg. von Rotteck und Welcker, 2. Bd., 2. Aufl. (1846), S. 505 ff.

[138] Vgl. etwa die Äußerungen des badischen Politikers *Johann von Türckheim*, Betrachtungen auf dem Gebiet der Verfassungs- und Staatenpolitik (1842), S. 69: „Volkssouveränität und Legitimität werden als zwei eben so voll-

der hessische Liberale Friedrich Murhard (1778 - 1853) in seinem Vorwort zu dem Buch „Die Volkssouveränität im Gegensatz zur sogenannten Legitimität“ (1832), die beiden genannten Prinzipien seien einander „diametraliter“ entgegengesetzt; wenn nämlich das eine wahr sei, müsse das andere notwendigerweise falsch sein[139]. Er stellt darauf ab, daß das monarchische Regierungssystem, wie es in Europa zur Herrschaft gelangt sei und sich behauptet habe, nicht aus freier vernünftiger Überlegung der Völker hervorgegangen und durch ihre freie Unterordnung unter die Alleinherrschaft einer regierenden Dynastie begründet worden sei; der Unterwerfungsvertrag im Sinne der Konstruktion von Hobbes sei nur nach und nach durch lang fortgesetzten, in die Umstände sich fügenden, mehr oder weniger willigen Gehorsam der Untertanen und allmähliches Erlöschen des Widerspruchs zustande gekommen[140]. Damit sucht Murhard den Grund der Herrschaft zunächst in der Geschichte. Zu diesem tatsächlichen Grund der Herrschaft kam nach seiner Ansicht der rechtliche Grund erst mit der Zeit hinzu, und zwar durch stillschweigende oder förmliche Zustimmung des Volkes: „Aber nachdem das Erbfolgesystem für die Inhaber der höchsten Gewalt fast allenthalben und allgemein Wurzel gefaßt hatte, gewöhnte man sich bald daran, den rechtlichen Grund der Herrschaft gar nicht mehr im Volke, sondern lediglich in der Geburt zu sehen und so entstand jenes Legitimitätssystem im Sinne der Neueren, eine Frucht der erbmonarchischen Staatskunst, das freilich keine Souveränität der Volksgemeinschaft statuieren konnte, vielmehr schon eine solche Idee ... für staatsgefährlich halten mußte[141].“ Gegen diese Prämisse aller weiteren politischen Deduktionen wendet sich Murhard mit aller Entschiedenheit[142]. Er weist zunächst auf die französische Julirevolution hin, in der das Prinzip der Volkssouveränität über das Prinzip der Legitimität und des göttlichen Rechts einen Sieg errungen habe. Damit sei, so fährt er fort, das auf dem Prinzip der Legi-

---

kommene Gegensätze in der Theorie betrachtet, wie Radikalismus und Konservatismus in der praktischen Richtung des Parteikampfes unserer Zeit.“

[139] *Friedrich Murhard,* Die Volkssouveränität im Gegensatz zur sogenannten Legitimität (1832), S. IV und in: Das Recht der Nationen zur Erstrebung zeitgemäßer, ihrem Kulturgrade angemessener Staatsverfassungen (1832), S. IV; der hessische Liberale Friedrich Murhard hat seine politische Karriere als Anhänger Carl von Rottecks begonnen. Im Laufe der dreißiger und vierziger Jahre vollzog er eine gründliche Wandlung zur gemäßigten Seite der Liberalen. Über sein Leben und seine politischen Anschauungen ist nur wenig bekannt. Hingewiesen kann nur werden auf *Wilhelm Wiedemann,* Friedrich Murhard und der Altliberalismus, in: Zeitschrift des Vereins für hessische Geschichte, Bd. 55 (1926), S. 229 ff.; *Lothar Gall,* Der Liberalismus als regierende Partei (1968), S. 36 ff.; *Hartwig Brandt,* S. 266 ff.

[140] *Friedrich Murhard,* Die Volkssouveränität im Gegensatz zur sogenannten Legitimität, S. 18.

[141] *Friedrich Murhard,* S. 18 f.

[142] *Friedrich Murhard,* Empörung und Zwangsübung der Staatsbürger gegen die bestehende Staatsgewalt (1832), S.36.

timität beruhende System der europäischen Ordnung nicht mehr voll verwirklicht[143]. Des weiteren hält Murhard die Erblichkeit der Regierung in einem erbmonarchischen Staatswesen nur für ein positives Rechtsinstitut, das eines höherrangigen, vom Staatsgesetz unabhängigen Rechtsgrundes entbehre. Zur Rechtfertigung des erbmonarchischen Prinzips läßt er nur „Billigkeits- und Klugheitsgründe“ gelten[144]. Die Verknüpfung des Legitimitätsprinzips mit dem monarchischen Prinzip, die „seit dem Wiener Kongreß verkündigt und durch die Stiftung einer sogenannten Heiligen Allianz mit dem Mantel des Christentums bedeckt wart“, lehnt er ab. Als Begründung führt Murhard aus, das staatsrechtliche Dogma von einem göttlichen Recht der Könige und Obrigkeiten vermöge in den Augen des Volkes nicht mehr die Entartung des monarchischen Absolutismus zu rechtfertigen[145]. Denn das Volk sei durch fortschreitende Bildung und politische Aufklärung zur Ahnung und Erkenntnis seiner Rechte gelangt.

Die Lösung der Antithese von Volkssouveränität und erbmonarchischer Legitimität findet Murhard in einem auf dem Grundsatz der Volkssouveränität beruhenden Königtum, wobei ihm das französische Bürgerkönigtum als Vorbild dient. Die Volkssouveränität ermöglicht es seiner Ansicht nach dem Volke, auch bei einer bestehenden festen Thronfolgeordnung dem legitimen Fürsten wegen Machtmißbrauchs den Gehorsam aufzukündigen und ihn der Herrschaft für verlustig zu erklären[146]. So vereinigen sich Volkssouveränität und Legitimität, wenn der Thron für erledigt erklärt und von dem rechtmäßigen Erben der regierenden Dynastie bestiegen wird, aber auch wenn unter dem zwingenden Gebote des öffentlichen Wohls der Thron einer neuen Dynastie überantwortet wird[147]. Mit diesem Ausgleich der beiden widerstreitenden Prinzipien meint Murhard, daß die bestehenden Regierungen gefestigt werden könnten. Nähere Ausführungen, wann und wie das Volk seine souveräne Gewalt ausüben kann, bringt er freilich nicht.

Etwas konkreter als Murhard versucht auch Heinrich Zoepfl (1807 bis 1877)[148] in einer Jugendschrift über „Die Eröffnung der legitimen Thronfolge als rechtliche Folge des Mißbrauchs der Staatsgewalt“ (1833) einen sachgerechten Ausgleich zwischen den Prinzipien der Volkssouveränität

---

143 *Friedrich Murhard,* Die Volkssouveränität im Gegensatz zur sogenannten Legitimität, S. 304.

144 *Friedrich Murhard,* S. 340 f.

145 *Friedrich Murhard,* Das Recht der Nationen zur Erstrebung zeitgemäßer, ihrem Kulturgrade angemessener Staatsverfassungen, S. 13 f.

146 *Friedrich Murhard,* Die Volkssouveränität im Gegensatz zur sogenannten Legitimität, S. 380 f.

147 *Friedrich Murhard,* S. 382.

148 Zu Heinrich Zoepfls Legitimitätsbegriff siehe auch im folgenden unter V., 1.

und der Legitimität zu finden. Konkreten historischen Anlaß für seine Schrift gab ihm die „Staatsumwälzung“ in Braunschweig, wo Herzog Wilhelm anstelle seines Bruders Karl die Regierungsgeschäfte übernommen hatte[149]. Zoepfl stellt sich die Frage, ob dieser Regierungswechsel, der durch revolutionäre Ereignisse herbeigeführt wurde, „mit den Grundsätzen des deutschen Staats- und Fürstenrechts und mit dem Prinzip der Legitimität, wie der deutsche Bund es kennt“[150], in Einklang gebracht werden könne. Nach längeren theoretischen Ausführungen zum Herrschafts- und Gesellschaftsvertrag wendet sich Zoepfl mit Entschiedenheit gegen die Ansicht, daß die Legitimitätsidee dem Monarchen ein unbeschränktes Herrschaftsrecht eröffne[151]. Denn im Namen der Legitimität dürfe der Untertan nicht aller Menschenwürde beraubt und völlig rechtlos gemacht werden. Dem liberalen Zeitgeist entsprechend fordert er eine Beschränkung der Staatsgewalt auf ihre natürlichen, durch den Staatszweck gezogenen Grenzen. Wenn die Staatsgewalt diesen Bereich verläßt, soll ein Widerstandsrecht gegeben sein. Die Gesamtheit des Volkes darf nach Zoepfls Ansicht dann den Gehorsam verweigern, „wenn der Staatsherrscher ausdrücklich oder durch entsprechende Regierungshandlungen faktisch erklärt hat, seine Macht nicht mehr zur Verwirklichung des Staatszweckes gebrauchen zu wollen“[152]. Seiner Meinung nach muß eine „vernünftige Legitimität“ zum Inhalt haben, daß das Volk dann zum Widerstand gegen den Herrscher berechtigt ist, wenn er nach Bruch des Herrschaftsvertrages nicht mehr als legitimer Staatsherrscher existiert[153]. Zoepfls wie auch Murhards Ausführungen zu den Prinzipien von Legitimität und Volkssouveränität gelangen damit zu dem Ergebnis, daß der „Tyrann“ abgesetzt werden darf. Sie befinden sich mit ihrem von liberalen Ideen geprägten Legitimitätsverständnis der Sache nach in der langen Kette staatsphilosophischer Theorien, die dem Volk ein Widerstandsrecht gegen eine unrechtmäßige Herrschaft zusprechen[154].

Suchen Murhard und Zoepfl die Antithese zwischen Volkssouveränität und Legitimität durch einen Kompromiß, — ein auf dem Volkswillen beruhendes Königtum — zu lösen, so sieht der badische Politiker Johann von Türckheim (1778 - 1847) in dem Prinzip der Legitimität nichts anderes als das Prinzip der Erhaltung, welches in der Natur jeder positiven Institution liegt und in dem erbmonarchischen System besonders ausgeprägt

---

149 *Heinrich Zoepfl,* Die Eröffnung der legitimen Thronfolge als rechtliche Folge des Mißbrauches der Staatsgewalt (1833), S. 5.

150 *Heinrich Zoepfl,* S. 2.

151 *Heinrich Zoepfl,* S. 43 f.

152 *Heinrich Zoepfl,* S. 46.

153 *Heinrich Zoepfl,* S. 49.

154 Hierzu: *Kurt Wolzendorff,* Staatsrecht und Naturrecht in der Lehre vom Widerstandsrecht des Volkes (1916, Neudr. 1968), S. 7 ff.

ist[155]. Für ihn liegt der wahre Unterschied zwischen der Volkssouveränität und der Legitimität nicht in Grundlage und Zweck der Staatsgewalt, sondern in der Form der Verfassung begründet: Die Verfassung kann entweder mehr Raum zu steten Äußerungen des Volkswillens gewähren oder einer überlieferten obersten Gewalt den Stempel der Unwandelbarkeit und Heiligkeit aufdrücken. Allein die Demokratie hat es sich zur Aufgabe gesetzt, so führt er aus, die Grundsätze der Freiheit und Gleichheit unter den Menschen so weit wie möglich durch das Instrument der Volkssouveränität zu verwirklichen. Ihr gegenüber gehen die Monarchie und Aristokratie von der Untauglichkeit der großen Menge zur Selbstregierung aus und stellen dem wandelbaren Volkswillen die auf der Grundlage der Legitimität beruhende Autorität entgegen, damit durch die Übertragung der höchsten Gewalt auf eine einzige Person, bzw. einen übersehbaren Kreis von Personen, die Einheit des Willens im Staate erhalten werden kann[156]. In dem gegebenen positiven Rechtszustand die einzig mögliche Grundlage der bürgerlichen Ordnung zu sehen, hält von Türckheim für unzutreffend. So gefaßt, meint er, könne sich das Prinzip der Legitimität vor dem Richterstuhl der Vernunft nicht behaupten, „wenn es das positive Recht als eherne Mauer aufstellt, welche die große Mehrheit eines Volkes zum Vorteil einer Minderheit in den obligaten Banden der einmal bestehenden Institutionen gefangen halten soll“[157]. Seiner Ansicht nach kann sich das Prinzip der Legitimität nur dann behaupten, wenn es das positive Recht als den notwendigen Ausgangspunkt für die Entwicklung der bürgerlichen Gesellschaft betrachtet; damit wird das Prinzip der Legitimität dahin umrissen, daß die bestehende staatliche Ordnung durch ein „naturgemäßes Fortschreiten“ vervollkommnet werden soll, ohne daß von der Obrigkeit eine in diese Richtung gehende freie Bewegung menschlicher Kräfte gehindert werden darf[158].

Die Ausführungen Murhards, Zoepfls und von Türckheims zeigen deutlich, in welch hohem Maße Volkssouveränität und Legitimität anfangs des 19. Jahrhunderts Kampfbegriffe der Liberalen und Konservativen gewesen sind. Mit dem Akzeptieren der Volkssouveränität oder der Legitimität war bereits definitiv zu den politischen Fragen der Zeit Stellung bezogen und es ließ sich nur schwer ein plausibler Kompromiß zwischen den widerstreitenden Ideen schließen. Wenn das auf der Volks-

---

[155] *Johann von Türckheim,* S. 74; Leben und Werk von Türckheims sind so gut wie unbekannt. Soweit ersichtlich hat sich allein *Hartwig Brandt,* S. 100 ff. mit der Staatstheorie von Türckheims beschäftigt. Wenn er ihn allerdings als konservativen Politiker bezeichnet, so dürfte hier von Türckheims Kompromißbereitschaft gegenüber liberalen Ideen nicht ausreichend berücksichtigt worden sein.

[156] *Johann von Türckheim,* S. 82 f.

[157] *Johann von Türckheim,* S. 71.

[158] *Johann von Türckheim,* S. 72.

souveränität beruhende Königtum und die Forderung nach Freiheit bei Fortbildung der bestehenden starren Rechtsordnung als neue mögliche Formen einer legitimen Ordnung vorgeschlagen wurden, so waren dies freilich nur wenig beachtete Ansätze zum Versuch einer konstruktiven Zusammenarbeit zwischen den verhärteten politischen Fronten.

2. Legitimität und Vernunftrecht bei Carl von Rotteck

„Die Idee, welche unser Zeitalter bewegt“, so schreibt der „politische Professor“ Carl von Rotteck[159], „ist die Frucht der angeborenen Verstandesreife der Völker, sie ist klar und bestimmt, sie durchweht alle Klassen der Gesellschaft ... Diese Idee ist die des Rechts, nämlich des Vernunftrechts und der demselben zu gewährenden Herrschaft der menschlichen Dinge. Nach langer Dahingebung unter die Fesseln eines aus barbarischer Zeit stammenden historischen Rechts ist endlich die gebildete Menschheit erwacht zur deutlicheren Erkenntnis des natürlichen, d. h. des vernünftigen Rechts, und sie fordert laut desselben Wiederherstellung in die ihm gebührende Herrschaft. Die Wiederherstellung soll allnächst in den Staatsverfassungen, aber sodann mittels dieser in allen Sphären des bürgerlichen und menschlichen Daseins stattfinden. Der Kampf zwischen dem historischen und dem vernünftigen Recht ist die große Angelegenheit unserer Zeit[160].“ Mit diesen knappen Sätzen ist praktisch das gesamte politische Programm von Rottecks umrissen, das er in seinen Reden in den badischen Kammern und in seinen Veröffentlichungen verfochten hat. Er war völlig davon überzeugt, daß sich nach der Aufhebung aller die Freiheit und das Eigentum hemmenden Schranken und nach Herstellung des vernünftigen und natürlichen Rechts die Spannungen zwischen Autorität und Freiheit in der menschlichen Gesellschaft lösen würden[161].

Besondere Bedeutung mißt von Rotteck dem richtigen Verständnis von der Funktion der Staatsgewalt zu. Im Rahmen seines Systems eines rein vernünftigen Staatsrechts verlangt er, die Staatsgewalt müsse eine von

[159] Vgl. zu Carl von Rotteck generell: *Horst Ehmke,* Karl von Rotteck, der „politische Professor“ (1964); *H. Jobst,* Die Staatslehre Karl von Rottecks. Ihr Wesen und ihr Zusammenhang mit der Staatsphilosophie des 18. Jahrhunderts, in: Zeitschrift für die Geschichte des Oberrheins, Bd. 103 (1955), S. 468 ff.; *H. Zehntner,* Das Staatslexikon von Rottecks und Welckers (1929); *Hartwig Brandt,* S. 255 ff. mit weiteren Literaturangaben; *Lothar Gall,* Der Liberalismus als regierende Partei (1968), S. 43 ff.

[160] *Carl von Rotteck,* Das Jahr 1828 (1830), in: Gesammelte und nachgelassene Schriften, Bd. 1 (1841), S. 159.

[161] Vgl. zur Ablehnung des historischen Rechts die Ausführungen *Carl von Rottecks* in dem Artikel „Historisches Recht“, in: Staatslexikon, hrsg. von Rotteck und Welcker, 7. Bd., 2. Aufl. (1847), S. 17 ff., wo fast nur die negative Seite des überkommenen Rechts betont und die Möglichkeit einer kontinuierlichen Rechtsfortbildung geleugnet wird.

der Gesamtheit ausgehende und ihr fortwährend angehörige gesellschaftliche Gewalt sein, die sich im Gesamtwillen der Mitglieder der Gesellschaft artikuliere[162]. Dieser Gesamtwille soll durch eine freigewählte Repräsentation zum Ausdruck gebracht werden. Bei dem Zusammenwirken zwischen Volksrepräsentation und Landesregierung muß die „Herrschaft des wahren, besonnenen und bewahrenden Gesamtwillens verbürgt werden“[163]. Daher fordert er, daß die gesetzgebende Gewalt, einschließlich des Steuerbewilligungsrechts der Volksrepräsentation überlassen und die Regierung auf die vollziehende Gewalt beschränkt werde; zur Kontrolle der gesetzgebenden und verwaltenden Gewalt sollen unabhängige Gerichte eingesetzt werden. Damit die Volksrepräsentation ihren Zweck, den Gesamtwillen in richtiger Weise zu bilden, erfüllen kann, müssen die Regierungsbeschlüsse veröffentlicht, die Verhandlungen der Volksvertretung öffentlich und die Pressefreiheit gewährleistet sein. Nur so kann die öffentliche Meinung, die von Rotteck für fast gleichbedeutend mit dem vernünftigen Gesamtwillen hält, sich frei entfalten und die notwendigen Impulse an die gesetzgebende und vollziehende Gewalt vermitteln. In seinen Äußerungen zur Verfassungstheorie beschäftigt sich von Rotteck aber nicht allein mit Problemen staatlicher Repräsentation. Auch der Gewährleistung der den Staatsangehörigen zustehenden Rechte widmet er seine volle Aufmerksamkeit. Die individuellen Freiheitsrechte, nämlich die Gleichheit und die Freiheit der Person (insbesondere Aufenthaltsfreiheit, Eigentumsgewährleistung, Religionsfreiheit und Auswanderungsfreiheit) folgert von Rotteck aus dem Begriff des gesellschaftlichen Vereins und des ihm innewohnenden lebenskräftigen Gesamtwillens[164]. In diese Rechte darf seiner Meinung nach nur im öffentlichen Interesse nach dem Gesetz der gesellschaftlichen Gleichheit eingegriffen werden; außerdem soll in bestimmten Fällen eine Entschädigung für die Rechtsbeeinträchtigung gewährt werden.

Mit diesem Verfassungsentwurf werden dem Monarchen, bzw. Landesherren die wesentlichen traditionellen Rechte entzogen. Von Rotteck räumt ihm nur die Stellung eines republikanischen Präsidenten ein[165], wobei ihm wohl Benjamin Constants Auffassung von einem Monarchen als „pouvoir neutre“ vorgeschwebt haben mag[166]. Er meint, daß für den

[162] *Carl von Rotteck, Art.* Constitution, in: Staatslexikon, hrsg. von Rotteck und Welcker, 3. Bd., 2. Aufl. (1846), S. 522.

[163] *Carl von Rotteck*, S. 523; zur Repräsentationslehre von Rottecks vgl. *Hartwig Brandt*, S. 258 ff.

[164] *Carl von Rotteck*, S. 523 und: Lehrbuch des Vernunftrechts und der Staatswissenschaften, 2. Bd. (1830), S. 128 ff.

[165] *Carl von Rotteck*, Art. Constitution, S. 535.

[166] Daß Carl von Rotteck Benjamin Constants Werke gekannt und geschätzt hat, geht aus einem Brief von Benjamin Constant an ihn vom 24. Juni 1828, in: *Carl von Rotteck*, Gesammelte und nachgelassene Schriften, hrsg. von Hermann von Rotteck, Bd. 5 (1843), S. 477, hervor.

Monarchen durch seine Heiligkeit, Unverantwortlichkeit, Reichtum und den Glanz seiner Würde Auszeichnendes genug übrig bleiben würde, — wobei er freilich den realen Machtverhältnissen seiner Zeit und den Ansprüchen der regierenden Häuser nicht ausreichend Rechnung trägt.

Die Frage der Ausgestaltung einer liberalen Verfassung und die Auseinandersetzung zwischen dem historisch gewordenen Recht und dem Vernunftrecht spiegeln sich in von Rottecks Konzeption des Legitimitätsbegriffes wider. Auf die politischen Verhältnisse bezogen versteht man seiner Ansicht nach unter Legitimität, daß ein Regent durch gesetzliche Erbfolge oder Wahl zur Herrschaft gelangt oder daß auf gesetzlichem Wege durch die nach dem natürlichen oder positiven Gesetz dazu rechtmäßig berufene Autorität eine Verfassung zustande gekommen ist. Im Gegensatz zu der Legitimität der Übernahme und Ausübung einer Herrschaft steht die sogenannte Usurpation, der aus gewaltsamer Umwälzung hervorgegangene Zustand oder eine rein willkürliche Regierungsweise[167]. Von Rotteck stellt fest, daß er sich mit dieser Begriffsbestimmung im Widerspruch zu der in seiner Zeit gebräuchlichen Interpretation des Begriffes der Legitimität befindet. Diese Interpretation lehnt er freilich ab. Unter Legitimität nur das angestammte Herrscherrecht und die unmittelbar von Gott verliehene Majestät zu verstehen, würde seiner Ansicht nach mit den Lehren der Geschichte und den anerkannten Grundsätzen des Staats- und Völkerrechts in Widerspruch stehen: „Das Erbrecht eines Fürstenhauses auf die Regierung eines Landes und Volkes kann, wenn man nicht zur absoluten Dichtung eines schon vor dem Staat bestandenen Erbeigentums einer Familie über das ganze Gebiet seine Zuflucht nehmen, oder den Glauben an eine unmittelbare göttliche Einsetzung des Herrscherhauses fordern will, durchaus auf keinem anderen Boden wurzeln, als auf dem des vernünftigen Staatsrechts, mithin nur abgeleitet werden aus dem ursprünglichen Gesellschaftsvertrage als erster Quelle, in dessen Gemäßheit sodann ein Gesellschaftsgesetz, d. h. Ausspruch des Gesamtwillens, ein Fürstenhaus zur Regierung berief[168].“ Von Rotteck hält mit dieser Begründung dem erbmonarchischen Legitimitätsprinzip entgegen, ein für alle Ewigkeit seine Kraft behauptendes Gesetz zu schaffen, sei unmöglich; auch könne durch veränderte Umstände oder Untreue eines Vertragsschließenden ein Vertrag seine Rechtsgültigkeit verlieren. Seiner Ansicht nach gibt es daher nicht nur eine faktische, sondern auch eine rechtliche Möglichkeit des Aufhörens jeden Gesetzes und jeden Vertrages und, wenn die „Möglichkeit zur Wirklichkeit wird, da hört natürlich die auf der Rechtsverbindlichkeit des Gesetzes oder Vertrages ruhende Legitimität auf“[169].

[167] *Carl von Rotteck*, Art. Legitimität, in: Staatslexikon, 2. Aufl., 8. Bd. (1847), S. 644.

[168] *Carl von Rotteck*, S. 645.

Mit ähnlicher Begründung lehnt auch Friedrich Christoph Dahlmann (1785 - 1860)[170] den Legitimitätsbegriff als eine brauchbare politische Kategorie rundweg ab. Er führt aus, daß das Prinzip der Legitimität, das von Talleyrand als politischer Kampfbegriff herausgestellt wurde, weder bei der Ordnung Europas verwirklicht, noch zu etwas nutze sei[171]. Damit könne aber die Legitimität nicht den erworbenen Rechtsanspruch auf die Regierung eines Landes oder die Anerkennung durch die übrigen legitimen Herrscher bezeichnen, da dann Napoleon in Frankreich eine legitime Herrschaft erlangt haben würde; man könne auch nicht unter Legitimität die lange Folge der Vorfahren mit erblicher Herrschaft begreifen, da Habsburg als Kaiserhaus in Deutschland wegen der Kaiserwahlen nie legitim geworden wäre[172]. Dahlmann weist hier wie von Rotteck auf die Schwierigkeiten hin, eine wirklich legitime Dynastie zu finden und hebt gleichzeitig die Manipulierbarkeit des erbmonarchischen Legitimitätsprinzips hervor.

Während Dahlmann aus diesen Erwägungen heraus den Begriff der Legitimität für völlig überflüssig hält, sucht ihn von Rotteck mit neuem Inhalt auszugestalten. Seiner Ansicht nach entsteht eine neue legitime Herrschaft durch die Anerkennung des Volkes, die sich vermittels des Gesamtwillens offenbart. Der Gesamtheit des Volkes spricht von Rotteck das Recht zu, die Rechtmäßigkeit einer bestehenden Herrschaft oder einer Änderung von Herrschaftsform oder Regierung festzustellen[173]. Die

---

[169] *Carl von Rotteck,* S. 646.

[170] Wenn Friedrich Christoph Dahlmann hier mit Carl von Rotteck in einem Zuge genannt wird, so rechtfertigt dies ihre gemeinsame Ablehnung des auf der Erbmonarchie beruhenden Legitimitätsprinzips. Daß aber der eine zu den Anhängern des „organischen" Liberalismus, der andere zu den Anhängern des „aufklärerischen" Liberalismus zu rechnen ist, darf nicht verkannt werden; vgl. *Ernst-Wolfgang Böckenförde,* Die deutsche verfassungsgeschichtliche Forschung im 19. Jahrhundert (1961), S. 98; zu Friedrich Christoph Dahlmann siehe *Ernst-Rudolf Huber,* Friedrich Christoph Dahlmann und die deutsche Verfassungsbewegung (1937); *Manfred Riedel,* Einleitung zu: Friedrich Christoph Dahlmann, Die Politik (Ausgabe Suhrkamp 1968), S. 7 ff.

[171] *Friedrich Christoph Dahlmann,* Von politischen Drangsalen (1820), in: Kleine Schriften und Reden (1886), S. 151, führt mit den folgenden spottenden Worten das Legitimitätsprinzip ab absurdum: „Als Talleyrand die neue Lehre (sc. der Legitimität, der Verf.) aufstellte, hatte Frankreich seine Charte schon; es war demnach nicht tunlich, dem Dogma die weitere Entwicklung zu einem göttlichen Rechte der alten Dynastien auf unumschränkte Herrschaft zu geben. Seitdem aber wird der Gallische Artikel mit dieser Appretur versehen, weit und breit vertrieben und steht in Deutschland als Gegengift gegen den bekannten Dreizehnten (Art. 13 der Bundesakte lautet: „In allen Bundesländern wird es Ständeversammlungen geben.") hoch im Preis. Gefällige Gelehrte haben ihn in ihre Handbücher der Politik und Geschichte einrangiert und Religiöse behaupten, er müsse in den ersten Religionsunterricht der Jugend aufgenommen werden, was auch, wenn er richtig wäre, gar nicht unrichtig wäre."

[172] *Friedrich Christoph Dahlmann,* S. 171 ff. macht noch weitere Einwände geltend, die hier aufzuzählen zu weit führen würde.

Rechtswidrigkeit einer Verfassungsänderung oder Absetzung der Dynastie kann seiner Meinung nach durch die zur Willensäußerung aufgerufenen Bürger oder ihre Repräsentanten, aber auch stillschweigend durch tatsächlich gezeigte Unzufriedenheit mit dem Geschehen bezeugt werden[174]. Mit der Hervorhebung dieser sozialpsychologischen Komponente des Legitimitätsbegriffes greift von Rotteck die Restaurationspolitik, insbesondere die Restauration der Bourbonen an: „Wenn man trotz aller staatsrechtlichen und völkerrechtlichen Anerkennung einer geschehenen Thronveränderung und trotz des längsten und unangefochtenen Bestandes der neuen Herrschaft immerdar noch das Recht der alten verdrängten Familie als fortdauernd betrachtet, wenn man den auch erst in spätester Zeit etwa wieder zu erringenden Sieg dieser letzten als einen Triumph der Legitimität über die Usurpation ansehen will, so gerät man zu den absurdesten Konsequenzen[175].“ Diese „absurdesten Konsequenzen“ sind, daß mit Anerkennung des erbmonarchischen Legitimitätsprinzips die Abkömmlinge der Karolinger oder Merowinger legitime Herrschaftsansprüche geltend machen, oder daß die Erben der damals erst in jüngster Zeit mediatisierten Fürsten im Namen der Legitimität die Übertragung der Regierung in ihren ehemaligen Gebieten verlangen könnten. Mit politischem Scharfblick erkennt von Rotteck, daß die Restauration der Herrschaft von Ludwig XVIII. nur durch die militärische Überlegenheit der Verbündeten möglich war und hierbei nicht ein neues, allgemein anerkanntes Recht geschaffen wurde. Alleiniger Zweck dieser Restaurationspolitik war es, das durch den Sturm der Revolution Zerstörte wieder zu erneuern und „dem Prinzip der Revolution das der Stabilität, von welchem auch jenes der Legitimität ein Ausfluß ist, mit Autorität entgegenzustellen[176].“

Aus der Einsicht, daß eine legitime Herrschaft von einem bestimmten Legitimitätsbewußtsein im Volke getragen werden muß, folgert von Rotteck, die Legitimität müsse sich nicht nur auf die Gesetzmäßigkeit des Erwerbs der Herrschaft, sondern auf das ganze Verfassungsgesetz und auf die Art der Ausübung der Regierungsgewalt beziehen[177]. In diesem

[173] *Carl von Rotteck*, Lehrbuch des Vernunftrechts und der Staatswissenschaften, 2. Bd. (1830), S. 106 f.; dieses Recht billigt er freilich nur der Allgemeinheit zu. Der einzelne darf sich nicht gegen eine von der Allgemeinheit für legitim gehaltene Herrschaft wenden. Insoweit lassen sich Parallelen zu Jean Jacques Rousseau ziehen, bei dem sich der Einzelwille auch in jedem Fall dem Gesamtwillen unterordnen mußte.

[174] *Carl von Rotteck*, Art. Legitimität, S. 647 trennt klar die staatsrechtliche von der völkerrechtlichen Legitimität. Während die staatsrechtliche Legitimität auf der freien Anerkennung der Rechtmäßigkeit der Herrschaft durch das Volk beruht, liegt die völkerrechtliche Legitimität in der Anerkennung der Regierung durch die übrigen Regierungen begründet.

[175] *Carl von Rotteck*, S. 647 f.

[176] *Carl von Rotteck*, S. 649.

[177] *Carl von Rotteck*, S. 650.

Sinne versteht er unter Legitimität eine im Staate herrschende Gesetzlichkeit, d. h. die Heilighaltung und Angemessenheit des Rechtsgesetzes: „Alles wahre Recht ist heilig oder soll heilig sein, also nicht nur das rein vernünftige und ewige Recht, sondern auch das positive oder historische, insofern es nämlich nach Form und Inhalt unverletzend für das erste, und daher gleichfalls Vernunftrecht ist[178].“ Legitim ist eine Ordnung mithin nur dann, wenn ihre rechtlichen Regelungen vor den Prinzipien des Vernunftrechts bestehen können; das positive und historisch gewordene Recht wird nur dann legitim sein können, wenn es vernunftrechtlichen Prinzipien entspricht. Angesichts dieses Postulates fordert von Rotteck von einem Staatswesen, das Anspruch auf Legitimität erhebt, daß die Grenzen der Staatsgewalt bestimmt, die dem Volk vorbehaltenen Rechte bezeichnet und ihre Ausübung geregelt sind. Daneben muß der Grundsatz der Gewaltenteilung, der die Menschen- und Bürgerrechte erst garantiert, verwirklicht sein. Ziehen wir zu diesem Fragenkomplex von Rottecks Ansichten über die einzelnen Rechte des Bürgers, wie sie oben kurz umrissen wurden, heran, so finden wir hier unter dem Prinzip der Legitimität das Ideal des modernen Rechtsstaates angesprochen, dessen Rechtsordnung als richtige Ordnung von den Bürgern anerkannt wird. In diesem Sinne reicht das gesetzmäßig erworbene Thronrecht für eine legitime Herrschaft nicht aus. Es muß beachtet werden, daß das die Verfassung regelnde Grundgesetz nicht verletzt wird und die verfassungsmäßig überkommene Gewalt im Dienste des Gesamtwohles ausgeübt wird. Von Rotteck schließt aus der Tatsache, daß die Restaurationspolitik nur mit harter Gewalt durchgesetzt werden konnte, das Volk wolle keine andere Legitimität mehr anerkennen, „als welche mit dem lauteren und echten Begriff der Gesetzlichkeit und Rechtmäßigkeit übereinstimmt, welche mit dem Rechte des Blutes und des Hauses auch das auf der Pflichterfüllung ruhende verbindet, mithin auf die Beobachtung der positiven Constitutionsgesetze und auf jene der allgemeinen oder rein vernünftigen staatsrechtlichen Regentenpflichten bedingt ist“[179]. Hier zeigt sich mit voller Deutlichkeit, wie stark von Rotteck durch Constant beeinflußt ist. Auch Constant rang um eine liberale Verfassung mit der Gewährleistung von Menschen- und Bürgerrechten; ebenso wie Constant hofft auch von Rotteck auf einen Regenten, der allgemeines Ansehen genießt und zugleich zur Wahrung einer liberalen Verfassung beiträgt. Im liberalen Denken Constants wie auch von Rottecks wird bei der Bestimmung des Legitimitätsbegriffes der Akzent auf die Gewährleistung einer rechtsstaatlichen Verfassungsordnung gelegt, während der Monarchie eine zweifellos wichtige, aber nicht das staatliche Leben bestimmende Garantiefunktion zugesprochen wird.

---

[178] *Carl von Rotteck*, Lehrbuch des Vernunftrechts und der Staatswissenschaften, 2. Bd. (1830), S. 98.

[179] *Carl von Rotteck*, Art. Legitimität, S. 652.

IV. Legitimität und Evolution in der organischen Staatslehre

Bei der Darstellung der Legitimitätsidee einiger liberaler Autoren des Vormärz hat sich gezeigt, in welchem Maß der Legitimitätsbegriff geeignet war, vernunftrechtliches Gedankengut in sich aufzunehmen. Damit war der Legitimitätsbegriff schon frühzeitig nicht allein mehr ein Kampfbegriff der Restaurationspolitiker; auch im liberalen Lager vermochte man an eine legitime Staatsgewalt fest umrissene Anforderungen zu stellen. Im übrigen bemühte man sich, zwischen den Prinzipien der Volks- und der Fürstensouveränität zu vermitteln. Man schlug Kompromißlösungen vor, bei denen die Herrschaft eines legitimen Königtums gewahrt, gleichzeitig aber Zugeständnisse an eine Volksvertretung gemacht oder bestimmte Freiheitsbereiche anerkannt werden sollten.

Wenn auch die organische Staatslehre des 19. Jahrhunderts sich nicht direkt um einen pragmatischen Kompromiß zwischen liberalen und konservativen Positionen bemüht hat, so weist sie doch bei der Formulierung des Legitimitätsbegriffes einige Gemeinsamkeiten mit der gemäßigten liberalen Staatstheorie auf: Auch die organische Staatstheorie wendet sich gegen reaktionäre Bestrebungen der Restaurationspolitik. Die am Vernunftsrecht orientierte Legitimitätsidee wird zwar abgelehnt, man bejaht jedoch die Notwendigkeit einer gewissen Evolution der gesellschaftlichen Verhältnisse; diese Evolution soll auch eine Veränderung des Inhalts der Legitimitätsidee erforderlich machen können.

Nach der Auffassung der organischen Staatslehre ist der Staat nicht das Resultat rationalen Handelns einzelner Individuen[180]. Die organische Staatslehre geht vielmehr von einem Wirken überpersonaler Kräfte im Staat aus; vor allem diese überpersonalen Kräfte schließen die einzelnen Individuen zu einer staatlichen Einheit zusammen. Die Grundpositionen der organischen Staatslehre werden im folgenden bei der Darstellung von Troxler und Bluntschli insoweit dargelegt, als es zur Beschreibung ihrer Legitimitätsidee erforderlich ist.

1. Ignaz Paul Vital Troxler

Der schweizer Rechts- und Staatsphilosoph Ignaz Paul Vital Troxler (1780 - 1866) gewinnt seine Anschauungen über Recht und Staat in der Auseinandersetzung mit den Lehren der Aufklärung und der Restaura-

[180] Zur organischen Staatslehre: *Ulrich Häfelin*, Die Rechtspersönlichkeit des Staates (1959), S. 105 ff.; *Hans Kelsen*, Der soziologische und der juristische Staatsbegriff (1922), S. 37 ff.; *Peter Badura*, Die Methoden der neueren allgemeinen Staatslehre (1959), S. 115 ff.; *Herbert Krüger*, Allgemeine Staatslehre, 2. Aufl. (1966), S. 147 ff.; *Reinhold Zippelius*, Allgemeine Staatslehre, 3. Aufl. (1971), S. 21 ff.; *Erich Kaufmann*, Über den Begriff des Organismus in der Staatslehre des 19. Jahrhunderts (1908).

tionspolitik, die er beide verwirft[181]. Wird von den Anhängern der Aufklärung an eine rationale, kraft individueller Überlegung konstruierbare bürgerliche Gesellschaft geglaubt, so betrachtet Troxler die Gesellschaft als etwas Wachsendes und Geschichtliches. Postuliert die Aufklärung die rationale Ausformung des Rechts, so ist das Recht für Troxler eine Kraft, die Familie, Stände, Nation und Menschheit durchdringt und in der Geschichte reale Gestalt gewinnt. Weder menschliche Willkür bestimmt das Recht, noch Gewalt das Unrecht. Bei der Bestimmung des Rechts ist auf das zwischen den Individuen bestehende Verhältnis Rücksicht zu nehmen. Freiheit und Gleichheit der Individuen dürfen nicht schrankenlos sein, sondern müssen auf das Volk im ganzen bezogen werden. Auf der anderen Seite dürfen Freiheit und Gleichheit auch nicht in einem „in blindem Herkommen" oder „schlauem Außenwerk erstarrten Staat" erstickt werden[182]. In seinem Kampf gegen die „Irrlehren der Liberalität und Legitimität", gegen die schrankenlose Freiheit und die erstarrte Form des politischen Lebens hebt er die Gefahren der Übertreibung des individualistischen oder kollektivistischen Standpunktes hervor. Er wendet sich gegen die Vernichtung der Persönlichkeit und der lebendigen Gemeinschaft durch die absolute Norm einerseits und die geschichtliche Form andererseits. „Das Recht allein kann Ruhe und Ordnung schaffen, aber diese besteht nicht in der Exaction des Neuen, noch in der Reaction des Alten, sondern in ihrer naturgemäßen Sicherung und diese fordert, daß der Staat auf dem Volksrecht gegründet und das Bürgertum auf Menschlichkeit zurückgeführt werde, daß das Ganze seine Glieder frei schaffe, aber das Wesen seine eigene Form achte[183]." Hier wird bereits Troxlers Organismusgedanke offenbar: Er sieht die Gemeinschaft als ein belebtes Ganzes an, als ein geschichtliches Wesen; sie bedeutet nicht nur ein unmittelbares Miteinandersein, sondern auch ein Nacheinandersein. In diesem Sinne bezeichnet er die Nation als eine eigentümliche und unabhängige politische Persönlichkeit, als eine individualisierte Menschheit, bei der Stamm und Sprache die Hauptcharaktere bilden[184]. Die Individuen sind nichts anderes als die Erscheinung und Wandlung der Nation. Das Wesen der Nation offenbart sich in der Gesellschaft, ihr Leben in der Geschichte[185]. Damit spricht Troxler der Nation eine organische Natur zu, die sich in einem dynamischen Prozeß nach den Gesetzen lebendiger Wesen entfaltet: „Es ist auch in der Tat nichts anderes als die

---

[181] Zu Troxlers Leben und Rechtsphilosophie vgl. *Peter Schneider*, Ignaz Paul Vital Troxler und das Recht (1948); *Kurt Wolzendorff*, Staatsrecht und Naturrecht (1916, Neudr. 1968), S. 429 ff.

[182] *Ignaz Paul Vital Troxler*, Philosophische Rechtslehre der Natur und des Gesetzes mit Rücksicht auf die Irrlehren der Liberalität und Legitimität (1820), S. 95.

[183] *Ignaz Paul Vital Troxler*, S. 96.

[184] *Ignaz Paul Vital Troxler*, S. 97.

[185] *Ignaz Paul Vital Troxler*, S. 101.

menschliche Natur, die in jedem Menschen ist und lebt, wie im ganzen Geschlechte, was sich in allen Nationen und in jeder wieder einzeln entwickelt und gestaltet, und daher uns denselben Zyklus und Typus, wie im menschlichen Leben und Wesen darstellt[186]." Die Nation ist Quelle der Souveränität, sie allein ist selbstherrlich. Ihr untertan ist die politische Persönlichkeit. Es besteht kein Unterordnungsverhältnis zwischen Fürst und Volk, zwischen Regenten und Regierten. Troxler leugnet insbesondere die Antinomie zwischen Staat und Gesellschaft. Er fordert, daß Fürst und Volk eine Einheit darstellen sollen; die Regierung darf lediglich ein Organ der Nation sein, welches den Lebens- und Wesensinhalt der Nation zu erfassen[187] und sich nach dem in der Nation zutage tretenden Gemeinwillen und der Gesamtvernunft zu richten hat[188].

Vom Standpunkt dieser organischen Staatstheorie aus kann es nicht verwundern, wenn Troxler die Ordnung des Staates nach den Grundsätzen der Legitimität, aber auch nach denen des Konstitutionalismus als verfehlt ablehnt. Wer die Prinzipien der Legitimität verteidigt, beruft sich im allgemeinen auf die Unantastbarkeit der gewordenen Ordnung und tritt allen Bestrebungen der Nation, sich organisch fortzuentwickeln, mit Gewalt entgegen: „Was die Form bestimmen oder sich nicht in sie fügen will, ist exzentrisch oder revolutionär[189]." Die Anhänger einer konstitutionellen Staatstheorie erkennen nach Troxlers Eindruck bei der Gestaltung der staatlichen Ordnung allein die öffentliche Meinung und den Geist der Zeit an. Die Berechtigung der überkommenen Formen wird rundweg geleugnet. Der Staat ist für die konstitutionelle Theorie nur eine Maschine unter der Leitung des Volkes[190]; eine wirkliche Harmonie zwischen Verfassung und Gesellschaft, Regierung und Regierten kann nicht entstehen. Troxler erkennt klar, daß sich die Anhänger eines nach den Grundsätzen der Legitimität geordneten Staatswesens und die Anhänger des Konstitutionalismus in andauernden innerpolitischen Kämpfen befinden werden. Für Troxler erscheint es die einzige Möglichkeit, will man diesem Dilemma entgehen, „das wahre einzige System der Restauration und Legitimität, der Natur und Staat, Menschlichkeit und Bürgertum vermittelnden göttlichen Ordnung" zu verwirklichen[191]. Diese, Troxlers Begriff der Legitimität kennzeichnende göttliche Ordnung besteht in dem System der Evolution und Repräsentation. Was Troxler unter diesen beiden eigentümlichen Begriffen der Evolution und Repräsentation versteht, muß näher erläutert werden. Zunächst ist alles, was

---

[186] *Ignaz Paul Vital Troxler,* S. 101.
[187] *Ignaz Paul Vital Troxler,* S. 121.
[188] *Ignaz Paul Vital Troxler,* S. 123.
[189] *Ignaz Paul Vital Troxler,* S. 123.
[190] *Ignaz Paul Vital Troxler,* S. 125.
[191] *Ignaz Paul Vital Troxler,* S. 125 f.

von dem Leben der Nation ausgeht oder ihrem Wesen entsteigt, ein Produkt ihrer Evolution oder ein Objekt ihrer Repräsentation[192]. Des weiteren will er unter dem „Evolutions- und Repräsentationssystem" die gute Proportion zwischen Innen und Außen verstanden wissen. Wenn beispielsweise die Regierung und die innerstaatliche Ordnung den Wesens- und den Lebensgehalt der Nation ausdrücken, sind sie als die Komponenten der äußeren Rechtswirklichkeit durch ein Evolutions- und Repräsentationssystem mit der inneren Rechtswirksamkeit verbunden. Mit der Gegenüberstellung der Begriffe Evolution und Repräsentation erfaßt Troxler die Dialektik zwischen Dynamismus und Organismus, zwischen Kraft und Struktur[193]. „Das ewige Prinzip und wesentliche Substrat von Evolution und Repräsentation" ist die Nation[194]. Wenn die Wechselwirkung zwischen Evolution und Repräsentation gestört und damit die gute Verbindung zwischen Innen und Außen unterbunden ist, gerät die äußere Rechtswirklichkeit in Unordnung und es entstehen soziale Krankheitsformen: Bestimmen Volk und Gesellschaft eigenmächtig die staatliche Entwicklung, entsteht ein Zustand der Anarchie; reißt der Behördenapparat die Gewalt an sich, muß man eine despotische Regierung befürchten. Daher müssen nach Troxlers Meinung alle Regierungen und Staatsordnungen, die Anspruch auf Rechtmäßigkeit und damit auf Legitimität erheben wollen[195], auf das System der Evolution und Repräsentation gegründet werden[196]. Dieses System hat die konkrete Aufgabe, den Inbegriff der nationalen Rechtsimpulse in die staatliche Wirklichkeit zu transformieren, ohne daß diese erstarrt. Es muß ein Wechselspiel zwischen Behörde und Volk, Verfassung und Gesellschaft stattfinden, bei dem eine Dialektik zwischen objektiven Ordnungsprinzipien und subjektiven Freiheitsrechten möglich ist. Dann werden auch die Gegensätze zwischen Volk und Regierung zu einer dialektischen Einheit geführt, da die Ordnung nicht der Freiheit und die Freiheit nicht der Ordnung geopfert werden dürfen, sondern erst beide zusammen die durch die Freiheit gesetzte Ordnung konstituieren.

---

[192] *Ignaz Paul Vital Troxler*, S. 137; in diesem System der Evolution und Repräsentation erkennt Troxler die Grundursache der Gesellschaft und den Hauptgrund der Entwicklung: „Der wahre Maßstab und die eigentliche Richtschnur für die Rechtmäßigkeit (Legitimität) der Regierungen und Verfassungen liegt nicht in ihrem zeitlichen Ursprung oder in irgendeinem endlichen Verhältnis, sondern muß auf dasjenige bezogen werden, worin ihr Dasein selbst wesentlich begründet ist, nämlich auf die Grundursache der Gesellschaft und den Hauptbewegungsgrund ihrer Entwicklung" (S. 104).

[193] *Peter Schneider*, S. 200 f.

[194] *Ignaz Paul Vital Troxler*, S. 137.

[195] Zur Gleichsetzung von Rechtmäßigkeit und Legitimität bei Ignaz Paul Vital Troxler vgl. Anm. 192.

[196] *Ignaz Paul Vital Troxler*, S. 140.

2. Johann Caspar Bluntschli

Ähnlich wie Troxler versucht Johann Caspar Bluntschli (1808 - 1881)[197] bei seinen Ausführungen zu der organischen Struktur des Phänomens Staat eine vermittelnde Haltung zwischen liberalem Fortschritt und konservativem Beharren einzunehmen[198]. Außer der überspitzt formulierten Organismustheorie ist seine politische Argumentation zweckgerichtet und trägt den konkreten politischen Fragestellungen Rechnung[199].

In seinen Lebenserinnerungen schildert Bluntschli plastisch, wie er die Überzeugung gewann, daß der Staat ein lebendiger Organismus und das Volk eine Person sei, und zwar nicht ein Geschöpf Gottes wie der Mensch, sondern ein Werk des menschlichen Geistes und der Geschichte[200]. Die organische Staatsauffassung Bluntschlis steht unter dem Einfluß der anthropomorphen Anschauung einer natürlichen Staatslehre. Bluntschli betrachtet den Staat als einen natürlichen und geistigen Organismus, der auf realem Boden ruht. In diesem Sinne umschreibt Bluntschli den Staat als eine lebendige Kulturperson mit einer natürlichen Basis in dem Gemeincharakter und dem Gemeingut der Nation. Er folgert den Grund des Staates aus der menschlichen Natur und hält den Menschen selbst für ein „staatliches Wesen"; so kann er auch den Schlüssel zur Erkenntnis des Staates in einem Vergleich mit der Ordnung der menschlichen Seele finden, die den menschlichen Körper beherrscht. Es „haben die Menschen, indem sie den Staat nach sich bildeten, sei es bewußt,

---

[197] Allgemein zu Johann Caspar Bluntschlis Leben und Werk: *Hans Fritzsche*, Johann Caspar Bluntschli, in: Schweizer Juristen, hrsg. von H. Schulthess (1945), S. 135 ff.; *Georg Jellinek*, Johann Caspar Bluntschli. Zu seinem 100. Geburtstag (1908), in: Ausgewählte Schriften, Bd. 1 (1911), S. 284 ff.; *Franz von Holtzendorff*, J. C. Bluntschli und seine Verdienste um die Staatswissenschaften (1882), S. 11 ff.

[198] Wenn bei *Gottfried Salomon-Delatour*, Moderne Staatslehren (1965), S. 535 von einer „liberal-konservativ organischen Rechts- und Staatslehre" gesprochen wird, so kommt in dieser globalen Bezeichnung Bluntschlis vermittelnde Haltung in dem Konflikt zwischen der liberalen und konservativen Parteirichtung zum Ausdruck. Bezeichnend für diese vermittelnde Haltung sind folgende Sätze Bluntschlis: „Liberale und Konservative unter sich aber sind nahe verwandt ... Dem gewaltigen Mut und der Willenskraft dort entspricht hier der Seelenadel und das Pflichtgefühl, dem organisatorischen Verstand das Verständnis der geschichtlichen Rechtsordnung. Wenn sich beide bekämpfen, so ist doch niemals die Vernichtung des Gegners das Ziel des Ganzen, sondern ein Wechsel in der Führung oder eine Nötigung zu bestimmten neuen oder der Schutz der hergebrachten Einrichtungen. In den Kompromissen zwischen beiden Parteien liegt daher nicht eine Untreue an den Parteiprinzipien; sie bedingen vielmehr ein notwendiges Zusammenwirken der beiden Hauptkräfte, die das Leben leiten, und verbürgen die Gesundheit und den Frieden der Völker" (*Johann Caspar Bluntschli*, Charakter und Geist der politischen Parteien [1869], S. 142 f.).

[199] *Ernst-Wolfgang Böckenförde*, Gesetz und gesetzgebende Gewalt (1958), S. 195; Kritik an Bluntschlis Organismuslehre übt *Erich Kaufmann*, Über den Begriff des Organismus in der Staatslehre des 19. Jahrhunderts (1908), S. 15 ff.

[200] *Johann Caspar Bluntschli*, Denkwürdiges aus meinem Leben, 1. Teil (1884), S. 317 f.

sei es unbewußt und instinktiv, in der Ordnung der Staatsgewalt die Ordnung ihrer Seelenkräfte nachgebildet, und hat der Staatskörper sein natürliches Vorbild in dem menschlichen Körper[201]." In der menschlichen Natur sieht Bluntschli die Ursache aller gemeinsamen Staatsbildung[202]. Für ihn birgt die Menschennatur neben der individuellen Mannigfaltigkeit auch die „Gemeinschaft und Einheit als Anlage" in sich. Der innere Staatstrieb bringt die äußere Organisation des Gesamtdaseins hervor.

Neben diesem eigenwilligen staatstheoretischen Ansatz kann man die Frage nach der organischen Fortbildung der gegebenen Ordnung als den charakteristischen Zug Bluntschlis staatsrechtlicher Schriften bezeichnen[203]. Er bejaht die Tradition, fordert aber gegenüber der Restaurationspolitik, daß auf evolutionäre Strömungen in besonderem Maße Rücksicht genommen werde. Für ihn gilt die Maxime: „Ein jedes Ding hat seine Zeit[204]." Daher kann es nicht verwundern, daß Bluntschli die Legitimitätsdoktrin der Restaurationspolitik ablehnt[205]. Er hält es für wissenschaftlich unhaltbar und praktisch unbrauchbar, unter dem Begriff der Legitimität ein absolutes und ewig unveränderliches Recht der Dynastien auf Regierung in einem Staate zu verstehen[206]. Zur Begründung führt er aus: eine Regierung setzt reale Macht voraus; sobald das Regierungsrecht und die wirkliche Regierung auseinanderfallen, muß das Prinzip der Legitimität aufgegeben und die Regierung als rechtmäßig anerkannt werden. Wie alle öffentlichen Rechte ist auch das Regierungsrecht von dem Bestand und dem Leben des Staates abhängig, dem es als ein Teil angehört. Weiterhin hält Bluntschli wie viele seiner liberalen Zeitgenossen das Legitimitätsdogma der Restaurationspolitik nicht zuletzt auch darum für verfehlt, weil ja fast jede europäische Dynastie durch einen Akt der Usurpation oder des revolutionären Umschwungs entstanden ist.

In Bluntschlis Definition des Legitimitätsbegriffes kündigt sich bereits die positivistische Tendenz der Staatsrechtswissenschaft an. Er setzt die Legitimität mit der Rechtmäßigkeit der Regierung gleich. Die legitime

---

201 *Johann Caspar Bluntschli*, S. 318; vgl. zur organisch-psychologischen Methode Bluntschlis: *Jacques Vontobel*, J. C. Bluntschlis Lehre von Recht und Staat (1956), S. 73 ff.

202 *Johann Caspar Bluntschli*, Allgemeines Staatsrecht, 1. Bd., 3. Aufl. (1863), S. 266.

203 Vgl. *Jacques Vontobel*, S. 102; besonders deutlich in: Charakter und Geist der politischen Parteien (1869).

204 *Johann Caspar Bluntschli*, Art. „Staat", in: Deutsches Staatswörterbuch, hrsg. von J. C. Bluntschli und K. Brater, 9. Bd. (1865), S. 616.

205 *Johann Caspar Bluntschli*, Allgemeines Staatsrecht, S. 24; auch Friedrich Julius Stahls Antithese von Legitimität und Revolution wird heftig kritisiert (*Johann Caspar Bluntschli*, Charakter und Geist der politischen Parteien, S. 58 ff.).

206 *Johann Caspar Bluntschli*, Art. Legitimität, in: Deutsches Staatswörterbuch, hrsg. von J. C. Bluntschli und K. Brater, 6. Bd. (1861), S. 355.

Regierung kommt „in staatsrechtlicher Form, mit verfassungsmäßiger Begründung zu ihrer Gewalt", während die illegitime Regierung nur als tatsächliche Staatsmacht erscheint[207]. Die Brücke von der illegitimen zur legitimen Regierung ist das Institut der staatsrechtlichen Verjährung. Mit der staatsrechtlichen Verjährung und dem Begriff der Legitimität umschreibt Bluntschli das allmähliche Wachstum eines Rechtszustandes aus der Fortdauer der tatsächlichen Zustände heraus, welche von der Zeit geheiligt und gefestigt werden. Die Trennung der realen Macht und der idealen Rechtsform kann in einem geordneten Staatswesen immer nur eine vorübergehende sein. „Ist die alte Form ohnmächtig geworden, so stirbt sie ab, und der lebendige Grund allen Staatsrechts, der Gemeingeist des zum Staate geordneten Volkes erfüllt die neue Form mit sittlichem Rechtsgefühl und staatlichem Rechtswillen ... Sobald der neue faktische Zustand von den lebendigen Organen des staatlichen Gemeinbildes und Bewußtseins anerkannt und zugleich die Möglichkeit einer Restauration der gestürzten Autoritäten verschwunden ist, ist für den Staat der Besitz zu Recht erwachsen[208]." Diese Sätze müssen näher interpretiert werden. Unter dem Begriff „Besitz" versteht Bluntschli die tatsächliche Ordnung der öffentlichen Verhältnisse im Gegensatz zu ihrer rechtlichen Ordnung[209]. Zu diesem staatsrechtlichen Besitz muß, damit eine legitime Staatsgewalt entsteht, ein geistig-sittliches Rechtselement hinzutreten. Hierfür reicht seiner Ansicht nach im allgemeinen die Macht der natürlichen Verhältnisse im Staat aus. Dabei ist es allerdings erforderlich, daß das Rechtsbewußtsein des Staatsvolkes die Veränderung in dem Besitz gutheißt[210]. Mit der Entstehung eines neuen Rechtsbewußtseins ist ein früherer staatsrechtlicher Besitz einer Dynastie an der Staatsgewalt und eine frühere Ordnung der öffentlichen Verhältnisse verjährt; eine neue legitime Ordnung ist entstanden. Ein derartiges allgemeines Rechtsbewußtsein ist so lange noch nicht vorhanden, als der Staat sich im Zustand des Bürgerkrieges befindet oder ein Bürgerkrieg droht. Von besonderer Bedeutung für die Veränderung des Rechtsbewußtseins ist die stillschweigende Zulassung oder ausdrückliche Anerkennung des veränderten Zustands durch die Organe des Staates, die über die innere Ordnung zu wachen haben; auch das Volk, das durch die Änderung der staatlichen Ordnung betroffen wird, ist nach Bluntschlis Auffassung zur Meinungsäußerung aufgerufen. Bluntschli findet die Lösung der Frage, wann von einer legitimen staatlichen Herrschaft gesprochen werden kann, in dem natürlichen Recht des Staates auf Entwicklung seiner Rechtsordnung: „Aus dem Recht des Staates auf seine Existenz folgt das Recht des Staates auf Entwicklung[211]." Eine neue Staatsordnung wird nicht durch

---

[207] *Johann Caspar Bluntschli*, S. 354.

[208] *Johann Caspar Bluntschli*, S. 356.

[209] *Johann Caspar Bluntschli*, Allgemeines Staatsrecht, S. 21.

[210] *Johann Caspar Bluntschli*, S. 22 f.

einen Gewaltakt, sondern durch das Rechtsbewußtsein des Volkes, das die neue Ordnung allgemein als dauerhaft und notwendig anerkennt, allmählich legitimiert. Bluntschlis Beschreibung der legitimen staatlichen Ordnung setzt sich sonach aus drei Komponenten zusammen: Zunächst muß eine gesetzmäßige Ordnung vorhanden sein. Diese Ordnung muß von dem allgemeinen Volkswillen anerkannt werden. Die gesetzmäßige Ordnung des Staates besitzt einen dynamischen Charakter. Es darf nicht zu einer Erstarrung eines bestimmten historischen Zustandes kommen. Die Einsicht in die Entwicklungsfähigkeit und -bedürftigkeit des menschlichen Rechts führt im Staatsrecht in gewissen Fällen zum Recht auf Verfassungsreform[212]. Das Recht auf Entwicklung hält Bluntschli für ein natürliches Urrecht des Menschen wie des Staates. Trotz seiner positivistischen Gleichsetzung von Legitimität und Gesetzmäßigkeit gelangt Bluntschli durch die Betonung des Rechts auf eine harmonische Entwicklung zu einem dynamischen Legitimitätsbegriff. Für ihn sind es nicht nur die Einzelmenschen, sondern auch die Völkerpersonen, die einen eigenartigen Geist und Charakter besitzen, der die Menge der Einzelnen zu einer Einheit zusammenfaßt. Mit der Personifizierung des Volkes und der Prämisse eines Volksgeistes kann Bluntschli das gemeinsame Rechtsbewußtsein erklären, das sich in Rechtserkenntnis und Rechtssitte äußert[213]. Dieser sich täglich äußernde Volksgeist ist der Träger des Legitimitätsbewußtseins und nimmt gleichzeitig das Recht des Staates auf Fortentwicklung der Rechtsordnung wahr.

V. Der Konservatismus

Während das liberale Denken des 19. Jahrhunderts sich um Maximen zur Verbesserung der gesellschaftlichen Verhältnisse bemüht, empfängt das aufkommende konservative Denken in der Staatslehre seine Impulse — wie jeder Konservatismus — aus der Vergangenheit. Für das konservative Denken ist alles, was ist, sinnvoll, weil es aus einem Prozeß des Werdens hervorgegangen ist. In allen in der Geschichte entstandenen Gebilden und Institutionen wird die Entfaltung einer kontinuierlich fortlaufenden Entwicklung der Kultur gesehen. Projiziert man den Unterschied zwischen dem liberalen und dem konservativen Denkstil auf das Zeiterlebnis, so erlebt der Liberale die jeweilige Gegenwart als den Anfang der Zukunft, der Konservative aber als die letzte Etappe der Vergangenheit[214].

---

[211] *Johann Caspar Bluntschli*, Allgemeines Staatsrecht, 2. Bd., 5. Aufl. (1876), S. 29.

[212] *Johann Caspar Bluntschli*, Die Entwicklung des Rechts und das Recht der Entwicklung, in: Gesammelte kleine Schriften (1874), S. 55.

[213] *Johann Caspar Bluntschli*, S. 52.

[214] *Karl Mannheim*, Das konservative Denken, in: Archiv für Sozialwissenschaften und Sozialpolitik, Bd. 57 (1927), S. 99; ob für den Konservatismus des

Wie die französischen Konservativen des beginnenden 19. Jahrhunderts[215] ist auch der deutsche Konservatismus dieser Epoche durch die Auseinandersetzung mit Aufklärung und Revolution geprägt[216]. Edmund Burkes „Reflections on the Revolution in France“ (1790) können als Ausgangspunkt für das mehr und mehr aufkommende konservative Schrifttum angesehen werden. De Maistre und de Bonald in Frankreich, Rehberg, von Gentz, Novalis und Görres, um nur einige zu nennen, in Deutschland waren von dieser grundlegenden Schrift Burkes beeinflußt. Der politische Begriff „Konservatismus“ wurde ebenso wie der Legitimitätsbegriff aus dem französischen Sprachraum rezipiert[217]. Chateaubriand hatte die 1818 von ihm begründete Zeitschrift „Le Conservateur“ genannt und der Begriff des Konservatismus wurde in Deutschland seit den dreißiger Jahren des 19. Jahrhunderts heimisch.

Das Entstehen der konservativen Geisteshaltung im Laufe des 19. Jahrhunderts ist dadurch bedingt, daß die Genese der sozialen und geistigen Welt eine neue Struktur erhält. Die Kulturgeschichte vollzieht sich nunmehr in zwei gegenläufigen Strömungen; die eine steht im Zeichen des Fortschritts, die andere im Zeichen des Retardierens. Die früher dominierende religiös wie auch ständisch gebundene Einheit des Weltbildes wird immer mehr abgebaut, das gesamte soziale und geistige Werden gerät in eine neuartige Dynamik. Die Hauptprobleme, bei deren Bewältigung liberale Fortschrittsideen und konservative Bewahrung der Positionen aufeinanderprallten, waren die Herausbildung des nationalen Einheitsstaates, die Beteiligung des Volkes an der Staatsleitung und die Lösung

---

20. Jahrhunderts diese Beschreibung noch zutrifft, kann hier dahingestellt bleiben; vgl. hierzu *Martin Greiffenhagen,* Das Dilemma des Konservatismus in Deutschland (1971), S. 302 ff.; *ders.*, Das Dilemma des Konservatismus in Deutschland, in: Konservatismus — Eine deutsche Bilanz (1971), S. 7 ff.

[215] Vgl. oben 4. Kap., I.

[216] Zum folgenden vgl. *Klaus Epstein,* The genesis of German conservatism (1966); *Fritz Valjavec,* Die Entstehung der politischen Strömungen in Deutschland. 1770 - 1815 (1951), S. 257 ff.; *Martin Greiffenhagen,* Das Dilemma des Konservatismus in Deutschland (1971), S. 38 ff.; *Hartwig Brandt,* Landständische Repräsentation im deutschen Vormärz (1968), S. 47 ff.; *Helmut Plessner,* Die verspätete Nation (1959), S. 73 f.; *Gerhard Ritter,* Die preußischen Konservativen und Bismarcks deutsche Politik 1858 - 1876 (1913), S. 2; *Carl Schmitt,* Politische Romantik, 2. Aufl. (1925), S. 153 ff.; *Russel Kirk,* Lebendiges politisches Erbe. Freiheitliches Gedankengut von Burke bis Santayana 1790 - 1958 (1959), S. 12 ff.

[217] *Martin Greiffenhagen,* S. 43 mit Nachw.; *Gerhard-Klaus Kaltenbrunner,* Der schwierige Konservatismus, in: Rekonstruktion des Konservatismus, hrsg. von Kaltenbrunner (1972), S. 26, weist darauf hin, daß Chateaubriands „Le Conservateur“ sich gegen die „ultramontanistisch-theokratischen Ideen de Maistres und de Bonalds“ wendet und „Autorität und Liberalität, Tradition und Erneuerung“ miteinander zu verbinden sucht. Bereits die Wortgeschichte macht hier deutlich, daß die konservative Position nicht nur die des Rückschritts oder Beharrens ist, sondern auch die des Anpassens an gesellschaftliche Umwandlungsprozesse sein kann.

der sozialen Frage[218]. Man darf die konservative Einstellung nicht nur als politische Position in einem engen Sinn verstehen, sondern muß sie auch als eine sozioökonomische und philosophische Haltung begreifen. Konservatives Denken ist ohne die angedeutete Dynamik der sozialen Entwicklung[219] und die dadurch hervorgerufene neue soziale Differenzierung der Welt nicht denkbar. Wenn in dieser Arbeit nur die Auswirkungen des konservativen Denkens auf die Staatsphilosophie untersucht werden, so darf nicht übersehen werden, daß konservatives Denken auch in Fragen der Weltanschauung und bei der Postulierung bestimmter sozialer und ökonomischer Verhältnisse besondere Bedeutung gewinnen kann. Das Festhalten an überkommenen Ordnungsvorstellungen im politischen, wirtschaftlichen und religiösen Bereich gerät in Konflikt mit der Konstruktion der Wirklichkeit nach einem vorgefaßten Plan, der die allgemeine soziale Lage zu verbessern sucht. Dieser Konflikt zwischen den Positionen des Fortschritts, des Beharrens und der Reaktion sollte im Verlaufe des 19. Jahrhunderts das politische Leben in hohem Maße beschäftigen.

Von diesem allgemeinen Blickpunkt aus kann es nicht verwundern, daß ebenso wie das liberale auch das konservative Legitimitätsverständnis sich mit einer Vielzahl verschiedenartiger Gesichtspunkte identifiziert hat: Während es bei der Ausprägung eines liberalen Legitimitätsprinzips um die Neugestaltung der gesellschaftlichen Ordnung ging, zielen die im konservativen Legitimitätsverständnis zum Ausdruck kommenden Bestrebungen allesamt auf die Wahrung der bestehenden Ordnung ab und warnen vor radikalen Reformen. Im Mittelpunkt aller Ausführungen steht das erbmonarchische Prinzip mit der auf dem Privatfürstenrecht beruhenden Erbfolgeordnung. Man wehrt sich gegen die Angriffe der Liberalen und sucht sich unter Berufung auf das Prinzip der Legitimität zu verteidigen. Hierbei spiegeln sich im Prinzip der Legitimität die Idee des Nationalstaates, die religiöse Begründung der Herrschaft, der Machtstaatsgedanke, aber auch die rechtfertigende Wirkung der Zeit[220].

1. Die privatfürstenrechtliche Legitimität

Der Übergang vom „Dominium“ zum „Imperium“, von der Landeshoheit des Fürsten zur souveränen Gewalt im Staate vollzog sich im konservativ eingestellten deutschen staatsrechtlichen Schrifttum zu Beginn

---

[218] *Ludwig Bergsträßer*, Geschichte der politischen Parteien in Deutschland, 11. Aufl. (1965), hrsg. von Wilhelm Mommsen, S. 35 ff., 60 ff.

[219] So *Karl Mannheim*, S. 81 ff.

[220] Die folgenden Einzeldarstellungen müßten eigentlich mit *Carl Ludwig von Hallers* „Restauration der Staatswissenschaft“, 6 Bde., 2. Aufl. (1820 - 1825) beginnen. Denn von Haller war einer der bedeutendsten konservativen Staatsphilosophen der Restaurationsepoche; ein halbes Jahrhundert vermochte er dem konservativen Denken wichtige geistige Impulse zu vermitteln. Von

des 19. Jahrhunderts nur allmählich[221]. Das System und Gedankengebäude der alten Reichsstaatslehre vermochte noch geraume Zeit fortzuwirken, obwohl nach Österreich und Preußen auch Bayern, Württemberg und Baden de facto im Preßburger Frieden von 1805, de iure im Rheinbund von 1806 die innerstaatliche Souveränität erlangt hatten[222].

Wie stark die Lehre von den fürstlichen Hoheitsrechten am Staate anfangs des 19. Jahrhunderts das Legitimitätsverständnis zu beeinflussen vermochte, zeigt sich in besonderem Maße in Werken, die ansonsten von vernunftrechtlichem Gedankengut beherrscht sind. Die Darstellung des Legitimitätsbegriffes steht z. B. bei Friedrich Schmitthenner (1796 bis 1850)[223] und Karl Vollgraf (1794 - 1863)[224] noch völlig in der Tradition des 18. Jahrhunderts. Beide verstehen unter dem Prinzip der Legitimität, daß die souveräne Gewalt im Staat „von demjenigen dem souveränen oder doch hohen Adel angehörigen Geschlechte, welches dieselbe unter einem giltigen Titel des Fürstenrechts erworben hat, erblich eigen besessen werde[225].“ Wer die legitime Gewalt im Staat ausübt, wird daher allein durch die Erbfolgeordnung bestimmt. Ein illegitimer Herrscher usurpiert die Staatsgewalt, ohne daß ihm ein gültiger Titel des Fürstenrechts zur Seite steht. Insoweit findet sich hier eine „privatfürstenrechtliche Legi-

---

Haller beschäftigt sich in seiner „Restauration der Staatswissenschaft“ allerdings nicht mit dem Begriff der „Legitimität“. Entsprechend dem begriffsgeschichtlichen Ansatz der Arbeit soll darum auf von Hallers Staatsphilosophie nicht eingegangen werden. Von Hallers „patrimonialer Feudalismus“ wird von *Hartwig Brandt*, S. 59 ff. anschaulich dargestellt.

[221] Hingewiesen sei nur auf *Romeo Maurenbrecher*, Die deutschen regierenden Fürsten und die Souveränität (1839), der die Souveränität in der Erbmonarchie als ein reines Privatrecht (Eigentum, Teil des Patrimoniums) des Fürsten auffaßt (S. 167). Unter dem Prinzip der Legitimität versteht er, daß Gott den Fürsten die Souveränität als ihr erbliches eigenes Recht gegeben habe (S. 17); damit setzt er den Grundsatz der Legitimität mit dem Grundsatz der Fürstensouveränität gleich; vgl. hierzu auch *Romeo Maurenbrecher*, Grundzüge des heutigen Staatsrechts (1837), S. 56: „Monarchie ist nemlich derjenige Staat, in welchem Jemand die höchste Gewalt als die seinige, als sein eigenes wohlerworbenes („göttliches“) Recht ausübt (Prinzip der Legitimität).“ Gegen diese These Maurenbrechers wendet sich mit Nachdruck *W. E. Albrecht* in einer Rezension des genannten Werkes in den „Göttinger gelehrten Anzeigen“, Jg. 1837, S. 1489 ff., 1508 ff., separater Neudruck 1962. Auf Maurenbrechers patrimonialstaatliche Argumentation erwidert er, nicht mehr als eigenes, sondern als fremdes Recht stehe dem deutschen Monarchen die Ausübung der Staatsgewalt zu; außerdem stehe der Monarch nicht mehr über dem Staat, sondern sei Organ des Staates (vgl. näher *Hermann Rehm*, Modernes Fürstenrecht [1904], S. 1 ff.).

[222] *H. Rößler*, Art. „Souveränität“, in: Sachwörterbuch zur deutschen Geschichte (1958), S. 1183 f.; *Wolfgang Quint*, S. 43 ff. mit ausführlichen Literaturangaben.

[223] *Friedrich Schmitthenner*, Grundlinien des allgemeinen oder idealen Staatsrechts (1843), S. 443, 447.

[224] *Karl Vollgraf*, Die Systeme der praktischen Politik, Bd. IV (1829), S. 21; zu Vollgraf vgl. *Hartwig Brandt*, S. 84 ff. mit weiteren Nachweisen.

[225] *Friedrich Schmitthenner*, S. 447.

timität" vertreten[226], die allein nach der Einhaltung der Erbfolgeordnung beurteilt wird. Es lebt noch die Vorstellung weiter, daß dem Fürsten ein vererbliches Besitzrecht an der Staatsgewalt zustehe; niemand kann legitimer Herrscher im Staate werden, solange es noch einen legitimen Prätendenten auf die Übernahme der Regierung gibt.

Besonders deutlich zeigt sich bei Heinrich Zoepfl (1807 - 1877)[227] diese Herleitung der Legitimität der Staatsgewalt aus dem „Dominium politicum" des Souveräns, wenn er zwischen einem staatsrechtlichen und einem erbmonarchischen Legitimitätsbegriff zu unterscheiden sucht. Die staatsrechtliche Legitimität wird durch den Besitz des Territoriums erworben und verloren[228]. In dem Augenblick, in dem es gelingt, den Besitz an einem Territorium zu ergreifen und sich das Volk nötigenfalls durch Zwang zu unterwerfen, hat der Herrscher die Gesetze und Gerichte und damit auch die Souveränität in der Hand[229]. Insofern bestimmt Zoepfl dem Volk gegenüber den Begriff der Legitimität des Souveräns dahin, daß der legitime Herrscher faktisch durch Gesetz und Gericht als das die Herrschaft ausübende Organ geschützt wird. Zoepfl setzt damit die Begriffe der Legalität und Legitimität gleich: „Die Legitimität des Staatsherrschers im Verhältnisse zum Volk ist eine durch das positive Gesetz geschützte Innehabung der Staatsgewalt[230]." Was die Beziehung des Besitzers der Souveränität auf einen außer ihm selbst liegenden und damit höheren Rechtstitel betrifft, so handelt es sich nach Zoepfls Meinung nicht um das Verhältnis zwischen Souverän und Volk. Diese Frage wird seiner Ansicht nach vielmehr nur in den Erbmonarchien akut, wenn die zum Regieren berechtigte Dynastie verdrängt worden ist. Denn in Erbmonarchien hat die Souveränität „die Natur eines Patrimoniums, in dem sich der Begriff des Besitzes mit dem eines vererblichen Besitzes verbindet und zu einem vererblichen Besitzrecht verschmilzt"[231]. So bilden die rechtmäßige Abstammung aus der herrschenden Familie und die Beru-

---

[226] *Friedrich Schmitthenner*, S. 447, Anm. 1 am Ende. Schmitthenner stützt sich bei seiner Definition des Legitimitätsbegriffes auf eine mir nicht zugängliche Schrift von *Leslie-Grove-Jones*, An examination of the principles of legitimacy (London, 1828). Er ist damit, soweit ersichtlich, der einzige deutsche Autor, der sich im 19. Jahrhundert bei der Definition des Legitimitätsbegriffes nicht auf französisches, sondern auf englisches Schrifttum beruft.

[227] *Heinrich Zoepfl*, Grundsätze des Staatsrechts, 2. Aufl. (1841), S. 42 ff.; zu Heinrich Zoepfls Leben und Werk vgl. *Stintzing-Landsberg*, Geschichte der deutschen Rechtswissenschaft (1910), S. 545 ff.; des weiteren wird auf *Friedrich Brockhaus*, Das Legitimitätsprinzip (1868), S. 117 verwiesen, der wohl als erster auf die Auswirkung der Patrimonialstaatstheorie auf den Legitimitätsbegriff hingewiesen hat.

[228] *Heinrich Zoepfl*, S. 44 f.

[229] *Heinrich Zoepfl*, S. 50 f.

[230] *Heinrich Zoepfl*, S. 51.

[231] *Heinrich Zoepfl*, S. 52 f.; angedeutet auch bei *Karl Eduard Weiß*, System des deutschen Staatsrechts (1843), S. 494 ff.

fung zur Thronfolge nach altem Herkommen oder einer privaten erbrechtlichen Ordnung[232] den legitimen historischen Titel für die Ergreifung der Souveränität. „Die Legitimität ist daher in Bezug auf die Erbmonarchie nichts anderes als das Kronbesitzrecht, welches auf rechtmäßiger Abstammung aus dem Herrscherhaus und Berufung durch die Thronsuccessionsordnung beruht[233]."

Erscheint auf der einen Seite Zoepfls Gleichstellung von bestehendem Recht und Legitimität bereits im Lichte des Positivismus, so verharrt er auf der anderen Seite doch bei der tieferen Begründung der Legitimität aus der Thronfolgeordnung der regierenden Dynastie in patrimonialstaatlichen Konstruktionen[234]. Für ihn liegt die erbmonarchische Legitimität in dem eigentumsartigen Herrschaftsrecht des Fürsten am Staate begründet, das mit einem privatrechtlich-dinglichen Sondererbrecht des Regierungsnachfolgers an dem gesamten Staatsgebiet verbunden ist. Die Unterscheidung zwischen dem öffentlichen Rechtsbereich des Staates und dem privaten Rechtskreis der regierenden Dynastie wird in ihrer staatstheoretischen Bedeutung erkannt; denn Zoepfl trennt, wie dargestellt wurde, zwischen der staatsrechtlichen Legitimität, die das Verhältnis zwischen Souverän und Volk zum Inhalt hat, und der privatfürstenrechtlichen Legitimität, die den Rang der Regierungsprätendenten untereinander regelt[235].

2. Die Funktion der Zeit bei der Legitimierung der Staatsgewalt

Die Rolle der Zeit im konservativen Denken ist bereits bei der Darstellung der französischen Traditionalisten de Maistre und de Bonald offenbar geworden. Auch im deutschen staatsrechtlichen Schrifttum wird der Begriff der Legitimität unmittelbar nach seiner Rezeption als die Übereinstimmung einer Herrschaftsordnung mit dem in der Geschichte entstandenen und seit langem bestehenden Recht interpretiert. Es verstehen etwa Wilhelm Traugott Krug (1770 - 1842)[236] und Karl Salomon

---

[232] *Heinrich Zoepfl,* S. 56 ff. unterscheidet weiterhin zwischen „rechtmäßigen legitimen" und „legitimen außerordentlichen" Erwerbsarten der Souveränität.

[233] *Heinrich Zoepfl,* S. 53.

[234] Generell zur Patrimonialstaatstheorie vgl. *Konrad Beyerle,* Art. Patrimonialstaat, in: Staatslexikon, 4. Bd. (1931), S. 75 ff.; *Otto Brunner,* Land und Herrschaft, 4. Aufl. (1959), S. 146 ff.

[235] Ähnlich auch *Heinrich Albert Zachariä,* Deutsches Staats- und Bundesrecht, 1. Teil, 2. Aufl. (1853), S. 72 f.: „An und für sich bezeichnet legitim nichts Anderes als gesetzlich oder rechtlich; mithin ist eine legitime Regierung eine solche, die sich nicht bloß auf faktische Gewalt oder tatsächliche ... Occupation stützt, sondern auch auf einem rechtsgültigen Grunde beruht, wobei teils das in gewissem Sinne privatrechtliche Verhältnis zum früheren Herrscher, teils das staatsrechtliche zum Staat selbst oder den Gliedern desselben, teils das völkerrechtliche zu anderen Staaten in Betracht kommen kann."

[236] *Wilhelm Traugott Krug,* Dikäopolitik oder neue Restauration der Staatswissenschaften mittels des Rechtsgesetzes (1824), S. 188 ff.; ob Krug als ein

Zachariä (1769 - 1834)[237] unter Legitimität, daß das Oberhaupt eines Staates auf verfassungsmäßige Weise durch Erbschaft oder Wahl an die Regierung gekommen ist. Im Falle eines gewaltsamen Umsturzes der Ordnung ist es ihrer Ansicht nach die Geschichte, die die Frage beantwortet, wann eine Herrschaft „de facto" zu einer Herrschaft „de jure" und damit legitimen Herrschaft wird. Die beiden Staatsrechtslehrer meinen, daß die Zeit die Herrschaft heilige, weil sie ihren Ursprung der Diskussion entrücke und damit die Herrschaft von den Menschen bereits um ihres Bestehens willen für rechtmäßig gehalten werde. Den tieferliegenden Grund dieser Erscheinung sieht Krug in der Einwilligung des Volkes, die sich durch das lange Bestehen der Herrschaft zu erkennen gibt[238]. Für Karl Salomon Zachariä ist der entscheidende Gesichtspunkt, daß eine Verfassung, welche das Herkommen für sich hat, auch die rechtliche Vermutung beanspruchen kann, dem Willen der Mehrheit zu entsprechen[239]. Eine derartige Verfassung aber steht unter dem Schutz der Macht der Gewohnheit. Was die weitere Frage betrifft, in welchem Zeitraum eine illegitime Herrschaft zur legitimen wird, so kann man nach Krug diesen Zeitraum nicht nach Jahren bestimmen. Eine ungefähre Bestimmung trifft Krug, indem er ausführt, daß die erste Generation, die die Herrschaft entstehen sah, ausgestorben sein und die zweite Generation die Herrschaft angenommen haben muß. Der geschichtliche Vorgang des Entstehens staatlicher Herrschaft ist nun aus dem Gedächtnis der meisten Menschen verdrängt und „in den dunklen Hintergrund des Bewußtseins eines Volkes zurückgetreten"[240]. Bei dieser Begründung der Legitimität arbeitet Krug mit der dem Institut der Verjährung zugrunde liegenden Rechtsidee. Denn nach Ablauf der Verjährungsfrist hält man dasjenige für rechtlich, bei dessen Ursprung es nicht entsprechend der Rechtsordnung zugegangen ist[241].

Vertreter eines „vernunftrechtlichen Konstitutionalismus" (so *Hartwig Brandt*, S. 214 ff.) bezeichnet werden kann, mag hier dahingestellt sein. Hier soll er im Zusammenhang mit der konservativen Staatsphilosophie behandelt werden, da seine Formulierung des Legitimitätsbegriffes ein Leitmotiv konservativen Denkens zum Ausdruck bringt. Ähnliches gilt auch für Karl Salomon Zachariä, dessen Gesamtwerk stark von konservativen wie auch liberalen Ideen geprägt ist (*Hartwig Brandt*, S. 235 ff.).

237 *Karl Salomon Zachariä*, Vierzig Bücher vom Staate, Bd. 1, 2. Aufl. (1839), S. 116 ff.

238 *Wilhelm Traugott Krug*, S. 189.

239 *Karl Salomon Zachariä*, S. 117.

240 *Wilhelm Traugott Krug*, S. 190.

241 *Wilhelm Traugott Krug*, S. 190; in ähnlicher Weise bestimmt auch *Heinrich Leo*, Naturlehre des Staates (1833), 4. Kapitel, § 4 den Begriff der Legitimität. Er betont, daß die bloße Gewalt auch über die Konstruktion der Verjährung nicht Legitimität erlangt. Legitimität entsteht erst, wenn der Gewaltunterworfene auf die Rechtmäßigkeit der Herrschaft eingehen kann.

3. Nationale Legitimität bei Joseph von Held und Wilhelm Heinrich Riehl

Durch die Verbindung der Idee von der legitimierenden Kraft der Zeit mit dem auf der Erbfolgeordnung beruhenden erbmonarchischen Regierungssystem arbeiten Wilhelm Heinrich Riehl (1822 - 1897) und Joseph von Held (1815 - 1890) einen spezifisch für Deutschland geltenden nationalen Legitimitätsgedanken heraus.

Von Held sieht in der Legitimität die ununterbrochene Kontinuität des Rechts in einem bestimmten räumlich abgegrenzten Bereich[242]. Er setzt nicht Legalität mit Legitimität gleich[243], sondern impliziert mit dem Gedanken der Legitimität, daß das gesamte Recht mit dem Staat selbst entsteht, wächst und sich verändert[244]. Legitimität bedeutet in diesem Zusammenhang, daß das Recht kontinuierlich fortgebildet wird. Damit steht der Begriff der Legitimität im Gegensatz zum Begriff der Revolution, bei der ein abrupter Bruch mit der bestehenden Rechtsordnung stattfindet[245]. Die Legitimität erscheint als ein allgemeiner, auf alle rechtlich geordnete Verhältnisse bezogener Begriff und ist weder auf besondere Staatsformen (Monarchie, Aristokratie, Republik) noch auf bestimmte Gesetze (Thronfolgeordnung, Rechtsgarantien) beschränkt. „Legitimität ist demnach ein relativer Begriff und bezeichnet nicht sowohl die niemals unterbrochene als vielmehr die gegenwärtige durch kein bestehendes Recht unterbrochene Rechtmäßigkeit, welche ältern und neuern Datums sein kann und solange sie als solche besteht, den Zeitraum der ununterbrochenen Rechtscontinuität ausfüllt[246].“ Diese, eine legitime Ordnung begründende Kontinuität des Rechts steht im Gegensatz zu dem lediglich formell Legalen und beruht nach von Held auf der „allgemein menschlich-sittlichen Idee“, die von einer wirklich sittlich gerechtfertigten Macht fordert, „daß der Macht und der Form des Rechts nicht ein durch sie selbst verletztes oder einseitig aufzuheben versuchtes Recht gegenübersteht“[247]. Damit setzt die legitime Ordnung einen rechtlich geordneten und von der Rechtsidee getragenen Staat voraus, in welchem

---

[242] *Joseph von Held*, Art. Legitimität, in: Staatslexikon, hrsg. von Welcker, 3. Aufl., Bd. 9 (1864), S. 456 ff.

[243] *Joseph von Held*, Über Legitimität, Legitimitätsprinzip (1859), S. 45: „Die Macht der Tatsachen ist nie Recht.“

[244] *Joseph von Held*, Staat und Gesellschaft, 2. Bd. (1863), S. 696 f.

[245] *Joseph von Held*, Grundzüge des allgemeinen Staatsrechts (1868), S. 215.

[246] *Joseph von Held*, S. 217; ähnlich auch in: Über Legitimität, Legitimitätsprinzip, S. 40 f.: „Legitimität ist also nicht der relative politische Begriff von Billigkeit oder Zweckmäßigkeit im Gegensatz zum formellen Recht, sondern ein streng juristischer mit sittlicher Grundlage, besagend, daß ein Unrecht nie gerechtfertigt und zu dem Rechte werden kann, welches die verletzte Person selbst noch als Recht prätendiert; oder ... daß quod ab initio iniustum fuit, nullius temporis tractu (hierdurch allein) iustum fieri potest, daß es keine staatsrechtliche Verjährung gebe.“

[247] *Joseph von Held*, Über Legitimität, Legitimitätsprinzip, S. 40.

Religion und Recht, öffentliches und Privatrecht und Recht und Politik organisch gegliedert und zur Wahrung einer Freiheitssphäre gegeneinander abgegrenzt sind. In einem so geschaffenen Staat ist es der Konstitutionalismus, der dem natürlichen Recht der Freiheit der Person und des Eigentums den Charakter eines legitimen Rechts verleiht, und die einzelnen Gebiete des Rechts durchdringt[248]. Für von Held liegt sonach die Legitimität in der kontinuierlichen Fortentwicklung der Rechtsordnung in einem nach rechtsstaatlichen Grundsätzen geordneten Staat begründet. Daher wird auch täglich um die legitime Ordnung durch Fortbildung der Institutionen gerungen.

Ferner gewinnt seiner Ansicht nach das Legitime als das dem gewordenen und bestehenden Recht Gemäße im Hinblick auf nationale Unterschiede der einzelnen Rechtsgemeinschaften recht verschiedenartige Bedeutungen. Es erhält jeweils neue Nuancen, wenn bei einem Volk das Recht aus göttlicher Offenbarung, bei einem anderen aus vernünftiger Erkenntnis und bei einem dritten aus materieller Übermacht deduziert wird[249]. In England und Frankreich etwa sieht von Held den Gedanken der Legitimität in der Parlaments- bzw. Volkssouveränität begründet. Für Deutschland dagegen stellt er die Entwicklung eines besonderen Legitimitätsbegriffes fest. Hier beruht die Legitimität „auf der Basis der organischen verfassungsmäßigen Verbindung der gesetzlichen Dynastien mit dem Staate, des konsequent festgehaltenen und durch die Revolution oder Usurpation nicht unterbrochenen Thronfolgeprinzips, der Achtung allen Rechts, der Treue und des Vertrauens der Völker"[250]. Von Held meint, daß es im deutschen Volk im Gegensatz zu den anderen Völkern noch eine gemüts- und vertrauensvolle Hingabe an die regierende Dynastie gebe, und daß der die soziale Ordnung zersetzende Rationalismus noch nicht, wie etwa in Frankreich, um sich gegriffen habe. In Deutschland hat der Legitimitätsbegriff damit seinen Schwerpunkt in der erbmonarchischen Staatsform. In dem deutschen monarchischen Staat entspringt das Recht der regierenden Dynastie nicht aus der Abstammung, der Religion oder der Macht, sondern „aus dem verfassungsmäßigen Bestande des Staates, aus der organischen Stellung der herrschenden Dynastie. Geblüt oder Dauer, Macht und Religion sind allerdings auch heutzutage noch wichtige Pfeiler der Legitimität, aber ihre unmittelbare Basis ist das Recht ohne ein dasselbe zum Unrecht machendes entgegenstehendes Recht[251]." Die deutsche Monarchie bezeichnet von Held nicht bloß als Staatsform, sondern auch als Staatsprinzip und dessen Verletzung hält er für das Ende des deutschen Staates.

---

[248] *Joseph von Held,* Art. Legitimität, S. 466.

[249] *Joseph von Held,* S. 459 f.

[250] *Joseph von Held,* Über Legitimität, Legitimitätsprinzip, S. 41 f.

[251] *Joseph von Held,* S. 43, 48.

Bei von Helds Formulierung des spezifisch deutschen Legitimitätsbegriffes treten eine Vielzahl von Einflüssen zutage, denen sein gesamtes Werk unterworfen war[252]. Mit der Bejahung des Konstitutionalismus und der Freiheitsrechte klingen Ideen der vernunftrechtlichen Staatslehre an. Mit dem Gedanken der legitimierenden Wirkung der Kontinuität des Rechts und mit der Hervorhebung der integrierenden Wirkung der regierenden Dynastie auf das deutsche Staatswesen zeichnet von Held eine konservative Gesellschaftsordnung, in der es keine sozialen Probleme gibt, sondern in der eine vollendete Einheit zwischen dem Volk einerseits und Regierung und Dynastie andererseits besteht.

Diese Harmonie zwischen Volk und regierender Dynastie wird in ähnlicher Weise auch von Wilhelm Heinrich Riehl[253] einem spezifisch deutschen Legitimitätsbegriff zugrunde gelegt. Er geht von der im Volksbewußtsein lebendigen Legitimitätsvorstellung aus; das Volk hebt seiner Meinung nach zunächst nur auf die legitimierende Kraft der Zeit ab. Den Mann aus dem Volk läßt er folgenden Satz sprechen: „Ein Fürst, von dem man nicht bloß weiß, wie, sondern auch warum er Fürst geworden, ist eigentlich gar kein rechter Fürst[254].“ Die irrationale Komponente des Konservatismus, nämlich den Gedanken von der Dauer der lange bestehenden und überkommenen Institutionen hält Riehl im deutschen Volksbewußtsein nach wie vor für lebendig[255]. Hiermit verbindet sich trotz der Verbreitung der Ansicht, daß der Staat eine weltliche Institution ist, die spezifisch deutsche Haltung, die Fürstenwürde im Glanze einer religiösen Weihe zu sehen. „Das Volk ist eine irrationale Größe; in der Empfindung des Volkes steht die Fürstenwürde noch in engerem Zusammenhang mit Religion und Kirche als im modernen Staatsrecht, welches auch ungekrönten und ungesalbten Häuptern die Majestät der Krone zuerkennt[256].“ Riehl bezeichnet es als einen wesentlichen Charakter des deutschen Volkes, an der alten Form des angestammten Erbfürstentums beharrlich festzuhalten sowie, bestärkt durch die Religion, der Person des Fürsten und den Symbolen des weltlichen Fürstentums anzuhängen[257]. Im Gegensatz zu Deutschland verneint er für Frankreich ein Gemeinbewußtsein der Nation über die legitimen Ansprüche der regierenden Dynastie. Hier hat das allgemeine Stimmrecht zu einer revolutionären

---

[252] Von Helds Schriften besitzen oft kompilatorischen Charakter. Er ist sowohl von der vernunftrechtlichen Staatsrechtslehre als auch vom staatsrechtlichen Positivismus beeinflußt (vgl. *Ernst-Wolfgang Böckenförde,* Gesetz und gesetzgebende Gewalt [1958], S. 200 f.).

[253] *Wilhelm Heinrich Riehl,* Die Legitimität im Volksbewußtsein, in: Deutsche Vierteljahresschrift, Jg. 1862, S. 127 ff.

[254] *Wilhelm Heinrich Riehl,* S. 127; vgl. weiter S. 144 ff.

[255] *Wilhelm Heinrich Riehl,* S. 128.

[256] *Wilhelm Heinrich Riehl,* S. 131.

[257] *Wilhelm Heinrich Riehl,* S. 133 f.

Despotie geführt, die die eigentliche Staatsform des Stimmrechtskönigtums ist. In Deutschland hält Riehl dagegen das historische Bewußtsein der Nation noch nicht für erschüttert und daher ein auf dem Stimmrecht beruhendes Fürstentum nicht für erforderlich[258]. Wenn sich in dem öffentlich-rechtlichen Schrifttum die Auffassung durchsetzt, daß das erbmonarchische System nur auf der Verfassung des Staates beruhe und von dort auch begrenzt werde, so wird nach Riehls Meinung nicht genügend beachtet, daß das Herrscherrecht der Dynastie letztlich in der Geschichte des deutschen Volkes begründet liegt und sich auch bewährt hat[259].

Riehls und von Helds Legitimitätsverständnis hat sicherlich der tatsächlichen Überzeugung im Volk Mitte des 19. Jahrhunderts entsprochen. Insofern spiegeln ihre Ausführungen in einem soziologischen Sinn den tatsächlichen Motivationsmechanismus wider, der zur Legitimierung und zum Bestand der Herrschaft beitrug. Sie unterschätzten jedoch die Macht der geistigen Gegenströmungen, die die Daseinsberechtigung der Erbmonarchie in Frage stellten. Hierauf wird am Schluß dieses Kapitels nochmals zurückzukommen sein.

4. Friedrich Julius Stahls Lehre von der institutionellen Legitimität

Mit Recht ist Friedrich Julius Stahl (1802 - 1861) als der einzige konservative Staatstheoretiker seiner Zeit bezeichnet worden, der die Geschichte als Entwicklung begriffen und zugleich einen Sinn für das Zeitgemäße besessen hat[260]. Er versucht die Irrtümer der Revolution und Reaktion zu vermeiden und eine kontinuierliche Entwicklung der preußischen Monarchie zum modernen Verfassungsstaat zu fördern. Hierbei gerät er ähnlich wie Guizot in Frankreich in eine Frontstellung gegen den reaktionären Flügel der Konservativen einerseits und die Liberalen andererseits.

Stahls große Leistung ist es, gegen das Widerstreben eines großen Teils der Konservativen das monarchische Prinzip rechtsphilosophisch begründet zu haben. Zu den großen staatstheoretischen Streitfragen seiner Zeit nimmt er in seinen staatsphilosophischen Schriften Stellung. So trägt er etwa wesentlich zur Überwindung der privatrechtlichen Konstruktion des

---

[258] *Wilhelm Heinrich Riehl*, S. 138 f.

[259] *Wilhelm Heinrich Riehl*, S. 147.

[260] *Dieter Grosser*, Grundlagen und Struktur der Staatslehre Friedrich Julius Stahls (1963), S. 124 ff.; allgemein zu Stahl vgl.: *Otto Volz*, Christentum und Positivismus. Die Grundlagen der Rechts- und Staatsauffassung Stahls (1951); *Gerhard Masur*, Friedrich Julius Stahl (1930); *Ernst-Wolfgang Böckenförde*, Gesetz und gesetzgebende Gewalt (1958), S. 169 ff.; *Erich Kaufmann*, Friedrich Julius Stahl als Rechtsphilosoph des monarchischen Prinzips, in: Gesammelte Schriften, Bd. 3 (1960), S. 4, Anm. 5 gibt einen guten Überblick über die Würdigung der Stahlschen Staatsphilosophie in der Literatur des 19. und beginnenden 20. Jahrhunderts.

Staatsbegriffes bei, indem er den Staat allen privaten Sonderrechten zu entziehen trachtet. Gegen von Hallers These vom natürlichen Herrschaftsrecht des Stärkeren stellt Stahl auf die sittliche Autorität der Staatsgewalt ab. Besonders ist Stahl durch die Geschlossenheit von Hegels Staatsbegriff und Staatssystem beeindruckt. Wie oben ausgeführt, stellt Hegel den Staat als Wirklichkeit der sittlichen Idee dar, als das an und für sich Vernünftige, in dem die Freiheit zu ihrem höchsten Recht kommt. Bei Hegel ist dieser Staatsbegriff Teil eines philosophischen Systems, das die Welt nach dem absoluten Geist rekonstruiert, der sich nach unvorstellbaren Gesetzen selbst entfaltet und zum Pantheismus führt. Die Staatslehre Stahls dagegen fußt auf dem Gedanken des sittlichen Reiches. Der Gedanke des sittlichen Reiches ist für Stahl der oberste ethische Begriff, der durch alle Beziehungen des menschlichen Zustandes hindurchgeht und dessen allgemeine und absolute Bestimmung darstellt. Das sittliche Reich gehört der religiösen, moralischen und rechtlichen Sphäre an und findet im Reich Gottes seine vollendete Verwirklichung[261]. Die reale Macht Gottes betrachtet Stahl als die Quelle des Sittengesetzes; Gottes Macht soll bewirken, daß das Sittengesetz geachtet und befolgt wird. Hiermit lehnt Stahl die in seiner Zeit herrschende Irreligiosität und den Pantheismus ab und bekennt sich zu einem persönlichen Gott als Grundlage seines Philosophierens[262]. Der in der Geschichte entstandenen „göttlich-menschlichen Ordnung" wird eine ethische Bedeutung zugesprochen. Stahl leitet den Inhalt der „Weltordnung Gottes" aus den Geboten Gottes ab, zu denen er den Dekalog und alle allgemeinen Regeln für das menschliche Zusammenleben rechnet, die er in der Bibel findet[263].

Was Stahls Staatsbegriff anbelangt, so versteht er unter dem Staat zunächst den Verband eines Volkes unter einer Herrschaft; das Wesen des Staates sieht Stahl außerdem darin begründet, daß er ein sittliches Reich darstellt[264]. Der Staat verwirklicht sittliche Ideen und wird von der sittlichen Gesinnung des Volkes getragen. Er ist die sittliche Welt, die sittlich-verständige Gestaltung der menschlichen Gemeinschaft. Ähnlich wie Luther spricht Stahl dem Staat die Aufgabe zu, in der Gott entfremdeten Welt die göttliche Ordnung aufrecht zu erhalten und der Führung Gottes als Werkzeug zu dienen.

Die „Obrigkeit", für die Stahl den Begriff „Staatsgewalt" nicht synonym gebraucht, ist bei seiner Bestimmung des Wesens des Staates ein Zentralbegriff[265]. Die Obrigkeit bezeichnet er als eine vorgegebene Ge-

---

[261] *Friedrich Julius Stahl,* Die Philosophie des Rechts, 2. Bd., 2. Abt.: Die Staatslehre und die Prinzipien des Staatsrechts, 5. Aufl. (1878), S. 1 ff.

[262] *Friedrich Julius Stahl,* Die Philosophie des Rechts, 2. Bd., 1. Abt.: Die allgemeinen Lehren und das Privatrecht, 5. Aufl. (1878), S. VIII f.

[263] *Friedrich Julius Stahl,* S. 93.

[264] *Friedrich Julius Stahl,* 2. Bd., 2. Abt., S. 131 f. und 176.

walt, die im Wesen des Staates als Anstalt der Beherrschung begründet liegt und nicht von Menschen konstituiert ist. Ihr Ziel muß es sein, der Verwirklichung der Weltordnung Gottes zu dienen; die Obrigkeit „ist die Einheit des Volkes und zugleich ein Ansehen über dem Volk“[266]. Wenn Stahl „die Anstalt Staat“ im göttlichen Willen begründet und seinem steten Einfluß zugänglich sieht, so versteht er hierunter vor allem die religiöse Gesinnung der Obrigkeit, die unmittelbar in dem ganzen staatlichen Leben fortwirkt. Die Zurückführung der Obrigkeit auf Gottes Fügung und Sanktion bedeutet für Stahl ähnlich wie für de Maistre und de Bonald die Anerkennung einer über aller Wirklichkeit stehenden Macht, „die in ewig unbegreiflicher Weise die Fäden der voneinander unabhängigen Kausalreihen zu einem einheitlichen Resultate lenkt und das Ergebnis vieler sich durchkreuzender Willen aus der Sphäre sinnloser Zufälligkeiten erhebt und zu uns unfaßbaren Plänen zusammenfügt“[267]. Obgleich die Geschichte der Staaten menschliches Werk ist und an menschlichen Zwecken sich ausrichtet, spürt Stahl aufgrund seiner religiösen Überzeugung hierin doch das Walten einer überirdischen Macht und fordert, dem Gewordenen Pietät zu zollen[268].

Unter dem „Prinzip der Legitimität“ versteht Stahl[269] die Forderung, der Obrigkeit Gehorsam zu leisten und ein göttliches Walten in der menschlichen Ordnung anzuerkennen[270]. Seine Lehre vom „göttlichen Recht der Obrigkeit“ begründet er mit dem lutherischen Verständnis von Römer 13: „Wo aber Obrigkeit ist, die ist von Gott verordnet“[271]. Seiner Ansicht nach kann kein Mensch von sich aus öffentliche Gewalt über andere haben, auch nicht die Gesamtheit über den Einzelnen. Desgleichen kann durch Vertrag zwischen den Menschen die Staatsgewalt nicht begründet werden, da Leben und Freiheit unveräußerlich sind. Allein auf göttlichem Recht und göttlicher Sanktion beruht die staatliche Gewalt. Die Schlagworte „der Obrigkeit Gehorsam leisten“ und „das göttliche Recht der Obrigkeit“ bestimmen den Inhalt des Stahl'schen Legitimitätsverständnisses, mit dem er das Gottesgnadentum theoretisch untermauert. Mit der These vom göttlichen Recht der Obrigkeit, die ihrer

---

[265] Friedrich Julius Stahl braucht den Begriff „Obrigkeit“, wenn er die sittliche Seite der Staatsgewalt bezeichnen will. Mit „Staatsgewalt“ umschreibt er die anstaltliche Seite des Staates; vgl. *Friedrich Julius Stahl*, S. 188.

[266] *Friedrich Julius Stahl*, S. 142, 178 ff.

[267] *Erich Kaufmann*, S. 40.

[268] *Friedrich Julius Stahl*, Die Philosophie des Rechts, 1. Bd.: Geschichte der Rechtsphilosophie, 5. Aufl. (1878), S. 81; zu Stahls Vorstellung von der „göttlich-menschlichen Ordnung“ in der Geschichte vgl. *Dieter Grosser*, S. 65 ff.

[269] Zu Friedrich Julius Stahls Legitimitätsbegriff vgl. *Friedrich Brockhaus*, S. 161 ff.; *Gerhard Masur*, S. 208 ff.; *Johann Caspar Bluntschli*, Geschichte des allgemeinen Staatsrechts und der Politik (1864), S. 642 ff.

[270] *Friedrich Julius Stahl*, S. 81.

[271] *Friedrich Julius Stahl*, 2. Bd., 2. Abt., S. 176.

überirdischen Legitimierung dienen soll, ist Stahls Legitimitätsprinzip ein Bekenntnis zu einem theokratisch fundierten Staatswesen, zu einer von Gott eingesetzten Obrigkeit. Diese leitet ihr Ansehen und ihre Gewalt nicht vom Willen und Auftrag des Volkes her, sondern von Gottes Ordnung und Sanktion; es braucht nicht auf den Willen des Volkes Rücksicht genommen werden, — man würde sich dann ja zu sehr der abgelehnten Volkssouveränität nähern —, sondern die obrigkeitliche Gewalt hat sich nur nach Gottes Gebot und eigenem Gewissen innerhalb ihrer rechtlichen Zuständigkeit zu richten[272].

In einer ähnlichen Gedankenführung wie derjenigen der französischen Traditionalisten lehnt es Stahl ab, dem Volk eine verfassunggebende Gewalt und das Recht, die Staatsform zu bestimmen, zuzuerkennen. Nach dem Prinzip der Legitimität soll eine Verfassungsänderung ohne den Willen des Fürsten nicht möglich sein. Er hält den durch das Prinzip der Legitimität gesicherten unerschütterlichen Bestand der höchsten Obrigkeit für die oberste Gewähr aller Rechtsordnung auf Erden; die Unterwerfung der Obrigkeit unter den Willen der Untertanen würde seiner Meinung nach einen anarchischen Zustand herbeiführen, wie es die Revolutionen von 1789, 1792 und 1848 gezeigt haben[273]. Aufgrund dieser Erwägungen betont Stahl ebenso wie de Maistre und de Bonald, daß „je weniger die Obrigkeit durch Zutun der Menschen entsteht, je mehr sie ein Werk höherer Fügung ist, ein Vorhandenes, dessen Ursprung über den Untertanen liegt, desto befestigter, ehrwürdiger, heiliger ist sie, desto freudiger ist es, ihr zu gehorchen. Das findet sich am höchsten in der Erbmonarchie, wo der Ursprung der Dynastie aus dem Bewußtsein entschwunden ist und der gegenwärtige König rein als der durch Gottes Fügung über uns Gesetzte erscheint[274].“ Stahl fordert von der Obrigkeit nicht, so zu handeln, daß ihre Akte als legitim von den Bürgern anerkannt werden. Vielmehr verlangt er von den Untertanen, sich dem göttlichen Walten ohne Kritik zu unterwerfen und dabei die Legitimität der Obrigkeit zu bejahen. Auf der anderen Seite rechtfertigt er mit dem Prinzip der Legitimität aber nicht eine unumschränkte königliche Gewalt. Diese ist trotz ihrer Unabhängigkeit vom Volkswillen durch das Recht der Einzelnen und des gesamten Volkes, nämlich durch Natur, Sitte, Brauch und rechtmäßige Verfassung begrenzt[275]. Denn die königliche Gewalt als „Heilige Obrigkeit“ ist auch an eine sittlich-rechtliche Ordnung gebunden[276].

---

[272] *Friedrich Julius Stahl,* Die gegenwärtigen Parteien in Staat und Kirche (1863), S. 298.

[273] *Friedrich Julius Stahl,* S. 298 f.

[274] *Friedrich Julius Stahl,* S. 299 f.

[275] *Friedrich Julius Stahl,* S. 301.

[276] Zu der Frage des Widerstandsrechts vgl. *Friedrich Julius Stahl,* S. 302 ff.

Die theistische Begründung des Legitimitätsprinzips und die Frontstellung gegen die Liberalen kommen in Stahls Klassifizierung der politischen Parteien seiner Zeit besonders klar zum Ausdruck. Von den einzelnen Parteiprogrammen ausgehend legt Stahl u. a. in seinen Vorlesungen über „Die gegenwärtigen Parteien in Staat und Kirche“ (1863) seine Theorie von der „institutionellen Legitimität“ dar, trennt zwischen den Parteien der Legitimität und der Revolution und befaßt sich mit dem Inhalt der Freiheitsrechte.

Mittels einer Analyse der Entwicklung der legitimistischen Tendenzen in Frankreich (insbesondere bei de Maistre) und England beweist Stahl, daß die Partei der Legitimität als Reaktion auf den Zusammenstoß der fürstlichen Gewalt mit dem neuen Prinzip der Volksgewalt entstanden sei[277]. Auf Deutschland dagegen hat seiner Meinung nach die französische Revolution von 1789 zunächst keine Auswirkungen gehabt. Die fürstliche Gewalt war nicht erschüttert, eher noch gestärkt worden. Erst als die revolutionäre Bewegung auch in Deutschland sich gegen die Throne zu wenden begann, setzte es sich die legitimistische Partei zum Ziel, die monarchische Gewalt zu wahren und die landständische Verfassung alten Stils zu erhalten. Zu dieser entstehenden Legitimitätspartei rechnet Stahl vor allem von Haller, der den Staat und alle staatlichen Einrichtungen auf das Recht des Stärkeren zurückführt und der Gewalt des Fürsten patrimonialen Charakter zuspricht[278]. Stimmt Stahl auch überein mit der Tendenz des Werkes von Hallers, die traditionellen Formen zu wahren und mit neuem Leben zu erfüllen, so sieht er es andererseits als einen Fehler an, die sittliche Aufgabe und Bestimmung der Obrigkeit zu leugnen. Stahl bekennt sich ausdrücklich zu einer „institutionellen Legitimität“. Er bezeichnet sich als Anhänger der „ständisch-konstitutionellen Monarchie“, als einen „institutionellen Legitimisten“[279]. Die institutionelle Legitimität liegt für ihn in der Anerkennung der Obrigkeit von Gott, dem historischen Recht und der natürlichen Gliederung der Gesellschaft begründet. Als dynamische Komponente verlangt die institutionelle Legitimität, „daß die Verhältnisse bloß persönlicher Gewalt sich fortbilden zu Einrichtungen und Institutionen von innerer Gesetzmäßigkeit, daß die Obrigkeiten als Glieder dieser Institutionen herrschen, bestimmt durch die Gesetzmäßigkeit derselben, daß eben damit die selbständigen geschichtlichen Herrschaften zu einem ungeteilten in sich gegliederten Rechte werden“[280]. Mit der institutionellen Legitimität eng verbunden ist bei Stahl die institutionelle Monarchie. Unter dieser Form der Monarchie versteht er ein selbständiges und starkes Königtum, das von Institutionen umgeben ist, „die es beschränken und ihm ihre eigene

[277] *Friedrich Julius Stahl*, S. 287 ff.
[278] *Friedrich Julius Stahl*, S. 292 ff.
[279] *Friedrich Julius Stahl*, S. 328.
[280] *Friedrich Julius Stahl*, S. 328 f.

Gesetzmäßigkeit und höhere Notwendigkeit zum Gebote machen"[281]. In dieser Monarchie werden ständische und konstitutionelle Elemente zur Vereinigung gebracht. Es wird die ständisch-aristokratische Grundlage für die Bildung der Landesvertretung im Gegensatz zu einem allgemeinen oder Zensuswahlrecht anerkannt; das parlamentarische Prinzip mit einer schwachen königlichen Gewalt wird abgelehnt; zur Herrschaft kommen muß das monarchische Prinzip, bei dem innerhalb der gesetzlichen Schranken der König selbständig nach eigenem Gewissen und Urteil regieren kann.

Als Gegner der „institutionellen Legitimität" bezeichnet Stahl die „Parteien der Revolution". Zu den Parteien der Revolution rechnet er die Liberalen, Demokraten und Sozialisten[282]. Unter dem Phänomen der Revolution versteht er die Umkehrung der Herrschaftsverhältnisse, so daß Obrigkeit und Gesetz permanent von den Menschen gestaltet werden, statt über ihnen zu stehen. Revolution bedeutet für Stahl die Souveränität des Volkswillens, die Auflösung der überkommenen Gesellschaftsordnung und die Unterordnung der Institutionen unter die Menschenrechte, statt die Menschenrechte durch die Institutionen begrenzt sein zu lassen. Im Gegensatz hierzu anerkennen nach Stahls Gegenüberstellung die Parteien der Legitimität, daß eine gottgesegnete Ordnung über dem Volkswillen und über den Zwecken der Herrschaft steht. Die von den Parteien der Legitimität anerkannte gottgesegnete Ordnung manifestiert sich in der gegebenen Autorität, dem geschichtlich gewordenen Recht und der natürlichen Gliederung der Gesellschaft.

Was das historische Recht, das Stahl als wesentlichen Bestandteil der „institutionellen Legitimität" betrachtet, angeht, so ist dies nicht das Natur- und Vernunftrecht; denn dieses gilt nicht als das wirkliche Recht, sondern nur als eine menschliche Meinung vom Recht. Aber auch das positive, von der Staatsgewalt gesetzte Recht hat nach Stahls Ansicht nicht immer die Legitimität auf seiner Seite. Gesetze wie jene von 1848/49 soll man zwar zunächst anerkennen, sich aber gleichzeitig bemühen, sie durch richtige, legitime Gesetze zu ersetzen[283]. Ebenso wie bei den französischen Traditionalisten finden wir also auch bei Stahl die Diskrepanz zwischen legalem und legitimem Recht. Das legale Recht ist durch die Macht der Ereignisse dem Staat aufgezwungen; Bestand soll aber nur das überkommene und naturwüchsige, geschichtlich gewordene Recht besitzen. Dieses Recht hat das zum Inhalt, was durch Gottes Fügung über den Menschen zu Recht geworden ist. Denn das „Recht soll ebenso wie die Obrigkeit über den Menschen und darum nicht von den Menschen, sondern von sich selbst sein. Legitim heißt eben das von einer höheren hei-

---

[281] *Friedrich Julius Stahl*, S. 330.

[282] *Friedrich Julius Stahl*, S. 72 ff.

[283] *Friedrich Julius Stahl*, S. 306 f.

ligen Macht Gesetzte. Das gilt von der Obrigkeit und gilt von der Rechtsordnung[284]." Dies bedeutet aber nicht, daß das entstandene Recht auf einem bestimmten status quo bewahrt werden müßte. Die Kontinuität des Rechts und die Stetigkeit der Rechtsentwicklung sind die dynamische Komponente des legitimen historischen Rechts.

Wenn Stahl vom Prinzip der Legitimität aus die berechtigten Impulse der Revolution befriedigen und unter Wahrung der alten Fundamente der Gesellschaft ihren neuen Problemen genügen wollte[285], so zeigt sich hier mit aller Deutlichkeit sein vermittelnder Standpunkt zwischen den Konservativen und den Liberalen und gleichzeitig sein an den politischen Problemen der Zeit orientiertes Denken. Eines der Hauptprobleme war die Frage nach dem Inhalt der Freiheit des Individuums. Die Parteien der Revolution propagierten den Fortschritt zur Freiheit von der eigentlichen Monarchie zur völligen Demokratie. Dieser Fortschritt wird am Ende, so meint Stahl, bei dem Nichts, bei der Verneinung aller Gesellschaft anlangen[286]. Die Parteien der Legitimität haben dagegen einen geläuterten Freiheitsbegriff: „Freiheit ist, nach seinem innersten Selbst zu leben und zu handeln ... das innerste Selbst des Menschen ist nicht bloß seine Individualität, sondern auch sein sittliches Wesen, und nach diesem ist er der sittlichen Welt und ihrem Urheber verbunden und eins mit ihnen, und es ist nicht Freiheit, sondern Unfreiheit, wenn er gegen das eigene sittliche Wesen oder gegen die sittliche Gestalt des Gemeinwesens handeln kann[287]." So wird der sittliche Gehalt des Lebens zum Inhalt der Freiheit eines jeden Bürgers im Staate; die natürlichen und sittlichen Güter der Nation, d. h. Religion, religiöse Erziehung des Volkes, Reinheit der Sitten, Vermittlung hervorragender Bildung und Wohlstand aller Klassen müssen gepflegt werden, damit eine sichere Basis für die Entfaltung einer sittlichen Freiheit des Individuums geschaffen werden kann. Diese sittlichen Güter lassen sich weder systematisieren noch unter Verwendung irgendwelcher theoretischer Erwägungen fortentwickeln. Die sittlichen Güter einer Nation kommen in dem Gehalt der natürlichen und geschichtlichen Ordnung zum Ausdruck; die vorgefundene religiöse, sittliche und rechtliche Tradition macht die Totalität der sittlichen Welt mit ihren mannigfaltigen und ins Unendliche verschränkten Prinzipien und Zwecken aus[288].

Die durch die Aufklärung entstandene Autonomie des Menschen und der damit verbundene Verlust der Transzendenz wurden in ihrer Gefähr-

---

[284] *Friedrich Julius Stahl*, S. 307.

[285] *Friedrich Julius Stahl*, S. 4.

[286] *Friedrich Julius Stahl*, S. 5.

[287] *Friedrich Julius Stahl*, S. 6; zur Frage der „inhaltvollen Freiheit" des konservativen und „abstrakten Freiheit" des liberalen Denkens vgl. *Karl Mannheim*, S. 93 f.

[288] *Friedrich Julius Stahl*, S. 286.

lichkeit für den Staat des 19. Jahrhunderts von Stahl gesehen. Mit dem Bemühen, die göttliche Ordnung zu wahren, setzt er dem Postulat der Autonomie des Menschen eine theonome Ordnung entgegen. Anders als eine theokratische Zwangsordnung ist diese theonome Ordnung — wenn auch nur in einem geringen Maß — dynamisch, da die Frage nach dem Willen Gottes und dem transzendenten Sinn aller menschlichen Gestaltung stets von neuem unter dem Blickwinkel des historisch Gewordenen bei der Bewältigung der politischen Probleme und kontinuierlichen Fortentwicklung der Institutionen gestellt werden muß. So gesehen unterscheidet sich Stahl mit der von ihm herausgearbeiteten dynamischen Komponente des Legitimitätsprinzips auch von den französischen Traditionalisten, deren Blick zurück eine Gestaltung der Gegenwart nicht möglich werden ließ. Stahls Prinzip der Legitimität ist ein geschichtliches Prinzip, in dem die Legitimierung des Gewordenen die Funktion des Göttlichen in der Geschichte darstellt und zugleich auch Ziel und Richtmaß des Werdens ist.

5. Otto von Bismarck und der Gerlachkreis

Die revolutionären Ereignisse des Jahres 1848 hatten den preußischen Staat in seinem Bestand zutiefst erschüttert. Der preußische König Friedrich Wilhelm IV. war nicht fähig, den revolutionären Umtrieben Einhalt zu gebieten. In diesen Tagen allgemeiner Verwirrung stellte sich Otto von Bismarck (1815 - 1898) ohne Zögern auf die Seite der Royalisten und nahm Fühlung auf mit dem Kreis um die Brüder Ludwig (1795 - 1877) und Leopold von Gerlach (1790 - 1861).

Der politische Doktrinär dieses Kreises war zunächst von Haller, später Stahl. Seine entschiedensten Anhänger hatte von Haller in der ostelbischen Ritterschaft gefunden. Friedrich Wilhelm IV. und seine Freunde, die Brüder Leopold und Ludwig von Gerlach, begeisterten sich an dem Idealbild des christlich-germanischen Staates und der ständischen Monarchie. Man lehnte den Verfassungsstaat wie auch den revolutionären Macht- und Nationalstaat ab und bekannte sich zu einer patriarchalischen Staatsidee, die an den Obrigkeitsbegriff Luthers anknüpfen konnte und in der Gutsherrschaft des Ostens noch verwirklicht war[289]. Für die Brüder Gerlach beruht der Staat auf der Familie und der ständischen Gliederung, die mit dem Grundbesitz eng verbunden ist. In der christlichen

[289] *Hans-Joachim Schoeps*, Die preußischen Konservativen, in: Rekonstruktion des Konservatismus, S. 181 ff.; *Franz Schnabel*, Deutsche Geschichte im 19. Jahrhundert. 2. Bd., 2. Aufl. (1949), S. 29 ff.; *Friedrich Meinecke*, Weltbürgertum und Nationalstaat, 7. Aufl. (1928), S. 223 ff.; *Heinz Kober*, Studien zur Rechtsanschauung Bismarcks (1961), S. 38 ff.; *Leonie von Keyserling*, Studien zu den Entwicklungsjahren der Brüder Gerlach (1913), S. 90; *Erich Marcks*, Bismarck und die deutsche Revolution 1848 - 1851, 2. Aufl., hrsg. von W. Andreas (1939), S. 101, 145 und passim.

Obrigkeit soll der Staat sein konstituierendes Element finden. Jeder Staat wird als ein Teil des „Königreiches Gottes“ angesehen. Jedes einzelne Individuum ist integrierender Bestandteil des Staates und damit auch des „Königreiches Gottes“. „Deo servire libertas est“, ist die Maxime aller staatlichen Politik. Die Übereinstimmung des menschlichen Willens mit dem göttlichen wird für Freiheit gehalten; gegen den falschen Freiheitsbegriff der Liberalen und Bonapartisten polemisiert man heftig[290].

Obwohl von Bismarck und der Gerlachkreis eine restaurative Politik gegen die liberale Bewegung verfolgten und von Bismarck und die Brüder Gerlach viele Jahre in engem persönlichen Kontakt standen, so ist doch der tragende Grund ihrer konservativen Haltung verschieden. Die Brüder Gerlach handeln nach bestimmten Prinzipien, mit denen sie eine Erneuerung des Staates anstreben. Ihnen schwebt ein fest umrissenes, von konservativen Ideen geprägtes Bild einer idealen innerstaatlichen und zwischenstaatlichen Ordnung vor, die sie zu verwirklichen suchen. Im Gegensatz zu diesem konservativ-starren Prinzipiendenken ist von Bismarcks Einstellung in hohem Maße von der aktuellen politischen Situation her bestimmt. Er folgt nicht fest umrissenen Prinzipien und besitzt kein Idealbild eines nach konservativen Maximen fest geordneten Staatswesens. Im Vordergrund seiner Erwägungen steht immer die Befriedigung konkreter Bedürfnisse des Staates. So bekennt von Bismarck, daß für ihn der Satz „salus rei publicae suprema lex“ Leitgedanke seines Handelns sei und daß er sich immer der Frage untergeordnet habe: „Was ist für mein Vaterland, was ist — so lange ich allein in Preußen war — für meine Dynastie und heutzutage, was ist für die deutsche Nation das Nützlichste, das Zweckmäßigste, das Richtige[291].“

Was von Bismarcks Ansichten über den Staat betrifft, so versteht er hierunter immer sein preußisches oder sein preußisch-deutsches Vaterland in seiner augenblicklichen historischen Gestalt. Die Obrigkeit im Staate wird für von Bismarck als preußischem Untertan vom preußischen Monarchen verkörpert, den er als König von Gottes Gnaden betrachtet. „Ich habe das gläubige Vertrauen zu Gott, daß Eure Majestät im deutschen Lande blühen werde, wie der Stecken Aarons laut dem 4. Buch Mosis im 17. Kapitel und daß er zur Not sich auch in die Schlange verwandeln werde, welche die übrigen Stäbe verschlingt, wie es im 7. Kapitel des 2. Buches erzählt ist. Angesichts des Weihnachtsfestes habe ich das Bedürfnis, Eurer Majestät zu versichern, daß meine Treue und mein Gehorsam gegen den Herrn, den Gott mir auf Erden gesetzt hat, auf der selben festen Grundlage beruht,

[290] *Leonie von Keyserling*, S. 114.

[291] *Otto von Bismarck*, Die gesammelten Werke, Bd. 12, 2. Aufl. (1929), S. 287 ff., 299 ff.; Bd. 11 (1929), S. 302 ff.

wie mein Glaube[292]." Bei von Bismarck verbindet sich in diesen Worten seine monarchische Grundeinstellung mit seiner Überzeugung von der göttlichen Sendung des preußischen Königtums.

Im Gegensatz zu der gesamteuropäisch orientierten restaurativen Politik Stahls und des Gerlachkreises gelangt von Bismarck nicht zu einem System der Solidarität der konservativen Interessen aller Länder[293]. Zwar anerkennt er es als vordringliche Aufgabe, der Revolution Widerstand zu leisten[294]. Aber das Prinzip des Kampfes gegen die Revolution wird nur so lange anerkannt, als es die Interessen Preußens und später Deutschlands gebieten.

Leopold von Gerlach dagegen fordert angesichts der Machtergreifung Napoleons III. in Frankreich von den legitimen europäischen Fürsten, mit aller Macht dem Bonapartismus und dem Prinzip der Revolution entgegenzutreten[295]. Er betrachtet den Bonapartismus als einen scharfen Gegensatz gegen Recht und Freiheit und gegen jede von Gott gesetzte Obrigkeit. Er meint, daß die Quelle aller Revolution in der gottlosen Lehre von der Volkssouveränität liege und daß Napoleon III. seine Monarchie auf die Grundsätze von 1789 und auf die despotische Gleichheit gründe. Leopold von Gerlach hofft, daß ein „legitimer Fürst wie der Kaiser von Österreich" nicht den Absolutismus Bonapartes anerkennen werde. Am 10. Januar 1852 schreibt er in sein Tagebuch[296], daß der Kaiser von Rußland an einem „dunklen Gefühl von Legitimität" festhalte, da er Napoleon III. den Monarchen- und Kaisertitel verweigere. Einige Jahre später beklagt Leopold von Gerlach[297], daß der Legitimismus seit 1814 leider mit Recht durch den Fall Englands und das Liberalisieren der Bourbonen sehr im Preise gesunken sei. Auch der Bonapartismus sei jetzt mächtiger als früher und die Herrschaft Napoleon Bonapartes erscheine gefestigt.

Wenn Leopold von Gerlach für Legitimität und Legitimismus eintritt, so versteht er hierunter zunächst die „Obrigkeit von oben"[298]. Dies ist der von Gott eingesetzte König, der sich keiner Verfassung zu unterwerfen braucht. Die Verfassung bezeichnet er als ein Stück Papier, das sich zwischen den lebendigen Gott und den lebendigen Staat drängt[299]. Die Anerkennung politischer Parteien wird für gefährlich gehalten. Die Stände sollen dem König untergeordnete Obrigkeiten bleiben und nicht als Re-

---

292 *Otto von Bismarck*, Bd. 14, II (1933), S. 691.

293 *Heinz Kober*, S. 40.

294 *Otto von Bismarck*, Bd. 10 (1928), S. 25 ff.

295 *Leopold von Gerlach*, Denkwürdigkeiten aus dem Leben Leopold von Gerlachs, Bd. 1 (1891), S. 761 f.

296 *Leopold von Gerlach*, S. 721.

297 *Leopold von Gerlach*, Bd. 2 (1892), S. 304.

298 *Leopold von Gerlach*, S. 510.

299 *Leopold von Gerlach*, S. 730.

präsentanten eines Volksteils auftreten. „So wie aber das Volk keine Einheit ist ohne den König, so ist auch ein Haufen Volk keine Einheit ohne eine Unter-Obrigkeit[300].“ Dies sind aber nicht nur Grundsätze des innerpolitischen Handelns. Auch bei den Regierungen fremder Staaten muß man sich nach Leopold von Gerlachs Meinung gegen ein Sympathisieren mit dem Bonapartismus und den Ideen der Revolution wenden. Leopold von Gerlach hängt bei seinen Äußerungen gegen Napoleon III. noch einer monarchischen Solidarität in der europäischen Politik an, die die Wahrung der vorrevolutionären Rechts- und Staatsordnung zum Inhalt hat. Ein Paktieren mit Frankreich unter Napoleon III. oder auch nur eine Einladung Napoleons III. nach Preußen scheinen ihm unvorstellbar[301]. Außen- und innenpolitisch ist Leopold von Gerlachs politisches Prinzip der Kampf gegen die Revolution und die liberalen Ideen, dem sich alle anderen Erwägungen unterordnen mußten.

Seit Anfang seiner politischen Karriere betreibt von Bismarck eine nationale Machtpolitik zur Stärkung Preußens. Dies zeigt sich besonders deutlich, als bei dem im Jahre 1859 bevorstehenden italienischen Krieg die Frage aktuell wird, ob im Kampf gegen die Revolution das legitimistische Prinzip in Europa verfochten oder ein starkes Preußen unter Ausschaltung der legitimen Macht Österreichs angestrebt werden soll. Die preußische Außenpolitik hatte sich weder in dem einen noch in dem anderen Sinn festgelegt. Unter der neuen Ära Wilhelms I. stehen die Konservativen einer Regierungspolitik gegenüber, die zwar den sich erneut in den Vordergrund drängenden nationalen Forderungen Rechnung trägt, aber dennoch in legitimistischer Befangenheit gebunden bleibt. Der preußische König will die Unabhängigkeit und die Machtansprüche Preußens wahren und zugleich die Rechte und Selbständigkeit der deutschen Staaten schonen[302] Erstmals 1859 bietet sich nun die Möglichkeit, Preußens Machtstellung entscheidend zu verbessern. Der italienische Krieg Frankreichs und Sardiniens gegen Österreich hatte die isolierte Donaumonarchie in eine Lage gebracht, in der die Hilfe Preußens und des Deutschen Bundes erforderlich war. Es brach die alte Streitfrage auf: Führung Deutschlands durch ein starkes Preußen, — dies wäre die nationalstaatliche Lösung — oder Hegemonie Österreichs in Deutschland, — dies wäre die legitimistische Lösung. Die legitimistische Lösung dieses Konfliktes wird am nachhaltigsten von dem Kreis um die Brüder Gerlach vertreten, die den Kampf gegen den französischen Imperator fordern. Sie treten für eine unerschütterliche Bundestreue zu Österreich ein, das seine legitimistischen Rechte verteidigen

---

300 *Leopold von Gerlach*, S. 723.

301 Briefe des Generals *Leopold von Gerlach* an Otto von Bismarck, hrsg. von Horst Kohl (1912), S. 211, 213 f.

302 Vgl. *Gerhard Ritter*, Die preußischen Konservativen und Bismarcks deutsche Politik (1913), S. 46 f.

mußte. In diesem Sinne schreibt Heinrich Leo im „Volksblatt"[303], daß der Kampf für das Prinzip der Legitimität ohne Rücksicht auf möglichen Gewinn Preußens, „nicht um Dankes willen, sondern um Gottes willen" geführt werden müsse.

Von Bismarck dagegen erklärt, daß Österreichs Notlage ausgenutzt werden müsse, um Preußen von der österreichischen Hegemonialpolitik zu befreien[304]. Zur Begründung beruft sich von Bismarck auf ein Recht der Deutschen, als große Nation zu leben und zu atmen[305]. Durch diese Haltung wird nicht nur von Seiten der Staaten mit revolutionären Regierungen, sondern auch von Seiten der alteingesessenen Dynastien die auf dem Prinzip der Legitimität beruhende Ordnung Europas, wie sie von Metternich auf dem Wiener Kongreß geschaffen worden war, in Frage gestellt.

Das Legitimitätsprinzip als Maxime der Außenpolitik lehnt von Bismarck ab. Der Machtpolitik, die vom preußischen Patriotismus beherrscht wird, ist es einerlei, ob ein Gegner Preußens einen legitimistischen Titel besitzt oder nicht. In seinen „Gedanken und Erinnerungen" spricht er verächtlich von der „täuschenden Zauberformel der Legitimität"[306]. Die Gründe, um deretwillen er das Legitimitätsprinzip ablehnt, teilt von Bismarck in seinem Briefwechsel mit Leopold von Gerlach mit. Leopold von Gerlach hatte von Bismarck getadelt, er habe das Prinzip einem vereinzelten Mann, Napoleon Bonaparte geopfert, der Preußens natürlicher Feind sei und bleibe[307]. „Meinen Sie", so schreibt von Bismarck in seinem Antwortbrief vom 2. Mai 1857 an Leopold von Gerlach, „ein auf Frankreich und seine Legitimität anzuwendendes Prinzip, so gestehe ich allerdings, daß ich dieses meinem spezifisch preußischen Patriotismus vollständig unterordne. Ein legitimer Monarch wie Ludwig XIV. ist ein ebenso feindseliges Element für uns wie Napoleon I. ... (Es) zählt mir Frankreich ohne Rücksicht auf die jeweilige Spitze nur als ein Stein und zwar ein unvermeidlicher in dem Schachspiel der Politik, einem Spiele, in welchem ich nur meinem Könige und meinem Lande zu dienen den Beruf habe[308]." Von Bismarck meint, daß Preußen durch eine Annäherung an Frankreich den Druck der österreichischen Hegemonialpolitik schwächen und seine erschütterte politische Position in Deutschland und Europa stärken könne. Demgegenüber ist Leopold von Gerlach der Ansicht[309], man könne zwar Frankreich auch unter Napoleon III. aus dem politischen

[303] Zitat bei *Gerhard Ritter*, S. 49.

[304] *Otto von Bismarck*, Bd. 14, I, 2. Aufl. (1933), S. 517, 531.

[305] *Otto von Bismarck*, Bd. 13, 2. Aufl. (1930), S. 207 f.

[306] *Otto von Bismarck*, Gedanken und Erinnerungen, 1. Bd. (1922), S. 178.

[307] Briefe des Generals *Leopold von Gerlach* an Bismarck, S. 206.

[308] *Otto von Bismarck*, Bd. 15 (1932), S. 111; *Bismarcks Briefe* an Leopold von Gerlach, Bd. II (1896), S. 314 f.

[309] *Otto von Bismarck*, S. 116.

Kalkül nicht verbannen; sein persönliches politisches Prinzip sei und bleibe aber der Kampf gegen die Revolution[310]. Eine preußische Annäherung an das revolutionäre Frankreich hält er für gefahrvoll, da dadurch eine weitere Ausbreitung revolutionären Gedankengutes vornehmlich in Italien zu befürchten stehe. In seinem Antwortschreiben auf diese Einwände erkennt auch von Bismarck den Kampf gegen die Revolution als den seinigen an[311]. Er weigert sich jedoch, Napoleon III. als den Repräsentanten des durch die Revolution verkörperten bösen Prinzips anzusehen. Er weist auf den revolutionären Ursprung der Regierungen von Belgien, Holland, Schweiz, Schweden etc. hin. „Selbst für das Terrain, welches die heutigen deutschen Fürsten teils dem Kaiser und dem Reich, teils ihren Mitständen, den Standesherren, teils ihren eigenen Landständen abgenommen, läßt sich kein vollständig legitimer Besitztitel nachweisen, und in unserem eigenen staatlichen Leben können wir der Berührung mit der Revolution, der Benutzung revolutionärer Unterlagen an keinem Tag entgehen[312].“ Nach diesen Ausführungen sieht es von Bismarck als seine Aufgabe an, die staatlichen Zustände zu akzeptieren, wie sie durch Machtverschiebungen in der Geschichte entstanden sind, und über die Legitimität oder Illegitimität einer staatlichen Herrschaft keine weiteren Überlegungen anzustellen. Was die Frage der Legitimierung durch den Ablauf der Zeit betrifft, so ist er skeptisch. Im politischen Leben, so meint von Bismarck, wird der Umschlag von der revolutionären zur legitimen Herrschaft nicht nach Jahren bemessen. Ihm scheint, daß man einem Staat die illegitime Geburt verzeiht, sobald man keine Gefahr mehr von ihm besorgt. Da damit das Prinzip des Kampfes gegen die Revolution weder der historischen Kritik standhält, noch im politischen Leben der Staaten untereinander befolgt wird, ist für von Bismarck das Legitimitätsprinzip außenpolitisch ohne Bedeutung. Seine Legitimitätsvorstellung beschränkt sich allein auf den eigenstaatlichen Bereich. Es ist wohl das Streben nach Preußens Vormachtstellung in Europa, das von Bismarck veranlaßt, den europäischen Status quo und das Prinzip der Legitimität zu durchbrechen[313]. Von Bismarck selbst hängt

---

[310] Allerdings war selbst Leopold von Gerlach in seiner Meinung über Napoleon III. zunächst schwankend. Am 6. 12. 1851 schrieb er in sein Tagebuch (1. Bd., S. 703), daß Napoleon, wenn er die Roten niederkämpft, nicht ganz ohne Rechtstitel sei. „Dieser Götzendienst mit der fürstlichen Geburt und dem fürstlichen Recht!“ Das Prinzip, worauf es ankomme, sei doch nur, ein von Gott anvertrautes Amt zu haben. Bereits einige Tage später hält er es dann aber für prinzipienlos, über den gelungenen Staatsstreich zu triumphieren, da die rechtmäßige Obrigkeit für Napoleon eben die Republik gewesen sei. Vgl. hierzu *Friedrich Meinecke,* Die Tagebücher des General von Gerlach, in: Historische Zeitschrift, 70. Bd. (1893), S. 55 f.

[311] *Otto von Bismarck,* S. 120.

[312] *Otto von Bismarck,* S. 120 f.

[313] *Hans Rothfels,* Bismarck und das 19. Jahrhundert, in: Schicksalswege deutscher Vergangenheit (1950), S. 240.

einer älteren Art von Legitimität an, die in einer unreflektierten inneren Bindung an das angestammte Herrscherhaus und in dem adlig-ständischen Selbstbewußtsein besteht, mit der er der regierenden preußischen Dynastie gegenübertritt[314].

6. Das Scheitern der konservativen Legitimitätsvorstellungen

Seit Ende der sechziger Jahre des 19. Jahrhunderts verschwindet das Legitimitätsprinzip, das einst zur Herstellung der europäischen Ordnung und zur Begründung der innerstaatlichen Herrschaft gedient hat, für ein halbes Jahrhundert fast völlig aus der Diskussion[315]. Nach den Arbeiten von Joseph von Held „Über Legitimität, Legitimitätsprinzip" (1859), Siegfried Brie „Die Legitimation einer usurpierten Staatsgewalt" (1866)[316] und Friedrich Brockhaus „Das Legitimitätsprinzip" (1868)[317] finden sich weder in der politischen noch in der staatsrechtlichen Literatur umfangreichere Stellungnahmen zur Problematik der Legitimität staatlicher Herrschaft. Dieser Mangel einer Darstellung des genannten Themenkreises liegt u. a. darin begründet, daß nicht zuletzt unter dem Eindruck der von von Bismarck vollbrachten nationalen Einigung sich in der Rechtswissenschaft der Rechtspositivismus durchsetzt. Jetzt vernachlässigen

---

[314] *Otto Brunner*, Bemerkungen zu den Begriffen „Herrschaft" und „Legitimität", in: Festschrift für H. Sedlmayer (1962), S. 131.

[315] *Constantin Frantz*, Die Naturlehre des Staates als Grundlage aller Rechtswissenschaft (1870), S. 196, apostrophiert den Niedergang des Legitimitätsgedankens durch den Wandel der politischen Ereignisse in treffender Weise: „Endlich kamen die Ereignisse von 1866, wodurch die Legitimitätsideen ihre letzte Stütze verloren. Seitdem scheint auf dem Kontinent einstweilen nur das die Volkssouveränität wie die Legitimität gleicherweise mißachtende Kanonenrecht gelten zu sollen. Auf dem Katheder des seligen Stahl sitzt Professor Krupp mit seinem Kruppstahl."

[316] *Siegfried Brie*, Die Legitimation einer usurpierten Staatsgewalt (1866) referiert eingehend die deutschen und französischen Legitimitätstheorien des 19. Jahrhunderts. Er identifiziert den Begriff der Legitimität mit dem der Rechtmäßigkeit, da das Gesetz als der vollkommenste Ausdruck des Rechts mit dem Recht selbst gleichzustellen sei (S. 3). Siegfried Brie macht damit zwischen Legalität und Legitimität keinen Unterschied und steht bereits unter dem Einfluß des sich entwickelnden Positivismus.

[317] *Friedrich Brockhaus*, Das Legitimitätsprinzip (1868) beschäftigt sich zunächst mit der Entwicklung des Legitimitätsprinzips in der ersten Hälfte des 19. Jahrhunderts. Nach der Darstellung der wesentlchen Legitimitätstheorien kommt er zu dem Ergebnis, daß die Legitimität eines Herrschers der bloßen Tatsache gegenüber, daß ein anderer den Thron inne hat, vollständig gleichgültig ist. Daraus folgert er die vollständige juristische Irrelevanz der Illegitimität: „Sie schadet in rechtlicher Beziehung ebenso wenig, wie die Legitimität nützt" (S. 325). Seiner Ansicht nach kann dem Legitimitätsbegriff keine juristische Brauchbarkeit verliehen werden. Mit dem Legitimitätsbegriff mag zwar ein sittlich oder politisch wertvoller Zustand umschrieben werden, staatsrechtlich sei er aber das vollständig wertlose Merkmal des Ursprungs einer Dynastie. Diese Leugnung des Wertes des Legitimitätsbegriffes deutet bereits die im Positivismus erfolgende Gleichsetzung von Legalität und Legitimität an.

die Juristen die Frage nach den die neue Ordnung tragenden rechtlichen Wertgehalten zugunsten einer das Gesetzesrecht analysierenden und systematisierenden Betrachtungsweise. Hiervon wird im nächsten Kapitel noch ausführlicher zu handeln sein.

Aber auch durch die Machtstaatstheorie eines August Ludwig von Rochau (1810 - 1873)[318] oder Julius Fröbel (1805 - 1893)[319] wird das Problem der Legitimität staatlicher Herrschaft beiseite geschoben. Die Frage, wer herrschen soll, überläßt man der philosophischen Spekulation. Man meint, in der praktischen Politik könne allein die Macht herrschen. Der „unmittelbare Zusammenhang von Macht und Herrschaft bildet die Grundwahrheit aller Politik und den Schlüssel der ganzen Geschichte[320]." Fröbel ist der Ansicht, daß Recht und Macht eng zusammenhängen und ihr Verhältnis zueinander das von Tatsache und Prinzip sei[321]. Als „legal" bezeichnet er die Macht, die aus dem Recht folgt, als „legitim" das Recht, das aus der Macht folgt. „Legitim ist die Gewalt der Obrigkeit überhaupt, wie sie auch entstanden sein möge, durch Wahl oder durch Gewaltergreifung; legal ist ihre Beschränkung durch die Teilnahme des Volkes an der Gesetzgebung und Verwaltung[322]." Unter dem Begriff der „Legitimität" versteht Fröbel die „Übermacht", aus der der Staat entsteht, während die „Legalität" nur die „Untermächte" sind, die den bestehenden Staat rechtlich ordnen[323]. Für Fröbel ist dasjenige legitim, was sein Recht aus der Macht der Tatsache oder der Natur des Dinges ableitet. „Die wahre Legitimität beruht auf der zureichenden Macht. Ihr Recht ist das Recht der übermächtigen Tatsachen, das göttliche Recht des Schicksals[324]." Von seinem Standpunkt aus sind der Fortschritt der Legalität und die hierdurch bedingte „Absorption der Legitimität" Vorgänge, in denen sich die zunehmende Altersschwäche der Macht darstellt. Fröbel begründet hier die Legitimität des nationalen Machtstaates. Diese Identifikation von Macht und Legitimität war freilich nicht geeignet, das Wesen des Begriffes der Legitimität zu erhellen. Denn Legitimität bezeichnet nicht die Macht schlechthin, sondern gerade den Aspekt der Rechtlichkeit von Macht.

---

[318] *August Ludwig von Rochau,* Grundzüge der Realpolitik (1853); zu Rochaus Leben vgl. *von Weech,* in: ADB, 28. Bd. (1889), S. 725 f.

[319] *Julius Fröbel,* Theorie der Politik, 2 Bde. (1861, 1864); zu Fröbels Leben vgl. *Sander,* in: ADB, 49. Bd. (1904), S. 163 ff.

[320] *August Ludwig von Rochau,* S. 108.

[321] *Julius Fröbel,* 2. Bd., S. 83.

[322] *Julius Fröbel,* S. 15.

[323] *Julius Fröbel,* S. 83 f.

[324] *Julius Fröbel,* S. 86: „Die stärkste Einsprache aber mußten wir erheben gegen eine Theorie, nach welcher die Legitimität die Assekuranz einer Sinekure für souveräne Invaliden abgeben soll" (S. 87); vgl. weiter *Julius Fröbel,* Die drei Völker und die Legitimität, oder die Italiener, die Ungarn und die Deutschen beim Sturz Österreichs, in: Kleine politische Schriften, 1. Bd. (1866), S. 330 ff.

Neben dem aufkommenden staatsrechtlichen Positivismus und dem Machtstaatsgedanken ist weiterhin für das Verstummen der Diskussion über das Legitimitätsprinzip das Faktum entscheidend, daß das monarchische Prinzip gegenüber der seit 1789 andrängenden Vorstellung der allgemeinen Freiheit und Gleichheit keine originäre und vom Volk nachvollziehbare Legitimität mehr begründen konnte[325]. Otto Brunner hat mit Recht bemerkt[326], daß das monarchische Prinzip nur eine gegebene Machtlage zu stabilisieren vermochte, einer geistigen Sinnbegründung hingegen von Anfang an aber entbehrte. Das Gottesgnadentum als Rechtfertigung des monarchischen Prinzips konnte nur im Rahmen einer religiös-sakralen Weltordnung eine tiefere Wirkung entfalten. Eine solchermaßen fundierte Ordnung war aber im 19. Jahrhundert zugunsten einer rational begründeten Herrschaftsordnung aufgegeben worden. Trotz der Staatslehre Stahls, der religiös bestimmten Haltung des Kreises um die Brüder Gerlach und der religiösen Überzeugung Friedrich Wilhelms IV. war der Gedanke, daß der König als heilige Person und in Gottes Auftrag die Staatsgewalt innehabe, als Begründung einer legitimen Herrschaft in den Augen der mündig gewordenen und aufgeklärten Bevölkerung nicht mehr haltbar. Dem rationalen Zug der Zeit entsprechend konnte das Königtum nur noch aus seinen Aufgaben und seiner politischen Funktion im Staate begründet werden. Ernst-Wolfgang Böckenförde hat in diesem Zusammenhang festgestellt[327], daß das monarchische Prinzip ein anfangs wirksames geschichtliches Faktum darstellte, ohne aber ein für die Zukunft tragfähiges politisches Prinzip zu sein, das seine Legitimität in sich trug.

Das konservative Denken vermochte es auch nicht, die erbmonarchische Herrschaft durch die Bildung einer geschichtlich begründeten Legitimitätsidee zu rechtfertigen. Zwar war in der Öffentlichkeit und auch bei den Anhängern des gemäßigten Liberalismus das historische Recht der deutschen Freiheit als Legitimitätsvorstellung und als Grundlage einer neuen politischen Ordnung verbreitet. Günstig für das Entstehen einer an der historischen Überlieferung orientierten Legitimitätsidee war der Glaube an die rechtsbildende und legitimierende Kraft der eigenen geschichtlichen Tradition, in der die Macht des Königtums und die Volksfreiheit zu einem allseitig anerkannten Ausgleich gebracht worden war. Scheitern mußte jedoch dieser Legitimitätsgedanke an der politischen Realität. Eine wirkliche geschichtliche Kontinuität war durch die Gebiets-

---

[325] Darauf weist zutreffend *Ernst-Wolfgang Böckenförde*, Der deutsche Typ der konstitutionellen Monarchie im 19. Jahrhundert, in: Beiträge zur deutschen und belgischen Verfassungsgeschichte im 19. Jahrhundert, hrsg. von W. Conze (1967), S. 89 f. hin.

[326] *Otto Brunner*, Vom Gottesgnadentum zum monarchischen Prinzip, in: Das Königtum, Vorträge und Forschungen, Bd. 3 (1957), S. 301 ff.

[327] *Ernst-Wolfgang Böckenförde*, S. 90.

änderungen und Neuverteilung der innerstaatlichen Macht im Reichsdeputationshauptschluß und auf dem Wiener Kongreß zerstört worden. Daher fehlte dem monarchischen Prinzip nicht nur eine metaphysische, sondern letztlich auch die historische Legitimität.

Es lag damit im Zug der Entwicklung begründet, daß das monarchische Prinzip vom demokratischen Prinzip abgelöst wurde. Durchsetzen konnte sich die bereits anfangs des 19. Jahrhunderts entwickelte liberale Legitimitätsidee, die den Grundsatz der Volkssouveränität, der Gewaltenteilung und die Anerkennung von Grundrechten zum Inhalt hatte. Allein das neue, auf der sozialen Grundverfassung von Freiheit und Gleichheit beruhende, liberale Legitimitätsverständnis, das durch die französische Revolution und den Geist des Vernunftrechts zunächst nur verschwommene Konturen erhalten hatte, dann aber als Kampfmittel gegen die Reaktion präzisiert worden war, wurde nach der Revolution im Jahre 1918 erneut diskutiert und beschäftigt die juristische und soziologische Literatur bis auf den heutigen Tag.

Sechstes Kapitel

Das Legitimitätsverständnis des beginnenden 20. Jahrhunderts

Die Diskussion um die Legitimitätsidee des 19. Jahrhunderts spielte sich in Deutschland hauptsächlich in den Jahren 1820 bis 1865 ab. In dem Maße wie auf diese innenpolitisch so bewegten Jahre fast ein halbes Jahrhundert innerstaatlicher Stabilität folgte, verstummte die Frage nach der Legitimität staatlicher Herrschaft. Am Ende des 5. Kapitels wurde bereits versucht, die plötzliche Stille um diese staatsphilosophische Fragestellung zu erklären. Abgesehen von diesen Deutungsversuchen ließ sich hier besonders eindrucksvoll das allgemeine Phänomen konstatieren, daß man in innenpolitisch ruhigen Zeiten auf eine kritische Erörterung des Legitimitätsproblems verzichtet. Mit um so stärkerem Nachdruck beschäftigt man sich mit der Legitimität staatlicher Herrschaft in dem Augenblick, da das Staatswesen in seinem Bestand in Frage gestellt und die Ordnung durch innenpolitische, irreguläre Machtkämpfe bedroht ist. Diese plötzliche Sensibilisierung für die ethische Problematik der Legitimität tritt uns im Deutschland der zwanziger Jahre des 20. Jahrhunderts entgegen. Bei der Bewältigung der Revolution von 1919 lieferte zwar ohne tiefere Reflexion der Legitimitätsproblematik der staatsrechtliche Positivismus (I.) der herrschenden Meinung in Literatur und Rechtsprechung wichtige Argumente, indem er ohne Stellungnahme zur Rechtmäßigkeit des Umsturzes die bestehende Legalordnung für verbindlich erklärte. Daneben sind aber jene Stimmen (II.) nicht zu übersehen, die das Revolutionserlebnis zum Anlaß nahmen, nunmehr vom Grundsätzlichen her über die Rechtmäßigkeit und Legitimität der Staatsgewalt nachzudenken. Insbesondere die katholische Rechts- und Staatsphilosophie (III.) der Zeit nach dem ersten Weltkrieg stand zu einem guten Teil unter dem Eindruck des Umsturzes. Die Absage an das Fürstentum von Gottes Gnaden und die Besinnung auf das Essentielle der Legitimität: die Wahrung des Gemeinwohls vollzog sich unter erheblichen innerkirchlichen Auseinandersetzungen. Für die geistige Situation der Staatsrechtslehre der Weimarer Zeit sind Carl Schmitts (IV.) Bemühungen um den Sinn von Legalität und Legitimität symptomatisch; seine Skepsis gegenüber dem Rang bloßer

Legalität und seine Erkenntnis des Mangels einer allseits akzeptablen Legitimitätsidee offenbaren bemerkenswerte Gründe des Untergangs der Weimarer Republik. Demgegenüber war das Legitimitätsverständnis einer „dialektischen" Staatslehre (VI.) mit der Betonung von Werten und Integrationsprozessen ein verheißungsvoller neuer Ansatz zur Erfassung der Legitimität, der jedoch erst nach 1945 fortgeführt werden konnte. Die weitaus bedeutendste Leistung bei der Erforschung des Legitimitätsphänomens vollbrachte Max Weber (V.). Sein soziologisch-analytischer Ansatz verzichtete zunächst auf alles Werten. Er stellte empirisch Legitimationsprozesse fest und deduzierte drei reine Legitimitätstypen. Auf diesen Einsichten Max Webers baut ein Großteil der modernen Soziologie und Politologie auf, die sich um das Legitimitätsphänomen bemüht.

Diese Strukturelemente des Legitimitätsbegriffes des beginnenden zwanzigsten Jahrhunderts sollen im folgenden dargestellt werden. Zur näheren Erläuterung war es erforderlich, an manchen Stellen die Entwicklungslinien bis in die jüngste Zeit knapp zu umreißen. Eine umfassende Darstellung der zeitgenössischen Legitimitätsidee bleibt jedoch einer besonderen Schrift vorbehalten.

I. Der staatsrechtliche Positivismus

Die Anhänger eines Naturrechts wie auch der historischen Rechtsschule stimmten beide überein im Glauben an die metaphysische Begründbarkeit des Rechts und der Überzeugung vom Bestehen absolut geltender Werte. Die in der Rechtsidee zum Ausdruck kommenden Werte werden hier aus dem Volksgeist, dort aus der Vernunft der Menschen abgeleitet. Negativ ausgedrückt ist der Rechtspositivismus die Reaktion gegen die Metaphysik des Naturrechts und der historischen Rechtsschule. Auf dem europäischen Festland hatten der Vernunftglaube des Absolutismus und der Glaube der französischen Revolution an die Vernünftigkeit des Volkswillens die Überzeugung vorbereitet, daß eine moderne Nation ihr ganzes Rechtsleben durch Kodifikation rational und planmäßig durchordnen müsse[1]. Eine lückenlose und perfektionistische Formulierung des gesetzten Rechts erschien als das geeignete Mittel, eine nationale, unitarische und egalitäre Gesellschaft unter den Prinzipien der

[1] Zu den Wurzeln des juristischen Positivismus siehe: *Franz Wieacker*, Privatrechtsgeschichte der Neuzeit, 2. Aufl. (1967), S. 348 ff.; *Walter Wilhelm*, Zur juristischen Methodenlehre im 19. Jahrhundert. Die Herkunft der Methode Paul Labands aus der Privatrechtswissenschaft (1958); *Thomas Ellwein*, Das Erbe der Monarchie in der deutschen Staatskrise (1954), S. 208 ff.; *Ernst-Wolfgang Böckenförde*, Gesetz und gesetzgebende Gewalt. Von den Anfängen der deutschen Staatslehre bis zur Höhe des staatsrechtlichen Positivismus (1958); *Wolf Rosenbaum*, Naturrecht und positives Recht. Rechtssoziologische Untersuchungen zum Einfluß der Naturrechtslehre auf die Rechtspraxis in Deutschland seit Beginn des 19. Jahrhunderts (1972), S. 40 ff.

Eigentums- und Vertragsfreiheit herauszubilden. Die sozialen und wirtschaftlichen Wertvorstellungen der geeinten industriellen bürgerlichen Gesellschaft bedurften nicht mehr des Rekurses auf die naturrechtliche Lehre, die von der Wertvorstellung eines unveränderlichen Rechtssystems und eines vorstaatlichen Naturzustandes ausging. Die Außerkraftsetzung der Rechtsordnung unter Rückgriff auf rational nicht nachprüfbare metaphysische Erwägungen erschien suspekt, da man die Gesetzgebungsmaschinerie sachgerecht zu beherrschen meinte. In der zweiten Hälfte des 19. Jahrhunderts schien das Naturrecht damit überlebt. Es verwirklichte sich die Idee vom Rechtsstaat, das positive Recht wurde als „gerecht“ akzeptiert. Die Gefahr absolutistischer Willkürherrschaft war geschwunden, die Korrektur des positiven Rechts durch höherrangige, aus dem Naturrecht abgeleitete Prinzipien schien nicht mehr geboten. Auf der anderen Seite konnten sich gegenüber den Forderungen der bürgerlichen Erwerbsgesellschaft auch die Thesen der historischen Schule nicht durchsetzen, daß aus dem Wesen des Volkes der Geist entspringe, der das Volk zu einem Ganzen verknüpfe, und das Recht aus inneren still wirkenden, dem Volk innewohnenden Kräfte geboren werde. Die historische Rechtsschule beschränkte die Rolle des Juristen auf das Aufspüren des historisch gewordenen Rechts. Das Eingreifen des Gesetzgebers in das historische Geschehen wurde als Zerstörung der geschichtlichen Kontinuität und die dadurch geschaffene Vollkommenheit angesehen[2]. Diese Thesen konnten angesichts der rasch fortschreitenden technischen und sozialen Entwicklung nicht praktikabel sein. Die durch Systematisierung und Dogmatisierung eingetretene Erstarrung des Rechts machte eine nur vermittels von Kodifikationen durchführbare Modernisierung erforderlich, wobei die Beschleunigung der wirtschaftlichen Entwicklung und die sozialen Forderungen eine nicht unerhebliche Rolle spielten[3].

Die positivistische Betrachtungsweise beschränkt sich auf das Wirkliche im Sinne des positiv Gegebenen und Nachweisbaren. Damit hat

---

[2] *F. K. von Savigny,* Vom Beruf unserer Zeit für Gesetzgebung und Rechtswissenschaft (1814), in: Thibaut und Savigny, hrsg. von J. Stern (1959), S. 69 ff.; *ders.,* Über den Zweck dieser Zeitschrift, in: Zeitschrift für geschichtliche Rechtswissenschaft (1815), S. 1 ff.; *ders.,* System des heutigen römischen Rechts I (1840), S. 35 will das Recht an seine geschichtlichen Voraussetzungen binden. Der Inhalt des Rechts sei durch die geschichtliche Vergangenheit der Nation bestimmt und daher nur durch die geschichtliche Wissenschaft zu erfassen. Das Recht wird als unabtrennbarer Bestand der Gesamtkultur verstanden, die nur als geschichtliche begriffen werden kann. Wegen der Einzelheiten, insbesondere auch was die Auseinandersetzungen innerhalb der historischen Rechtsschule anbelangt, sei auf *Franz Wieacker,* S. 377 ff. verwiesen.

[3] Vgl. zu der Frage des Rechtspositivismus eingehender: *Themistokles Tsatsos,* Zur Problematik des Rechtspositivismus (1964); *Heinrich Henkel,* Einführung in die Rechtsphilosophie (1964), S. 378 ff.; *Karl Bergbohm,* Jurisprudenz und Rechtsphilosophie, Band 1 (1892); *Franz Wieacker,* S. 430 ff.; *Gustav Boehmer,* Grundlagen der Bürgerlichen Rechtsordnung II, 1 (1951), S. 73 ff., 122 ff.; *Bernd Rüthers,* Die unbegrenzte Auslegung (1968), S. 91 ff.

man bereits den Anknüpfungspunkt für die Begründung und Deutung des Rechts gefunden, die der Rechtspositivismus gibt. Die philosophische Basis dieser Gedanken wurde in Comtes „Cours de philosophie positive" (1830 - 42), C. Görings „System der kritischen Philosophie" (1874) und E. Laas' „Idealismus und Positivismus" (1879) geschaffen. Der rechtswissenschaftliche Positivismus leitet die Rechtssätze und ihre Anwendung ausschließlich aus Systemen, Begriffen und Lehrsätzen der Rechtswissenschaft ab, ohne außerjuristischen Werten und Zwecken rechtsbeeinflussende Kraft zuzugestehen. „Ethische, politische oder volkswirtschaftliche Erwägungen sind nicht Sache des Juristen[4]." Was insbesondere die methodische Richtung des staatsrechtlichen Positivismus anbelangt, tritt in diesem Wort Windscheids die Isolierung gegenüber Staatstheorie, Philosophie, Geschichte und Soziologie hervor. Der Gegenstand, das Recht wird aus seinen sozialen und teleologischen Zusammenhängen gelöst. Zweck, Funktion und Bedingtheit der Rechtsinstitute liegen jenseits ihres Begriffes[5]. Auf diese Weise wird die Staatsrechtslehre zu einer reinen Normwissenschaft; ihr Gegenstand sind allein die Normen der positiven Gesetze, die man ordnen und systematisieren muß[6]. Franz Wieacker[7] hat mit Recht hervorgehoben, daß diese Beschränkung der Rechtswissenschaft auf ordnende, analysierende und klassifizierende Erörterungen innerhalb eines festen Begriffssystems und die Ablehnung jeder wertenden Betrachtung Ausdruck eines sozialethischen Wertungsprinzips gewesen sei. Die Rechtspflege soll in einer Gesellschaft, deren Funktionen der geregelte Kampf ist, eine dem Interessenstreit enthobene Neutralität sichern. Diese Beschränkung der Staatsrechtslehre auf eine abstrakte Normwissenschaft führt notwendig zur logisch-formalen Betrachtungsweise und Behandlung aller staatsrechtlichen Fragen. Die Rechtsbegriffe erfassen die Lebensverhältnisse nur äußerlich, die juristische Welt ist eine Gedankenwelt und eine Welt der Abstraktion[8]. Praktisch läßt sich diese Haltung an der juristischen Erfassung des Phänomens Staat feststellen; indem man an seine nach außen in Erscheinung tretende Einheit anknüpft, unterwirft man ihn einem abstrahierenden einheitlichen Personenbegriff. In ähnlicher Weise verfährt man bei der Bestimmung des Gesetzesbegriffes, dessen genereller Charakter nur noch in dem for-

---

[4] *Windscheid,* Die Aufgaben der Rechtswissenschaft, in: Gesammelte Reden und Abhandlungen (1904), S. 101.

[5] *Hermann Rehm,* Geschichte der Staatswissenschaft (1892), S. 162.

[6] *Paul Laband,* Das Staatsrecht des Deutschen Reiches, 3. Aufl. (1895), S. VI; *Ernst-Wolfgang Böckenförde,* S. 212.

[7] *Franz Wieacker,* S. 441; In diesem Sinne äußert sich auch *C. F. von Gerber,* Über öffentliche Rechte (1852), S. 27, der die „legitimistische" Funktion der juristischen Methode hervorhebt: „Die Möglichkeit der rechtlichen Konstruktion eines Verfassungszustandes gewährt eine wichtige Garantie seines Bestehens. Noch häufiger ist sie auch das Zeichen innerer Güte und Dauerhaftigkeit."

[8] *Georg Jellinek,* System der subjektiven öffentlichen Rechte (1892), S. 17.

malen Sinn der Unbestimmbarkeit von Adressaten und Fällen verstanden wird[9].

1. Paul Laband

Von Hause aus Rechtshistoriker hat sich Paul Laband (1838 - 1918) seit der Gründung des Deutschen Reiches dem öffentlichen Recht, insbesondere dem Staatsrecht gewidmet. Zur Methode seiner Darstellung führt er aus, nach der Tat der Neugestaltung Deutschlands entstehe das Bedürfnis, sich zum Bewußtsein zu bringen, worin diese Tat bestanden und welchen Erfolg sie bewirkt habe. Je längeren Bestand die neue Verfassungsform aber habe, desto müßiger erschienen die Betrachtungen darüber, ob ihre Einführung für heilsam oder für schädlich zu erachten sei. Bei der Erörterung des Staatsrechts des deutschen Reiches müßten die allgemeinen Prinzipien aufgefunden, die sich aus den aufgefundenen Prinzipien ergebenden Folgerungen entwickelt und ihre Übereinstimmung mit den tatsächlichen Einrichtungen und der positiven Anordnung der Gesetze dargetan werden[10]. Laband ist sich wohl bewußt, daß die ausschließliche Herrschaft der logischen Behandlungsart des Rechts zu einer Verkümmerung der Rechtswissenschaft führen kann und daß auch Geschichte, Volkswirtschaftslehre, Politik und Philosophie Wert für die Rechtserkenntnis besitzen. Er betont, daß es die wissenschaftliche Aufgabe der Dogmatik eines bestimmten positiven Rechtszweigs sei, die Rechtsinstitute zu konstruieren, einzelne Rechtssätze auf allgemeine Begriffe zurückzuführen und hieraus wieder Folgerungen zu ziehen. Dies sei eine rein logische Denktätigkeit. Laband kann es nicht als richtig anerkennen, wenn jemand der Dogmatik andere Aufgaben stellen will als die gewissenhafte und vollständige Feststellung des positiven Rechtsstoffes und die logische Behandlung desselben durch Begriffe[11].

Aus diesen Ausführungen zur Methode wird bereits deutlich, daß Laband die Frage nach der Legitimität der Reichsgründung, der Reichsverfassung und der Reichsgewalt nicht zu stellen vermag. Mit ihrer Verkündung war die Reichsverfassung geltendes Recht geworden. Ihre Verbindlichkeit erörtern, hieße sie anzweifeln[12]. Da es nur Aufgabe der

---

[9] *Ernst-Wolfgang Böckenförde*, S. 216.

[10] *Paul Laband*, S. VI, VII.

[11] *Paul Laband*, S. XI; zur Herkunft der Methode Paul Labands vgl. *Walter Wilhelm*, S. 7 ff.; allgemein zu Paul Laband siehe *Otto von Gierke*, Labands Staatsrecht und die deutsche Rechtswissenschaft, in: Schmollers Jahrbuch, Bd. 7 (1883), S. 1097 ff.; *Ernst-Wolfgang Böckenförde*, S. 226 ff.

[12] Die Besonderheit der Verfassung von 1871 ist darin zu erblicken, daß sie das Bürgertum mit seinen gesetzesförmigen Verfassungserrungenschaften und die deutschen Fürsten als Repräsentanten des normativ nicht greifbaren monarchischen Prinzips miteinander verbindet. Das deutsche Volk, das im Reichstag repräsentiert wird, und der Bund der Fürsten sind die Grundlage der Verfassung. Diese janusköpfige Struktur der Verfassung entspricht dem

Dogmatik ist, das positive Recht zu erforschen und zu systematisieren, der Begriff der Legitimität aber weder in einem Satz des positiven Staatsrechts seinen Niederschlag gefunden hat, noch zur Erklärung des positiven Staatsrechts erforderlich ist, wird er stillschweigend rechtsphilosophischen, geschichtlichen oder anderen „undogmatischen" Erörterungen des Staatsrechts überlassen.

2. Georg Jellinek

Von der neukantischen Philosophie, insbesondere der südwestdeutschen Schule beeinflußt, hat Georg Jellinek (1851 - 1911) die ethisch-juristischen wie auch faktischen Aspekte der Allgemeinen Staatslehre zum Gegenstand seiner Betrachtungen gemacht. Er geht davon aus, daß der Staat sowohl eine gesellschaftliche als auch eine rechtliche Seite habe, die voneinander getrennt werden können. Die gesellschaftliche Seite des Staates könne mit den Methoden der Sozialwissenschaften erarbeitet werden. Die rechtliche Seite müsse dagegen mit der juristischen Methode erforscht werden. Hierunter versteht Jellinek ebenso wie Laband die logische Ableitung juristischer Erkenntnis aus juristischen Begriffen. Jellinek betrachtet jedoch nicht nur einen einzigen Staat und dessen konkrete Rechtsordnung, sondern er zieht auch Bestimmungen anderer vergleichbarer Verfassungen heran[13].

Mit dem Legitimitätsbegriff beschäftigt sich Jellinek im Zusammenhang mit seinen Ausführungen zur „Allgemeinen Soziallehre des Staates". Bei der Erörterung von Entstehung und Untergang der Staaten geht er von der bekannten Einsicht aus, daß Staatsrecht unfähig ist, den Staatsbildungsprozeß zu erklären. Denn der Staat kann nicht das Recht ex ante für seine eigene Entstehung festsetzen, da er zuerst existieren muß, um Recht schaffen zu können. Staatsschöpfungsakte können allenfalls nach dem Rechte der durch sie betroffenen Staaten bewertet werden: sie können gegen die Rechtsordnung dieser Staaten erfolgen oder ihr gemäß sein. Allein der Staatsschöpfungsakt liegt außerhalb des Rechts. Alles was vorausgeht und nachfolgt, ist dem Recht unterworfen. Eine staatliche Neubildung ist dann als vollendet anzusehen, wenn alle wesentlichen Teile eines Staates im gegebenen Fall faktisch vorhanden sind und sich das so gebildete Gemeinwesen staatlich zu betätigen in der Lage ist. Seine Organe müssen tatsächlich Herrschaft ausüben und ihnen muß tatsächlich Gehorsam gezollt werden. Wie seine Entstehung kann auch der Untergang des Staates ein bloß faktischer, außerhalb des Bereiches einer

Ringen zwischen monarchischer Legitimität und Volkssouveränität bei der Reichsgründung.

[13] *Georg Jellinek*, Allgemeine Staatslehre, 3. Aufl. (Neudr. 1959), S. 25 ff.; vgl. auch *Erich Kaufmann*, Kritik der neukantischen Rechtsphilosophie (1921); *Christian Determann*, Art. Georg Jellinek, in: Staatslexikon, 4. Bd., 6. Aufl. (1960), Sp. 627 ff. (Literaturnachweise).

jeden Rechtsordnung sich abspielender Vorgang sein; hierfür ist das Aufhören des Funktionierens der Staatsgewalt typisch. „Entthronte legitime Herrscher und Prätendenten aller Art", so schreibt Jellinek, „haben kein Recht, eine ihren Ansprüchen entgegenstehende Ordnung, die sich behauptet hat, zu bestreiten oder anzuerkennen[14]." Derartige Handlungen können von politischer Bedeutung sein, rechtlich kann jede Handlung nur an einer bestehenden Rechtsordnung gemessen werden, wie immer diese entstanden sein mag. „Nur wer eine lückenlose Naturrechtsordnung über dem positiven Staats- und Völkerrecht stehend behauptet und damit die Bedeutung der Machtverhältnisse für das Staatsleben verkennt, darf sich zur Lehre von dem Legitimitätsprinzip bekennen[15]." Staatsumwälzungen, bei denen rechtlose Macht mit machtlosem Recht kämpft[16], beurteilen sich somit nach der normativen Kraft des Faktischen, die in der menschlichen Natur begründet liegt; ihr ist das bereits Geübte physiologisch und psychologisch leichter reproduzierbar als das Neue. So legitimiert im Völkerrecht die faktische Innehabung der Staatsgewalt allein zur Vertretung des Staates nach außen; „der entthronte legitime Monarch hat dieses Recht durch das bloße Faktum seiner Entfernung aus der Herrscherstellung verloren"[17]. Ein wesentlicher Bestandteil der „legitimierenden" Wirkung der normativen Kraft des Faktischen ist darin zu erblicken, daß aus ihr die Überzeugung hervorgehen muß, daß die tatsächlichen Herrschaftsverhältnisse als rechtliche anzuerkennen sind[18]. Wo diese Überzeugung ausbleibt, kann die faktische Ordnung auf die Dauer nur durch Gewalt aufrecht erhalten werden, was nicht möglich ist. Wo das Gegebene durch die in der Form der Gewohnheit sich äußernde Anerkennung zur Norm geworden ist, da werden die dem außen Stehenden noch so unbillig dünkenden Zustände als rechtmäßig empfunden. Die Umwandlung der zunächst überall rein faktischen Macht des Staates in rechtliche erfolgt stets durch die hinzutretende rein psychologische Vorstellung, daß dieses Faktische so sein solle, wie es ist. Nach der Meinung Jellineks liegt daher ein richtiger Kern in der Legitimitätstheorie verborgen, wenn sie „im letzten Grunde das Recht stets aus der durch lange Zeiträume geübten Anerkennung faktischer Verhältnisse ableitet"[19].

Mit seiner Lehre von der „legitimierenden" Wirkung der normativen Kraft des Faktischen spricht Jellinek das Problem an, wann aus einer auf Gewalt gestützten Ordnung eine Rechtsordnung wird. Diese Frage sollte nach der Revolution von 1918/1919 u. a. Herrfahrdt und Freiherr Marschall von Bieberstein beschäftigen, als man zu begründen suchte,

---

[14] *Georg Jellinek*, S. 285.
[15] *Georg Jellinek*, ebd.
[16] *Georg Jellinek*, Der Kampf des alten mit dem neuen Recht (1907), S. 6.
[17] *Georg Jellinek*, Allgemeine Staatslehre, S. 341.
[18] *Georg Jellinek*, S. 342.
[19] *Georg Jellinek*, S. 344.

ob und zu welchem Zeitpunkt revolutionäre Akte und Gesetze nicht nur als Ordnungsnormen, sondern auch als ethisch verpflichtende Normen zu betrachten sind (s. u. II). Die Erkenntnis der Sozialpsychologie, daß allgemein geübten Verhaltensweisen Rechtscharakter zuwachsen kann, und die Verkürzung des Legitimitätsbegriffes auf die „legitimierende Wirkung der Zeit“ hindern Jellinek an einer inhaltlichen Ausgestaltung des Terminus „Legitimität“. Eine negative Stellungsnahme findet sich in einer polemischen Auseinandersetzung mit den Legitimisten; er weist mit Nachdruck darauf hin, daß die alte feudaldynastische Legitimität nicht mehr imstande sei, dem Kaiserreich von 1871 als Grundlage zu dienen; was man den modernen Staat nenne, sei illegitimen Ursprungs, werde aber nichtsdestoweniger anerkannt[20]. Ein positiver Inhalt wird von Jellinek dem Legitimitätsbegriff nicht gegeben. War es bei Laband die Methode, die ihn an der Darstellung des Legitimitätsbegriffes hinderte, so ist es bei Jellinek der Ausgangspunkt, daß den faktischen und allseits akzeptierten Verhältnissen normative Kraft innewohne. Es reicht aus, daß das Recht von den der Rechtsordnung unterworfenen Subjekten als richtig empfunden wird. Die Verwendung der Formel „normative Kraft des Faktischen“ bedeutet allerdings keine Identifikation von Macht und Recht. Die Faktizität ist nur eine der beiden sozialpsychologischen Tatsachen, auf welchen die Ausbildung der Überzeugung vom Dasein der Staatsordnung als einer Rechtsordnung beruht. Die zweite ist die fortwährend sich realisierende Fähigkeit menschlicher Gemeinschaften, Vorstellungen einer Gerechtigkeitsordnung zu produzieren[21]. Wenn Jellinek den Legitimitätsbegriff auch nur am Rande verwendet, so bleibt doch zu beachten, daß er im Rahmen seiner allgemeinen Soziallehre des Staates mit der Staatszwecklehre der Sache nach einen Topoikatalog möglicher Legitimitätsvorstellungen liefert[22]. Hier behandelt er u. a. die eudämonistisch-utilitaristischen, religiösen und die auf die staatliche Schutz- und Friedensordnung abhebenden Legitimitätstheorien.

3. Hans Kelsen

Methodisch gesehen unterscheiden sich die staatstheoretischen Untersuchungen Hans Kelsens von denen Georg Jellineks dadurch, daß er es nicht für möglich hält, in der Staatslehre auf zwei nach verschiedenen Richtungen gehenden Erkenntniswegen zu demselben Erkenntnisgrund zu gelangen. Die Identität des Erkenntnisobjekts muß durch die Identität der Erkenntnismethode bedingt sein. Die Grundthese des gesamten

[20] *Georg Jellinek*, Der Kampf des alten mit dem neuen Recht, S. 16 ff.

[21] *Georg Jellinek*, Allgemeine Staatslehre, S. 344 ff.; *Hasso Hofmann*, Legitimität gegen Legalität (1964), S. 24.

[22] *Georg Jellinek*, S. 230 ff.; vgl. hierzu *Klaus Hespe*, Zur Entwicklung der Staatszwecklehre in der deutschen Staatsrechtswissenschaft des 19. Jahrhunderts (1964), S. 60 ff.

Werkes Kelsens ist die vollkommene Disparität von Sein und Sollen[23]. Es gibt eine Welt des Seins und eine Welt des Sollens; die Kluft zwischen beiden Welten ist nicht überbrückbar. Es wird die letzte Konsequenz aus der Philosophie Kants gezogen, die die Unmöglichkeit gelehrt hatte, aus dem Seienden zu schließen, was wertvoll und richtig ist, was sein soll. Sollenssätze und Werturteile können nicht induktiv auf Seinsvorstellungen, sondern nur deduktiv auf andere Sätze gleicher Art gegründet werden. Wertbetrachtungen und Seinsbetrachtungen sind im Rahmen eines Methodendualismus getrennt durchzuführen.

Nach der „Reinen Rechtslehre" Kelsens[24] kann der Staat nicht als Verbandspersönlichkeit oder als Zusammenfassung von Staatsgebiet, Staatsvolk und Staatsgewalt verstanden werden, da ja Seins- und Sollenselemente nicht vermengt werden dürfen. Staat und Recht sind vielmehr identisch, der Staat ist der gesamte Komplex der Rechtsnormen. Der Staat existiert nicht als soziale Macht, nicht als historisches Gebilde, sondern nur als Schöpfer der Gesetze. Die Rechtsordnung kann man sich als Normenpyramide vorstellen, deren Gipfel die Grundnorm bildet. Alle Normen lassen sich von der Grundnorm ableiten. Keine Norm, auch die Grundnorm nicht, braucht ihre Geltung aus dem sittlichen Imperativ zu schöpfen. Die Grundnorm ist die normative Rechtfertigung und der Geltungsgrund des positiven Rechts. Die Moralität einer Gesellschaftsordnung ist nicht Untersuchungsgegenstand der „Reinen Rechtslehre". Der Staat ist immer im Recht, der unrechttuende Staat nicht mehr Staat. Das Problem der Bindung des Staates durch das Recht ist zwar zur Lösung, nicht aber zum Verschwinden gebracht worden. Die Identitätslehre hat nach Kelsens Ansicht rein definitorisch-analytische Bedeutung, aber keinen rechtsphilosophisch-politischen Gehalt[25].

Die Rolle der Grundnorm wird deutlich, wenn eine Verfassung durch Revolution beseitigt wird und wenn die Existenz der auf der Verfassung basierenden Rechtsordnung fraglich erscheint. Es ist davon auszugehen, daß der Beginn und das Ende einer Norm durch sie selbst und durch eine höhere, ihre Erzeugung regelnde Norm bestimmt sein kann. Das Prinzip, daß die Norm einer Rechtsordnung so lange gilt, bis ihre Geltung auf eine durch diese Rechtsordnung bestimmte Weise beendet oder durch die Geltung einer anderen Norm der Rechtsordnung ersetzt wird, nennt Kelsen

[23] *Hans Kelsen,* Hauptprobleme der Staatsrechtslehre (1911), S. 11, 70.

[24] *Hans Kelsen,* Reine Rechtslehre, 2. Aufl. (1960), S. 289 ff.; *ders.,* Allgemeine Staatslehre (1925), S. 95 ff.

[25] *Hans Kelsen,* Reine Rechtslehre, S. 16 ff., 357 ff.; aus der umfassenden Sekundärliteratur sei verwiesen auf: *Gustav Radbruch,* Rechtsphilosophie, hrsg. von Erik Wolf, 5. Aufl. (1956), S. 284 ff.; *Hans-Ulrich Evers,* Die Reine Rechtslehre als individualistisches Extrem, Zeitschrift für Politik, Bd. 9 (1962), S. 62 ff.; *Karl Larenz,* Methodenlehre der Rechtswissenschaft, 2. Aufl. (1969), S. 72 ff.; *Rupert Hofmann,* Logisches und metaphysisches Rechtsverständnis (1967); *Karl Leiminger,* Die Problematik der Reinen Rechtslehre (1967).

das Prinzip der Legitimität. Dieses Prinzip wendet er auf eine staatliche Rechtsordnung nur mit einer höchst bedeutsamen Einschränkung an. „Im Falle der Revolution findet es keine Anwendung. Eine Revolution im weiteren, auch den Staatsstreich umfassenden Sinn des Wortes ist jede nicht legitime, d. h.: nicht gemäß den Bestimmungen der Verfassung erfolgte Änderung dieser Verfassung oder ihre Ersetzung durch eine andere ... Der unmittelbare Geltungsgrund der unter der neuen, revolutionär aufgestellten Verfassung rezipierten Rechtsnormen kann nicht mehr die alte, es kann nur die neue Verfassung sein ... Der Geltungsgrund der ganzen Rechtsordnung hat sich geändert. Mit dem Wirksamwerden der neuen Verfassung hat sich die Grundnorm, d. h. die Voraussetzung geändert, unter der der verfassunggebende Tatbestand und die gemäß der Verfassung gesetzten Tatbestände als Rechtsnorm-erzeugende und Rechtsnorm-anwendende Tatbestände gedeutet werden können. Gemäß der Grundnorm einer staatlichen Rechtsordnung ist die effektive Regierung, die auf Grund einer wirksamen Verfassung wirksame, generelle und individuelle Normen setzt, die legitime Regierung des Staates[26]." Das Prinzip der Legitimität ist somit durch das Prinzip der Effektivität staatlicher Machtausübung eingeschränkt. Im Sinne der Theorie Kelsens ist das Recht eine bestimmte Ordnung oder Organisation der Macht[27]. Eine Rechtsnorm ist so lange legitim, als sie ihren Geltungsgrund innerhalb der Rechtsordnung behält, diejenige Regierung ist legitim, die auf Grund der Verfassung wirksames Recht setzt. Da es für Kelsen nicht „die" Moral gibt, sondern eine Vielzahl von Moralsystemen, die einander mit der Folge widersprechen, daß eine positive Rechtsordnung der einen Moral gemäß sein mag, mit einer anderen aber unvereinbar, stellt sich für Kelsen nicht das Problem, auf Grund außerrechtlicher Maßstäbe eine Rechtsordnung zu legitimieren oder zu disqualifizieren.

4. Georg Meyer, Gerhard Anschütz u. a.

Abschließend soll noch ein kurzer Überblick über die Bedeutung des Begriffes Legitimität in den Standardwerken der positivistischen Staatslehre gegeben werden.

Georg Meyer (1841 - 1900) widmet in seinem „Lehrbuch des Deutschen Staatsrechts"[28] der Frage nach der Legitimität der Staatsgewalt ein volles Kapitel. Er bezeichnet eine Staatsgewalt dann als legitim, wenn sie dem bestehenden Recht gemäß, als illegitim, wenn sie gegen das bestehende Recht zur Herrschaft gelangt ist[29]. Seiner Ansicht nach hat die Beurteilung dieser Frage nichts mit der Befugnis zur Ausübung der

---

[26] *Hans Kelsen*, S. 213 ff.

[27] *Hans Kelsen*, S. 221.

[28] *Georg Meyer*, Lehrbuch des Deutschen Staatsrechts, 5. Aufl. (1899).

[29] *Georg Meyer*, S. 21.

Staatsgewalt zu tun. Die Befugnis der Ausübung der Staatsgewalt ist allein durch den tatsächlichen Besitz der Staatsgewalt bedingt, da sie in keinem Moment eines Repräsentanten entbehren kann. „Die Frage nach der Legitimität einer Staatsgewalt kann daher zwar nach Rechtsgrundsätzen entschieden werden, aber die Eigenschaft einer legitimen äußert keine besonderen Rechtswirkungen[30].“ Diese Ausführungen werden von Gerhard Anschütz in der von ihm bearbeiteten 7. Auflage des Meyerschen Staatsrechts dahin ergänzt, daß die „Legitimität kein Wesensmoment der Staatsgewalt“ sei[31]. In mehreren Entscheidungen benutzte das Reichsgericht diese Wendungen, um das Recht der gelungenen Revolution vom November 1918 anzuerkennen[32]. Es betonte das Reichsgericht, daß der durch die Umwälzung geschaffenen neuen Staatsgewalt die Anerkennung nicht versagt werden könne[33]; die Rechtswidrigkeit der Begründung der neuen Staatsgewalt stehe dem nicht entgegen, weil die Rechtmäßigkeit der Begründung der Staatsgewalt kein wesentliches Merkmal der Staatsgewalt sei. Da der Staat ohne Staatsgewalt nicht bestehen könne, trete mit der Beseitigung der alten Gewalt die sich durchsetzende neue Gewalt an deren Stelle. Unter Bezugnahme auf die positivistische Staatslehre sprach damit das Reichsgericht aus, daß man eine revolutionär entstandene Staatsgewalt juristisch nicht nach den durch die Revolution zerbrochenen Rechtsregeln beurteilen kann. Dem folgte auch Stier-Somlo[34], der ausführte, daß die Legitimität kein Merkmal der Staatsgewalt sei, und es für rechtlich belanglos hielt, „ob die neue Staatsgewalt vom Standpunkt des bisherigen Rechts aus legitim ist oder nicht“. Letztlich soll auch noch auf Walter Jellinek hingewiesen werden[35], nach dessen Ansicht bei jeder durch Revolution entstandenen Staatsgewalt die Frage der Legitimität durch die Frage ersetzt wird, ob die Staatsgewalt in der Lage ist, sich dauernd durchzusetzen. Die Effizienz der Staatsgewalt wird nach der Meinung Walter Jellineks vor allem durch ein sozialpsychologisches Moment garantiert: Die dauernde Wirkungsmöglichkeit einer Staatsgewalt soll nämlich durch nichts besser verbürgt werden als durch das der Gewalt allseitig entgegengebrachte Vertrauen. Walter Jellinek

[30] *Georg Meyer*, S. 21.

[31] *Meyer-Anschütz*, Lehrbuch des Deutschen Staatsrechts, 7. Aufl. (1919), S. 26, unter Hinweis auf *Pohl*, Archiv des öffentlichen Rechts Bd. 20 (1907), S. 180; *Gerhard Anschütz*, Verfassung des Deutschen Reichs, 14. Aufl. (1933), S. 5 ff.

[32] RGZ Bd. 99, S. 287, Bd. 100, S. 27; vgl. weiter RGSt Bd. 53, S. 66 und StGH in: RGZ Bd. 114 Anh. S. 6.

[33] RGZ Bd. 100, S. 27.

[34] *Fritz Stier-Somlo*, Art. „Legitimität“, in: Handwörterbuch der Rechtswissenschaft Bd. 3 (1928), S. 933; *ders.*, Deutsches Reichs- und Landesstaatsrecht (1924), S. 214 mit weiteren Literaturnachweisen; vgl. auch *A. Affolter*, Grundzüge des allgemeinen Staatsrechts (1892), S. 26 f.

[35] *Walter Jellinek*, Die Nationalversammlung und ihr Werk, in: Handbuch des Deutschen Staatsrechts, hrsg. von Gerhard Anschütz und Richard Thoma, 1. Bd. (1930), S. 119 ff., 121.

spricht von einem fünffachen Vertrauen, von dem die Nationalversammlung von 1919 getragen worden sei, nämlich vom Vertrauen der alten Mächte, vom Vertrauen des Bürgertums, vom Vertrauen der Räte, vom Vertrauen der deutschen Länder und vom Vertrauen des Rats der Volksbeauftragten. Hiermit hebt er hervor, daß die Legitimität einer revolutionären Staatsgewalt am ehesten durch den Konsens weiter Bevölkerungskreise und der politisch entscheidenden Stellen gesichert werden könne.

Aus den referierten Stellungnahmen zum Problem der Legitimität ergibt sich, daß die positivistische Staatslehre[36] die Frage nach der Legitimität einer Herrschaftsordnung mit Erfolg nicht zu stellen vermag. Ihr Gegenstand ist allein die Sichtung und Erörterung des geltenden Rechts; die eine Staatsordnung rechtfertigenden Gründe zu erfassen, sieht sie nicht als ihre Aufgabe an. Die Methode, mit der nach wissenschaftlicher Erkenntnis gesucht wird, verbietet ein Eingehen auf außerrechtliche Maßstäbe. Diese Methode und Staatstheorie vermochte wohl die Reichsgründung von 1871 und die Revolution von 1918 insoweit zu erklären, als die statuierte Staatsgewalt als rechtlich verbindlich anerkannt wurde; sie versperrte jedoch den Weg zu der Erörterung der höchst bedeutsamen Frage, was die tragenden und rechtfertigenden Gründe dieser neu entstandenen Staatsform waren.

Die begriffsrealistische Loslösung der Rechtsinstitute aus allen staatstheoretischen, philosophischen, soziologischen und geschichtlichen Beziehungen erfüllte, was trotz aller Kritik nicht übersehen werden darf, einen ganz bestimmten politischen Zweck. Man erreichte die theoretische Neutralisierung des politisch ungelösten Widerstreits von monarchischem und demokratischem Prinzip, von monarchischer und demokratischer Legitimität. Indem man das Problem der Legitimität staatlicher Herrschaft für metajuristisch erklärte, wurde die politische Brisanz der Kernfrage des 19. Jahrhunderts, des Dualismus von Fürst und Volk rechtswissenschaftlich neutralisiert. Übrig blieb an Stelle der Legitimität der Staatsgewalt die Legalität aller ihrer Akte, m. a. W. die Rechtfertigung des Staates aus sich selbst heraus[37]. Diese Reduzierung der Legitimität auf bloße Legalität wird durch den Verzicht des Positivismus auf naturrechtliche, sittliche, moralische und ethische Erwägungen bewirkt. Möglich und erträglich war eine derartige Reduzierung nur durch das Vertrauen in den Staat, wie er nach der Reichsgründung bestand[38]. Es erschien als

---

[36] Zum Legitimitätsverständnis der nationalsozialistischen Revolution von 1933, das hier nicht mehr behandelt werden soll, wird hingewiesen auf *Ernst-Rudolf Huber*, Verfassungsrecht des Großdeutschen Reiches (1937/1939), S. 49, und *Ulrich Scheuner*, Die nationale Revolution, in: Archiv des öffentlichen Rechts, Bd. 63 (1933), S. 166 ff., 167, 170, 186 und passim.

[37] *Peter von Oertzen*, Die soziale Funktion des staatsrechtlichen Positivismus (Göttinger jur. Dissertation, 1953, maschsch.); *Hasso Hofmann*, S. 29 ff.; *Walter Wilhelm*, S. 158 f.

[38] *Ernst Forsthoff*, Der Staat der Industriegesellschaft (1971), S. 16.

irreal, daß dieser Staat willentlich Unrecht tun könne. Dieses Vertrauen in die Richtigkeit der Rechtsordnung beruhte auf einem breiten Konsens in der Bevölkerung und war letztlich im Rechtsbewußtsein jedes Einzelnen verwurzelt. Dieser Konsens weiter Bevölkerungskreise über die Richtigkeit der staatlichen Ordnung wurde durch die Revolution 1918/19 zerstört. Man hinterfragte die neue Ordnung und wurde sich, wie häufig in Konsolidierungsphasen, des Problems der inhaltlichen Ausgestaltung der Legitimitätsidee bewußt.

II. Revolutionärer Ursprung und Legitimierung des Weimarer Staates

Der verlorene erste Weltkrieg und der revolutionäre Übergang der Staatsform von der Monarchie zur Republik hatten das innere Leben des deutschen Staates zu Anfang der zwanziger Jahre stark erschüttert. Der das politische Geschehen im 19. Jahrhundert bestimmende Streit um Volkssouveränität und Fürstensouveränität war durch die erfolgreiche Revolution von 1918/19 entschieden. Wie bei allen Staatsumwälzungen neue politische Ideen sich nur langsam durchsetzen können, so blieb ein nicht unerheblicher Teil der Bevölkerung nach 1918 monarchistisch gestimmt. Von wenigen Ausnahmen abgesehen[39], war man sich jedoch darin einig, daß das erbmonarchische Legitimitätsprinzip angesichts der erfolgreichen Revolution nicht wieder zu neuem Leben erweckt werden konnte. Die rechtswissenschaftliche Diskussion bestimmte vielmehr die allgemeine Frage, ob aus einer Revolution Recht hervorgehen und wie die revolutionäre Gewalt zu einer neuen Legitimität gelangen könne. Die positivistische Staatslehre und in ihrem Gefolge die Rechtsprechung hatten zwar in den zwanziger Jahren die Frage nach der Legitimität einer revolutionär begründeten Staatsgewalt für metajuristisch und einer rechtlichen Betrachtung unzugänglich erklärt. Dennoch gab es beachtliche Stimmen in der staatsrechtlichen Literatur[40], die dem Staat von Weimar

[39] Vgl. z. B. *F. X. Kiefl*, Die Staatsphilosophie der Katholischen Kirche und die Frage der Legitimität in der Erbmonarchie (1928), S. 264: „Aber ist nicht die Zeit der Monarchien unwiederbringlich dahin? Für den, der die Zeichen der Zeit zu verstehen vermag, keineswegs." Vgl. auch weiter unten unter III., 3., sowie *Otto Kimminich*, Deutsche Verfassungsgeschichte (1970), S. 498 f.; *Hermann Pünder*, Der Reichspräsident in der Weimarer Republik (1961), S. 11 ff.; *Wilhelm Hasbach*, Die parlamentarische Kabinettsregierung (1919), S. 296; *Leo Wittmayer*, Die Weimarer Reichsverfassung (1922), S. 355 ff. und *Max Weber*, Deutschlands künftige Staatsform (1919), S. 26.

[40] *Heinrich Herrfahrdt*, Revolution und Rechtswissenschaft (1930); *Alexander Graf zu Dohna*, Die Revolution als Rechtsbruch und Rechtsschöpfung (1923); *Fritz Freiherr Marschall von Bieberstein*, Vom Kampf des Rechts gegen die Gesetze (1927); *Ernst Beling*, Revolution und Recht (1923); *Carl August Emge*, Revolutionäres Übergangsrecht, in: Deutsche Juristenzeitung, Jg. 1919, S. 260 f.; *Oscar Schanze*, Revolution und Recht, in: Zeitschrift für Rechtsphilosophie

trotz seines revolutionären und damit notgedrungen illegalen Ursprungs eine gewisse Legitimität zusprechen wollten. Die grundlegende Frage, um die alle Ausführungen kreisten, wurde von Alexander Graf zu Dohna in seiner „Rede zur Feier des Gedächtnisses an die Aufrichtung des Deutschen Reiches" besonders plastisch formuliert[41]: „Wenn aber der Rechtsbruch einen Rechtstitel nicht zu verleihen vermag und die Macht erst noch der Legitimation bedarf, um als Recht aufzutreten — woher wird unserem Reich, dessen Bestand wir heute feiern, woher wird ihm heute sein Recht?" Die einzelnen historischen Vorgänge, die nach allgemeiner Auffassung die Rechtskontinuität zwischen dem Kaiserreich und der Weimarer Republik unterbrachen[42], brauchen hier nicht dargelegt zu werden. Man warf insbesondere der revolutionär begründeten Rechtsordnung und damit auch der Verfassung des Weimarer Staates vor, sie seien illegal zustande gekommen; sie könnten sich weder auf ein Reichsgesetz noch sonst auf ein Gesetzesrecht stützen und seien damit aus dem Nichts geschaffen; die maßgeblichen Politiker, die an der Weimarer Verfassung mitwirkten, wurden als Usurpatoren[43] bezeichnet. Diesem Vorwurf gegenüber waren es im wesentlichen zwei Thesen, mit deren Hilfe man die Legitimität des aus einem revolutionären Akt entstandenen Weimarer Staates begründen wollte: die Legitimation der Ordnung durch die revolutionäre Idee und die Legitimität, die aus dem Formwert der neuen Ordnung entspringt.

Die erstgenannte These geht davon aus, es entspreche dem Wesen der Revolution, daß sie einer neuen Staatsidee an der Stelle der alten zum Siege verhilft. Eine revolutionäre Situation ist dann gegeben, wenn die bestehende Staatsgewalt an einem erstarrten Rechtszustand im Widerspruch zu der allgemeinen Volksüberzeugung festhält und den sich ändernden Kulturanschauungen nicht anzupassen vermag. Die Diskrepanz zwischen dem alten fortgeltenden Rechtszustand und dem neu gebildeten Rechtsbewußtsein soll dazu führen, daß das alte Recht seinen allseitig bindenden Charakter verliert. Damit kann aber die Revolution kein Rechtsbruch mehr sein; sie ist allein Grundlage einer Rechtsschöpfung, die den Überzeugungen der Epoche entspricht[44]. In diesem Sinn ist Carl August Emge der Ansicht, daß das Recht zur Revolution nicht nur mit

---

in Lehre und Praxis Bd. 3 (1921), S. 225 ff.; *Walter Schönfeld,* Die Revolution als Rechtsproblem, in: AöR Bd. 12 (1927), S. 161 ff.

[41] *Alexander Graf zu Dohna,* S. 9.

[42] *Otto Kimminich,* S. 479 ff.; zur Frage des Untergangs des Deutschen Reiches vgl. *Gerhard Anschütz,* Die Verfassung des Deutschen Reichs 14. Aufl. (1933), S. 2 f., 8 ff. mit eingehenden Literaturnachweisen; vgl. auch *Oscar Schanze,* S. 225 ff.; *Karl Friedrich Bertram,* Widerstand und Revolution (1969), S. 62 ff.

[43] *Fritz Freiherr Marschall von Bieberstein,* S. 94 ff. mit Literaturnachweisen.

[44] *Wilhelm Sauer,* Grundlagen der Gesellschaft (1924), S. 429; ähnlich auch *Schönfeld,* S. 179 f.

sittlichen Erwägungen, sondern auch mit juristisch relevanten Argumenten begründet werden könne. Die Frage, ob die Herrschaftsordnung, die von der Revolution bekämpft wird, überhaupt als Herrschaftsform im Rechtssinne angesehen werden kann, will Emge auf Grund ethischer Maßstäbe sowie geschichtsphilosophischer Analyse entschieden wissen[45]: Wenn die Verbindlichkeit einer Rechtsordnung auf Grund der Geschichtsentwicklung zurecht abgelehnt wird, soll ein ethisches Recht zur Revolution bestehen. Ein Rechtsbruch soll nicht vorliegen können, weil kein verbindliches Recht verletzt ist. Emge hält diejenigen revolutionären Handlungen nicht für rechtswidrig, die zum Gelingen der Revolution wesentlich beitrugen und den Umsturz hervorriefen. Nach seiner Ansicht repräsentieren sie innerhalb des neuen Rechtssystems, das für die rechtliche Beurteilung des Vergangenen Maßgeblichkeit beanspruchen muß, eine „naturrechtlich-legitime Form" seiner Entstehung[46]. Als nicht rechtswidrig werden damit alle jene revolutionären Handlungen angesehen, die „von der zur Herrschaft gelangten revolutionären Idee legitimiert" sind[47].

Das „naturrechtlich-legitime" Recht zur Revolution, wie es Emge beschreibt, findet eine beachtenswerte Parallele in den Ausführungen Guizots zu der französischen Julirevolution von 1830. Guizot sah in der Julirevolution eine Art Naturereignis, das auf die verfehlte Restaurationspolitik folgen mußte[48]. Er spricht bei der Julirevolution von einem „natürlichen Resultat, das auf Grund des Verlaufs der Dinge zu erwarten war". Auch Emge sieht in der Revolution von 1918/19 ein geschichtsnotwendiges Ereignis, da die veränderten Anschauungen eine neue Verfassungsordnung forderten. Die in der Geschichte sich wandelnden Maßstäbe der Ethik sind seiner Meinung nach die Ursachen der Revolutionen und vermögen den Revolutionären ein „naturrechtlich-legitimes" Recht zu verleihen.

Ganz andere Kriterien, als der Rückgriff auf eine naturrechtliche Rechtfertigung der Revolution vermitteln kann, versucht Heinrich Herrfahrdt für die Frage nach der Legitimität einer Revolution herauszuarbeiten. Auch er geht davon aus, daß eine revolutionäre Situation einen

[45] *Carl August Emge*, Über den Charakter der Geltungsprobleme in der Rechtswissenschaft, in: Archiv für Rechts- und Wirtschaftsphilosophie Bd. 14 (1920/21), S. 159.

[46] *Carl August Emge*, Revolutionäres Übergangsrecht, S. 261; vgl. auch *Georg Jellinek*, Allgemeine Staatslehre, S. 345; *Max Weber*, Wirtschaft und Gesellschaft, 2. Aufl. (1925), S. 497.

[47] Ähnlich auch *Alexander Graf zu Dohna*, der zwar betont (S. 26), daß sich aus der „Illegitimität einer Rechtsordnung" ein Recht zu ihrer Zerrüttung nicht ableiten lasse; auf der anderen Seite ist er jedoch der Ansicht, daß das formale Recht einen letzten Wert nicht darstelle und in Sonderfällen ein Recht zur Revolution bejaht werden müsse (z. B. Einzug großer befreiender Ideen: S. 28).

[48] Vgl. oben S. 161.

erheblichen Pflichtenkonflikt mit sich bringen kann; eine Revolution bleibt seiner Ansicht nach rechtlich unerlaubt, selbst wenn sie sittlich geboten ist. Selbst wenn sich eine Revolution gegen eine inhaltlich schlechte Rechtsordnung wendet, gefährdet sie nach Herrfahrdts Ansicht ein hohes Gut, nämlich den Formwert des Rechts, der die öffentliche Ordnung und die Rechtssicherheit verbürgt[49]. Herrfahrdt fragt jedoch, ob der Formwert einer bestehenden Ordnung so hoch einzuschätzen sei, daß er dem Wert jeder sich auf illegitimem Weg neu bildenden Ordnung unbedingt überlegen ist. Er kommt zu dem Ergebnis, daß der Formwert einer Ordnung, die durch einen Umsturz beseitigt worden ist, nicht mehr allzu hoch einzuschätzen sei. Denn die geschichtliche Erfahrung lehre, daß sich Gewalten illegitimen Ursprungs häufig nach kurzer Zeit fähig erweisen, eine Ordnung zu errichten, deren „Formwert hinter dem durchschnittlichen Wert legitimer Rechtsordnung nicht zurücksteht“[50]. Aus diesem Grund hält Herrfahrdt die Auffassung der positivistischen Staatslehre für richtig, „wenn sie die Frage der Legitimität als einen für die staatsrechtliche Betrachtung unwesentlichen Gesichtspunkt ansieht“[51]. Die durch Rechtsbruch an die Macht gelangte Gewalt soll allein dadurch zur Quelle neuen Rechts werden, daß sie verbindliche Normen setzt. Herrfahrdt lehnt es ab, eine Wechselbezüglichkeit zwischen dem Grund der Verbindlichkeit und dem Inhalt der Normen anzunehmen. Für ihn liegt der Grund der Verbindlichkeit der Normen insofern in ihrem Formwert begründet, als sie ein durch Ordnung und Sicherheit geregeltes Staatsleben gewährleisten[52]. Herrfahrdt spricht einer revolutionär begründeten Staatsgewalt die Fähigkeit ab, eine neue Ordnung mit rechtlichem Formwert zu schaffen, wenn sie eine reine Willkürherrschaft intendiert[53]. Insoweit befindet sich Herrfahrdt im wesentlichen in Übereinstimmung mit den Prämissen des Positivismus, daß die de facto geltende Rechtsordnung Verbindlichkeit ohne Rücksicht auf vorausgegangene Rechtsbrüche beanspruchen kann. Diese Voraussetzung modifiziert Herrfahrdt jedoch[54], indem er die von der Revolutionsgewalt erzeugten Normen in zwei Kategorien, in Ordnungsnormen und Rechtsnormen aufteilt. Den Ordnungsnormen muß vom Einzelnen gehorcht werden, die Rechtspre-

[49] *Heinrich Herrfahrdt*, S. 53 f., macht hier die Unterscheidung Radbruchs von Ordnungswert und Gerechtigkeitswert zum Ausgangspunkt seiner Überlegungen (vgl. S. 19 ff.).

[50] *Heinrich Herrfahrdt*, S. 73.

[51] *Heinrich Herrfahrdt*, ebd.

[52] In diesem Sinne auch *Oscar Schanze*, S. 250: „Die illegitime Staatsgewalt, das illegitime Recht gelangen zur Geltung, nicht weil sie der legitimen Staatsgewalt, dem legitimen Recht gleichwertig sind, sondern weil sie der Anarchie, der Rechtlosigkeit gegenüber den Vorzug verdienen ... Die Notwendigkeit einer Rechtsordnung überhaupt steht höher als das Interesse an einer legitimen Rechtsordnung.“

[53] *Heinrich Herrfahrdt*, S. 72.

[54] *Heinrich Herrfahrdt*, S. 79.

chung muß sie anwenden, weil sie nach den Revolutionswirren in ein geordnetes Staatsleben überleiten wollen. Damit diesen Ordnungsnormen Rechtscharakter zugesprochen wird und aus der Ordnungsgewalt eine Rechtsgewalt entsteht, muß das Rechtsgefühl der Einzelnen die neuen Normen bejahen und ein inneres Verhältnis zum neuen Staat finden[55].

Herrfahrdt wendet diese Grundsätze in interessanter Weise auf die verfassungspolitische Situation des Weimarer Staates der zwanziger Jahre an. Seiner Ansicht nach waren für die Verfassung die Aussichten durchaus günstig, vom Rechtsbewußtsein des ganzen Volkes anerkannt zu werden[56]. Das Zusammentreten der Nationalversammlung und ihr Gesetzgebungswerk seien allenthalben akzeptiert worden. So hätten beispielsweise die konservativen Parteien die Möglichkeit gehabt, an der Regierung teilzunehmen; die monarchistisch gesinnten Kreise hätten sich in der Minderheit befunden, dennoch aber die Aussicht gehabt, bei entsprechenden Mehrheitsverhältnissen die Monarchie wieder herzustellen.

„Trotz dieser konsolidierend wirkenden Umstände" ist es nach Herrfahrdts Ansicht bis zu Beginn der dreißiger Jahre „nicht zu einem Zustand völliger Legitimierung der neuen Staatsordnung" der Republik von Weimar gekommen[57]. Folgende Umstände bezeichnet Herrfahrdt als hemmend im Prozeß der Legitimation des neuen Staatswesens: die Verfassung von Weimar beruht auf den liberalen Prinzipien der Revolution von 1789 und 1848, steht aber der nationalen und der sozialistischen Bewegung, die den Beginn des 20. Jahrhunderts bestimmen, fremd gegenüber. Für die Zentrumspartei, die die Prinzipien der Volkssouveränität ablehnte, bedeutete die Weimarer Verfassung nach Herrfahrdts Meinung nur einen Kompromiß, für die Sozialisten nur eine Station auf dem Wege zur Verwirklichung der sozialistischen Gesellschaftsordnung. Gleichwohl brauchte hierdurch, wie Herrfahrdt ausführt, die Anerken-

---

[55] Eine ähnliche Argumentation findet sich bei *Fritz Freiherr Marschall von Bieberstein,* der nicht von „Ordnungsnormen", sondern von „Richtungsnormen" spricht (S. 126 ff.):

„... Kann also auch ein Müssen, das uns die Macht diktiert, zum Sollen für uns werden, soweit der sie Setzende Autorität errang, d. h. sich psychologisch durchzusetzen wußte, nicht also bloß durch Zwang uns bang in Atem hält. Dies ist der Kern des oft mißbrauchten Satzes: Die Legitimität der Staatsgewalt sei für ihr Herrschaftsrecht ganz unerheblich" (S. 127 f.).

Für Fritz Freiherr Marschall von Bieberstein war die Überzeugung im Volke, daß die neuen Gesetze der Nationalversammlung eines allgemeinen Konsenses möglich sind, Grund dafür, daß die Willkürherrschaft der Räte sich zu einer „Macht des Rechts" wandeln könne (S. 139). Erst das Rechtsgefühl der Rechtsgenossen kann seiner Meinung nach dem Staat Autorität und Legitimation verleihen (S. 140).

[56] *Heinrich Herrfahrdt,* S. 82.

[57] *Heinrich Herrfahrdt,* S. 82.

nung des Rechtscharakters der Weimarer Verfassung nicht in Frage gestellt zu werden, „da diese ja selbst die Möglichkeit zu ihrer legitimen Weiterentwicklung gibt“[58]. Herrfahrdt lehnt jedoch die Möglichkeit einer derartigen legitimen Weiterentwicklung der Weimarer Verfassung, die ihr erst auf Grund eines breiten Konsenses im Volkes eine volle Legitimität verliehen hätte, auf Grund einer Analyse der verfassungspolitischen Situation ab; die sozialdemokratische wie auch die deutschnationale Partei, die das politische Geschehen wesentlich zu bestimmen vermochten, hielten sich seiner Meinung nach nicht an die demokratischen Spielregeln. Wird aber der Sinn politischen Kampfes in der dauernden Ausschaltung des Gegners von politischem Einfluß gesehen oder wird die Verfassung als Sieg der sozialistischen Revolution gefeiert, so kann die Verfassung nach der Ansicht Herrfahrdts nicht zu einer Rechtsordnung werden, die im Rechtsbewußtsein des Volkes verwurzelt ist. Die Verfassung wird äußerlich anerkannt, Rechtscharakter vermögen ihre Normen nicht zu beanspruchen[59]. Einen Ausweg aus dem Parteihader und einen Weg zu allseitiger Anerkennung der Verfassung kann nach Herrfahrdt eine Synthese zwischen den „geschichtlichen Überlieferungen des preußisch-deutschen Staates“ und den „gesunden Kräften der Arbeiterbewegung“ zeigen.

Herrfahrdts Unterscheidung zwischen Ordnungsnormen und Rechtsnormen vermag eine viel umstrittene Phase bei der Legitimierung einer revolutionär begründeten Staatsgewalt rechtlicher Betrachtung zugänglich zu machen. Hatten etwa Krug und Karl Salomon Zachariä[60] im bloßen Ablauf der Zeit bereits eine Möglichkeit erblickt, eine Staatsgewalt zu legitimieren, so ist es bei Herrfahrdt das Rechtsbewußtsein, die Überzeugung von der rechtlichen Verbindlichkeit von Normen, die die Legitimität des Staates begründen. Er bleibt nicht beim sozialpsychologischen Aspekt der Anerkennung der Ordnung stehen, sondern fordert, daß das Rechtsbewußtsein der Bevölkerung, das sich an der Idee des Richtigen orientiert, zum tragenden Grund der Staatsordnung, soll sie legitim sein, werden müsse. Hiermit wurde bei der Diskussion um Revolution und Recht ein wichtiger Ansatzpunkt zur Überwindung der positivistischen Staatslehre gezeigt, indem zwischen dem bloßen Formwert und dem höherrangigen, Legitimität begründenden Rechtswert einer Ordnung unterschieden wird.

III. Der Legitimitätsgedanke in der katholischen Rechts- und Staatsphilosophie

Die katholische Rechts- und Staatsphilosophie war allen positivistischen und materialistischen Tendenzen zum Trotz ausgangs des 19. Jahrhunderts bestrebt, oberste sittliche Maßstäbe des Rechts herauszuarbeiten[61]. Wenn die Staatsrechtslehre im Zeitalter des Gesetzespositivismus des 19. Jahrhunderts die Legitimitätsidee aus ihrem Denken verbannte, so hat zur gleichen Zeit die katholische Rechts- und Staatsphilosophie an der hohen Bedeutung des Legitimitätsgedankens für die Rechtfertigung der Staatsmacht festgehalten. Verwiesen sei nur auf die Schriften der Brüder Hergenröther[62], von Ferdinand Walter[63] und Georg Graf Hertling[64]. Denn auch die katholische Kirche sah sich in der zweiten Hälfte des 19. Jahrhunderts vor die historische Notwendigkeit gestellt, sich mit dem Legitimitätsproblem näher zu beschäftigen. Die französische Revolution, die napoleonischen Kriege, die Umstürze von 1830 und 1848 sowie die damit verbundenen gesellschaftlichen und geistigen Umwälzungen zwangen die katholische Kirche zu einer Auseinandersetzung mit der Legitimitätsidee. So findet sich in dem der Enzyklika „Quanta cura" des Papstes Pius IX. vom 8. Dezember 1864 folgenden Syllabus eine Zusammenstellung der wichtigsten Zeitirrtümer[65]. Zu erwähnen ist in diesem Zusammenhang der von der katholischen Kirche abgelehnte Satz: „Den rechtmäßigen Fürsten den Gehorsam verweigern, ja auch aufrührerisch sich gegen sie zu erheben, ist erlaubt." Ausgehend vom Syllabus ist der Jesuit Theodor Meyer der Auffassung, jedem Rechtstitel müsse eine sittliche Idee zugrunde liegen[66]. Eine positivistische Gleichsetzung von Rechtmäßigkeit und Tatsächlichkeit lehnt er ab: „Daß bestehende Gewalt und legitime Gewalt nicht gleichlautende Begriffe sind und erstere nach dem Maßstabe der sittlichen Ordnung einer Unterscheidung unterliegt,

---

[58] *Heinrich Herrfahrdt*, S. 83; vgl. hierzu auch *Otto Kirchheimer*, Verfassungswirklichkeit und politische Zukunft der Arbeiterklasse, in: Der Klassenkampf, 3. Jahrg. (1930), S. 455 ff., 459.

[59] *Heinrich Herrfahrdt*, S. 84.

[60] Siehe oben 5. Kap. V., 2.

[61] Siehe *Erik Wolf*, Das Problem der Naturrechtslehre, 3. Aufl. (1964), S. 95 ff. mit Nachweisen; *Gerhard Hammerstein*, Die Entwicklung des Naturrechtsgedankens in der katholischen Rechtsphilosophie des 19. Jahrhunderts (Freiburger jur. Diss., maschsch. 1950); *Gustav Radbruch*, Rechtsphilosophie, 5. Aufl. (1956), hrsg. von Erik Wolf, S. 119 Anm. 3.

[62] *Philipp Hergenröther*, Der Gehorsam gegen die weltliche Obrigkeit und dessen Grenzen (1877), S. 92 ff.; Kardinal *Hergenröther*, Katholische Kirche und christlicher Staat, 2. Bd. (1876).

[63] *Ferdinand Walter*, Naturrecht und Politik (1863), S. 220 ff.

[64] *Georg Graf Hertling*, Naturrecht und Sozialpolitik (1893), S. 20: „Der durchschlagende Grund jedoch für die Anerkennung eines in der Natur selbst begründeten Rechts ist zuletzt doch der, daß ohne ein solches die staatliche Gesetzgebung selbst der Legitimation entbehren würde." *Ders.*, Recht, Staat und Gesellschaft (1906), S. 55 f. (fast gleichlautende Formulierung).

[65] Die wichtigsten Stellen sind abgedruckt bei *Willibald Plöchl*, Das Legitimitätsproblem und das kanonische Recht, in: Zeitschrift für öffentliches Recht, Bd. 18 (1939), S. 18, Anm. 7. Hier finden sich auch Hinweise zur Sekundärliteratur.

[66] *Theodor Meyer*, S. J., Die Grundsätze der Sittlichkeit und des Rechts (1868), S. 216 f. — hier auch das folgende Zitat.

ist eine jener Wahrheiten, welche nur mit dem Rechtsgefühl der Menschheit selbst verdunkelt werden können." Jede tatsächlich bestehende Gewalt müsse eine höhere Norm anerkennen, will sie als zu Recht bestehend und damit legitim erscheinen. Mit aller Entschiedenheit wendet sich Meyer gegen den auf der Volkssouveränität beruhenden Legitimitätsgedanken. In ihm sieht er das Programm der rationalistischen Philosophie verkörpert: „Abstreifung des „theokratischen" Charakters der Gesellschaft — Protestation gegen die Herrschaft des christlichen Gedankens in der menschlichen Gesellschaft — Entthronung des weltregierenden Gottes zu Gunsten der nationalen Majestät[67]." Auf der anderen Seite lehnt aber Meyer auch eine allzu enge Verbindung des Legitimitätsgedankens mit dem Gottesgnadentum ab. Als „Recht von Gottes Gnaden" will er lediglich ein Recht verstanden wissen, das durch Gottes Fügung entstanden ist[68]. Damit ist jedoch jede rechtmäßige Obrigkeit auch von Gottes Gnaden, gleichgültig ob sie in Form einer Republik oder Monarchie organisiert ist. So stellt sich auch für Meyer das Problem, wann nach einer Revolution eine rechtmäßige Obrigkeit wieder entstanden ist, der ein „Recht von Gottes Gnaden" zugesprochen werden kann. Nicht der faktische Besitz der Macht, sondern das sittliche Moment der Ordnung soll seiner Ansicht nach dem neuen Staat Legitimität verleihen[69]. Es ist möglich, „daß auf einer ungerechten Tatsache nachträglich eine wahre Legitimität sich aufbaue ..., weil möglicherweise deren tatsächliche äußere Folge durch Zeit und Umstände sich eng mit den höchsten Sozialzwecken verketten".

Mit der Forderung, daß die Legitimität der Staatsgewalt in der sittlichen Grundlage der Rechtsordnung begründet liegen müsse, konnte freilich von der katholischen Staatslehre die Frage noch nicht abschließend geklärt werden, wann in concreto nach einem Umsturz der neuen Gewalt zu gehorchen sei. Zu diesem wichtigen Problem gewannen die Äußerungen des Papstes Leo XIII. zur Anerkennung der französischen Republik besondere Bedeutung[70]. Papst Leo XIII. weicht allerdings der konkreten Frage aus, wer in Frankreich nach 1871 in legitimer Weise die Staatsgewalt innehaben sollte. Er hebt vielmehr darauf ab, daß der Staatsgewalt in jedem Fall gehorcht werden müsse, ob sie legitim sei oder nicht. Die einzige Voraussetzung soll sein, daß die Obrigkeit sich um das Gemeinwohl bemüht. Nach Gottes Willen soll nämlich das Gemeinwohl das erste und letzte Gesetz der Gemeinschaft sein[71]. Leo XIII. erklärt das Gemeinwohl so zum Gestaltungsprinzip menschlicher Gesellschaft. Dies

[67] *Theodor Meyer*, S. 219.

[68] *Theodor Meyer*, S. 230.

[69] *Theodor Meyer*, S. 232, — hier auch das folgende Zitat.

[70] Vgl. hierzu *Peter Tischleder*, Die Staatslehre Leos XIII. (1925); *Karl Petraschek*, System der Rechtsphilosophie (1932), S. 158 ff.

[71] *Leonis XIII*. Pontificis Maximi Acta Romae (1905), XII., S. 31 ff.

kann seiner Ansicht nach dazu führen, daß eine ehemals legitime Staatsgewalt aus ihrem Amt verdrängt werden könne; wenn es einer neuen Staatsgewalt gelingt, das Gemeinwohl und die öffentliche Ruhe herzustellen, so soll ihr mit der Zeit auch der Charakter der Rechtmäßigkeit zukommen können[72].

Papst Leo XIII. hat damit zwar auf die Rolle der Verwirklichung der Gemeinwohlidee bei der Legitimierung einer Staatsgewalt hingewiesen. Allgemein verwendbare und klar einsichtige Grundsätze, wann einer revolutionären Staatsgewalt sittliche Verbindlichkeit zukommt, hat er jedoch nicht aufgestellt[73]. Die Auslegungsfähigkeit der päpstlichen Stellungnahmen führte in der katholischen Rechts- und Staatslehre des beginnenden 20. Jahrhunderts zu erheblichen Spannungen. Bereits vor der Revolution von 1918/1919 stellte man darauf ab, daß der Gemeinwohlgedanke als oberstes Legitimitätsprinzip zu betrachten sei (1.); teilweise wies man auch, um die Weimarer Republik zu legitimieren, auf den Ordnungsgedanken hin (2.). Demgegenüber gab es beachtliche Stimmen in der katholischen Staatslehre, die trotz des Umsturzes von 1918 weiterhin dem erbmonarchischen Legitimitätsgedanken anhingen (3.).

1. Legitimität und Gemeinwohlgedanke

Für den Jesuiten Victor Cathrein (1845 - 1931) ist das politische Geschehen im 19. Jahrhundert durch den mehr oder weniger erfolgreichen Kampf der Dynastien um ihren Thron bestimmt[74]. Er stellt sich die Frage, ob und wie lange nach einer Absetzung die ehemals regierende Dynastie noch als legitim anzusehen ist. Wie bereits Theodor Meyer bezieht er bei seinen Betrachtungen die Kategorie Legitimität nicht allein auf die Monarchie, sondern auch auf die Republik; denn hier kann durch gewaltsamen Akt das ganze Volk seiner obersten Gewalt beraubt werden.

Nach der Ansicht Cathreins ist der Begriff der Legitimität aus zwei Elementen zusammengesetzt: einmal dem Recht, die Gesamtheit zu leiten, und ferner dem Recht, von niemandem im Besitz und Gebrauch der Staatsgewalt unrechtmäßig gestört zu werden. Im Hinblick auf die dynastische Legitimitätsidee untersucht er eingehend, ob bei den vielen Umstürzen und revolutionären Erhebungen des 19. Jahrhunderts die vertriebenen Fürsten mit dem tatsächlichen Besitz der Krone auch für die Zukunft ihr Regierungsrecht für sich und ihre Familie verloren haben: „Ist die ihres Thrones widerrechtlich beraubte Dynastie trotz der tatsächlichen Vergewaltigung, unter der sie leidet, noch als rechtmäßige, legitime anzusehen und ihr somit die Treue zu bewahren, oder aber ist

---

[72] *Leonis XIII.*, S. 111 ff.

[73] So *Willibald Plöchl*, S. 23.

[74] *Victor Cathrein*, S. J., Art. Legitimität, in: Staatslexikon, 3. Bd., 4. Aufl. (1911), Sp. 746.

die öffentliche Gewalt tatsächlich und rechtlich auf den übermächtigen Eindringling übergegangen[75]?" Bei der Lösung dieser Frage wendet sich Cathrein zunächst mit Nachdruck gegen die sog. Theorie der vollendeten Tatsachen. Nach dieser Theorie ist derjenige, der ohne Widerstand zu erfahren die Staatsgewalt tatsächlich ausübt, als der rechtmäßige Herrscher zu betrachten, selbst wenn er auf ungerechte Weise zur Herrschaft gelangt ist. Cathrein meint, daß eine solche Theorie den Rechtsbegriff selbst aufhebe. Denn wenn jede vom Glück begünstigte Tatsache eo ipso ein Recht begründe, so verleihe auch der mit Erfolg ausgeführte Raub ein Recht. Eine Tatsache könne aber nur dann ein Rechtstitel sein, wenn ihr auf Grund eines natürlichen oder positiven Gesetzes dieser Charakter zukomme[76]. Hiermit lehnt Cathrein die positivistische Gleichsetzung von Legalität und Legitimität ab. Ferner tadelt er Georg Jellinek, da dieser sich in seiner Allgemeinen Staatslehre in bedenklicher Weise zur Theorie der vollendeten Tatsachen hinwende[77].

Da die bloße Tatsache der Besitzergreifung an der Staatsgewalt dem Usurpator kein Recht verleiht, bleibt nach Cathreins Ansicht der unrechtmäßig abgesetzte Fürst wenigstens vorläufig der legitime Monarch. Soweit Aussicht auf Erfolg besteht und keine unverhältnismäßig großen Nachteile für die Gesamtheit zu befürchten sind, darf der depossedierte legitime Monarch mit Gewalt sein Regierungsrecht zurückerobern und zu diesem Zweck seine Untertanen zu den Waffen rufen. Dies hält Cathrein für eine elementare Forderung des Rechts. Zwar sei der eigentliche Zweck der öffentlichen Gewalt das Gemeinwohl, und ein Bürgerkrieg würde eigentlich dem Prinzip des Gemeinwohls widersprechen. Gleichwohl hat, so führt er aus[78], „die legitime Herrscherfamilie ein Recht auf den Besitz dieser Gewalt, weil sie denselben rechtmäßig erworben hat. Wer sie deshalb unbefugt aus dieser Stellung zu verdrängen sucht, verletzt nicht nur die Gesamtheit als solche, die er ihres rechtmäßigen Hauptes beraubt, sondern auch die legitime Dynastie, und diese ist zweifellos zur Gegenwehr berechtigt." Dieses Recht der legitimen Dynastie zur Gegenwehr wird von Cathrein allerdings wieder eingeschränkt. Falls die legitime Dynastie ihr Recht nur in einem langwierigen und das ganze Land verheerenden Bürgerkrieg durchsetzen kann, so darf sie das Volk nicht zu den Waffen rufen. Der legitime Herrscher darf keinen Gebrauch von seinem Recht auf Vertreibung des Usurpators machen, weil es mit dem höheren Recht der Gesamtheit auf das öffentliche Wohl unvereinbar ist[79].

[75] *Victor Cathrein*, Sp. 746.

[76] *Victor Cathrein*, Sp. 747; ebenso *S. Hirt*, Art. Legitimität, in: Staatslexikon, 3. Bd., 5. Aufl. (1929), Sp. 877.

[77] *Victor Cathrein*, Sp. 753.

[78] *Victor Cathrein*, Moralphilosophie, Bd. 2, 5. Aufl. (1911), S. 689.

[79] *Victor Cathrein*, Art. Legitimität, Sp. 748.

An Hand des Topos „Gesamtwohl der Nation" beurteilt Cathrein nicht allein die Frage, wann ein legitimer Monarch mit Waffengewalt gegen den Usurpator vorgehen darf. Unter Verwendung des genannten Topos geht er auch darauf ein, wann eine usurpierte Staatsgewalt zu einer legitimen Staatsgewalt wird: Solange ein Usurpator oder seine Nachfolger die Staatsgewalt auf die legitime Dynastie ohne schwere Schädigung der Gesamtheit zurückübertragen können, ist der Usurpator nicht zum legitimen Herrscher geworden. Falls jedoch „eine Veränderung der Dynastie ohne schweren Schaden für die Gesamtheit überhaupt moralisch unmöglich" ist[80], erlöschen die Ansprüche der abgesetzten Dynastie und die tatsächlich regierende Dynastie wird legitim. In diesem Fall ist das Recht des entthronten Fürsten mit dem höheren und wichtigeren Recht eines ganzen Volkes auf die öffentliche Wohlfahrt in einen dauernden Konflikt getreten. Cathrein betrachtet das Recht des entthronten Fürsten auf Wiedereinräumung der Staatsgewalt als aufgehoben, da dem Gesamtwohl das Privatinteresse des entthronten, ehemals legitimen Fürsten weichen muß.

Nach dem Ersten Weltkrieg begründet Hirt diese These Cathreins näher, wenn er ausführt[81], daß mit der Legitimierung eines Usurpators die gedeihliche und ruhige Fortentwicklung des Staatswesens gefördert werden könne. Die Staatsgewalt als solche müsse über Wechsel und Wandel der Zeit erhaben sein. Würde das Recht der früheren Dynastie in alle Zukunft unberührt vom Gang der Ereignisse fortbestehen, so wäre eine dauernde Gefahr des Bürgerkrieges gegeben. Nach der Meinung Hirts kann man der neuen Regierung die Eigenschaft der Legitimität in dem Zeitpunkt zuerkennen, in dem „die neue Herrschaft so im Wurzelboden des Volkes verankert und konsolidiert ist, daß eine Veränderung des herrschenden Zustandes für die absehbare Zukunft außer dem Bereich des Möglichen zu liegen scheint". Die Erhaltung der durch Usurpation zur Herrschaft gelangten Regierung muß eine „soziale Notwendigkeit" darstellen. Dies ist dann eingetreten, wenn weite Volkskreise sich um die neue Regierung gruppiert und ihre politische Anschauung angenommen haben.

Bei Cathrein und Hirt wird deutlich von einem Monopolanspruch der erbmonarchischen Legitimitätsidee abgerückt. Entscheidendes Kriterium für die Bejahung der Legitimität einer neuen Regierung nach einem gewaltsamen Umsturz ist die Wahrung des Gemeinwohls. Hierbei ist es zunächst der Ordnungswert einer bestehenden Staatsgewalt, der gleichsam eine Legitimationsbasis der neuen Staatsgewalt darzustellen vermag. Über diesen Ordnungswert hinaus wird aber noch gefordert, daß die neu etablierte Staatsgewalt zum Zentrum des politischen Lebens

80 *Victor Cathrein*, Sp. 751 und Moralphilosophie, S. 691.

81 *S. Hirt*, Sp. 880 — hier auch das folgende Zitat.

geworden ist. Erst wenn das Gesamtwohl durch die Restaurierung der ehemals legitimen Staatsgewalt gefährdet erscheint, soll der neuen Staatsgewalt volle Legitimität zukommen.

2. Legitimität und Ordo-Gedanke

Ist bei Cathrein und Hirt in der Legitimitätsidee der Gemeinwohlgedanke angesiedelt, dessen wesentliche, aber nicht ausschließliche Funktion die Aufrechterhaltung der Ordnung ist, so wird bei anderen Autoren auf die Ordnungsfunktion der Staatsgewalt abgestellt. In seinem Aufsatz „Reichsverfassung und christliche Staatslehre“[82] knüpft Godehard Josef Ebers an das Kernproblem der zwanziger Jahre an, nämlich ob die Weimarer Verfassung Legitimität beanspruchen könne. Er weist darauf hin, daß der Verfassungssatz „Die Staatsgewalt geht vom Volke aus“ für viele Katholiken als Leugnung der christlichen Lehre, der Ableitung der Staatsgewalt von Gott, angesehen werde. „Andere wieder“, so führt Ebers aus[83], „können es nicht mit ihrem christlichen Gewissen, ihrer Auffassung von Recht und Legitimität in Einklang bringen, daß die Verfassung den Anspruch auf unbedingte Anerkennung und Autorität erhebt.“ Denn die Verfassung leite ihre Autorität von der Nationalversammlung ab, die wiederum ihr Recht von der Revolution erhalten habe. Gegenüber diesen konservativ-reaktionären Vorstellungen betont Ebers, das monarchische Prinzip, getragen von religiös-mystischen Vorstellungen eines geheimnisvollen Gottesgnadentums, habe vor der Geschichte keinen Bestand. So sei die Annexion der Gebiete der geistlichen und weltlichen Fürsten in den Jahren 1803 - 1806 ebenso eine Usurpation gewesen wie die Ablösung des Kaiserreiches durch die Republik[84]. Seiner Ansicht nach kann die Legitimierung einer usurpierten Staatsgewalt nur durch einen innerstaatlichen Vorgang erfolgen; da die Staatsgewalt um des Volkes willen existent sei, könne auch ihre Legitimierung nur durch das Volk, nämlich durch Anerkennung stattfinden. Ebenso wie Cathrein und Hirt hebt auch Ebers entscheidend darauf ab, daß die Staatsgewalt ihre „Ursache und Ziel im Gemeinwohl“ suchen müsse[85]. Den Gemeinwohlgedanken will er dahin gefaßt wissen, daß ein anarchischer Zustand in einem Gemeinwesen verhindert werden müsse. Zur Begründung bezieht er sich auf die bereits erwähnten Sendschreiben des Papstes Leo XIII.[86]. Außerdem beruft Ebers sich auf die berühmte Antwort des Papstes Zacharias auf die Frage, wer König sein solle: Derjenige, der

[82] *Godehard Josef Ebers*, Reichsverfassung und christliche Staatslehre, in: Hochland, Jg. 1929 II, S. 564 ff.

[83] *Godehard Josef Ebers*, S. 566.

[84] *Godehard Josef Ebers*, S. 575.

[85] *Godehard Josef Ebers*, S. 576.

[86] Vgl. oben Anm. 71.

zu diesem Amt berufen ist, aber nicht die Macht hat, oder derjenige, der die Regierung tatsächlich führt? „Ut non conturbaretur ordo", so antwortete der Papst Zacharias, solle jener König sein, der die Macht habe[87]. Ebers stellt fest, der Papst Zacharias habe hier nicht die Revolution sanktioniert, sondern nur das positive Recht korrigiert. „Der Legitimität setzt der Papst den Ordo im mittelalterlichen Sinn der göttlichen Weltordnung entgegen, nach der sich alle Menschensatzung richten müsse, dem Recht des merowingischen Geblütes stellt er das höhere Recht des „bonum commune" gegenüber, das unter allen Umständen vor Verwirrung zu sichern sei[88]."

Nach dem berühmten Satz „ut non conturbaretur ordo" soll nach der Meinung von Ebers auch nach der Revolution von 1918/1919 gehandelt werden. Allerdings sei durch die Machtübernahme seitens der Arbeiter- und Soldatenräte die neue Regierung noch nicht legitimiert worden. Entscheidend sei vielmehr die Notlage des deutschen Staates; das Gemeinwohl sei durch den verlorenen Krieg und die Gefahr des Bolschewismus erheblich gefährdet gewesen. Ein Anknüpfen an die hergebrachte Staatsform der Monarchie hätte unweigerlich zur Anarchie geführt. Um das drohende Chaos zu vermeiden, so meint Ebers, hätte das deutsche Volk die Neuordnung selbst in die Hand nehmen müssen. Mit der Wahl der Nationalversammlung vom 19. 1. 1919 habe es zum ersten Male von seiner Souveränität Gebrauch gemacht; es „schuf sich in der Nationalversammlung das legitime Organ zur Entscheidung über seine künftige staatliche Lebensform"[89]; die Nationalversammlung habe dann als „legitimer Gesetzgeber" die Verfassung beschlossen.

Für Ebers ist der Ordo-Gedanke wesentlicher Bestandteil des Gemeinwohles. Der Ordo-Gedanke kann nach einer Revolution dem neuen Staatswesen sittliche Legitimation verleihen. Der neuen Staatsgewalt, die eine drohende Anarchie vermeidet oder aus dem Chaos herausführt, soll nicht nur äußerer Gehorsam geleistet werden; sie soll auch vom Gewissen als verbindliches Gesetz anerkannt werden. Hinter dem Legitimitätsgedanken steht bei Ebers bemerkenswerterweise die Anerkennung der Lehre von der Volkssouveränität. Neben der Aufrechterhaltung der öffentlichen Ordnung ist seiner Ansicht nach von einer legitimen Staatsgewalt ihre Anerkennung durch das Volk zu fordern. Dieser Akt der Anerkennung soll sich nicht nur stillschweigend, sondern auch durch Wahlen zu verfassunggebenden Versammlungen etc. vollziehen können.

3. Legitimität und Fürstensouveränität

Wie viele seiner Zeitgenossen in den zwanziger Jahren beschäftigt auch Franz Xaver Kiefl (1869 - 1928) das Problem der Rechtswirkungen einer

[87] Annales Laurissenses mai. zu 749.
[88] *Godehard Josef Ebers*, S. 578.
[89] *Godehard Josef Ebers*, ebd.

Revolution; er untersucht, „ob in einer Erbmonarchie das tausendjährige Recht einer legitimen Dynastie an dem Tage untergeht, an welchem die Revolution zum Siege gelangt“[90]. Bei der Erörterung dieser Frage greift Kiefl auf die Lehrtradition der katholischen Kirche zurück; aus der französischen Staatsphilosophie bezieht er sich mehrfach auf Bossuet und Fénelon als Verteidiger der Fürstensouveränität. Breiten Raum nehmen die Auseinandersetzungen mit den Lehren der Scholastik, insbesondere des Thomas von Aquin, Victoria und Suarez zu den Fragen der Fürsten- und Volkssouveränität ein[91]. Kiefl wendet sich hier polemisch gegen die Schriften von Peter Tischleder[92] und Heinrich Rommen[93], die die genannten Autoren für eine an dem Grundsatz der Volkssouveränität orientierte Staatsphilosophie heranziehen wollen.

Kiefls Bekenntnis zur Fürstensouveränität zwingt ihn, sich mit der bereits erwähnten Mahnung des Papstes Leo XIII. an die französischen Katholiken auseinanderzusetzen, die Republik anzunehmen. Nach der Ansicht Kiefls hat Leo mit dem umstrittenen Satz keineswegs intendiert, daß mit der Konstituierung einer revolutionären Regierung die Rechte der gestürzten Monarchie ipso iure erlöschen[94]. Eine derartige Interpretation der päpstlichen Stellungnahme würde seiner Meinung nach auf die von Papst Pius IX. verurteilte Lehre von den vollendeten Tatsachen hinauslaufen. Den dogmatischen Kern der Auffassung Leos XIII. von der Pflicht des Katholiken gegenüber einer auf dem Wege der Revolution entstandenen Staatsgewalt beschreibt Kiefl folgendermaßen[95]: „Der Katholik ist verpflichtet, in Zeiten gewaltsamer Staatsumwälzungen, welche das Gemeinwohl bis in seine Fundamente hinein erschüttern, auch die unrechtmäßige Gewalt zu respektieren, so lange dies um des Gemeinwohles willen gebieterisch notwendig ist. Der Zustand wird von Leo ausdrücklich als ein provisorischer erklärt, welcher den Rechten Dritter nicht präjudiziert.“ Im Gegensatz zu Cathrein, Hirt und Ebers kann nach der Meinung Kiefls weder die Verfolgung des Gemeinwohls noch die Aufrechterhaltung der öffentlichen Ordnung die revolutionäre Staatsgewalt legitimieren; ihr haftet immer der Makel des Unrechtmäßigen an.

Unter Bezugnahme auf die Ausführungen des Joseph von Held[96] meint Kiefl einen spezifisch für Deutschland geltenden Legitimitätsgedanken

---

[90] *Franz Xaver Kiefl*, Die Staatsphilosophie der katholischen Kirche und die Frage der Legitimität in der Erbmonarchie (1928), S. 24.

[91] *Franz Xaver Kiefl*, S. 202 ff., 223 ff.

[92] *Peter Tischleder*, Die Staatslehre Leos XIII. (1925); *ders.*, Ursprung und Träger der Staatsgewalt nach der Lehre des hl. Thomas und seiner Schule (1923).

[93] *Heinrich Rommen*, Die Staatslehre des Franz Suarez (1926).

[94] *Franz Xaver Kiefl*, S. 49.

[95] *Franz Xaver Kiefl*, S. 50.

[96] Vgl. oben 5. Kap., V., 3.

herausarbeiten zu können: „Die Idee der Legitimität ist ihrer reinsten und edelsten Gestalt bis in ihre tiefsten Wurzeln hinein ein deutscher Begriff[97].“ Kiefls Meinung nach soll auch nach der Revolution von 1918/1919 noch eine organische verfassungsmäßige Verbindung der Dynastien mit dem Staat bestehen; für die Lehren von der Volkssouveränität soll kein Raum sein. Im übrigen warnt Kiefl, die deutschen Verhältnisse mit der politischen Situation in Frankreich zu vergleichen. Denn in Frankreich sei die legitime Dynastie bereits 1789 gestürzt worden; ein anerkanntes Rechtssubjekt der Legitimität sei nicht mehr vorhanden, da die Hauptlinie der Bourbonen erloschen sei.

Breiten Raum widmet Kiefl der Frage, ob das legitime Recht einer Dynastie auf den Thron durch Zeitablauf verjähren könne[98]. Unter Berufung auf den „Antilegitimisten“ Brockhaus meint er, das Rechtsinstitut der Verjährung könne niemals imstande sein, die Wirkungen eines Verbrechens selbst nach geraumer Zeit zu heiligen. Von unvordenklicher Verjährung könne nicht die Rede sein, solange man gewiß sei, daß ein lebender legitimer Herrscher durch eine Revolution seines Rechts beraubt worden sei[99]. Ob durch Zeitablauf das Thronrecht einer legitimen Dynastie erlöschen kann, bedeutet für Kiefl „das apologetische Zentralproblem der Gegenwart“[100]. Für ihn gibt es nur eine Alternative: Entweder ist Gott „Norm und Maß des Rechts“; dann muß jede Rechtsverletzung aber auch von Gott gerichtet werden. Oder aber Sitte und Recht können sich in der Geschichte wandeln. Dann würden die materiellen Tatsachen das Recht erzeugen und der Erfolg würde mit der Heiligkeit des Rechts umkleidet sein[101]. An dieser Stelle kommt wohl besonders deutlich die konservativ-reaktionäre Grundhaltung in Kiefls Staatsphilosophie zum Ausdruck. Noch zehn Jahre nach der Revolution von 1918/1919 und dem verfassunggebenden Akt der Weimarer Nationalversammlung weigert Kiefl sich, die Legitimität des Weimarer Staates zu diskutieren. Wenn er meint, die Legitimität könne nur durch einen freiwilligen Thronverzicht oder Aussterben der Dynastie erlöschen[102], Ludwig III. von Bayern z. B. habe aber wirksam nicht auf den Thron verzichtet[103], so findet sich wohl der Gesichtspunkt der Geschichtlichkeit allen Rechts von Kiefl nicht ausreichend berücksichtigt. Es gibt Momente im Leben der Völker, in denen überkommene und erstarrte politische Lebensformen vernichtet werden und neue zeitgemäßere politische Institutionen mit Leben erfüllt werden müssen. Kiefl ist zwar beizupflichten, wenn er

---

[97] *Franz Xaver Kiefl*, S. 110.
[98] *Franz Xaver Kiefl*, S. 128 ff.
[99] *Franz Xaver Kiefl*, S. 133.
[100] *Franz Xaver Kiefl*, S. 141.
[101] *Franz Xaver Kiefl*, S. 142.
[102] *Franz Xaver Kiefl*, S. 143 ff.
[103] *Franz Xaver Kiefl*, S. 150.

als das „immanente Lebenselement des Legitimitätsbegriffes ... die große sittliche Idee von der Unzerstörbarkeit des Rechts“ bezeichnet[104]. Die Rechtsidee hat aber nicht nur konservativ bewahrende Funktion; sie muß in der Zeit begriffen werden und wandelt sich mit der Zeit. Für die Industriegesellschaft des beginnenden 20. Jahrhunderts war die Idee eines Königtums von Gottes Gnaden[105] nicht mehr geeignet, als Grundlage eines allgemein verbindlichen Ordnungsmodells zu dienen.

4. Schlußbemerkung

Nach den teilweise recht polemischen Auseinandersetzungen zu Beginn des 20. Jahrhunderts wurde in der späteren Entwicklung der katholischen Staatsphilosophie fast ausschließlich die alte, am Gemeinwohlgedanken orientierte Legitimitätsidee weiterdiskutiert. Hingewiesen sei an dieser Stelle nur auf das umfassende Werk von Johannes Messner über „Das Naturrecht“[106]. Nach seiner Meinung verwandelt sich eine usurpierte Staatsgewalt dann in eine legitime, wenn sie in der Ausübung ihrer Autorität gesichert und zum integrierenden Bestandteil des Gemeinwohls geworden ist[107]. Damit erlangt der Usurpator die sittliche Befehlsgewalt einer legitimen staatlichen Autorität. Jeder Rechtsanspruch eines ehemals legitimen Herrschers wird hinfällig. Wie Cathrein und Hirt setzt auch Messner voraus, daß die gesicherte Macht in der Hand einer bestehenden Regierung Voraussetzung für die Verwirklichung des Gemeinwohls als obersten Staatsziels ist. Der Rechtsgrund für eine am Gemeinwohl orientierte Legitimitätsidee ist nach Messner in der geschichtlichen Bedingtheit des tatsächlichen Gemeinwohls zu suchen. Das Gemeinwohl verwirklicht sich vermittels einer Vielzahl von rechtlichen und tatsächlichen Wechselbeziehungen der Bürger untereinander, die von gesellschaftlichen Institutionen gelenkt werden. Die individuellen Wechselbeziehungen der Bürger stehen direkt oder indirekt mit der staatlichen Autorität in wesentlicher Verbindung. Hierdurch wird diese Autorität mit der Zeit in ihrer konkreten Gestalt zum integrierenden Bestandteil des tatsächlichen Gemeinwohls[108].

Die Legitimitätsidee der katholischen Rechts- und Staatsphilosophie ist damit eng mit dem Gemeinwohlprinzip verbunden. Das Gemeinwohl besteht „in der durch die gesellschaftliche Verbundenheit zu erzielenden Ermöglichung der eigenverantwortlichen und eigenkräftigen Erfüllung

[104] *Franz Xaver Kiefl*, S. 151.

[105] Siehe aber die romantisch verklärte Beschreibung bei *Franz Xaver Kiefl*, S. 62 oder auch die skurrile Zusammenstellung monarchistischer Zitate bei *Eugen Mack*, Für legitimes Recht (1921).

[106] *Johannes Messner*, Das Naturrecht (1950, zitiert nach 6. Aufl. 1966).

[107] *Johannes Messner*, S. 794 f.

[108] Zum Gemeinwohl generell *Johannes Messner*, S. 189 ff.; Victor Cathrein, Moralphilosophie, S. 529 ff.

der den Gesellschaftsgliedern durch die in den existentiellen Zwecken vorgezeichneten Lebensaufgaben"[109]. Das Gemeinwohlprinzip ist ein Rechtsprinzip, das die ursprünglichen Freiheitsrechte der Gesellschaftsglieder wie auch das Recht der Gesellschaft im ganzen auf Sicherung ihres Bestandes umfaßt. Die Idee des Gemeinwohls hat u. a. auch das Verhältnismäßigkeitsprinzip zum Inhalt, das den Anspruch des Individuums auf Leistungen gegen den Staat, aber auch den Anspruch des Staates auf Leistungen vom Individuum regelt[110]. Durch die Verbindung der Legitimitätsidee mit dem Gemeinwohlprinzip war die katholische Rechts- und Staatsphilosophie trotz der positivistischen Tendenzen in der zeitgenössischen Staatslehre in der Lage, die Gleichsetzung von Legalität und Legitimität zu vermeiden und mit Hilfe des Legitimitätsbegriffes dem Staat vorgegebene Gerechtigkeitsvorstellungen zu diskutieren.

IV. Legalität und Legitimität bei Carl Schmitt

Im umfassenden wissenschaftlichen Werk Carl Schmitts nimmt das Problem der Legitimität der staatlichen Herrschaft breiten Raum ein. Mit Recht stellt Hasso Hofmann fest[111], daß das ganze Werk Carl Schmitts vor dem Hintergrund der Frage der Rechtfertigung staatlicher Gewalt gesehen werden müsse. Wenn man verfolgt, wie Carl Schmitt sich zeitlebens in seinen historischen und systematischen Schriften mit dem Verhältnis von Legalität und Legitimität beschäftigt hat, so zeigt sich, daß sein Legitimitätsverständnis einem dauernden Wandel unterworfen war[112]. Bei der Erörterung des Inhalts und Ranges des Legitimitätsgedankens bedient sich Carl Schmitt keiner abstrakten Kategorien, sondern er bezieht seine staatsrechtlich-politischen Begriffe primär auf die jeweilige konkrete Situation staatlicher Existenz[113]. Über den Wandel des Legitimitätsverständnisses bei Carl Schmitt berichtet eingehend Hasso Hof-

[109] *Johannes Messner*, S. 190.

[110] *Johannes Messner*, S. 291 ff.

[111] *Hasso Hofmann*, Legitimität gegen Legalität. Der Weg der politischen Philosophie Carl Schmitts (1964), S. 16; allgemein zur Wirkung Carl Schmitts auf die Entwicklung der Verfassungslehre: *Peter Schneider*, Ausnahmezustand und Norm. Eine Studie zur Rechtslehre Carl Schmitts (1957); *Juergen Fijalkowski*, Die Wendung zum Führerstaat. Ideologische Komponenten in der politischen Philosophie Carl Schmitts (1958); *Helmut Rumpf*, Carl Schmitt und Hobbes (1972).

[112] Nicht erörtert soll werden Carl Schmitts Deutung der Auseinandersetzung zwischen dynastischer und demokratischer Legitimität im 19. Jahrhundert, soweit es ihm hier mehr um Erklärung geschichtlicher Phänomene als um eine eigenständige Ausgestaltung des Legitimitätsbegriffes im 20. Jahrhundert geht. Vgl. hierzu: *Carl Schmitt*, Verfassungslehre (1928), S. 88, 90, 212; *ders.*, Anmerkung zu: Das Problem der Legalität (1950), in: Verfassungsrechtliche Aufsätze (1958), S. 449; *ders.*, Politische Theologie, 2. Aufl. (1934), S. 65.

[113] *Carl Schmitt*, Anmerkung zu: Die Lage der europäischen Rechtswissenschaft (1943/44), in: Verfassungsrechtliche Aufsätze, S. 427.

mann in seinem Buch „Legitimität gegen Legalität. Der Weg der politischen Philosophie Carl Schmitts". Ob bei einer entwicklungsgeschichtlichen Darstellung der Lehre Carl Schmitts von der Legitimität die bekannte Unterscheidung von Normativismus, Dezisionismus und konkretem Ordnungsdenken als Einteilungskategorien bemüht werden müssen[114], mag hier dahingestellt bleiben. Sicher ist richtig, daß Carl Schmitt in der ersten Phase seines Denkens sich in den Vorstellungen des rechtsstaatlich orientierten Gesetzespositivismus bewegt hat, dem die Legalität die vorrangige Legitimitätsform bedeutete. Andererseits versuchte er immer wieder, der Legitimität einen außerhalb des engen Legalitätsbegriffes liegenden Inhalt zu geben, wobei die Maßstäbe der Rechtfertigung staatlicher Gewalt meist aus der Sphäre der politischen Existenz oder aus der Geschichte[115], nicht aber aus der Welt der Werte entnommen wurden. Insofern unterscheidet sich die Legitimitätstheorie Carl Schmitts etwa von den Legitimitätsvorstellungen Rudolf Smends[116]. Einige für Carl Schmitts Legitimitätsverständnis besonders typische Passagen seien im folgenden kurz dargestellt.

Zur Stellung des Begriffes der Legitimität im System der Verfassung nimmt Carl Schmitt vor allem in seiner „Verfassungslehre" von 1928 Stellung. Unter Verfassung versteht Carl Schmitt die bewußte Bestimmung der besonderen Gesamtgestalt, für welche die politische Einheit sich entscheidet[117]. Diese Entscheidung erfolgt durch einen Akt der verfassunggebenden Gewalt. Demgegenüber ist das Verfassungsgesetz mit seinen Normierungen sekundär, da es nicht zur politischen Grundentscheidung gehört. Die verfassunggebende Gewalt ist permanent; sie erschöpft sich nicht im Erlaß einer Verfassung[118]. Der Wille der verfassunggebenden Gewalt steht über der Verfassung und wird durch diese nicht gebunden. Weiterhin ist die verfassunggebende Gewalt unveräußerlich, nur Ausführung und Entscheidung kann einer verfassunggebenden Nationalversammlung zur Ausübung überlassen werden[119]. Ist das Volk Träger der verfassunggebenden Gewalt, so ist sein verfassunggebender Wille an kein bestimmtes Verfahren gebunden; es kann auch eine stillschweigende Zustimmung zu den Beschlüssen der verfassunggebenden Gewalt erfolgen. Hiernach erscheint jede, auch die durch eine Revolution geschaffene Verfassung durch die verfassunggebende Gewalt legitimiert. Bei der Legitimierung der verfassunggebenden Gewalt selbst lehnt Carl Schmitt jedoch jede Rechtfertigung durch überpositive Maßstäbe ab. Die Verfassung „bedarf keiner Rechtfertigung an einer ethischen oder juristischen

---

[114] So *Hasso Hofmann*, S. 22 und passim.

[115] *Hasso Hofmann*, S. 250 ff.

[116] Vgl. unten VI.

[117] *Carl Schmitt*, Verfassungslehre, S. 21.

[118] *Carl Schmitt*, S. 77.

[119] *Carl Schmitt*, S. 84, 91.

Norm, sondern hat ihren Sinn in der politischen Existenz"[120]. Die Legitimität der verfassunggebenden Gewalt beruht darauf, daß ihre Macht und Autorität anerkannt ist. Carl Schmitt hält eine Verfassung dann für legitim, wenn sie nicht nur einen faktischen Zustand rechtlich ordnet, sondern auch als rechtmäßige Ordnung anerkannt wird. Diese sozialpsychologische Voraussetzung der Legitimität einer Verfassung grenzt er dahin ab, daß nur die Macht und Autorität der verfassunggebenden Gewalt, auf deren Entscheidung die Verfassung selbst beruht, von dem Volk als rechtmäßig empfunden werden muß. Die über Art und Form der staatlichen Existenz getroffene politische Entscheidung, welche die Substanz der Verfassung ausmacht, gilt, „weil die politische Einheit, um deren Verfassung es sich handelt, existiert und das Subjekt der verfassunggebenden Gewalt Art und Form dieser Existenz bestimmen kann"[121]. Die Legitimitätsauffassung Carl Schmitts ähnelt hier stark der Legitimitätskonzeption der positivistischen Staatslehre, die es ablehnte, die Verfassung an einer ethischen oder juristischen Norm zu messen. Die Verfassung findet bei Carl Schmitt allein ihren Sinn und ihre Rechtfertigung in der politischen Entscheidung des Volkes. Die besondere Art der politischen Existenz, so schreibt Carl Schmitt[122], braucht sich nicht zu legitimieren. Die Verfassungsnorm beruht auf dem existentiellen Willen dessen, der sie erläßt. Nach dem Prinzip der demokratischen Legitimität ist dies der freie Wille des Volkes.

Es ist Carl Schmitt zuzustimmen, daß die Legitimität einer Verfassung nicht besagt, ob eine Verfassung nach früher geltenden Verfassungsgesetzen zustande gekommen ist. Wollte man diesem Postulat anhängen, so gäbe es kaum eine Verfassung, die als legitim bezeichnet werden kann. Andererseits kennen wir heute auch die Gefahren eines völlig wertfreien Legitimitätsverständnisses. Die Überantwortung einer unbeschränkten und ungebundenen Rechtssetzungsbefugnis an die verfassunggebende Gewalt ist äußerst problematisch. Sie erscheint allenfalls dann möglich, wenn es soziale Kader gibt, die politische Macht verantwortungsvoll auszuüben gelernt haben. Wenn in Übergangs- und Krisensituationen derartige neue soziale Kader nicht mehr oder noch nicht vorhanden sind, hilft zu einer dauerhaften Konsolidierung der Macht nur die Besinnung auf sittliche und ethische Maßstäbe, mit denen die Legislative in bestimmten Grenzen gehalten werden kann.

Carl Schmitt, der in der Staatsrechtslehre das Denken in Werten ablehnt[123], geht jedoch in der Zeit der Krise des deutschen Staates um 1932 diesen Weg nicht. In seiner 1932 erschienen Schrift „Legalität und Legiti-

[120] *Carl Schmitt*, S. 87.
[121] *Carl Schmitt*, S. 87.
[122] *Carl Schmitt*, S. 87, 90.
[123] *Carl Schmitt*, Die Tyrannei der Werte, in: Säkularisation und Utopie (1967), S. 37 ff.

mität" versucht er das Verhältnis beider Begriffe zueinander aus der gegenwärtigen politischen Situation heraus näher zu bestimmen. Den bürgerlichen Rechtsstaat, der sich im 19. Jahrhundert nicht zuletzt unter starker Mithilfe des Gesetzespositivismus herausbilden konnte, kennzeichnet er als parlamentarischen Gesetzgebungsstaat. Hierunter versteht er ein Staatswesen, das von generellen und vorbestimmten Normen beherrscht wird und in dem sowohl Gesetz und Gesetzesanwendung als auch Gesetzgeber und Gesetzesanwendungsbehörden voneinander getrennt sind. In der allgemeinen Legalität aller staatlichen Machtausübung, so apostrophiert er den Positivismus, liegt die Rechtfertigung des Gesetzgebungsstaates: „Spezifische Erscheinungsform des Rechts ist hier das Gesetz, spezifische Rechtfertigung des staatlichen Zwangs die Legalität[124]." Bezogen auf die politische Situation des Jahres 1932 stellt Carl Schmitt fest, daß die normativistische Fiktion eines geschlossenen Legalitätssystems in einem auffälligen und unabweisbaren Gegensatz zu der Legitimität eines wirklich vorhandenen, rechtmäßigen Willens getreten sei[125]. Der Sprachgebrauch sei bereits so weit, so führt er aus[126], daß das Legale als etwas nur Formales und das in der Sache Legitime als Gegensätze empfunden werden. Damit aber dokumentiere sich der Zusammenbruch eines Legalitätssystems, das in einem gegenstands- und beziehungslosen Formalismus geendet habe. Nachdem die positivistische Formel: „Legalität ist gleich Legitimität" für ihn keine Gültigkeit mehr besaß, mußte Carl Schmitt nach einem neuen Träger des Legitimitätsgedankens suchen. Welches Legitimitätsprinzip konnte angesichts der Krisensituation von 1932 der positivistischen Legalität als einem Zufallsprodukt eines geschichtlich überholten Legitimitätsprinzips entgegengesetzt werden[127]? Nur eine einzige Legitimitätsvorstellung schien Carl Schmitt damals Geltung beanspruchen zu können: die plebiszitäre Legitimität. Nach Carl Schmitts These haben in der geschichtlichen Situation von 1932 „die deutsche Reichswehr und das Reichsbeamtentum in der plebiszitären Legitimität des vom deutschen Volk gewählten Reichspräsidenten die Möglichkeit einer neuen Basis gefunden"[128].

Die Tendenz der Zeit zur plebiszitären Legitimität folgert Carl Schmitt aus der Tatsache, daß die Wahl zum Parlament ein „plebiszitärer Vorgang" geworden ist, da sie nicht mehr Auswahl einer Elite und Begründung einer unabhängigen Repräsentation ist[129]. Daneben war die Auflösung des Parlaments ein „normaler Vorgang" geworden, der den Sinn

---

[124] *Carl Schmitt,* Legalität und Legitimität (1932), in: Verfassungsrechtliche Aufsätze (1958), S. 264, 269.

[125] *Carl Schmitt,* S. 266.

[126] *Carl Schmitt,* S. 269.

[127] *Hasso Hofmann,* S. 100.

[128] *Carl Schmitt,* S. 273; vgl. auch *Gerd Roellecke,* Der Begriff des positiven Gesetzes und das Grundgesetz (1969), S. 104 ff.

[129] *Carl Schmitt,* S. 339.

eines Appells an das Volk und damit wiederum plebiszitäre Bedeutung und Funktion hat. Das jeweilige Parlament mit seiner jeweiligen Mehrheit war eine lediglich „plebiszitäre Zwischenschaltung“. Angesichts der Notverordnungspraxis des Reichspräsidenten schien Carl Schmitt die Verfassungswirklichkeit des Staates von 1932 eine Verbindung von Verwaltungs- und Jurisdiktionsstaat zu sein, die auf der Grundlage und im Rahmen plebiszitär-demokratischer Legitimität eine Art letzter Rechtfertigung findet. Eine die plebiszitäre Legitimität für sich in Anspruch nehmende Regierung muß die Autorität haben, die plebiszitären Fragestellungen im richtigen Augenblick richtig vorzunehmen. „Die plebiszitäre Legitimität braucht eine Regierung oder irgend eine andere autoritäre Instanz, zu der man Vertrauen haben kann, daß sie die richtige Frage stellen und die große Macht, die in der Fragestellung liegt, nicht mißbrauchen werde[130].“ Für Carl Schmitt steht der Reichspräsident im Mittelpunkt eines auf plebiszitärer Grundlage aufgebauten Systems von parteipolitischer Neutralität und Unabhängigkeit. Je mehr das normale Funktionieren des Gesetzgebungsstaats erschwert wird, desto mehr muß er in den Vordergrund treten. Der Reichspräsident hat eine parteipolitisch neutrale Stellung inne. Er ist der berufene Wahrer und Hüter des verfassungsmäßigen Zustandes und im Notfall mit wirksamen Befugnissen zu einem aktiven Schutz der Verfassung ausgerüstet[131]. Infolge seiner Wahl durch das Volk und seiner umfassenden Befugnisse ist der Reichspräsident der Weimarer Verfassung der Mittelpunkt eines Systems plebiszitärer wie auch parteipolitisch neutraler Einrichtungen und Befugnisse und damit ein Gegengewicht gegen den Pluralismus sozialer und wirtschaftlicher Machtgruppen. Bei der Wahl des Reichspräsidenten setzt die Weimarer Verfassung das ganze deutsche Volk als eine Einheit voraus, die unmittelbar ihren Willen zum Ausdruck bringen kann; nach der Ansicht Carl Schmitts ermöglicht es die Weimarer Verfassung dem Reichspräsidenten, sich unmittelbar mit dem politischen Gesamtwillen des deutschen Volkes zu verbinden und eben dadurch als Hüter und Wahrer der verfassungsmäßigen Einheit und Ganzheit des deutschen Volkes zu handeln[132]. Der Versuch Carl Schmitts, den Reichspräsidenten angesichts seiner über dem aufreibenden Parteikampf erhabenen Stellung und seiner plebiszitär-demokratischen Wahl zu einem letzten Hort der Legitimität zu erheben, scheiterte an der allgemeinen politischen Situation. Dem Reichspräsidenten Hindenburg eignete jene charismatische Kraft nicht, die zur Stützung einer an der plebiszitären Legitimität orientierten Macht erforderlich gewesen wäre[133].

---

[130] *Carl Schmitt,* S. 341.

[131] *Carl Schmitt,* Der Hüter der Verfassung (1931), S. 158 f.

[132] *Carl Schmitt,* S. 159.

[133] Dies beschreibt *Carl Schmitt* in seiner Anmerkung zu „Legalität und Legitimität“, S. 350: „Er (Hindenburg, der Verf.) stand treu zu seinem Eid

Unabhängig von Carl Schmitt stellt auch Otto Kirchheimer in seinem 1932 erschienenen Aufsatz: „Legalität und Legitimität" fest, daß in der Krisensituation um 1932 der Begriff der Legalität einem sinnentleerenden Auflösungsprozeß unterworfen scheine[134]; im 19. Jahrhundert sei dem Legalitätsbegriff noch eine bestimmte Sicherheitsfunktion zugekommen, die mit der angelsächsischen „rule of law" vergleichbar gewesen sei. Mit der Ersetzung der Gesetzgebungsfunktionen des Parlaments durch das Notverordnungsrecht des Reichspräsidenten habe der Legalitätsbegriff vollends seine frühere Bedeutung verloren[135]. Die Legalität der Regierung bezeichne lediglich noch, ob die Regierungsorgane auf legalem Wege zur Macht gelangt seien. Otto Kirchheimer meint, daß die Legalität des „Notverordnungsregimes" an eine neue Form der Legitimität gebunden werden müsse: „Das Notverordnungsregime aber, das durch die plebiszitäre Person des Reichskanzlers gedeckt und von der beamteten Bürokratie geübt wird, wird nicht durch den Charakter der Legalität, sondern den der Legitimität, die Berufung auf die indiskutable Richtigkeit ihrer Handlungen und Ziele gekennzeichnet[136]." Otto Kirchheimer begrenzt damit die unumschränkte Macht des Reichspräsidenten, die ihm Art. 48 WRV verleiht, durch die Legitimität der sozialen Zwecke und Ziele, die der Reichspräsident mit seinen Anordnungen verfolgt. Wie aber lassen sich derartige, eine neue Legitimität begründende Ziele und Zwecke bestimmen? Nach Otto Kirchheimers Ansicht lassen sie sich nicht aus der Legitimität eines bestimmten Kultursystems folgern, da insoweit die Weimarer Verfassung nicht bestimmt genug gefaßt sei[137]. Otto Kirch-

---

auf die Verfassung, aber was die Verfassung eigentlich war, konnte er aus seinem eigenen Wesen heraus nicht wissen. So ließ er sich denn als korrekter Mann belehren, und die Belehrung ging schließlich dahin, daß der Gegenstand seines Eides und seiner Treue nur ein Durchgangsverfahren war, nur eine Tür, die sich dem Eintritt jedes Feindes zu öffnen hatte, sobald dieser als „tragfähige Regierungskombination" auftrat und sich dadurch legal machte."

Otto Kirchheimer und *N. Leites*, Bemerkungen zu Carl Schmitts „Legalität und Legitimität", in: Archiv für Sozialwissenschaften und Sozialpolitik, 68. Bd. (1932), S. 457 ff., 484, halten Carl Schmitts Unterscheidung zwischen Legalität und Legitimität in der genannten Schrift für verfehlt. Sie gehen davon aus, daß Carl Schmitt unter „Legalität" das Rechtfertigungssystem des parlamentarischen Gesetzgebungsverfahrens und unter „Legitimität" die Rechtfertigung des unmittelbaren Volksgesetzgebungsverfahrens versteht. Sie weisen nach, daß die ratio der Existenz des Parlaments auf denselben Gegebenheiten (Mehrheitsprinzip) beruht, die das Volksgesetzgebungsverfahren rechtfertigen. Sie kommen damit zu dem Ergebnis, daß es keine Antithese zwischen Legalität und plebiszitärer Legitimität gibt, sondern es sich lediglich um verschiedene Organisationsformen derselben Legitimität handelt. Von Otto Kirchheimer und N. Leites wird meines Erachtens nicht ausreichend gewürdigt, daß Carl Schmitts Wendung zur plebiszitären Legitimität von einer unbestimmten Hoffnung auf charismatische Fähigkeiten des Reichspräsidenten begleitet wird.

[134] *Otto Kirchheimer*, Legalität und Legitimität, in: Die Gesellschaft, 9. Jahrg. (1932), S. 8 ff., 10.

[135] *Otto Kirchheimer*, S. 13.

[136] *Otto Kirchheimer*, S. 14.

[137] *Otto Kirchheimer*, S. 19 f.

heimer meint, daß in der Krisensituation um 1932 die intakt gebliebene und selbständige Bürokratie zur Trägerin der neuen Legitimität werden könne[138]. Durch ihre Geschlossenheit und ihren Zusammenhang mit der ihr praktisch koordinierten bewaffneten Macht sei sie zur Macht schlechthin im Reiche geworden. Dies folgert Otto Kirchheimer daraus, daß es der Bürokratie gelungen war, gewisse legitime soziale Zielvorstellungen herauszuarbeiten. So seien etwa Parteien verboten worden, weil ihre revolutionären Zielsetzungen illegitim[139] waren, und es sei gelungen, die „Legitimität der Ziele des Arbeitskampfes“[140] näher zu bestimmen. Freilich war, wie Otto Kirchheimer am Schluß seiner Ausführungen feststellt, die soziale Basis der Bürokratie zu schwach, um einen Ausgleich zwischen den sich befehdenden Wirtschaftsgruppen zu schaffen und dadurch die Grundlage der politischen Einheit des Volkes bewahren zu können. „Eine Gesellschaftsordnung, die ihre Legitimität nicht aus sich selbst heraus bauen kann, ist eben zum Scheitern verurteilt“[141] — eine Feststellung, die sich nur allzubald bewahrheiten sollte.

Die dritte Phase des Legitimitätsverständnisses bei Carl Schmitt bahnt sich in seinem Aufsatz „Die Lage der europäischen Rechtswissenschaft“[142] an. Carl Schmitt meint, daß man hinter den kritischen Punkt der Aufspaltung des unproblematischen Rechts in Legalität und Legitimität, die sich im 19. Jahrhundert vollzogen habe, nur noch künstlich zurückgehen könne[143]. Das bedeutet, daß die Frage nach der Legitimität immer wieder von neuem gestellt und die Legalordnung an der Legitimität gemessen werden muß. Ein harmonisches Verständnis von Legalität und Legitimität zu schaffen, hält Carl Schmitt für die Aufgabe der Rechtswissenschaft, die sie nur durch eine existentielle Besinnung auf sich selbst vollbringen kann: „Das Recht als konkrete Ordnung läßt sich nicht von seiner Geschichte loslösen. Das wahre Recht wird nicht gesetzt, sondern entsteht in einer absichtslosen Entwicklung. Was wahres Recht ist, bestimmt sich demnach heute in der geschichtlichen Existenzform des Juristentums, in welchem das Wachstum zum Bewußtsein kommt[144].“ Die Antithese von Legalität und Legitimität versucht Carl Schmitt hier so zu lösen, daß er die Rechtswissenschaft als die eigentliche Rechtsquelle bezeichnet, der das Gesetz nur ein Stoff zum Gestalten und Veredeln ist. Die Geschichtlichkeit des Rechts als das wesentliche Element der Legitimität, durch das die Legitimität sich von der Legalität abhebt, wird von Carl Schmitt in

[138] *Otto Kirchheimer*, S. 25.

[139] *Otto Kirchheimer*, S. 23.

[140] *Otto Kirchheimer*, S. 24.

[141] *Otto Kirchheimer*, S. 26.

[142] *Carl Schmitt*, Die Lage der europäischen Rechtswissenschaft (1943/44), in: Verfassungsrechtliche Aufsätze, S. 386 ff.

[143] *Carl Schmitt*, S. 414, Anm. 33.

[144] *Carl Schmitt*, S. 411.

seiner 1950 erschienenen völkerrechtlichen Schrift „Der Nomos der Erde" in ganz besonderer Weise herausgearbeitet. Unter Nomos versteht Carl Schmitt im Gegensatz zum bloßen Gesetz „das den Grund und Boden der Erde in eine bestimmte Ordnung einteilende und verortende Maß und die damit gegebene Gestalt der politischen, sozialen und religiösen Ordnung"[145]. Im Begriff des Nomos werden Maß, Ordnung und Gestalt für eine raumhaft konkrete Einheit miteinander verbunden. Damit wird der Nomos zu einer Art „Urakt" politischer Existenz, der oberhalb der durch Gesetze vermittelten Rechtskraft steht. Der Nomos „ist ein konstituierendes geschichtliches Ereignis, ein Akt der Legitimität, der die Legalität des bloßen Gesetzes überhaupt erst sinnvoll macht"[146]. Hasso Hoffmann hat auf Grund einer eingehenden Analyse der Geschichtsphilosophie Carl Schmitts mit Recht festgestellt[147], daß Legitimität eigentlich nur noch ein anderes Wort für Geschichtsmächtigkeit sei. Dies kommt in Wendungen wie „die geschichtliche Legitimität der eigenen Macht"[148], die „geschichtliche Legitimation" des Staates kraft geschichtlicher Leistung[149] oder von der „höheren Legitimität" geschichtlicher Überlegenheit[150] zum Ausdruck. Die These Carl Schmitts, daß Staat und Staatsgewalt keiner Rechtfertigung bedürften, sondern sich durch die Existenz der politischen Einheit des Volkes legitimieren, erscheint nun in einem neuen Licht. Nicht mehr die politische Einheit des Volkes rechtfertigt die Staatsgewalt, sondern die „Tatsache, daß der Staat sich als Träger einer epochalen Raumordnung erwiesen hat"[151]. „Die raumhafte Grundverfassung einer Epoche" kann allerdings immer erst nachträglich voll erfaßt werden, — wenn sie im Verfall begriffen ist. Erst wenn man den Abstand der Geschichte gewonnen hat, zeigt es sich, welche Gewalt legitim gewesen ist; jetzt erst kann man zufälliges Geschehen von notwendiger Entwicklung trennen und beurteilen, welche Gewalt geschichtsmächtig und damit legitim gewesen ist.

In seiner Schrift „Theorie des Partisanen" (1963) kehrt Carl Schmitt zu der bereits in der Verfassungslehre vollzogenen Gleichsetzung von Legalität und Legitimität zurück. Die gegenwärtige politische Situation erscheint ihm als eine Art „Normallage"[152], in der die Geltung der Legalität der Staatsordnung anerkannt werden muß und nicht unter Berufung auf eine zweifelhafte Legitimität in Frage gestellt werden darf. In der

---

[145] *Carl Schmitt*, Der Nomos der Erde (1950), S. 40.

[146] *Carl Schmitt*, S. 42.

[147] *Hasso Hofmann*, S. 251.

[148] *Carl Schmitt*, Donoso Cortés in gesamteuropäischer Interpretation (1950), S. 112.

[149] *Carl Schmitt*, Der Nomos der Erde, S. 98 f.

[150] *Carl Schmitt*, S. 102.

[151] *Hasso Hofmann*, S. 252.

[152] *Ernst Forsthoff*, Der introvertierte Rechtsstaat und seine Verortung, in: Der Staat, 2. Bd. (1963), S. 385 ff., 397.

genannten Schrift analysiert Carl Schmitt eingehend den Bürgerkrieg in Algerien. Am Fall des General Salan zeigt er, daß der Partisan einer Legitimierung bedarf, wenn er sich in der Sphäre des Politischen halten und nicht einfach ins Kriminelle absinken will. Wenn ein Staat die Herrschaft des Gesetzes zu seinem Fundament gemacht hat, dann darf, so führt Carl Schmitt aus, durch den Gegensatz von Recht und Gesetz und durch die Unterscheidung des Rechts als einer höheren Instanz dies Fundament nicht zerstört werden. „Weder die Justiz noch die Armee steht über dem Gesetz. Es gibt eine republikanische Legalität, und das eben ist in der Republik die einzige Form der Legitimität ... Die Legalität erweist sich ... als die weitaus stärkere Gültigkeit, ja, als das, was sie für den Republikaner ursprünglich eigentlich war, nämlich als die rationale, die fortschrittliche, die einzig moderne, mit einem Wort: die höchste Form der Legitimität selbst[153]."

V. Die drei reinen Typen legitimer Herrschaft in Max Webers Herrschaftssoziologie

Bei den bisherigen Betrachtungen wurde bereits mehrfach auf ein sozialpsychologisches Element im Legitimitätsbegriff aufmerksam gemacht, das bei der Stabilisierung einer Herrschaft von Bedeutung ist. Freilich wurde diese sozialpsychologische Komponente des Legitimitätsbegriffes bislang immer nur mit gewissen den Staat tragenden Werten und Leitideen dargestellt. Demgegenüber hat Max Weber (1864 - 1920) in seinen soziologischen Werken unter Verzicht auf jegliches Werten empirisch faßbare Legitimationsmechanismen und Legitimitätstypen herausgearbeitet. Er schuf damit die Basis für eine wertfreie und rein empirische Analyse des Legitimitätsbegriffes in der modernen Soziologie.

Für Max Weber ist die Soziologie weder bloße Hilfswissenschaft der historischen Wissensbereiche noch eine Kulturwissenschaft, die sich mit unbedingt gültigen Werten beschäftigt. Er betrachtet die Soziologie als eine Wirklichkeitswissenschaft, deren Erkenntnis empirisch überprüfbar und von allgemeiner Bedeutung sein muß. Das Weltbild und der Wissenschaftsbegriff des Positivismus werden abgelehnt. Für ihn ist die Wirklichkeit, in der die Menschen leben, eine historisch-kulturell je verschie-

---

[153] *Carl Schmitt*, Theorie des Partisanen (1963), S. 85. Eine Folge dieser Einsicht ist, daß in dem modernen Staat westlicher Prägung Anerkennung oder gar Normierung eines Widerstandsrechts nicht mehr möglich sind. Mit dem modernen demokratischen Staat ist eine hochdifferenzierte Herrschafts- und Friedensordnung entstanden; sie ist auf durchgängige Legalität angelegt und leitet ihre Legitimität aus der allgemeinen Überzeugung von der Zweckmäßigkeit oder wenigstens Duldbarkeit dieses Systems ab (*Hans Schneider*, Widerstand im Rechtsstaat [1969], S. 21; vgl. auch *Klaus Kröger*, Widerstandsrecht und demokratische Verfassung [1971], S. 21 und passim).

dene Wirklichkeit, die sich nicht aus allgemeinen Gesetzen deduzieren läßt[154]. Dennoch hängt er in gewissem Sinn dem Wissenschaftsbegriff des Positivismus an, da er die Gültigkeit wissenschaftlicher Aussagen in ihrem Bezug zu nachweisbaren Fakten begründet sieht. Max Weber wollte in seiner Soziologie die empirisch orientierte Erkenntnis der Welt von der normativen Stellungnahme zu ihr geschieden wissen. Nach Max Weber läßt sich die Geltung von Werten erfahrungswissenschaftlich nicht beweisen; Werte können vom Standpunkt der reinen Erfahrung letzten Endes nur geglaubt werden. „Nur unter der Voraussetzung des Glaubens an Werte jedenfalls hat der Versuch Sinn, Werturteile nach außen zu vertreten. Aber: die Geltung solcher Werte zu beurteilen, ist Sache des Glaubens, daneben vielleicht eine Aufgabe spekulativer Betrachtung und Deutung des Lebens und der Welt auf ihren Sinn hin, sicherlich aber nicht Gegenstand einer Erfahrungswissenschaft[155]." Dieser Ansatz ist für die empirische Soziologie Max Webers höchst bedeutsam. Alle Werte und normativ gültigen Wahrheiten, die es als Erfahrungsinhalte zu analysieren gilt, werden Gegenstand einer Betrachtung, die er vornehmlich auf ihr empirisches Sein, nicht aber auf den gültigen Erweis ihrer normativen Richtigkeit reflektiert; die Werte und normativ gültigen Wahrheiten werden so zu mehr oder weniger typischen, empirisch nachweisbaren Vorstellungen und Glaubensannahmen. Hier liegt der Grund, worauf Winkelmann hinweist, weshalb in Max Webers Soziologie die Orientierungsweise des sozialen Handelns und die Grundkategorien der Legitimität subjektiv auf Weisen des Glaubens abgestellt werden[156]. Die empirische Analyse und begriffliche Typologisierung der Geltungsvorstellungen und Herrschaftsstrukturen werden vermittels einer phänomenologischen Deutung des ihnen jeweils zugrunde liegenden Glaubens vorgenommen.

Max Webers Legitimitätsverständnis ist darum in enger Beziehung zu seiner Theorie des sozialen Handelns zu sehen. Das soziale Handeln des Individuums orientiert sich seiner Ansicht nach am vergangenen, gegenwärtigen oder künftig erwarteten Verhalten der Mitmenschen. Weiterhin kann das soziale Handeln zweckrational, wertrational, emotional und traditional bestimmt sein. „Zweckrational handelt", so schreibt Max Weber[157] im einleitenden Kapitel seines Werkes „Wirtschaft und Gesellschaft" (1922), „wer sein Handeln nach Zweck, Mittel und Nebenfolgen

[154] *Friedrich Jonas*, Geschichte der Soziologie, Bd. IV (1969), S. 30; *Johannes Winckelmann*, Legitimität und Legalität in Max Webers Herrschaftssoziologie (1952), S. 2 f.

[155] *Max Weber*, Gesammelte Aufsätze zur Wissenschaftslehre, hrsg. von Johannes Winckelmann, 3. Aufl. (1968), S. 152.

[156] *Johannes Winckelmann*, S. 4 f.; *ders.*, Max Webers Verständnis von Mensch und Gesellschaft, in: Max Weber, Gedächtnisschrift der Universität München (1966), S. 195.

[157] *Max Weber*, Wirtschaft und Gesellschaft, 2. Aufl. (1925), 1. Halbbd., S. 13.

orientiert und dabei sowohl die Mittel gegen die Zwecke, wie die Zwecke gegen die Nebenfolgen, wie endlich auch die verschiedenen möglichen Zwecke gegeneinander rational abwägt. Wertrational handelt, wer ohne Rücksicht auf die vorauszusehenden Folgen handelt im Dienst seiner Überzeugung von dem, was Pflicht, Würde, Schönheit, religiöse Weisung, Pietät oder die Wichtigkeit einer „Sache" gleichviel welcher Art ihm zu gebieten scheinen." Traditionales Handeln wird durch die eingelebte Gewohnheit und emotionales Handeln durch aktuelle Affekte und Gefühlslagen bestimmt. Nach seiner Ansicht orientieren die Beteiligten ihr jeweiliges soziales Handeln „an der Vorstellung vom Bestehen einer legitimen Ordnung"[158]. Als „Geltung" der betreffenden Ordnung bezeichnet er die Chance, daß die Beteiligten in ihrem Verhalten sich von ihrem Legitimitätsglauben leiten lassen. Dieser, eine bestimmte Ordnung garantierende Legitimitätsglaube kann ebenso wie das soziale Handeln verschiedene Wurzeln haben: er kann rein emotional auf gefühlsmäßiger Hingabe, wertrational auf Glauben an die „absolute Geltung letzter verpflichtender Werte" oder religiös auf dem Glauben an eine Heilsordnung beruhen. Daneben kann nach Max Weber die Legitimität einer Ordnung auch durch gewisse Interessenlagen und Erwartungen besonderer Art der Beteiligten garantiert sein (zweckrationale Geltung der Ordnung)[159].

Die unterschiedlichen Handlungsmotivationen und Vorstellungen vom Bestehen einer legitimen Ordnung zieht Max Weber bei der Beschreibung der Legitimität der Staatsgewalt heran. Den Staat kann man nach Max Webers Ansicht soziologisch nicht definieren aus dem Inhalt dessen, was er tut; denn der Wechsel der Staatszwecke in der Geschichte würde einer

---

[158] *Max Weber*, S. 16 ff.

[159] *Johannes Winckelmann*, Legitimität und Legalität in Max Webers Herrschaftssoziologie, S. 95 f., führt bei seiner umfassenden Interpretation des Legitimitätsbegriffes Max Webers aus, es könne „keine Rede davon sein, daß eine nur zweckrationale Ordnung als solche bereits legitime Geltung für sich in Anspruch nehmen kann", da sonst eine legitime Ordnung von irgendeiner nur zweckrational gesatzten nichtlegitimen Ordnung gar nicht zu unterscheiden sei. Dem kann, was das Legitimitätsverständnis bei Max Weber betrifft, nicht gefolgt werden. *Wolfgang J. Mommsen*, Max Weber und die Deutsche Politik 1890 - 1920 (1959), S. 417, hat demgegenüber m. E. zu Recht eingewandt, daß es bei Max Weber auch eine zweckrational gesatzte Ordnung gibt, die im Glauben der Beherrschten als legitim gilt. Für Max Weber lag es gerade im Verlauf des okzidentalen Rationalisierungsprozesses begründet, daß „die Legitimität der Herrschaft zur Legalität der generellen zweckvoll erdachten, formell korrekt gesatzten Regel" wurde (Max Weber, Gesammelte Aufsätze zur Religionssoziologie, Bd. 1 [1920], S. 273). Vgl. weiter zu dieser Kontroverse um die Interpretation Max Webers durch Johannes Winckelmann: *Otto Brunner*, Bemerkungen zu den Begriffen „Herrschaft" und „Legitimität", in: Festschrift für H. Sedlmayer (1962), S. 125; *Arnold Gehlen*, Besprechung von Johannes Winckelmann, Legitimität und Legalität in Max Webers Herrschaftssoziologie (1952), in: Deutsches Verwaltungsblatt (1955), S. 577; *Peter Graf Kielmansegg*, Legitimität als analytische Kategorie, in: Politische Vierteljahresschrift, Jg. 1971, S. 374 ff.

derartigen Definition nur temporären Charakter verleihen. Max Weber analysiert den modernen Staat aus seinem spezifischen Mittel heraus, dessen er sich als politischer Verband bedient: die Anwendung physischer Gewaltsamkeit. Dies hält er für das dem Staat eigentümliche Mittel. „Der Staat ist derjenige Verband, der das Monopol legitimer Gewaltsamkeit in Anspruch nimmt, — anders ist er nicht zu definieren[160]." Die „legitime Gewaltsamkeit" des Staates erfaßt Max Weber durch die Betrachtung der verschiedenartigen Herrschaftsstrukturen. Im Zentrum der empirischen Analyse der Herrschaft steht bei Max Weber der typische Legitimitätsglaube als Grundlage jeder stabilen Herrschaft. Damit wird bei Max Weber die Legitimitätsgrundlage der Herrschaft durch die Vorstellungsweisen ihrer Legitimität gebildet. Bei einer stabilen Herrschaft müssen der von den Herrschenden erhobene Legitimitätsanspruch und die Legitimitätsvorstellungen der Beherrschten miteinander korrespondieren. Die Gehorchenden richten dann ihr Handeln so ein, „als ob sie den Inhalt der Verbandsordnungen und Verbandsanordnungen (Befehle) in fragloser Anerkennung zur Maxime ihres Verhaltens gemacht hätten"[161].

Der Begriff der Herrschaft wird von Max Weber als die Chance, Gehorsam für einen bindenden Befehl zu finden, definiert[162]. Die Verwirklichung dieser Chance kann auf verschiedenen Motiven der Fügsamkeit beruhen. Wenn die Herrschaftsstrukturen stabil sein sollen, so muß „die Herrschaft durch Rechtsgründe, Gründe ihrer Legitimität innerlich gestützt ... werden und die Erschütterung dieses Legitimitätsglaubens pflegt weitgehende Folgen zu haben[163]." Aus vier Gründen, wie dargestellt wurde, wird einer Herrschaftsordnung von den ihr Unterworfenen Geltung zugeschrieben: Max Weber nennt die Tradition („Geltung des immer Gewesenen"), den emotionalen Glauben („Geltung des neu Offenbarten oder des Vorbildlichen"), den wertrationalen Glauben („Geltung des als absolut gültig Erschlossenen") und die positive Satzung (Glaube an die Legalität)[164]. Entwickelt Max Weber anhand der beschriebenen Vierertypologie allgemeine Kategorien sozialen Handelns, so verläßt er diese Typologie bei der Darstellung der drei reinen Formen legitimer Herrschaft[165]. Dies erscheint auf den ersten Blick in der Tat erstaunlich,

---

[160] *Max Weber*, Soziologie, Weltgeschichtliche Analysen, Politik, hrsg. von Johannes Winckelmann, 3. Aufl. (1964), S. 433; *Max Weber*, Wirtschaft und Gesellschaft, 2. Halbbd., S. 615.

[161] *Johannes Winckelmann*, Gesellschaft und Staat in der verstehenden Soziologie Max Webers (1957), S. 32.

[162] *Max Weber*, Die drei reinen Typen der legitimen Herrschaft, in: Gesammelte Aufsätze zur Wissenschaftslehre, S. 475; *Max Weber*, Wirtschaft und Gesellschaft, 1. Halbbd., S. 28 f., 122.

[163] *Max Weber*, Die drei reinen Typen der legitimen Herrschaft, S. 475; *ders.*, Wirtschaft und Gesellschaft, 2. Halbbd., S. 611.

[164] *Max Weber*, Wirtschaft und Gesellschaft, 1. Halbbd., S. 19; Max Weber bezeichnet hier den Legalitätsglauben als die anfangs des 20. Jahrhunderts geläufigste Legitimitätsform.

spielen doch auch bei den drei reinen Typen legitimer Herrschaft die Gehorsamsmotivationen eine wichtige Rolle: nämlich der Glaube an das Charisma, an die Tradition und an die Legalität. Diese Diskrepanz zwischen der Vierertypologie bei den Gehorsamsmotivationen und der Dreiertypologie bei den Formen legitimer Herrschaft hat vor allem bei der Interpretation von Max Webers Identifikation von Legalitätsglauben und Legitimität der Herrschaft zu Kontroversen geführt. So rügt etwa Carl Schmitt Max Webers Feststellung, daß die „heute geläufigste Legitimitätsform" der Legalitätsglaube sei, weil hier die Begriffe Legalität und Legitimität nicht ausreichend auseinandergehalten würden[166]. Andererseits möchte Luhmann Max Webers Legitimitätskategorie des Glaubens an die Legalität gesatzter Ordnung für seine rein formale Theorie von der Legitimation durch Verfahren fruchtbarer machen[167]. Um eine unerträgliche Formalisierung des Legitimitätsbegriffes zu vermeiden, will Winckelmann in Max Webers Typus der legalrationalen Herrschaft materiale (wertrationale) Wertprämissen hineininterpretieren[168].

Bei den Überlegungen zu Max Webers Typus der legitimen Herrschaft kraft Satzung ist davon auszugehen, daß er mit seinen drei reinen Typen legitimer Herrschaft die Typen der Herrschaftsvollmacht, d. h. wie von dem Individuum der Geltungsanspruch der für legitim gehaltenen Herrschaftsordnung erfahren wird, analysieren will. Dies ergibt sich aus Max Webers ausführlicher Erörterung der jeweiligen Verwaltungsstrukturen. Der legalen Herrschaft liegt die Vorstellung zugrunde, beliebiges Recht könne durch Paktierung oder durch Oktroyierung rational gesatzt werden[169]. Diese Gegenüberstellung von Paktierung und Oktroyierung erscheint allerdings nicht sehr glücklich, da nach Max Weber eine paktierte Ordnung auf einer einmütigen Vereinbarung beruhen muß, während die Anerkennung der Verbindlichkeit eines Mehrheitsbeschlusses bereits auf eine der Minderheit oktroyierte Ordnung schließen lassen soll. Schränkt man den Begriff der Paktierung derart ein, so wird man im staatlichen Leben kaum eine lediglich paktierte Ordnung, die dem Willen nicht nur der Mehrheit, sondern aller Gewaltunterworfenen entspricht, finden können. Für das Verständnis von Max Webers Wendung von der Legitimität kraft Glaubens an die Legalität gesatzter Ordnung sind aber

---

165 *Max Weber*, S. 124; *ders.*, Die drei reinen Typen der legitimen Herrschaft, S. 475.

166 *Carl Schmitt*, Legalität und Legitimität, S. 269, — hierzu *Johannes Winckelmann*, Legitimität und Legalität in Max Webers Herrschaftssoziologie, S. 56 ff.

167 *Niklas Luhmann*, Legitimation durch Verfahren (1969), S. 28 f.

168 *Johannes Winckelmann*, S. 95 ff.; *ders.*, Gesellschaft und Staat in der verstehenden Soziologie Max Webers, S. 35 ff. — hierzu *Peter Graf Kielmansegg*, S. 376 f. und die Literaturangaben in Anm. 159.

169 Zum folgenden vgl. *Max Weber*, S. 124 ff.; *ders.*, Die drei reinen Typen legitimer Herrschaft, S. 475; zu den Begriffen „Paktierung" und „Oktroyierung" vgl. Wirtschaft und Gesellschaft, S. 19 ff., 27.

nicht so sehr die Begriffe „Paktierung“ oder „Oktroyierung“ entscheidend, die sich mit dem Verfahren der Satzung der Ordnungsnormen beschäftigen. Wichtiger sind vielmehr die beiden Motivationsmechanismen, die gegenüber den Gewaltunterworfenen den Anspruch auf Achtung begründen. Max Weber nennt hier sowohl die Zweckrationalität als auch die Wertrationalität. Der legitimitätsbegründende Legalitätsglaube, der in einem Gesetz-ist-Gesetz-Standpunkt zum Ausdruck kommt, kann damit auf zwei unterscheidbare Motivationsmechanismen gestützt werden: Es kann geglaubt werden, daß die gesatzte Ordnung mit absolut verpflichtenden Werten (etwa Menschenwürde, Rechtsstaatsgebot etc.) in Einklang steht; es kann auch geglaubt werden, daß die gesatzte Ordnung eigene Ziele und Zwecke erfüllen hilft (etwa Hoffnung auf persönlichen Wohlstand, persönliches Ansehen etc.). Damit kann legale Herrschaft kraft Satzung sowohl durch einen zweckrationalen Motivationsmechanismus als auch durch einen wertrationalen Motivationsmechanismus als legitime Herrschaft begründet werden.

Die traditionale und die charismatische Herrschaft stützen sich auf die beiden restlichen Motivationsmechanismen. Sie erhalten jeweils durch den Glauben an die Tradition oder das Charisma des Herrschers ihre Legitimität.

Im folgenden soll noch kurz auf die Verwaltungsstrukturen der drei Herrschaftstypen eingegangen werden, weil hier mögliche Übergänge zwischen den Herrschaftsstrukturen und damit auch zwischen den Motivationsmechanismen deutlich gemacht werden können.

1. Die legale Herrschaft kraft Satzung

Als den reinsten Typus der legalen Herrschaft kraft Satzung bezeichnet Max Weber die bürokratische Herrschaft. Deren Grundvorstellung ist es, daß durch Satzung beliebiges Recht geschaffen und abgeändert werden kann. Gehorcht wird hier nur der gesatzten Regel; der Befehlende selbst gehorcht dem Gesetz, der formal abstrakten Norm. Der „Vorgesetzte“, dessen Herrschaftsrecht durch das Gesetz legitimiert ist, ist der Typus des Befehlenden. Der Typus des Beamten ist der geschulte Fachbeamte, der in sachlicher Weise seinen Amtspflichten nachkommt. Die Bürokratie wird von Max Weber als der technisch reinste Verwaltungstypus der legalen Herrschaft bezeichnet, da hier die kontinuierliche Arbeit überwiegend von bürokratischen Kräften wahrgenommen wird.

2. Die traditionale Herrschaft

In dieser Herrschaftsform wird nach den Ausführungen Max Webers an die Heiligkeit der von jeher vorhandenen Ordnungen geglaubt[170]. Hier ist der reinste Typ die patriarchalische Herrschaft; der Typus des Befehlenden ist der Herr, im Verwaltungsstab sind Diener tätig und die Untertanen sind die Gehorchenden. Grund des Gehorsams ist „die durch Herkommen geheiligte Eigenwürde" der Person des Herrschers. Es gebietet die Pietät den Befehlen des Herrschers zu folgen. Die Tradition bestimmt den Inhalt der Befehle. Ihre Verletzung durch den Herrscher würde die Legitimität der Herrschaft gefährden. Neues Recht gegenüber den Traditionsnormen zu schaffen, ist prinzipiell unmöglich. Der Verwaltungsstab in einem Staat mit traditioneller Herrschaftsstruktur besteht aus persönlich Abhängigen, Verwandten, Günstlingen und Vasallen. Kompetenzfragen wie bei der legalen Herrschaft tauchen nicht auf. Der Umfang der legitimen Befehlsgewalt der Diener richtet sich nach dem Belieben des Herrschers.

3. Die charismatische Herrschaft

Der wesentliche Zug der charismatischen Herrschaft ist die emotionale Hingabe der Regierten an die Person des Herrschers und ihre Gnadengaben. Das Charisma des Herrschers besteht in seinen magischen Fähigkeiten, Heldentum oder seiner Macht des Geistes und der Rede. „Das ewig Neue, Außerwerktägliches, Niedagewesenes und die emotionale Hingenommenheit dadurch sind hier die Quellen persönlicher Hingebung[171]." Die Herrschaft des Propheten, Kriegshelden oder großen Demagogen bezeichnet Max Weber als die reinsten Typen dieser Herrschaftsform. Der Führer ist hier der Typus des Befehlenden, der des Gehorchenden ist der Jünger. Man gehorcht dem Führer wegen seiner außergewöhnlichen Qualitäten, nicht wegen seiner auf dem Boden des Gesetzes ruhenden Stellung oder seiner traditionellen Würde. Wenn das Charisma des Führers im Verblassen ist, wird seine Herrschaft labil, um letzten Endes zusammenzubrechen. Die Verwaltungsarbeit in einem Staat mit charismatischer Herrschaft erschöpft sich in Entscheidungen von Fall zu Fall und ist am Maßstab gesatzter Ordnungen gemessen irrational. Obwohl die charismatische Herrschaft auf dem Glauben an den Propheten, auf der Anerkennung des Kriegshelden oder auf der Achtung der gei-

---

[170] *Max Weber*, Die drei reinen Typen legitimer Herrschaft, S. 478 ff.; *ders.*, Staat und Gesellschaft, S. 130 ff.; auf Max Webers Unterscheidung zwischen patriarchalischer, patrimonialer und ständischer Verwaltungsstruktur braucht im Zusammenhang mit der Legitimationsfrage nicht näher eingegangen zu werden.

[171] *Max Weber*, Die drei reinen Typen legitimer Herrschaft, S. 481; das Charisma des parlamentarischen Königs umreißt Max Weber folgendermaßen: „Der parlamentarische König wird trotz seiner Machtlosigkeit konserviert, vor allem, weil er durch seine bloße Existenz und dadurch, daß die Gewalt „in seinem Namen" ausgeübt wird, die Legitimität der bestehenden sozialen und Besitzordnung durch sein Charisma garantiert, und alle ihre Interessenten die Erschütterung des Glaubens an die „Rechtmäßigkeit" dieser Ordnung als Folge seiner Beseitigung fürchten müssen" (Max Weber, Wirtschaft und Gesellschaft, 2. Halbbd., S. 649).

stigen Fähigkeiten des Führers beruht, so gelten auf der anderen Seite dieser Glaube und diese Anerkennung auch als Pflicht, deren Erfüllung von dem charismatisch Legitimierten gefordert wird[172]. Damit hebt Max Weber hervor, daß der charismatischen Legitimitätsform in hohem Maße ein autoritärer Charakter eigen ist. Max Weber bezeichnet es als eine Folge der Rationalisierung der charismatischen Herrschaftsstruktur, daß „der kraft Eigencharisma legitime Herr zu einem Herren von Gnaden der Beherrschten" wird. Die ehemals auf dem Charisma beruhende Legitimität verwandelt sich zu einer demokratischen Legitimität. Als den wichtigsten Übergangstypus zwischen beiden Herrschaftsformen nennt Max Weber die plebiszitäre Herrschaft. „Die ‚plebiszitäre Demokratie' — der wichtigste Typ der Führerdemokratie — ist ihrem genuinen Sinn nach eine Art der charismatischen Herrschaft, die sich unter der Form einer vom Beherrschten abgeleiteten und nur durch ihn fortbestehenden Legitimität verbirgt[173]."

Bei der Beschreibung des Legitimitätsbegriffes geht Max Weber von den spezifischen Voraussetzungen des Legitimitätsbegriffes des 19. Jahrhunderts aus. Grundlage ist der säkularisierte, gegenüber der kirchlich-religiösen Sphäre neutralisierte Begriff von Staat, Herrschaft und Macht, der eine Legitimierung verlangt[174]. Die Legitimitätsproblematik des 19. Jahrhunderts, den Kampf zwischen konservativem und liberalem, zwischen monarchischem und demokratischem Legitimitätsverständnis, nimmt Max Weber jedoch nicht in seinen Legitimitätsbegriff auf. Max Weber begnügt sich vielmehr damit, gewissermaßen auf einer Art „Vorstufe" stehen zu bleiben. Er nimmt nicht wertend zu den verschiedenen Legitimitätstheorien Stellung, sondern arbeitet mit seiner soziologischen Betrachtungsweise empirisch mögliche Legitimitätsvorstellungen heraus. Für ihn kommt es nicht auf die Entscheidung grundsätzlicher staatstheoretischer Fragen, sondern allein darauf an, daß es nach aller Erfahrung möglich erscheint, daß Herrschaftsunterworfene eine Ordnung deshalb als legitim anerkennen, weil sie nach rational gesetzten Regeln, nach tradierten Ordnungsvorstellungen oder durch eine charismatische Persönlichkeit regiert werden. Somit können Max Webers drei Typen der legitimen Herrschaft allein Züge der Legitimitätsgeltung erfassen. Sie sind soziologische Kategorien und vermögen keine Rechtsgeltung im Sinne juristischer Normierung zu erlangen[175]. Max Weber arbeitet die drei Idealtypen legitimer Herrschaft an Hand der empirisch gegebenen Er-

---

[172] *Max Weber*, Die drei reinen Typen der legitimen Herrschaft, S. 483.

[173] *Max Weber*, Wirtschaft und Gesellschaft, 1. Halbbd., S. 156.

[174] *Otto Brunner*, S. 133 weist mit Recht darauf hin, daß Max Webers Typen der Legitimität aus der für ihn zentralen Frage nach dem spezifischen Rationalismus der okzidentalen Kultur entstanden sind.

[175] *Wilhelm E. Mühlmann*, Max Weber und die rationale Soziologie (1966), S. 20 ff.

scheinungen heraus; er gewinnt den Idealtypus „durch einseitige Steigerung eines oder einiger Gesichtspunkte und durch Zusammenschluß einer Fülle von diffus und diskret, hier mehr, dort weniger, stellenweise gar nicht vorhandener Einzelerscheinungen, die sich jenen einseitig herausgehobenen Gesichtspunkten fügen, zu einem in sich einheitlichen Gedankengebilde"[176]. Diese Form eines Idealtypus ist für Max Weber Mittel für seine soziologische Forschung. Mit dem Idealtypus möchte er sich der Wirklichkeit denkend und verstehend bemächtigen. Damit setzt er voraus, daß „die drei Idealtypen der legitimen Herrschaft" die in Wirklichkeit vorkommenden Herrschaftsformen in keiner Weise erschöpfen. Sie sind lediglich Arbeitshypothesen und ermöglichen nur globale Aussagen. Johannes Winckelmann hat darauf hingewiesen[177], daß die Soziologie mit Hilfe der Weberschen Idealtypen legitimer Herrschaft anzugeben vermag, welche Herrschaftsform in einer konkreten sozialen und kulturellen Konstellation zu erwarten ist und welche Bestandteile einer Herrschaftsordnung welchem der drei Strukturtypen angehören.

Die Forschung Max Webers über die Geltungsgründe legitimer Herrschaft gewann für die moderne Soziologie in mehrfacher Hinsicht große Bedeutung. An dieser Stelle sei abschließend nur auf die Möglichkeit hingewiesen, die Legitimitätsstufen einer Ordnung zu messen oder Voraussagen über dic Aufeinanderfolge von Herrschaftssystemen zu machen. Besinnt man sich auf Max Webers Definition der Herrschaft, nämlich Chance des Gehorsams, so wird der Herrschaftsbegriff quantitativ verstanden. Die Herrschaft ist von der Häufigkeit des Sich-Fügens der Herrschaftsunterworfenen abhängig. Es ist möglich, für Länder die „Fügungsraten" bezüglich wichtiger sozialer Verhaltensweisen statistisch zu erfassen: in welchem Verhältnis steht etwa das Befolgen einer Steuernorm zu deren Übertretung? Nach Max Weber beruht die Höhe der Fügungsrate auf der Legitimität, auf der auf inneren Gründen beruhenden Fügung in die Tradition, in das Charisma oder die Legalordnung. So wird die Legitimität statistisch meßbar und mathematisch faßbar. Ein hoher Prozentsatz nicht erzwungener Fügung zeugt von hoher Legitimitätskraft der Herrschaftsordnung[178]. Des weiteren bietet Max Webers Lehre von den drei reinen Typen legitimer Herrschaft die Möglichkeit einer poli-

---

[176] *Max Weber*, Gesammelte Aufsätze zur Wissenschaftslehre, S. 191; vgl. hierzu: *Friedrich Jonas*, S. 50 f.; *Johannes Winckelmann*, Legalität und Legitimität in Max Webers Herrschaftssoziologie, S. 13; *Karl Engisch*, Max Weber als Rechtsphilosoph und Rechtssoziologe, in: *Max Weber*, Gedächtnisschrift, S. 67 ff., 80 f.

[177] *Johannes Winckelmann*, S. 35.

[178] *Karl W. Deutsch*, Diskussionsbeitrag in: Max Weber und die Soziologie heute, Verhandlungen des 15. Deutschen Soziologentages (1965), S. 142, der sich auf die Forschungen der amerikanischen Theoretiker Lasswell und Dahl beruft; vgl. weiter *C. J. Friedrich*, Die Legitimität in politischer Perspektive, in: Politische Vierteljahresschrift, Jg. 1960/61, S. 128 f.

tisch und soziologisch orientierten Prognose der wirtschaftlichen und politischen Entwicklung eines Staatsverbandes. Es ist eine bekannte Tatsache, daß in Ländern, in denen eine auf der Tradition beruhende Gesellschaftsordnung durch Krisen oder wirtschaftliche Umwälzungen zerbricht, die Möglichkeit charismatischer Führung sehr stark ist[179]. Der desillusionierte, vor der politischen Ungewißheit stehende Bürger sucht nach einem Halt, den ihm eine charismatische Persönlichkeit am ehesten zu bieten vermag. Der Glaube an die Macht der Persönlichkeit und die in der Persönlichkeit verkörperte Führung läßt die Vorzüge der im Umbruch befindlichen gesellschaftlichen Strukturen in Vergessenheit geraten und die existentielle Unsicherheit erträglich sein. Diese Übergangszeit ist naturgemäß nur kurz und endet mit dem Aufbau bürokratischer Routine. Das erkaltete Charisma erstarrt in einer Legalordnung[180]. Man könnte so eine Theorie der Aufeinanderfolge charismatischer und nichtcharismatischer Epochen in der Geschichte entwickeln, wobei eine charismatische Herrschaftsstruktur eine Übergangsepoche kennzeichnen würde.

VI. Das Legitimitätsverständnis der dialektischen Staatslehre

Ende der zwanziger Jahre dieses Jahrhunderts bildete sich in Auseinandersetzung mit Positivismus und Soziologie in Deutschland eine zwischen diesen extremen Positionen vermittelnde Staatslehre heraus. Hauptrepräsentanten dieser neuen Staatslehre sind Dietrich Schindler, Hermann Heller und Rudolf Smend. Insbesondere Heller und Smend haben in ihrer Staatstheorie dem Gedanken der Legitimität Rechnung getragen. Nach dem zweiten Weltkrieg hat man weitgehend auf den Grundlagen jener vermittelnden Staatslehre aufgebaut. Das gilt vor allem für die Lehre von der „normativen Verfassung“[181] sowie die „materiale Verfassungstheorie“[182], die die heutige Diskussion über die Interpretation des Grundgesetzes in großem Umfang beherrschen.

---

[179] Genannt seien nur Franco, Gandhi und Mao Tse Tung.

[180] Die Probleme, die sich beim Übergang von einer am Charisma des Herrschers orientierten zu einer demokratischen Ordnung stellen, werden von *Gerd Spittler*, Probleme bei der Durchsetzung sozialer Normen, in: Die Funktion des Rechts in der modernen Gesellschaft, Jahrbuch für Rechtssoziologie und Rechtstheorie, Bd. 1 (1970), S. 203 ff., 214 ff. geschildert.

[181] *Werner Kägi*, Die Verfassung als rechtliche Grundordnung des Staates (1945); *Konrad Hesse*, Die normative Kraft der Verfassung (1959); *ders.*, Grundzüge des Verfassungsrechts der Bundesrepublik Deutschland, 5. Aufl. (1972), S. 11, Anm. 30; *ders.*, Besprechung von Eberhard Schmidt-Aßmann, Der Verfassungsbegriff in der deutschen Staatslehre der Aufklärung und des Historismus, in: Der Staat, Bd. 7 (1968), S. 390 ff.; *Eberhard Schmidt-Aßmann*, Der Verfassungsbegriff in der deutschen Staatslehre der Aufklärung und des Historismus (1967); *Ekkehard Wienholtz*, Normative Verfassung und Gesetzgebung (1968); *Wilhelm Hennis*, Verfassung und Verfassungswirklichkeit (1968), S. 6, Anm. 2 mit weiteren Nachweisen.

Die vermittelnde Staatslehre der zwanziger und beginnenden dreißiger Jahre ist aus der Kritik an der dem Positivismus einer- und der Soziologie andererseits verhafteten Staatslehre der Weimarer Zeit erwachsen. Dietrich Schindler hat in seiner Schrift „Verfassungsrecht und soziale Struktur" (1932) und in seinem Aufsatz „Recht und Staat" (1931) mit Entschiedenheit betont, daß eine eindimensionale Staatslehre die soziale Wirklichkeit nicht verarbeiten könne und daher wertlos sei[183]. Denn die positivistisch und soziologisch orientierten Staatslehren lieferten beide nur einseitige Konstruktionen von Recht und Staat: Die positivistische Staatslehre sucht das Recht in logischer Widerspruchslosigkeit zu ordnen und verliert dadurch den Kontakt mit der Wirklichkeit, die sich nicht aus einem Gedankengebäude deduzieren läßt. Eine rein soziologische Betrachtung von Recht und Staat vermag dem Geltungsanspruch eines Normsystems nicht Rechnung zu tragen. Damit streifen die positivistisch und soziologisch orientierten Staatslehren „gleichsam nur die Ränder der Wirklichkeit, der Gegenstand wird nur vom Standpunkt solcher Grenzpositionen aus gesehen, nicht in seinem Kern erfaßt"[184].

Schindler möchte den unfruchtbaren positivistischen und soziologischen Ansatz in der Staatsrechtslehre vermittels einer dialektischen Methode überwinden. Mit einem dialektischen Denken sucht er die in Antithesen sich bewegende Betrachtung der Wirklichkeit von Recht und Staat zu verlassen. Sein und Sollen, Wirklichkeit und Wert, Naturgesetz und Norm sind für das dialektische Denken keine Antinomien, sondern in der Wirklichkeit immer vereinigt[185]. Mit Hilfe des dialektischen Denkstiles werden die Gegenstände nicht isoliert erfaßt, sondern man blickt zwangsläufig auf „weite Inhaltszusammenhänge". Die Antinomien, die der Positivist wie auch der Soziologe in dem einen oder anderen Sinne zum Ausgangspunkt seines Denkens nimmt, rücken im dialektischen Denken in den Mittelpunkt der Wirklichkeitserfassung von Recht und Staat. Man betrachtet die Sache von allen Seiten, erfaßt ihre schillernden Widersprüche und stößt so zur sozialen Wirklichkeit vor. Wer dialektisch zu denken vermag, begnügt sich nicht damit, Recht und Staat entweder rein normativ oder rein soziologisch aufzufassen. Denn die „Sinngesetzlichkeit des Normativen kann soziologisch nicht begriffen werden, und vom Normativen führt voraussetzungsgemäß kein Weg zum Soziologischen. In Recht und Staat sind das Normative und das Soziologische immer vereinigt. Das Normative enthält einerseits eine immanente Sinn-

---

[182] Vgl. etwa *Alexander Hollerbach*, Ideologie und Verfassung, in: Ideologie und Recht (1969), S. 37 ff., 46 und passim; *ders.*, Auflösung der rechtsstaatlichen Verfassung, in: Archiv des öffentlichen Rechts, 85. Bd. (1960), S. 241 ff.

[183] *Dietrich Schindler*, Verfassungsrecht und soziale Struktur (1932), S. 2 ff.

[184] *Dietrich Schindler*, S. 6.

[185] *Dietrich Schindler*, S. 8; *ders.*, Recht und Staat, in: Verhandlungen des Schweizerischen Juristenvereins, 2. Heft (1931), S. 219a ff., 238a f.

gesetzlichkeit, die sich im Rechtssystem enthüllt, aber dazu kommt der notwendig allem Normativen innewohnende Sinn, über sich selbst hinauszuschreiten, die Norm zur Wirklichkeit des äußeren Seins werden zu lassen[186]." Die dialektische Methode, wie sie von Schindler beschrieben wird, bietet einen Ansatz dafür, in der Staatslehre den schmalen Grat zwischen statischer Norm und fließender Wirklichkeit zu finden. Nur wer diesen schmalen Grat zu finden vermag, vermeidet es, in einem wirklichkeitsfernen Normlogismus zu verknöchern oder zu einem bloßen Kommentator der soziologischen Wirklichkeit degradiert zu werden. Mit Recht hat Schindler immer wieder betont, daß es zur Aufgabe und zum Beruf des Juristen gehöre, die dialektische Spannung zwischen Norm und Wirklichkeit zu erfassen und ihr bei der Lösung juristischer Probleme Rechnung zu tragen.

Rudolf Smend und Hermann Heller bedienen sich in ihren staatstheoretischen Schriften in ähnlicher Weise der dialektischen Methode, um Wirklichkeit und Norm zugleich adäquat erfassen zu können[187]. So geht Heller in seiner „Staatslehre" (1934) von einem „dialektischen Ichbegriff" aus. Er stellt fest, daß der Staat ein Teil der Wirklichkeit sei, die den Einzelnen in seiner Existenz umfaßt. Will man sich mit dem Phänomen Staat beschäftigen, so ist nach Heller zu berücksichtigen, daß der Wissenschaftler mitten im sozialen Leben steht. Damit stellt sich für ihn das Verhältnis zwischen fragendem Wissenschaftler und Staat als „dialektische Identität von Objekt und Subjekt" dar[188]. Weiterhin arbeitet Heller mit dem Gegensatz von „Sinneswissenschaft" und „Wirklichkeitswissenschaft". Die Unterscheidung dieser beiden Wissenschaftsbereiche hält er für erforderlich, „weil der dialektische Bau der gesellschaftlichen Wirklichkeit zwei durchaus verschiedene Erkenntnishaltungen von uns fordert"[189]. Während die Wirklichkeitswissenschaft die aktuellen Wirklichkeitszusammenhänge zu ihrem Gegenstand macht, untersucht die Sinneswissenschaft den Sinnzusammenhang ohne Bezug auf wirkliche Aktualisierung. Heller betont mit Nachdruck, daß die Gegensätze von Subjekt und Objekt, von Wirklichkeitswissenschaft und Sinneswissenschaft nur als dialektische Gegensätze verstanden werden können[190]. „Die mit diesen Entzweiungen von unserem diskursiven Denken vorgenommenen Isolierungen sind zweifellos berechtigt, nämlich unter der Bedingung, daß sie ständig rückbezogen werden auf das Ganze und nicht als endgültige Trennungen bestehen bleiben . . . Das dialektische Verhältnis besteht also

---

[186] *Dietrich Schindler,* Recht und Staat, S. 239a.

[187] *Dietrich Schindler,* S. 249a ff.; *Peter Badura,* Die Methoden der neueren allgemeinen Staatslehre (1959), S. 13 ff.

[188] *Hermann Heller,* Staatslehre (1934), S. 26.

[189] *Hermann Heller,* S. 43.

[190] *Hermann Heller,* Bemerkungen zur staats- und rechtstheoretischen Problematik der Gegenwart, in: Archiv des öffentlichen Rechts, Bd. 16 (1929), S. 321 ff., 340.

darin, daß die weder aufeinander, noch auf eine gemeinsame logische Wurzel zurückführbaren Aussagen sich dennoch auf einen wirklichen Gegenstand beziehen, in welchem mit der einen Aussage immer zugleich die andere gesetzt ist[191]." In ähnlicher Weise betont Smend im Rahmen der von ihm vertretenen Integrationslehre, daß die soziale Wirklichkeit und das Ganze der geistigen Welt nur als dialektisches Gefüge verständlich werden[192]. Hierauf wird weiter unten noch näher einzugehen sein.

Die dialektische Methode in der Staatsrechtswissenschaft der zwanziger und beginnenden dreißiger Jahre ist für das Verständnis und die Ausprägung des heutigen Legitimitätsprinzips von großer Bedeutung. Die Einseitigkeit in der Betrachtung des Legitimitätsbegriffes, wie sie sowohl in der positivistischen Staatslehre als auch in der politischen Soziologie zu tage tritt, vermag nur mit Hilfe einer dialektischen Methode überwunden zu werden. Denn die Gleichsetzung von Legalität und Legitimität innerhalb des Positivismus oder die Leugnung des Wertes des Legitimitätsprinzips überhaupt versperrten den Blick zu den die staatliche Ordnung tragenden Ideen und Werten. Dem in der politischen Soziologie herausgearbeiteten Legitimitätsbegriff gelang es nicht, einer normativen Gestaltung konkreter staatlicher Wirklichkeit gerecht zu werden. Verwendet man in der Staatsrechtslehre eine dialektische Methode, so richtet sich der Blick auf die von der Soziologie gedeutete Situation der Gesellschaft, ohne aber bei einer rein tatsächlichen Erfassung gesellschaftlicher Verhältnisse stehen zu bleiben. Man begnügt sich nicht damit, innerhalb der Interpretation des Legitimitätsbegriffes durch eine soziologische oder sozialpsychologische Analyse zu einer Rechtfertigung staatlicher Herrschaft zu gelangen, sondern man mißt die gesellschaftliche Wirklichkeit auch nach den normativen Maßstäben des Legitimitätsprinzips. Man versucht, die in der Gesellschaft herrschenden Legitimitätsvorstellungen mit den in, über oder hinter der Verfassung stehenden Prinzipien, Ideen und Werten zu verbinden und so zu einem Legitimitätsbegriff zu gelangen, der neben der soziologischen Komponente als normatives Element die „Motivations- und Legitimierungskraft"[193] der Verfassung in sich aufnimmt.

1. Der soziologische Ansatz Hermann Hellers

Hermann Heller spricht in seiner Kritik der vor dem ersten Weltkrieg führenden Staatslehren von Laband, Jellinek und Kelsen von einer „Staatslehre ohne Staat", welche es lediglich zum Ziel hat, den Staat als unpersönliche Gesetzesherrschaft zu begreifen[194]. Er konstatiert, daß die

[191] *Hermann Heller,* Staatslehre, S. 64.

[192] *Rudolf Smend,* Verfassung und Verfassungsrecht (1928), in: Staatsrechtliche Abhandlungen und andere Aufsätze, 2. Aufl. (1968), S. 127.

[193] *Horst Ehmke,* Grenzen der Verfassungsänderung (1953), S. 134.

offizielle Staats- und Rechtstheorie auf einen sich selbst nicht begreifenden Positivismus schwört, einen Positivismus, der es nicht zu verhindern vermag, daß an keine Positivität mehr geglaubt wird. Demgegenüber nimmt Heller in seiner, in der Emigration geschriebenen und Fragment gebliebenen „Staatslehre“ (1934) stets auf den gesellschaftlichen Gesamtzusammenhang Bezug. Im Staat als vorgegebener Wirklichkeit sieht er den Gegenstand der Staatslehre. Er begreift den Staat nicht mehr primär juristisch, sondern sozialwissenschaftlich. Unterschied G. Jellinek methodisch zwischen einer sozialwissenschaftlichen und juristischen Betrachtung des Phänomens Staat, so entwickelt Heller beide Betrachtungsweisen zu einem Verhältnis dialektischen Aufeinanderbezogenseins im Sinne von Sein und Sollen, Wirklichkeit und Norm. Andererseits darf Hellers Forderung, die Staatslehre als Wirklichkeitswissenschaft zu betreiben, nicht als Programm einer politischen Soziologie aufgefaßt werden. Denn er bezieht immer wieder das Normative der Verfassung als reale Größe in die Deutung der Wirklichkeit mit ein[195].

Gegenüber der hergebrachten Kasuistik abstrakter Staatsformen und Verfassungstypen ist es Hellers Anliegen, den Staat aus dem geschichtlich-gesellschaftlichen Gesamtzusammenhang als menschlich-gesellschaftliche Lebensform zu erklären. Er stellt den Staat als eine soziale Gestalt dar, die in ihren einzelnen Momenten durch menschliche Willensakte immer neu aktualisiert wird. Der Staat ist infolgedessen von der aus der Gesellschaft heraus jederzeit wirksam werdenden politischen Aktivität nicht zu trennen. Hellers Ansatzpunkt ist die gesellschaftliche Funktion des modernen Staates, die durch den hohen Grad der Arbeitsteilung in der modernen Verkehrswirtschaft bedingt ist und welche sich jeweils in gesellschaftlich wirksamen sozialen Willensakten äußert. Er umschreibt den Staat als organisierte Entscheidungs- und Wirkungseinheit von Machthabern und Machtunterworfenen[196] oder als ein durch repräsentativ aktualisiertes Zusammenwirken von Menschen dauernd sich erneuerndes Herrschaftsgefüge, das die gesellschaftlichen Akte auf einem bestimmten Gebiet in letzter Instanz ordnet[197]. Als Herrschaftsstruktur funktioniert für Heller der Staat nur im Zusammenwirken mit der jeweiligen sozialen und wirtschaftlichen Ordnung, auf der er basiert. Der Staatsgewalt kommt als politische Entscheidungseinheit die wichtige Aufgabe zu, das gesellschaftliche Zusammenwirken auf einem fest umrissenen Gebiet selbständig zu organisieren und aktivieren.

---

[194] *Hermann Heller*, Art. „Der Staat“, in: Handwörterbuch der Soziologie (1931), S. 609; *ders.*, Bemerkungen zur staats- und rechtstheoretischen Problematik der Gegenwart, S. 323 ff.

[195] *Kurt Sontheimer*, Politische Wissenschaft und Staatslehre (1963), S. 26 ff.; *Peter Badura*, S. 190 ff.

[196] *Hermann Heller*, Staatslehre, S. 228 ff.

[197] *Hermann Heller*, Art. „Der Staat“, S. 616.

Gesellschaftliche Wirklichkeit wird sonach als individuelle und zugleich kollektive gesellschaftliche Wirksamkeit in untrennbarer dialektischer Einheit verstanden[198]. Die psychologische Masse schreitet zur gesellschaftlichen Einung, wenn einer aus der Masse auf etwas hinweist und die Masse seiner Weisung folgt, indem sie sie versteht[199]. Durch den sinnlich intentionalen Akt des Hinweisens auf der einen Seite und durch das Akzeptieren auf der anderen Seite ist die Hinwendung zur Idee vollzogen. „Voraussetzung einer gesellschaftlich-kollektiven Wirkungseinheit ist zunächst die Einigung im Sinn, also in einer Dimension, die eine wesensmäßig andere ist als die des triebhaft vitalen Lebenszusammenhangs. Durch Teilhabe an den gemeinsamen Bedeutungszusammenhängen, durch Ausbildung relativ konstanter Zeichenformen für relativ dauernde Sinngehalte gewinnt der gesellschaftliche Zusammenhang einen Grad von Form, Sicherheit und Dauer, wie sie der psychologischen Masse, welche immer nur für ganz kurze Zeiträume verbunden ist, gänzlich fremd bleibt[200].“ Es gibt in einem sozialen Kreis regelmäßig wiederkehrende Verhaltensweisen, die man als gesellschaftliche Ordnungen kennzeichnen kann. Wenn sie für das Bewußtsein keinerlei normative Geltung besitzen, lassen sie sich als Brauch oder Sitte kennzeichnen[201]. Andere das Handeln lenkende Vorstellungen werden von dem Bewußtsein als verbindlich und vorbildlich erfaßt, bilden also nicht nur eine tatsächliche, sondern auch eine geforderte Regelmäßigkeit des Verhaltens. An diesem Punkt bezieht Heller die Legitimität in seine Betrachtung ein: „Hier tritt die Regelordnung unserem Bewußtsein mit dem Anspruch auf Legitimität als eine Norm- oder Wertordnung entgegen, wobei in der gesellschaftlichen Wirklichkeit immer eine Vielheit solcher legitimer Ordnungen an uns appellieren[202].“ Nach Heller gehören derartige Normvorstellungen von Recht und Konvention zu dem gesellschaftlichen Sein des Menschen und entsteht die gesellschaftliche Ordnung durch die tatsächliche oder geforderte Regelmäßigkeit des gesellschaftlichen Verhaltens. Die Geltung einer gesellschaftlichen Ordnung wird äußerlich garantiert durch die Interessenlage und subjektiv durch religiöse Sanktionierung der Ordnung, Glaube an die Ordnung fundierende höchste Werte oder gefühlsmäßige Bejahung. Heller hält es in diesem Zusammenhang für die wirksamste Legitimierung einer Ordnung, wenn sie auf der Tradition beruht. Diese legitime Geltung verknüpft sich mit gefühlsmäßigem Glauben an die Auserwähltheit oder Begnadung des Ordnungsstifters, wobei später noch sittliche Vernunftgrundsätze herangezogen werden[203]. Er ist

[198] *Hermann Heller*, Staatslehre, S. 81.

[199] *Hermann Heller*, S. 82 f.

[200] *Hermann Heller*, S. 83.

[201] *Hermann Heller*, S. 85 f.; vgl. auch *Max Weber*, Wirtschaft und Gesellschaft, S. 15 f.

[202] *Hermann Heller*, S. 86.

[203] *Hermann Heller*, S. 87.

sich andererseits bewußt, daß jede Herrschaft darauf Wert legen muß, als rechtmäßig zu gelten und daher danach strebt, die Beherrschten in eine „Willens- und Wertgemeinschaft“ einzubeziehen; die Herrschaftsorganisation muß danach trachten, ihren Herrschaftsanspruch durch ideelle Gehalte in den Augen der Beherrschten zu legitimieren, um so den Gehorsam als notwendige Pflicht durchsetzen zu können. Bei Heller erscheint die Legitimität einer gesellschaftlichen Ordnung dann als gesichert, wenn die Herrschaft sich in den Augen der Beherrschten als normative Ordnung darstellt, die allgemein anerkannt wird.

Wie entsteht nun eine die Legitimitätsidee tragende „Willens- und Wertgemeinschaft“ bei den Beherrschten? Heller stellt fest, daß metaphysische Begründungen der Herrschaft nicht mehr ausreichen[204] und die bürgerliche Gesellschaft nach einer rationalen Legitimation ihres politischen Gehorsams fragt. Von einem sozialpsychologischen Standpunkt aus hat diese Frage zur Folge, daß die öffentlich geäußerte Meinung, die weiten Bevölkerungskreisen zugänglich ist und sie in ihrem Denken beeinflussen kann, für den Bestand der staatlichen Einheit von größter Bedeutung ist. Innerhalb der öffentlichen Meinung legitimiert nach Heller zunächst der Erfolg jede Handlung, wenn er von einiger Dauer ist[205]. Im Vordergrund der öffentlichen Meinung steht nicht der Wahrheitswert, sondern der Wirkungswert. Was die politischen Bestandteile der öffentlichen Meinung betrifft, so konstatiert Heller, daß es eine andere als die demokratische Legitimation der politischen Herrschaft in der öffentlichen Meinung nicht gibt. Unter der demokratischen Legitimität versteht Heller die immanente Rechtfertigung der staatlichen Herrschaft durch das Volk. Er betrachtet die formaldemokratische „volonté générale“ und den nationalen Volksgeist in gleicher Weise als Abwandlung der demokratischen Legitimitätsvorstellung wie die Rechtfertigungsidee der marxistischen Staatsverneinung, die das Volk im Namen einer „sozialökonomischen Demokratie“ mobilisiert. Selbst Direktoren müssen sich in der öffentlichen Meinung dadurch legitimieren, daß sie die Herbeiführung einer wahren Demokratie versprechen.

Hieraus wird deutlich, daß Heller durch seinen soziologischen Ansatzpunkt zunächst zu einer Relativität des staatsrechtlichen Legitimitätsbegriffes gelangt. Für ihn ist die Legitimitätsvorstellung in einer gegebenen Gesellschaftsordnung ein sozialpsychologisches Phänomen, das von der öffentlichen Meinung in einem dialektischen Prozeß gebildet wird und zum Ausdruck kommt, aber auch manipuliert werden kann[206]. Besonders

[204] *Hermann Heller*, S. 87 f., 175 f.

[205] *Hermann Heller*, S. 176.

[206] *Hermann Heller*, S. 179 ff.; „namentlich in einer demokratischen Gesellschaft kann die einheitliche öffentliche Meinung niemals bloß das rationale Organisationsprodukt der staatlichen Herrschaft sein. Soll sie doch im demokratischen Staat umgekehrt die herrschaftliche Organisation ihrerseits legiti-

klar wird dies bei der Erörterung der Legitimität der staatlichen Normsetzungsinstanz. Heller spricht der staatlichen Normsetzungsinstanz dann Legitimität zu, wenn die „Normadressaten daran glauben, daß bestimmte, den Staat und sein Recht transzendierende und sie eben damit fundierende, ethisch verpflichtende Rechtsgrundsätze es sind, welche der Rechtssetzer zu Rechtssätzen positiviert“[207]. Die soziologisch orientierte Definition des Legitimitätsbegriffes bei Heller beruht im wesentlichen auf seinem theoretischen Ausgangspunkt, dem dialektischen Aufbau der staatlichen Wirklichkeit. Bloße Alternativen wie „Recht oder Macht, Norm oder Wille, Objektivität oder Subjektivität“ hält er für verfehlt. Auf Grund des machtbildenden Charakters des Rechts lehnt er es ab, „die Verfassung als „Entscheidung“ einer normlosen Macht zu verstehen. Eine faktische Machtsituation wird zu einer relativ dauernden Machtlage und damit zu einer Verfassung in irgendeinem weiteren oder engeren Sinn nur dadurch, daß die „Entscheidungen“ der Machthaber mindestens von einem, und zwar von dem für die Machthaber ausschlaggebenden Teil der Machtunterworfenen neben anderen Motiven (Gewöhnung, Interessenförderung) auch deshalb befolgt werden, weil sie ihnen als gelten sollende, vorbildliche oder verbindliche Normen entgegentreten“[208]. Daher bedarf eine Verfassung, wenn sie nicht nur ein labiles faktisches Übermachtverhältnis sein will, einer Rechtfertigung an sittlichen Rechtsgrundsätzen. Ebenso wie bei der Legitimität der staatlichen Normsetzungsinstanz sind es die sittlichen Rechtsgrundsätze, die die Legitimität einer Verfassung konstituieren und ihr den Charakter einer rechtmäßigen Ordnung verleihen[209]. Dies läßt sich in der sozialen Wirklichkeit nach Heller am ehesten dadurch erreichen, daß die verfassunggebende Macht mit den für die Machtstruktur ausschlaggebenden Schichten durch gemeinsame Rechtsgrundsätze verbunden ist[210].

Auf Grund seines soziologischen Ansatzpunktes vermag Heller dem Legitimitätsbegriff keine klaren Konturen zu geben. Heller ist von Max Weber beeinflußt, wenn er für die Legitimität einer Ordnung den Glauben der Gewaltunterworfenen an die Ordnung tragende sittliche Grundsätze fordert. Der Konsens zwischen Herrschern und Beherrschten über die den Staat tragenden Prinzipien schafft nach Heller eine legitime und damit stabile Gesellschaftsordnung. Trotz dieses soziologisch orientierten Ausgangspunktes verkennt es Heller nicht, daß es Aufgabe einer juristischen Lehre vom Staat ist, die Bindungswirkung bestimmter Werte

---

mieren und tragen. Deshalb muß dort und in dem Maße, als sich die öffentliche Meinung für die staatliche Einheit nicht als tragfähig erweist, an die Stelle der demokratischen Zustimmung der autokratische Zwang treten“ (S. 181).

[207] *Hermann Heller*, S. 191.

[208] *Hermann Heller*, S. 277.

[209] *Hermann Heller*, S. 278.

[210] *Hermann Heller*, S. 279 in Auseinandersetzung mit Carl Schmitt.

und Leitprinzipien herauszustellen und hierbei nach der Verbindlichkeit des empirisch ermittelten soziologischen Befundes zu fragen[211]. Heller entwickelt daher auch über den soziologischen Ansatzpunkt hinausgehend in groben Zügen einen spezifisch juristischen Begriff der Legitimität. Im Bereich staatlicher Herrschaft bildet für Heller der „Formwert" der bestehenden Rechtsordnung eine bedeutsame Legitimitätsgrundlage[212]. Heller hält den Staat dann für gerechtfertigt, „sofern er die zur Sicherung des Rechts auf einer bestimmten Entwicklungsstufe nötige Organisation darstellt"[213]. Unter Recht versteht er in diesem Zusammenhang die das positive Recht begründenden sittlichen Rechtsgrundsätze. Heller sieht es als Aufgabe der staatlichen Autorität an, die allgemeinen Linien der sittlichen Rechtsgrundsätze zu konkretisieren und in der gesellschaftlichen Wirklichkeit durchzusetzen. Die Erforschung dieser Rechtsgrundsätze hält Heller nicht für eine Aufgabe einer wirklichkeitswissenschaftlichen Staatslehre. Er weist die Beschäftigung mit diesem Problem dem Rechtsphilosophen zu. Im übrigen weist Heller darauf hin, daß die sittlichen Rechtsgrundsätze, soweit sie Allgemeingültigkeit beanspruchen, dem Legitimitätsglauben der Beherrschten nicht zugänglich sind. Die Beherrschten können nur glauben, daß der Staat Recht und Unrecht sichert; ob die staatliche Autorität aber auch den sittlichen Rechtsgrundsätzen konform handelt, und damit die sittliche Legitimität der Staatsakte gewährleistet ist, kann nach Heller immer nur das individuelle Rechtsgewissen entscheiden[214].

Mit der dialektischen Methode hat Heller den Legitimitätsbegriff aufgespalten in eine soziologische und eine rechtliche Bedeutung. In seiner soziologischen Bedeutung setzt die Legitimität einer Staatsgewalt den Glauben der Gewaltunterworfenen an die die Ordnung tragenden Prinzipien voraus. Was geglaubt werden kann und darf, wird durch den rechtlichen Legitimitätsbegriff bestimmt: Allgemeingültige sittliche Rechtsgrundsätze bestimmen hier seinen Inhalt. Den zwangsläufig möglichen Konflikt zwischen sittlicher Legitimität und staatlicher Legalität, die allgemein anerkannt ist und daher soziologisch als legitim erscheint, kann nach Heller nur das Rechtsgewissen unter Einsatz des Lebens lösen[215].

2. Legitimität durch Wertverwirklichung bei Rudolf Smend

Im Bestreben, die soziologischen und teleologischen Voraussetzungen verfassungsrechtlicher Normen zu erforschen und unter Ablehnung der

---

[211] Als Programm umrissen in *Hermann Heller*, Bemerkungen zur staats- und rechtstheoretischen Problematik der Gegenwart, S. 351 f.

[212] Zum Verhältnis von Legitimität und Formwert einer bestehenden Rechtsordnung vgl. *Heinrich Herrfahrdt*, Revolution und Rechtswissenschaft (1930), S. 73 — hierzu oben S. 256.

[213] *Hermann Heller*, Staatslehre, S. 222.

[214] *Hermann Heller*, S. 224.

positivistischen Staatslehre betont Rudolf Smend, daß die Staatsrechtslehre einer materialen Staatstheorie bedarf[216]. Er fordert die Erforschung des selbständigen „Geistes- und Kulturgebietes des Staatslebens" durch Besinnung auf die sozialen und teleologischen Gehalte, die Voraussetzung und Gegenstand der staatsrechtlichen Normen sind. Unter Zugrundelegen der von Theodor Litt entwickelten phänomenologischen Struktur des Ich der Geisteswissenschaften[217] ist Smend der Ansicht, daß alle Wissenschaft vom geistigen Leben ihre wichtigsten Gegenstände, nämlich die Gemeinschaft, den Einzelnen und den objektiven Sinnzusammenhang nicht als isolierte Elemente oder Gegenstände auffassen darf, sondern nur als Momente einer dialektischen Zusammenordnung untersuchen kann; jede Wissenschaft vom geistigen Leben hat ihr Apriori in der immanenten Struktur ihres Gegenstandes, die auf dem Wege der phänomenologischen Abstraktion gewonnen werden muß. „Nur als ein dialektisches Gefüge wird das Ganze der geistigen Welt verständlich, das in „Beziehungen" oder „Wechselwirkungen" zwischen festen Punkten aufzulösen der vergebliche Versuch der herrschenden Soziologie gewesen ist[218]." Smend versucht die Struktur der geistig-gesellschaftlichen Wirklichkeit mit einer Darstellungsweise zu erfassen, die sich an einem System von Wechselwirkungen in einem zyklischen Kreislauf ausrichtet[219]. Er lehnt begriffliche oder kausale Deduktionen ab und will die Momente staatlichen Lebens aus dem Ganzen heraus verstehen. Staat und Staatsrechtslehre haben es nach Smend mit dem Staat als einem Teil der geistigen Wirklichkeit zu tun. Der Staat ist nicht ein ruhendes Ganzes, das in Gesetzen, Urteilen etc. zutage tritt, sondern er lebt in einem Prozeß ständiger Erneuerung und dauernden Neuerlebtwerdens in dem Gefüge eines geistigen Gesamtzusammenhanges[220]. Dies ist die Grundthese der von Smend für die Staatslehre fruchtbar gemachten Integrationslehre, die das Individuum als Gemeinschaftsmitglied, das intentional auf andere bezogen ist, und die die Gemeinschaft und den Staat als Einheitsgefüge individuellen Lebens versteht. Der Integrationsvorgang hat im Staat und in jeder Gruppe seine besondere Wesensgesetzlichkeit; seine Positivierung ist die Verfassung der Gruppe. Verfassungslehre ist mithin Integrationslehre[221]. Den Integrationsvorgang selbst entwickelt Smend auf dem Boden der Empirie.

Als persönliche Integration bezeichnet Smend die Übereinstimmung mit der politischen Führung, wobei es die Stellung des Staatsoberhauptes

215 *Hermann Heller*, S. 228.
216 *Rudolf Smend*, Verfassung und Verfassungsrecht, S. 124.
217 *Theodor Litt*, Individuum und Gemeinschaft, 2. Aufl. (1924), 3. Aufl. (1926).
218 *Rudolf Smend*, S. 127 unter Bezugnahme auf Theodor Litt.
219 *Rudolf Smend*, S. 130.
220 *Rudolf Smend*, Art. „Integrationslehre" und „Integration", S. 475 ff., 482 ff.
221 *Rudolf Smend*, Art. „Integrationslehre", S. 476.

mit sich bringt, daß es die Einheit des Staatsvolkes repräsentiert und verkörpert — eine Einheit, die als geistige Wirklichkeit nur im fortdauernden Fluß geistigen Lebens besteht. So besteht die Besonderheit der monarchischen Integration darin[222], daß der legitime Monarch vor allem den geschichtlichen Bestand staatlicher Gemeinschaftswerte symbolisiert; damit stellt er zugleich einen Fall der Integration durch sachliche Werte dar. Die Ovation zu Ehren des Souveräns ist die Aktualisierung des Selbstbewußtseins eines einheitlichen Staatsvolkes. Aber auch das Wirken der Richter oder Verwaltungsbeamten hat eine integrierende Wirkung, da ihre Tätigkeit eine Funktion innerhalb eines geistigen Ganzen ist, die vom Ganzen her bestimmt wird, sich daran orientiert und wesensbestimmend auf das Ganze zurückwirkt.

Unter funktioneller Integration versteht Smend die kollektivierenden Lebensformen[223]: Wählen, parlamentarische Verhandlungen, Kabinettsbildungen und Volksabstimmungen finden ihre Rechtfertigung nicht lediglich darin, daß hier Vertreter des Volksganzen eingesetzt oder gute Beschlüsse gefaßt werden. Sie schaffen vielmehr die jeweilige politische Individualität des Volksganzen und damit die Voraussetzung für sein rechtlich faßbares Tätigwerden. Die Wirksamkeit jeder integrierenden Funktion hängt von zwei Momenten ab, nämlich davon, daß ihr Prinzip an sich integrierende Kraft entfaltet und daß es diese Kraft für das ganze Staatsvolk hat. Daß ein Prinzip überhaupt integrierende Wirkung entfaltet, „wird bedingt durch eine vom politischen Kampf nicht in Frage gestellte Wertgemeinschaft, vorbehaltlich deren dieser Kampf geführt wird, die diesem Kampf selbst Regeln und den Sinn gibt, eine Funktion integrierenden Gruppenlebens zu sein“[224].

In Anlehnung an die Untersuchungen Max Webers hält Smend staatliche Herrschaft als soziale Erscheinung stets für legitimierungsbedürftig und durch die Legitimität zugleich in ihrem Wesen bestimmt[225]. Hinter der soziologischen Erscheinung der staatlichen Herrschaft stehen Werte und Ordnungen, die Smend als integrierende Faktoren bezeichnet. Diese integrierenden Faktoren begründen die Gemeinschaft, in der geherrscht wird, dauernd von neuem. Der moderne Staat setzt nach Smend „eine überwiegend sachlich-statische Welt politischer Werte und Ordnungen voraus, in deren Namen und durch die legitim diese Herrschaft geübt werden kann“[226]. Auf der anderen Seite kommt auch der staatlichen

[222] *Rudolf Smend,* Die politische Gewalt im Verfassungsstaat, S. 85 ff.

[223] *Rudolf Smend,* Verfassung und Verfassungsrecht, S. 148; *ders.,* Art. „Integrationslehre“, S. 476.

[224] *Rudolf Smend,* Verfassung und Verfassungsrecht, S. 155.

[225] *Rudolf Smend,* S. 150.

[226] *Rudolf Smend,* S. 150.

Herrschaft als solcher eine integrierende Funktion zu. Denn es sind nach Smend bestimmte Werte, die ohne rationale Begründbarkeit die Legitimität der Herrschaft manifest machen und, soweit sie rational faßbar sind, vor allem die Verwaltung rechtfertigen können. So stellt sich Smend staatliche Herrschaft als Verwirklichung von Werten dar; die Herrschaft ist die Lebensform der durch bestimmte Werte zusammengehaltenen Gemeinschaft[227].

Die sachliche Integration verwirklichen nach Smend alle Sinngehalte des staatlichen Lebens, die in der Regel als Staatszwecke verstanden werden. Die Realisierung aller ideellen Sinngehalte setzt Gemeinschaft voraus, die Smend in Anlehnung an Theodor Litt als „Werkgemeinschaft der Kultur" bezeichnet. „Die Werte führen ein reales Leben nur vermöge der sie erlebenden und verwirklichenden Gemeinschaft. Umgekehrt lebt aber auch die Gemeinschaft von den Werten: wenn schon der Einzelmensch zur geistigen Persönlichkeit nur wird, im geistigen Sinne nur lebt, vorhanden ist durch Wertverwirklichung, so vollends alle Kollektivwesen, denen ja das Ansich psychophysischer Lebenswirklichkeit fehlt[228]." So ist auch der Staat nicht durch teleologische Beziehung auf außer ihm liegende Zwecke zu erklären oder zu rechtfertigen, sondern in seiner Substanz als Wertverwirklichung zu verstehen. Die Gesamtheit der Aufgaben des Staates stellt einen Ausschnitt aus dem Kulturganzen dar, in dem das Staatsleben bestimmt wird durch die Konkretisierung objektiver Wertgesetzlichkeiten in den jeweiligen konkreten geschichtlichen Verhältnissen. Man wird staatlich integriert, indem man einzelne Momente dieser Wertfülle als Wesensmomente des Staates erlebt. Hierin ist nach Smend die Legitimität des Staates zu sehen: sie ist im wesentlichen Integration durch sachliche Werte[229]. Die Legitimität wird durch konkrete Werte begründet, die vermöge ihrer Geltung eine bestimmte staatliche Rechtsordnung fordern und tragen. Die mannigfache Art der Werte läßt in verschiedenen Staaten in Art und Grad verschiedene Legitimitäten entstehen[230]. Damit findet die Legitimität einer Verfassungs- und Rechtsordnung ihre Geltung in den von der Geschichte anerkannten, den Staat und sein Recht transzendierenden Werten. In diesem Zusammenhang sind es insbesondere die Grundrechte, die ein bestimmtes Kultur- und Wertsystem, das der Sinn des von der Verfassung konstituierten Staatslebens sein soll, proklamieren. Staatstheoretisch soll hier sachliche Integration verwirklicht werden, rechtstheoretisch soll die positive Staats- und Rechtsordnung hier ihre Legitimation finden; die positive Ordnung soll gelten, soll legitim sein, soweit sie sich

---

[227] *Rudolf Smend*, S. 158.

[228] *Rudolf Smend*, S. 160.

[229] *Rudolf Smend*, S. 226.

[230] *Rudolf Smend*, S. 166, 215 ff.

im Rahmen des ihr gesetzten Wertsystems hält[231]. Auf die Weimarer Verfassung bezogen stellt Smend fest, daß die Grundrechte ihr die Legitimität eines Kultursystems geben, das den Kern der bisherigen bürgerlichen Rechtsordnung wahrt; damit erklärt Smend die Grundrechte im bürgerlichen Zeitalter zu den „bezeichnendsten und wichtigsten Legitimitätsquellen"[232].

Die Gedanken Smends aufgreifend fordert Thomas Würtenberger[233], daß die Tatsache der historischen Bedingtheit des Legitimitätsgedankens nicht zu einer völligen Relativierung seines Inhalts führen dürfe und der Versuch gemacht werden müsse, seinen systematischen Charakter durch eine Reflexion über seine Allgemeingültigkeit darzulegen. Er geht davon aus, daß es in jedem Staat, der den Rang eines Kulturstaates für sich beansprucht, eine letzte, nicht mehr auflösbare Substanz objektiver Werte gibt, die man als Totalität der Kulturwerte herausarbeiten muß. Diese Grundwerte legitimieren und garantieren die staatliche Herrschaft. So gesehen ruht die Legitimität als das Rechtgemäße in der Geltung überpositiver Werte des Rechts, in der Anerkennung der Rechtsidee. In ihr ist eine Rangordnung solcher Werte enthalten, die in enger Beziehung zum Reich des Sittlichen stehen, wobei sich die ersten ethischen Ansprüche aus der unaufhebbaren Verkettung individueller und sozialer Werte innerhalb des staatlichen Lebensraumes ergeben. Es müssen vom Staat als absolute Werte die Freiheit der Person, die Menschenwürde und Humanität, aber auch die sittlichen Institutionen wie die Ehe und Familie geachtet werden und die sittlichen Bindungen zwischen den Staatsbürgern wie Treue, Vertrauen und Wahrhaftigkeit gepflegt werden. Daneben muß aber auch der Staat, der Bestand haben will, in der Lage sein, in seinem sozialen Lebensraum Ordnung zu erhalten und in die sozialen Auseinandersetzungen Frieden zu bringen. Hinzu muß treten die Rechtssicherheit. Den letzten Grundwert der Legitimität soll jedoch die Gerechtigkeit bilden. „Die Gerechtigkeit, das Ewigkeitsmaß des Rechts, darf nicht fehlen im hierarchischen Aufbau der die staatliche Herrschaft tragenden obersten Kulturwerte[234]", sie muß die Aufgabe einer regulati-

[231] *Rudolf Smend*, S. 265.

[232] *Rudolf Smend*, S. 266; zur legitimierenden Funktion des Gesetzes schlechthin vgl. S. 210 ff.; zur Frage der Legitimität bei Rudolf Smend siehe *Hermann Saumweber*, Untersuchungen über Legitimität und Legalität einer staatlichen Herrschaftsordnung, insbesondere im Bonner Grundgesetz im Hinblick auf Art. 79, III BGG und die Frage der Legitimität bei der völkerrechtlichen Anerkennung einer Staatsgewalt (Heidelberger jur. Dissertation, 1955), S. 85 ff.; zu den Begriffen Staat, Integration und Verfassung bei Rudolf Smend vgl. eingehender *Manfred Heinrich Mols*, Allgemeine Staatslehre oder politische Theorie? (1969), S. 180 ff. und kritisch *Wolfram Bauer*, Wertrelativismus und Wertbestimmtheit im Kampf um die Weimarer Demokratie (1968), S. 262 ff.

[233] *Thomas Würtenberger*, Die Legitimität der staatlichen Herrschaft, in: DRZ 1947, S. 241 ff.

[234] *Thomas Würtenberger*, S. 244.

ven Idee im sozialen Leben zu erfüllen suchen. Erst wenn ein Staatsgefüge mit diesen obersten sittlich-rechtlichen Grundwerten in Übereinstimmung steht, so erscheint es nach Würtenberger auch innerlich gerechtfertigt, trägt den Charakter des Legitimen in sich und wird des Konsenses der Massen teilhaftig.

Ohne die geistige Stoßrichtung beider Legitimitätsauffassungen verkennen zu wollen — die eine entspringt dem Bestreben, die formale Staatstheorie durch eine materiale Staatstheorie abzulösen, die andere will nach einer Zeit des Terrors und dem Zusammenbruch der Rechtsidee einen Maßstab für ein neues Beginnen setzen —, soll doch zweierlei angemerkt werden. Es stimmt nachdenklich, wenn Smend bemerkt, daß die Geschichte der Weimarer Verfassung vielleicht vor allem die Geschichte ihres Kampfes um ihre Legitimität war. Der Widerstand der Flügelparteien bestritt ihr eine eigentliche Legitimität, da sie weder Tradition wahrte, noch Revolution zuließ. Die auf dem Boden der Verfassung stehenden Parteien und Staatsmänner stützten sich nur auf ihre Legalität. Da der Rang ihrer geschichtlichen Leistung nicht voll erkannt wurde, gelang eine endgültige Fundamentierung der durch die Verfassung verkörperten Ideen nicht. Beim Bonner Grundgesetz hat man der Infragestellung der Verfassung durch das Verbot der extremistischen Parteien vorgebeugt. Dennoch hat dieses Grundgesetz nach Smends Feststellung etwas von einer Treibhauspflanze: „Von einem nicht an eine demokratische Ordnung gewöhnten und nun seiner Geschichte und der Politik müde gewordenen Volk hingenommen ist es keine Fahne geworden, unter der sich ein neues Staatsbewußtsein, ein neuer starker, durch diese Verfassung konstitutionell geformter Wille zu neuem geschichtlichen Leben gesammelt hätte[235]." Diese Geltungsschwäche, dieser Mangel an Legitimität gehört nach Smend zum Bild der deutschen Verfassungswirklichkeit. Sollte dieser Mangel an Legitimität, weil die erforderliche Integration der Verfassungsprinzipien im Volksbewußtsein fehlt, nicht zumindest in einer Zeit des Übergangs von einer Herrschafts- und Sozialstruktur zu einer anderen nicht durch Propagierung bestimmter höchster Werte geheilt werden können[236], ohne daß man sofort die Legitimität der gesamten Staatsordnung leugnet? Diesen Weg hat Würtenberger mit der Betonung der Wertphilosophie zu gehen versucht, wenn auch eine Werthierarchie zu bilden und mit konkreter Gestalt auszufüllen, schwer erscheint. Es können nur Postulate gesetzt werden, die von Einzelfall zu Einzelfall Gestalt und Inhalt wandeln, wie etwa die Dialektik zwischen Gerechtigkeit und Rechtssicherheit ein für allemal zu entscheiden nicht möglich erscheint.

---

[235] *Rudolf Smend*, Das Bundesverfassungsgericht, S. 585.

[236] Vgl. auch *Karl Geiler*, Legalität und Legitimität, in: Die Gegenwart (1947), S. 15 f., der die Besinnung auf die Naturrechtsordnung fordert.

Ausblick

Im Zusammenhang mit dem staatsphilosophischen Topos der Legitimität von Herrscher und Staatsgewalt wurde seit mehr als einem Jahrtausend nach dem gefragt, was den Staat im Innersten zusammenhält. Letztlich ging es jenen, die sich der inhaltlichen Deutung des Terminus „Legitimität" widmeten, stets um die Rechtfertigung staatlicher Herrschaft und um die Bedeutung von Staatszwecken[1]. So heterogene Aspekte wie Gottesgnadentum, Gemeinwohlidee, Demokratiegebot, Sozialeudämonismus u. v. a. verbanden sich im Staatsdenken mit der Legitimitätsidee, indem sie Leitgedanken für die Gestaltung des konkreten Staatslebens lieferten. Dabei ist für eine historische Betrachtung gleichgültig, ob nach einem heutigen Rechtsverständnis der solchermaßen gerechtfertigten Staatsordnung der Charakter sittlich-rechtlicher Legitimität zukommt. Entscheidend ist, daß sie für ihre Epoche eine konkrete Form staatlichen Zusammenlebens symbolisieren, deren Geltungsanspruch von den Betroffenen nicht versagt worden ist. Hier bewahrheitet sich der Satz eines Friedrich von Gentz[2]: „Das Prinzip der Legitimität, so heilig es auch sein mag, ist in der Zeit geboren, darf also nicht absolut, sondern nur in der Zeit begriffen, und muß durch die Zeit, wie alles Menschliche modifiziert werden."

Die Erkenntnis, daß die Legitimitätsidee nur „in der Zeit" begriffen werden kann, offenbart eine gewisse Relativierung des Inhalts von Legitimitätsvorstellungen. Gerade die Beschäftigung mit der historischen Dimension des Legitimitätsproblems lehrt eindringlich, daß allgemeine und zu jeder Zeit gültige Verhaltensnormen nicht aufgestellt werden können. Dies hat zwingend zur Folge, daß unter dem Einfluß der geistigen Entwicklung und der Änderung in der Sozialstruktur sich auch die Art und Weise der Legitimierung staatlicher Herrschaft wandelt. Jeder Generation ist es aufgegeben, aus der Tradition stammende Legitimitätsansprüche entweder mit neuem Leben zu erfüllen, oder zugunsten andersartiger Rechtfertigungsversuche zurücktreten zu lassen. Die Einsicht in den geschichtlichen Ablauf staatlichen Lebens lehrt, was als

---

[1] Zur Problematik einer modernen Staatszwecklehre vgl. *Ulrich Scheuner*, Staatszielbestimmungen, in: Festschrift für Ernst Forsthoff, hrsg. von Roman Schnur (1972), S. 325 ff., 340 ff. mit weiteren Literaturnachweisen.

[2] Briefwechsel zwischen *Friedrich Gentz* und *Adam Heinrich Müller* (1857), S. 202 f.

wertvoll und richtig zu bewahren und was dem Wandel der Zeit anzupassen ist.

Die begriffsgeschichtliche Analyse der Legitimität staatlicher Herrschaft hat deutlich gemacht, wie sehr diese ethisch-rechtliche Kategorie zeitbedingt und daher relativ ist. Vielleicht war dies einer der Gründe dafür, daß in den letzten Jahren anstelle der Staatstheorie nunmehr Soziologie und Politologie mit neuen Zielsetzungen und Methoden die Legitimitätsidee erfassen wollen. Jahrhundertelang offenbarten sich in der Legitimitätsidee das Entstehen und Vergehen von ethisch-rechtlichen Rechtfertigungsansprüchen staatlicher Herrschaftsordnungen; seit alters her suchte die staatliche Herrschaft ihren Geltungsanspruch vor dem Forum von Recht und Sittlichkeit zu rechtfertigen. Bis erstmals Max Weber das Legitimitätsproblem im Lichte soziologischer Betrachtung behandelte, gehörte die Frage nach der Legitimität der Staatsgewalt vornehmlich zur Sphäre des Rechtlich-Normativen. Seit dem Vordringen von Politologie und Soziologie innerhalb des Raumes modernen Staatsdenkens wird der rechtlich-ethische Aspekt des Legitimitätsproblems stark vernachlässigt. Die Prüfung der Legitimitätsfrage gerät nunmehr in den Bannkreis empirisch vorgehender Sozialwissenschaften, wenn etwa Grad und Stärke von Legitimitätansprüchen staatlicher Herrschaft in gesellschaftlichen Regulationsprozessen gemessen wird[3]. So will z. B. Luhmann das Legitimitätsphänomen in einem rechtlich geordneten, rationalen Verfahren und in einem gesellschaftlichen Lernprozeß im Hinblick auf die Umstrukturierung sozialer Erwartungen ansiedeln[4]. Darüber hinaus wird die allgemeine Frage gestellt, durch die Erfüllung welcher gesellschaftlicher Erwartungen der Staat von heute seine Herrschaft legitimieren kann[5]. Es ist nicht zu verkennen, daß bei einer solchen Betrachtungsweise das Legitimationsproblem seinen hohen Rang bei der ethischen Rechtfertigung staatlichen Handelns verliert. Mit der Verweisung des Legitimitätsbegriffes in den Bereich der Soziologie und Politologie

---

[3] Symptomatisch hierfür ist die Vorstellung von Legitimierungskreisläufen in der kybernetischen Staatslehre: *Eberhard Lang*, Zu einer kybernetischen Staatslehre (1970), S. 117; *Peter Pernthaler*, Das Staatsoberhaupt in der parlamentarischen Demokratie, in: VVDStRL Heft 25 (1967), S. 182 und passim; vgl. auch *Karl W. Deutsch*, Politische Kybernetik. Modelle und Perspektiven (1969), S. 219 ff.

[4] *Niklas Luhmann*, Legitimation durch Verfahren (1969), S. 28, 34 ff., 119: Die Bindung des Legitimitätsbegriffes an die persönlich geglaubte Richtigkeit der Entscheidung soll aufgegeben werden. Die Legitimität soll in enem sozialen Klima angesiedelt werden, „das die Anerkennung verbindlicher Entscheidungen institutionalisiert" (S. 34). Vgl. auch *Niklas Luhmann*, Rechtssoziologie, Bd. 2 (1972), S. 259 ff.

[5] Vgl. etwa *Hans Freyer*, Schwelle der Zeiten (1967), S. 258 (Gesellschaftspolitik als staatliche Aufgabe); *Seymour M. Lipset*, Soziologie der Demokratie (1962), S. 77 ff.; 81 ff. (Lösung von sozialen Konflikten); *Arnold Gehlen*, DVBl. 1955, S. 577 (Sozialeudämonismus).

wird gleichsam in einer Art Momentaufnahme ein System gesamtgesellschaftlicher Bedürfnisse offenbar; ethische Forderungen und rechtliche Maßstäbe bei der Handhabung staatlicher Gewalt werden weitgehend verdrängt. Führt die historische Betrachtung in ihrer Konsequenz zu einer Relativierung der Legitimitätsidee, so weist die soziologisch-deskriptive Erörterung der Legitimitätsproblematik zu einer Materialisierung. So mag der Staat der Industriegesellschaft in der Steigerung des Bruttosozialproduktes, in der Schaffung des sozialen Ausgleichs, in der Förderung sozialer Sicherheit und vor allem wachsenden Wohlstands eine wichtige Legitimationsbasis finden[6]. Hier begegnet uns die alte Idee des „bonum commune" in neuem und, wie es scheint, egalitärem Gewand.

Diese sozialeudämonistisch-materialistische Komponente der Legitimitätsidee steht freilich auf einem schwankenden Boden. Die Legitimität eines Staatswesens darf sich nicht allein auf die Garantie wachsenden Wohlstandes gründen, will der Staat gegen wirtschaftliche und auch innenpolitische Krisen gewappnet sein. Der Rassenkonflikt in den Vereinigten Staaten oder der Religionskonflikt in Irland zeigen mit aller Deutlichkeit, daß der Staat der Industriegesellschaft sich nicht allein auf die Förderung des allgemeinen Wohlstandes als Legitimationsprinzip verlassen sollte. Die Lehre von der Rechtfertigung staatlichen Handelns darf sich niemals nur sozialeudämonistischen Tendenzen in der Gesellschaft verschreiben, sondern muß darum bemüht sein, ethisch verpflichtende Grundprinzipien, aus denen sich die konkrete gesellschaftliche Ordnung herleitet, zur Anerkennung zu bringen. Damit stellt sich der Staatslehre die große Aufgabe, in der Definition des Legitimitätsbegriffes die Totalität der rechtlich-ethischen Dimension zu betonen. Nur ein Staat, der sich auch jenseits materialistischer Gedankengänge aus der übergeordneten Rechtsidee zu legitimieren weiß, wird der Anerkennung seitens der seiner Herrschaft Unterworfenen sicher sein und in Krisensituationen Bestand haben.

---

[6] *Ernst-Wolfgang Böckenförde,* Die Bedeutung der Unterscheidung von Staat und Gesellschaft im demokratischen Sozialstaat der Gegenwart, in: Festgabe für Wolfgang Hefermehl (1972), S. 26 f.

Literaturverzeichnis

I. Quellen

Affolter, Albert: Grundzüge des allgemeinen Staatsrechts, Stuttgart 1892

Albrecht, W. Eduard: Rezension über Maurenbrechers Grundsätze des heutigen Staatsrechts, in: Göttingische gelehrte Anzeigen, Jahrgang 1837, S. 1489 ff., 1508 ff., Neudr. Darmstadt 1962

Althusius, Johannes: Politica methodice digesta et exemplis sacris et profanis illustrata, 3. Aufl., Herborn 1614, Neudr. Aalen 1961

Ancillon, Friedrich: Über die Staatswissenschaft, Berlin 1820

Anonym: Denkschrift für Teutschlands jetzigen Zustand, Hamburg 1819

— Histoire des Jacobins en France ou examen des principes anarchiques et désorganisateurs de la révolution française, 2 Bände, Hamburg 1795

Anschütz, Gerhard: Die Verfassung des Deutschen Reichs, 14. Aufl., Berlin 1933

Anschütz, Gerhard und Richard *Thoma* (Hrsg.): Handbuch des Deutschen Staatsrechts, 1. Band, Tübingen 1930

Aretin, Johann Christian Freiherr von: Staatsrecht der konstitutionellen Monarchie, 1. Band, Altenburg 1824

Arndt, Ernst Moritz: Entwurf einer teutschen Gesellschaft, Frankfurt/M. 1814

Arnisaeus, Henningius: De autoritate principum in populum semper inviolabili seu quod nulla ex causa subditis fas sit contra legitimum principem arma movere, Frankfurt 1612

Barclay, William: De regno et regali potestate adversus Buchanam, Brutum et reliquos monarchomachos libri VI, Paris 1600

Beling, Ernst: Revolution und Recht, Augsburg 1923

Bellarmin, Robert: Opera omnia, Paris 1870, Neudr. Frankfurt 1965

Besoldus, Christopherus: De maiestate in genere, Argenorati 1625

Bèze, Théodore de: De iure magistratuum in subditos et officio subditorum erga magistratus, hrsg. von Klaus Sturm, Lyon 1580, Neudr. Neunkirchen-Vluyn 1965

— Du droit des magistrats sur leurs subjects, hrsg. und eingel. von Robert M. Kingdon, Genf 1970

Bieberstein, Fritz Freiherr Marschall von: Vom Kampf des Rechts gegen die Gesetze, Stuttgart 1927

Bismarck, Otto von: Gedanken und Erinnerungen, 3 Bände, Stuttgart 1919 bis 1921

— Die gesammelten Werke, 15 Bände, Berlin 1924 - 1933

Bismarck, Otto von: Briefe an Leopold von Gerlach, neu hrsg. von Horst Kohl, Berlin und Stuttgart 1896

Bluntschli, Johann Caspar: Allgemeines Staatsrecht, 1. Band, 3. Aufl., München 1863

— Charakter und Geist der politischen Parteien, Nördlingen 1869

— Denkwürdiges aus meinem Leben, 1. Teil, Nördlingen 1884

— Gesammelte kleine Schriften, Nördlingen 1873

— Geschichte des allgemeinen Staatsrechts und der Politik, München 1864

— Artikel „Legitimität", in: Deutsches Staatswörterbuch, hrsg. von Bluntschli und Brater, 6. Band, Stuttgart 1861, S. 352 ff.

— Artikel „Staat", in: Deutsches Staatswörterbuch, hrsg. von Bluntschli und Brater, 9. Band, Stuttgart 1865, S. 616 ff.

Bodin, Jean: Les six livres de la République, Paris 1583, Neudr. Aalen 1961

Bonald, Ambroise de: Oeuvres, Collection „Nos Maîtres", Paris o. J.

Bornitius, Jacobus: Partitionum politicarum libri IV., Hanau 1608

— Tractatus duo: I. De majestate politica et summo imperio ejusque functionibus, Lipsiae 1610

Bossuet, Jacques Benigne: Oeuvres complètes, Band 9, Paris 1870

Brie, Siegfried: Die Legitimation einer usurpierten Staatsgewalt, Berlin 1866

Briefe von und an *Friedrich von Gentz,* hrsg. von Friedrich Carl Wittichen, 3. Band, 1. Abt., München und Berlin 1913

Briefwechsel zwischen *Friedrich Gentz* und *Adam Heinrich Müller,* Stuttgart 1857

Brockhaus, Friedrich: Das Legitimitätsprinzip, Leipzig 1868

Brutus, Junius: Vindiciae contra tyrannos, Hannover 1595

Calvinus, Ioannis: Lexicon iuris caesarei simul et canonici, editio postrema, Coloniae 1612

Carnot, Lazare: Exposé de la conduite politique depuis le 1er Juillet 1814, Paris 1815

— Mémoire adressé au roi en juillet 1814, Paris 1815

Cathrein, Victor: Artikel „Legitimität", in: Staatslexikon, 3. Band, 4. Aufl., Freiburg 1911, Sp. 746 ff.

— Moralphilosophie, 2. Band, 5. Aufl., Freiburg 1911

Cellier, L. M. und A. B. *Desprez:* Accord de la raison et de la tradition sur la légitimité des opérations de l'Assemblée Nationale concernant le clergé, Paris 1792

Chateaubriand, François René de: Oeuvres complètes, 24. Band, Paris 1828

— Mémoires d'outre-tombe, 3 Bände, Paris 1951

— De la monarchie selon la charte, Paris 1816

Comte, François Charles Louis: De l'impossibilité d'établir un gouvernement constitutionel sous un chef militaire et particulièrement sous Napoléon, Paris 1815

Condorcet, Jean Antoine Nicolas de Caritat Marquis de: Esquisse d'un tableau historique des progrès de l'esprit humain, Paris 1794

Constant, Benjamin: Oeuvres, Texte présenté et annoté par Alfred Roulin, Paris 1957

Coquille, Guy: Oeuvres, nouvelle édition, 2. Band, Bordeau 1703

Corpus iuris civilis, 1. Band, 11. Aufl., hrsg. von Paul Krueger und Theodor Mommsen, Berlin 1908

Dahlmann, Friedrich Christoph: Kleine Schriften und Reden, Stuttgart 1886

— Die Politik, hrsg. von Manfred Riedel, Frankfurt 1968

Destutt de Tracy, A.-L.-C.: Eléments d'idéologie, 4 Bände, Paris 1825 - 1827

Diderot, Denis: Entretiens avec Cathérine II, Paris 1773

Dohna, Alexander Graf zu: Die Revolution als Rechtsbruch und Rechtsschöpfung, Heidelberg 1923

Dupont de Nemours: Discours de l'éditeur, in: Physiocrates, hrsg. von E. Daire, Paris 1846, S. 1 ff.

Duvergier de Hauranne: Histoire du gouvernement parlementaire en France, 10 Bände, Paris 1857 - 1872

Ebers, Godehard Josef: Reichsverfassung und christliche Staatslehre, in: Hochland, Jg. 1929 II, S. 564 ff.

Emery, J. A.: La politique du vieux temps ou les principes de Bossuet et de Fénelon sur la souveraineté, Paris 1797

Emge, August: Über den Charakter der Geltungsprobleme in der Rechtswissenschaft, in: Archiv für Rechts- und Wirtschaftsphilosophie, Band 14, 1920/21, S. 146 ff.

— Revolutionäres Übergangsrecht, in: Deutsche Juristenzeitung, Jg. 1919, S. 260 f.

Encyclopédie ou dictionnaire des sciences, des arts et des métiers, hrsg. von Denis Diderot und Jean le Rond d'Alembert, Paris 1751 - 1780

— Artikel „Autorité" von *Denis Diderot*, Band 1, 1751, S. 898 ff.

— Artikel „Economie" von *Jean-Jacques Rousseau*, Band 5, 1755, S. 337 ff.

— Artikel „Egalité" von *Jaucourt*, Band 5, 1755, S. 415 ff.

— Artikel „Loi" von *Jaucourt*, Band 9, 1765, S. 643 f.

— Artikel „Loi politique" von *Jaucourt*, Band 9, 1765, S. 667 ff.

— Artikel „Pouvoir" von *Denis Diderot*, Band 13, 1765, S. 255 ff.

— Artikel „Protection" von *Denis Diderot*, Band 13, 1765, S. 504 ff.

— Artikel „Société" von *Jaucourt*, Band 15, 1765, S. 252 ff.

— Artikel „Souverains" von *Boucher d'Argis*, Band 15, 1765, S. 423 ff.

Erdmann, Johann Eduard: Philosophische Vorlesungen über den Staat, Halle 1851

Estius, Guilelmus: In quatuor libros sententiarum commentaria, Paris 1647

Fabre d'Olivet: Histoire philosophique du genre humain, 2 Bände, 4. Aufl., Paris 1967

Fénelon, François de Salignac de la Mothe: Oeuvres complètes, Paris 1851 bis 1852, Neudr. Genf 1971

Franz, Constantin: Die Naturlehre des Staates als Grundlage aller Staatswissenschaft, Leipzig und Heidelberg 1870

Fröbel, Julius: Kleine politische Schriften, Stuttgart 1866

— Theorie der Politik, 2 Bände, Wien 1861 und 1864

Garve, Christian: Abhandlung über die Verbindung der Moral mit der Politik, 2. Aufl., Breslau 1788

Geiler, Karl: Legalität und Legitimität, in: Die Gegenwart vom 28. Februar 1947

Gentz, Friedrich von: Fragmente aus der neuesten Geschichte des politischen Gleichgewichts in Europa, 2. Aufl., Leipzig 1806

— Mémoire sur l'insurrection des Grecs considérée dans ses rapports avec les puissances européennes (1823), in: Aus dem Nachlasse Friedrichs von Gentz, hrsg. von Prokesch-Osten, Wien 1868

— Über den Unterschied zwischen den landständischen und Repräsentativverfassungen, in: Klüber-Welcker, Wichtige Urkunden für den Rechtszustand der deutschen Nation, Mannheim 1844, S. 220 ff.

Gerber, Carl Friedrich von: Über öffentliche Rechte, Tübingen 1852

Gerlach, Leopold von: Briefe des Generals Leopold von Gerlach an Otto von Bismarck, hrsg. von Horst Kohl, Stuttgart 1912

— Denkwürdigkeiten aus dem Leben Leopold von Gerlachs, hrsg. von seiner Tochter, Band 1 und 2, Berlin 1891/92

Goenner, Nicolaus Thaddaeus: Über das rechtliche Prinzip der Teutschen Territorialverfassungen, Landshut 1804

Grégoire: La Légitimité du serment civil exigé des fonctionnaires ecclésiastiques, Paris 1791

Grillparzer: Fürst Metternich, in: Werke, 7. Band, Berlin, Leipzig u. a., o. J., S. 106 ff.

Guizot, François: Discours sur l'histoire de la révolution d'Angleterre, Paris 1850

— Du gouvernement de la France depuis la restauration, 3. Aufl., Paris 1820

— Histoire générale de la civilisation en Europe, 3. Aufl., Paris 1840

— Histoire parlementaire de France, 5 Bände, Paris 1863/64

— Des moyens de gouvernement et d'opposition dans l'état actuel de la France, 2. Aufl., Paris 1821

Haller, Carl Ludwig von: Mélanges de droit public et de haute politique, Paris und Versailles 1839

— Die Restauration der Staatswissenschaft, 6 Bände, 2. Aufl., Winterthur 1820 bis 1825

Hegel, Georg Wilhelm Friedrich: Encyclopädie der philosophischen Wissenschaften, hrsg. von Johannes Hoffmeister, 5. Aufl., Leipzig 1949

— Sämtliche Werke. Jubiläums-Ausgabe in zwanzig Bänden, neu hrsg. von Hermann Glockner, 3. Aufl., Stuttgart 1956 - 1959

Held, Joseph von: Grundzüge des allgemeinen Staatsrechts oder Institutionen des öffentlichen Rechts, Leipzig 1868

— Artikel „Legitimität", in Staatslexikon, hrsg. von Rotteck und Welcker, 3. Aufl., Band 9, 1864, S. 456 ff.

Held, Joseph von: Über Legitimität und Legitimitätsprinzip, Würzburg 1859

— System des Verfassungsrechts der monarchischen Staaten Deutschlands, 2 Theile, Würzburg 1856/1857

— Staat und Gesellschaft vom Standpunkt der Geschichte der Menschheit und des Staates, 3 Teile, Leipzig 1861 - 1865

Heller, Hermann: Staatslehre, Leiden 1934

Helvetius, Claude Adrien: Oeuvres complètes, 3 Bände, Paris 1818

Hergenröther, Joseph: Katholische Kirche und christlicher Staat, 2. Band, Freiburg 1876

Hergenröther, Philipp: Der Gehorsam gegen die weltliche Obrigkeit und dessen Grenzen, Freiburg 1877

Herrfahrdt, Heinrich: Revolution und Rechtswissenschaft, Greifswald 1930

Hertling, Georg Graf: Naturrecht und Sozialpolitik, Köln 1893

— Recht, Staat und Gesellschaft, Kempten und München 1906

Hirt, S.: Artikel „Legitimität“, in: Staatslexikon, 3. Band, 5. Aufl., Freiburg 1929, Sp. 876 ff.

Holbach, Paul Henri Thiry Baron de: Système de la nature ou des lois du monde physique et du monde moral, neu hrsg. von Diderot, Paris 1821, Neudr. Hildesheim 1966

— Système social ou principes naturels de la morale et de la politique, 2 Bände, Amsterdam 1773, Neudr. Hildesheim und New York 1969

Jabinau: La légitimité du serment civique convaincue d'erreur, Paris 1791

Jellinek, Georg: Allgemeine Staatslehre, 3. Aufl., Berlin, 6. Neudr., Bad Homburg 1959

— Ausgewählte Schriften und Reden, hrsg. von W. Jellinek, 2 Bände, Berlin 1911

— Der Kampf des alten mit dem neuen Recht, Heidelberg 1907

— System der subjektiven öffentlichen Rechte, Freiburg 1892

Jellinek, Walter: Die Nationalversammlung und ihr Werk, in: Handbuch des Deutschen Staatsrechts, hrsg. von Gerh. Anschütz und Richard Thoma, 1. Band, Tübingen 1930, S. 119 ff.

Jurieu, Pierre: Lettres pastorales adressées aux fidèles de France qui gémissent sous la captivité de Babylone, Rotterdam 1686 - 1689

Justi, Johann Heinrich von: Die Grundfeste zu der Macht und Glückseligkeit der Staaten, Band 1, Königsberg 1760

Kalkreuth, H. W. A. Graf von: Die Legitimität, Leipzig 1823

Kant, Immanuel: Anthropologie in pragmatischer Hinsicht, in: Theorie — Werkausgabe Suhrkamp, Band 12, Frankfurt 1968, S. 399 ff.

Kelsen, Hans: Allgemeine Staatslehre, Berlin 1925

— Hauptprobleme der Staatsrechtslehre, Tübingen 1911

— Reine Rechtslehre, 2. Aufl., Wien 1960

— Der soziologische und der juristische Staatsbegriff, Tübingen 1922

Kiefl, F. X.: Die Staatsphilosophie der katholischen Kirche und die Frage der Legitimität in der Erbmonarchie, Regensburg 1928

Kirchheimer, Otto: Legalität und Legitimität, in: Die Gesellschaft, IX. Jahrgang, 1932, S. 8 ff.

— Verfassungswirklichkeit und politische Zukunft der Arbeiterklasse, in: Der Klassenkampf, 3. Jahrgang, 1930, S. 455 ff.

Kirchheimer, Otto und N. *Leites:* Bemerkungen zu Carl Schmitts „Legalität und Legitimität", in: Archiv für Sozialwissenschaften und Sozialpolitik, 68. Band, 1932, S. 457 ff.

Klüber, Johann Ludwig: Acten des Wiener Congresses, Erlangen 1815 - 1818

— Öffentliches Recht des teutschen Bundes und der Bundesstaaten, 4. Aufl., Frankfurt 1840

Krug, Wilhelm Traugott: Dikäopolitik oder neue Restauration der Staatswissenschaft mittels des Rechtsgesetzes, Leipzig 1824

Laband, Paul: Das Staatsrecht des Deutschen Reiches, 3. Aufl., Freiburg und Leipzig 1895

Lamennais, Hugues Félicité Robert de: Progrès de la révolution et de la guerre contre l'église, Oeuvres complètes, Band 9, Paris 1837, Neudr. Frankfurt 1967

Le Bret, Cardin: Oeuvres, Paris 1635

Leo, Heinrich: Naturlehre des Staates, Halle 1833

Leonis XIII: Pontificis Maximi Acta, Romae 1905

Le Roy de Barincourt: Principe fondamental du droit des souverains, 2 Bände, Genf 1788

Lipsius, Justus: Politicorum sive civilis doctrinae libri sex, Lugduni Batavorum 1650

Lukács, Georg: Legalität und Illegalität, in: Geschichte und Klassenbewußtsein, 1922, S. 261 ff.

Mack, Eugen: Für legitimes Recht, Wolfegg 1921

Maistre, Joseph de: Oeuvres, Band 1 - 8, Paris und Lyon 1851 ff.

Malte-Brun, Conrad: Traité de la légitimité, Paris 1825

Marschall von Bieberstein, Fritz Freiherr: Vom Kampf des Rechts gegen die Gesetze, Stuttgart 1927

Maurenbrecher, Romeo: Grundsätze des heutigen deutschen Staatsrechts, Frankfurt 1837

— Die deutschen regierenden Fürsten und die Souveränität, Frankfurt 1839

Melanchthon, Philipp: Commentarii in aliquot politicos libros Aristotelis, in: Opera, hrsg. von Bretschneider, Band 16, Halle 1850

Metternich-Winneburg, Richard (Hrsg.): Aus Metternichs nachgelassenen Papieren, 1. Theil, 1. Band, Wien 1880

Meyer, Georg: Lehrbuch des Deutschen Staatsrechts, 5. Aufl., Leipzig 1899

Meyer, Georg und Gerhard *Anschütz:* Lehrbuch des Deutschen Staatsrechts, 7. Aufl., Leipzig 1919

Meyer, Theodor: Die Grundsätze der Sittlichkeit und des Rechts, Freiburg 1868

Montesquieu, Charles: De l'esprit des lois, Paris 1748

Moser, Johann Jakob: Neueres Teutsches Staatsrecht, Band XIV: Von der Landeshoheit derer teutschen Reichsstände überhaupt, Frankfurt und Leipzig 1773

— Teutsches Staats-Recht, 50 Teile und 2 Teile Zusätze, Nürnberg und Leipzig 1737 - 1754

— Vermischte Schriften über das Teutsche Staats-Recht, 2 Teile, Frankfurt und Leipzig 1733/1736

Müller, Adam Heinrich: Von der Notwendigkeit einer theologischen Grundlage der gesamten Staatswissenschaften und der Staatswissenschaft insbesondere, 1819, in: Schriften zur Staatsphilosophie, hrsg. von Rudolf Kohler (o. J.), S. 177 ff.

Murhard, Friedrich: Über Widerstand, Empörung und Zwangsübung der Staatsbürger gegen die bestehende Staatsgewalt, Braunschweig 1832

— Die unbeschränkte Fürstenschaft. Politische Ansichten des 19. Jahrhunderts, Kassel 1831

— Das Recht der Nationen zur Erstrebung zeitgemäßiger, ihrem Kulturgrade angemessener Staatsverfassungen, Frankfurt 1832

— Die Volkssouveränität im Gegensatz der sogenannten Legitimität, Kassel 1832

Ockham, Wilhelm von: Breviloquium de principatu tyrannico super divina et humana, specialiter autem super imperium et subiectos imperio, hrsg. von Richard Scholz, Leipzig 1944

— Dialogus de potestate ecclesiastica et politica, in: Melchior Goldast, Monarchiae S. Romani Imperii, Band 2, Frankfurt 1614, S. 394 ff.

— Opus nonaginta dierum, in: Melchior Goldast, ebd. S. 993 ff.

Pallain, G. (Hrsg.): Correspondance inédite du prince de Talleyrand et du roi Louis XVIII. pendant le congrès de Vienne, Paris 1881

Pfizer, Paul: Artikel „Liberalismus", in: Staatslexikon, hrsg. von Rotteck und Welcker, Band 8, 2. Aufl., Altona 1847, S. 523 ff.

Pölitz, Karl Heinrich Ludwig: Die Staatswissenschaften im Lichte unserer Zeit, 1. Teil, Leipzig 1823

Pradt: Du congrès de Vienne, Band 2, Paris 1815

Pufendorf, Samuel A.: De iure naturae et gentium, Frankfurt und Leipzig 1759, Neudr. Frankfurt 1967

Pütter, Johann Stephan: Institutiones iuris publici germanici, Göttingen 1787

Quesnay, François: Le droit naturel, in: Physiocrates, Band 1, hrsg. von E. Daire, Paris 1846, S. 35 ff.

Retz, Cardinal de: Mémoires, Band 2, Paris o. J.

Richelieu, Cardinal de: Testament politique, hrsg. von Louis André, Paris 1947

Riehl, Wilhelm Heinrich: Die Legitimität im Volksbewußtsein, in: Deutsche Vierteljahresschrift, Jg. 1862, S. 127 ff.

Robespierre: Discours et rapports à la convention, Paris 1965

Rochau, August Ludwig von: Grundzüge der Realpolitik, Stuttgart 1853

Rossaeus, Guilelmus: De iusta reipublicae christianae in reges impios et haereticos autoritate, Antwerpen 1592

Rotteck, Carl von: Artikel „Bewegungspartei", in: Staatslexikon, hrsg. von Rotteck und Welcker, 2. Band, 2. Aufl., Altona 1846, S. 505 ff.

— Artikel „Constitution", in: Staatslexikon, hrsg. von Rotteck und Welcker, 3. Band, 2. Aufl., Altona 1846, S. 519 ff.

— Artikel „Doctrin, Doctrinairs", in: Staatslexikon, hrsg. von Rotteck und Welcker, 4. Band, 2. Aufl., Altona 1846, S. 69 ff.

— Gesammelte und nachgelassene Schriften, hrsg. von Hermann von Rotteck, Band 1, Pforzheim 1841

— Artikel „Historisches Recht", in: Staatslexikon, hrsg. von Rotteck und Welcker, 7. Band, 2. Aufl., Altona 1847, S. 16 ff.

— Ideen über Landstände, Karlsruhe 1819

— Artikel „Legitimität", in: Staatslexikon, hrsg. von Rotteck und Welcker, 8. Band, 2. Aufl., Altona 1847, S. 476 ff.

— Lehrbuch des Vernunftrechts und der Staatswissenschaften, 2. Band, Stuttgart 1830

Rousseau, Jean-Jacques: Oeuvres, Ausg. Garnier, Paris 1962

Saint-Just: Oeuvres choisies, Paris 1968

Savigny, F. K. von: Vom Beruf unserer Zeit für Gesetzgebung und Rechtswissenschaft, in: Thibaut und Savigny, hrsg. von J. Stern, Darmstadt 1959, S. 69 ff.

— System des heutigen römischen Rechts, I, Berlin 1840

— Über den Zweck dieser Zeitschrift, in: Zeitschrift für geschichtliche Rechtswissenschaft, 1815, S. 1 ff.

Schanze, Oskar: Revolution und Recht, in: Zeitschrift für Rechtsphilosophie in Lehre und Praxis, Band 3, 1921, S. 225 ff.

Schmid, Karl: Die Legitimität der Verfassung, in: Deutsche Rechtszeitschrift, Jg. 1946, S. 2 ff.

Schmitt, Carl: Donoso Cortés in gesamteuropäischer Interpretation, Köln 1950

— Der Hüter der Verfassung, Tübingen 1931

— Der Nomos der Erde im Völkerrecht des Jus Publicum Europaeum, Köln 1950

— Politische Romantik, 2. Aufl., München und Leipzig 1925

— Politische Theologie, 2. Aufl., München und Leipzig 1934

— Politische Theologie II, Berlin 1970

— Theorie des Partisanen, Berlin 1963

— Verfassungslehre, München und Leipzig 1928

— Verfassungsrechtliche Aufsätze, Berlin 1958

Schmitthenner, Friedrich: Grundlinien des allgemeinen oder idealen Staatsrechts, 3. Band, Gießen 1843

Schönfeld, Walter: Die Revolution als Rechtsproblem, in: AöR, Band 12, 1927, S. 161 ff.

Schulze, Hermann: Lehrbuch des Deutschen Staatsrechts, 1. Buch, Leipzig 1881

Seydel, Max: Grundzüge einer allgemeinen Staatslehre, Würzburg 1873

Simonde de Sismondi, J. C. L.: Examen de la constitution française, Paris 1815

— Observations générales sur le gouvernement actuel et sur la proclamation de Napoléon au peuple français du 1er mars 1815, Paris 1815

Smend, Rudolf: Staatsrechtliche Abhandlungen und andere Aufsätze, 2. Aufl., Berlin 1968

Stahl, Friedrich Julius: Die gegenwärtigen Parteien in Staat und Kirche, Berlin 1863

— Die Philosophie des Rechts, 1. Band: Geschichte der Rechtsphilosophie, 5. Aufl., Tübingen 1878; 2. Band: Rechts- und Staatslehre auf der Grundlage christlicher Weltanschauung, 1. und 2. Abt., 5. Aufl., Tübingen 1878

— Das monarchische Prinzip. Eine staatsrechtlich-politische Abhandlung, Heidelberg 1845

— Siebzehn parlamentarische Reden und drei Vorträge, Berlin 1862

Stein, Lorenz von: Gegenwart und Zukunft der Rechts- und Staatswissenschaften Deutschlands, Stuttgart 1876

— Geschichte der sozialen Bewegung in Frankreich von 1789 bis auf unsere Tage, 3 Bände, Neudr. Darmstadt 1959

Stier-Somlo, Fritz: Deutsches Reichs- und Landesstaatsrecht I, Berlin und Leipzig 1924

— Artikel „Legitimität", in: Handwörterbuch der Rechtswissenschaft, Band 3, Berlin und Leipzig 1928, S. 933

Suarez, Franciscus: Theologiae Summa, Köln 1732

Talleyrand, Charles Maurice Prince de: Mémoires, hrsg. von Duc de Broglie, 4 Bände, Paris 1891/1892

Tannerus, Adamus: Theologia Scholastica, 2. und 3. Band, Ingolstadt 1626/27

Thilo, Christfried Albert: Die theologisierende Rechts- und Staatslehre, Leipzig 1861

Tocqueville, Alexis de: L'Ancien régime et la révolution, 2. Aufl., Paris 1856

Türkheim, J. von: Betrachtungen auf dem Gebiet der Verfassungs- und Staatenpolitik, Karlsruhe und Freiburg 1842

Turgot, Anne Robert Jacques: Oeuvres, hrsg. von Gustave Schelle, 2 Bände, Paris 1913/1914

Vasquius, Fernandus: Illustrium controversium libri VI, Frankfurt 1668

Vattel, Emer de: Le droit des gens ou principes de la loi naturelle, London 1758

Vitoria, Franciscus de: De Indis, sive de iure belli Hispanorum in Barbaros, hrsg. von Walter Schätzel, Tübingen 1952

— Relectio „De potestate civili", Lyon 1557

Verhandlungen der zweiten Kammer der Ständeversammlung des Großherzogtums Baden, Karlsruhe 1819

Vollgraf, Karl: Die Systeme der praktischen Politik, Band IV, Gießen 1828

Voltaire, François Marie Arouet de: Oeuvres, Band 5, Paris 1838

Waldecker, Ludwig: Allgemeine Staatslehre, Berlin 1927

Walter, Ferdinand: Naturrecht und Politik, Bonn 1863

Weber, Max: Deutschlands künftige Staatsform, Frankfurt 1919

— Gesammelte Aufsätze zur Religionssoziologie, Band 1, Tübingen 1920

— Gesammelte Aufsätze zur Wissenschaftslehre, hrsg. von Johannes Winckelman, 3. Aufl., Tübingen 1968

— Gesammelte politische Schriften, hrsg. von Johannes Winckelmann, 2. Aufl., Tübingen 1958

— Soziologie, Weltgeschichtliche Analysen, Politik, hrsg. von Johannes Winckelmann, 3. Aufl., Stuttgart 1964

— Staatssoziologie, hrsg. von Johannes Winckelmann, 2. Aufl., Berlin 1966

— Wirtschaft und Gesellschaft, 2. Aufl., Tübingen 1925

Weiß, Karl Eduard: System des deutschen Staatsrechts, Regensburg 1843

Weitzel, J.: Hat Deutschland eine Revolution zu befürchten?, 2. Aufl., Wiesbaden 1819

Wieland, Ludwig: Gibt es gegenwärtig in Deutschland eine revolutionäre Partei?, Gotha 1819

Windscheid, Bernhard: Gesammelte Reden und Abhandlungen, Leipzig 1904

Wolff, Christian: Institutiones iuris naturae et gentium, Halle 1750, Neudr. Hildesheim 1969

— Ius naturae, Pars octava: De imperio, Halle 1748, Neudr. Hildesheim 1968

Würtenberger, Thomas: Die Legitimität der staatlichen Herrschaft, in: Deutsche Rechtszeitschrift, Jg. 1947, S. 241 ff.

Zachariä, Heinrich Albert: Deutsches Staats- und Bundesrecht, 2 Teile, 2. Aufl., Göttingen 1853/1854

Zachariä, Karl Salomo: Vierzig Bücher vom Staate, Heidelberg 1839

— Der Kampf des Grundeigentums gegen die Grundherrschaft, Heidelberg 1832

Zeiller, Franz A. Edlen von: Das Staatsrecht des Heiligen Römischen Reiches Deutscher Nation, hrsg. von Wolfgang Wagner, Karlsruhe 1968

Zeumer, Karl: Quellensammlung zur Geschichte der Deutschen Reichsverfassung in Mittelalter und Neuzeit, 2. Aufl., Tübingen 1913

Zoepfl, Heinrich: Die Eröffnung der legitimen Thronfolge als rechtliche Folge des Mißbrauches der Staatsgewalt, Heidelberg und Leipzig 1833

— Grundsätze des allgemeinen und des constitutionell-monarchischen Staatsrechts, 3. Aufl., Heidelberg 1846

— Grundsätze des gemeinen deutschen Staatsrechts, 1. Teil, 5. Aufl., Leipzig 1863

II. Sekundärliteratur

Acham, K.: Artikel „Abstraktion“, in: Historisches Wörterbuch der Philosophie, hrsg. von J. Ritter, Band 1, Darmstadt 1971, Sp. 59 ff.

Andreas, Willy: Richelieu, Göttingen, Berlin und Frankfurt 1958

Angermann, Erich: Zwei Typen des Ausgleichs gesellschaftlicher Interessen, in: Staat und Gesellschaft im deutschen Vormärz 1815 - 1848, hrsg. von Werner Conze, Stuttgart 1962, S. 173 ff.

Angermeier, Heinz: Königtum und Landfrieden im deutschen Spätmittelalter, München 1966

Antholz, Hans: Die politische Wirksamkeit des Johannes Althusius in Emden, Aurich 1955

Aretin, Karl Otmar Freiherr von: Heiliges Römisches Reich 1776 - 1806. Reichsverfassung und Staatssouveränität, Teil I, Wiesbaden 1967

Badura, Peter: Die Methoden der neueren allgemeinen Staatslehre, Erlangen 1959

Bäumlin, Richard: Recht, Staat und Geschichte, Zürich 1961

Bagge, Dominique: Les idées politiques en France sous la restauration, Paris 1952

Barion, Jakob: Hegel und die marxistische Staatslehre, Bonn 1963

Barth, Hans: Volonté générale et volonté particulière, in: Rousseau et la philosophie politique, Paris 1965, S. 35 ff.

Bastid, Paul: Benjamin Constant et sa doctrine, 2 Bände, Paris 1966

— L'idée de légitimité, in: L'idée de légitimité, Paris 1967, S. 1 ff.

Baudrillart, Henri: Jean Bodin et son temps, tableau des théories politiques et des idées économiques au seizième siècle, Paris 1853, Neudr. Aalen 1964

Bauer, Wilhelm: Die öffentliche Meinung und ihre geschichtlichen Grundlagen, Tübingen 1914

Bauer, Wolfram: Wertrelativismus und Wertbestimmtheit im Kampf um die Weimarer Demokratie, Berlin 1968

Baumann, J. J.: Die Staatslehre des h. Thomas von Aquino, Leipzig 1923

Bayle, Francis: Les idées politiques de Joseph de Maistre, Paris 1945

Berber, Friedrich: Lehrbuch des Völkerrechts, 3. Band, München und Berlin 1964

Bergbohm, Karl: Jurisprudenz und Rechtsphilosophie, Leipzig 1892

Bergmann, Karl Hans: Babeuf. Gleich und Ungleich, Köln und Opladen 1965

Berg, Ludwig: Die Sozialprinzipien Fénelons, in: Fénelon. Persönlichkeit und Werk, hrsg. von Johannes Kraus und Joseph Calvet, Baden-Baden 1953, S. 259 ff.

Berger, Peter und Thomas *Luckmann*: Die gesellschaftliche Konstruktion der Wirklichkeit, Frankfurt 1969

Bergsträßer, Ludwig: Geschichte der politischen Parteien in Deutschland, 11. Aufl., hrsg. von Wilhelm Mommsen, München und Wien 1965

Bertram, Karl Friedrich: Widerstand und Revolution, Berlin 1969

Beyme, Klaus von: Politische Ideengeschichte, Tübingen 1969

— Die verfassunggebende Gewalt des Volkes, Tübingen 1968

Beyerle, Konrad: Artikel „Patrimonialstaat“, in: Staatslexikon, 4. Band, 5. Aufl., Freiburg 1931, Sp. 76 ff.

Binder, Julius: Recht und Macht als Grundlagen der Staatswirksamkeit (Beiträge zur Philosophie des deutschen Idealismus, Beiheft 8), Erfurt 1921

Biondi, Biondo: Lex et ius, in: Revue internationale des droits de l'antiquité, Band 12, 1965, S. 169 ff.

Blasius, Dirk: Lorenz von Steins Lehre vom Königtum der sozialen Reform und ihre verfassungspolitischen Grundlagen, in: Der Staat, Band 10, 1971, S. 33 ff.

Böckenförde, Ernst-Wolfgang: Die Bedeutung der Unterscheidung von Staat und Gesellschaft im demokratischen Sozialstaat der Gegenwart, in: Festgabe für W. Hefermehl, Stuttgart 1972, S. 11 ff.

— Die Entstehung des Staates als Vorgang der Säkularisation, in: Säkularisation und Utopie. Ebracher Studien. Ernst Forsthoff zum 65. Geburtstag, Stuttgart 1967, S. 75 ff.

— Gesetz und gesetzgebende Gewalt, Berlin 1958

— Lorenz von Stein als Theoretiker der Bewegung von Staat und Gesellschaft zum Sozialstaat, in: Alteuropa und die moderne Gesellschaft, Festschrift für Otto Brunner, Göttingen 1963, S. 248 ff.

— Der deutsche Typ der konstitutionellen Monarchie im 19. Jahrhundert, in: Beiträge zur deutschen und belgischen Verfassungsgeschichte im 19. Jahrhundert, hrsg. von Werner Conze, Stuttgart 1967, S. 89 ff.

— Die deutsche verfassungsgeschichtliche Forschung im 19. Jahrhundert, Berlin 1961

Boehmer, Gustav: Grundlagen der Bürgerlichen Rechtsordnung, Band II, Teil 1, Tübingen 1951

Boutard, Charles: Lamennais, sa vie et ses doctrines, 3 Bände, Paris 1905 - 1913

Boutié, Louis: Fénelon, Paris 1900

Brandt, Hartwig: Landständische Repräsentation im deutschen Vormärz. Politisches Denken im Einflußfeld des monarchischen Prinzips, Neuwied 1968

Brunner, Otto: Bemerkungen zu den Begriffen „Herrschaft" und „Legitimität", in: Festschrift für Hans Sedlmayer, hrsg. von Karl Oettinger und Mohamed Rassem, München 1962, S. 116 ff.

— Die Freiheitsrechte in der altständischen Gesellschaft, in: Aus Verfassungs- und Landesgeschichte, in: Festschrift für Theodor Mayer, Band I, Konstanz und Lindau 1954, S. 293ff.

— Vom Gottesgnadentum zum monarchischen Prinzip, in: Das Königtum, Vorträge und Forschungen, Band 3, Lindau und Konstanz 1957, S. 301 ff.

— Land und Herrschaft, 4. Aufl., Wien 1959

— Moderner Verfassungsbegriff und mittelalterliche Verfassungsgeschichte, in: Herrschaft und Staat im Mittelalter (Wege der Forschung, Band 2), Darmstadt 1956, S. 1 ff.

Bülow, Friedrich: Einleitung zu: Hegel, Volk. Staat. Geschichte, Stuttgart 1939, S. 3 ff.

Burckhardt, Carl Jakob: Richelieu, 4 Bände, München 1935 - 1967

Burckhardt, Jakob: Weltgeschichtliche Betrachtungen, hrsg. von Rudolf Stadelmann, o. O., o. J.

Burgelin, Pierre: Hors des ténèbres de la nature, in: Rousseau et la philosophie politique, Paris 1965, S. 21 ff.

Calvet, Jean: Bossuet, Paris 1968

Cassirer, Ernst: Die Philosophie der Aufklärung, Tübingen 1932

Chamley, Paul: Economie politique et Philosophie chez Steuart et Hegel, Paris 1963

Chanteur, Janine: Jean Bodin et les critères de la légitimité dans la République, in: L'idée de légitimité, Paris 1967, S. 147 ff.

Contiades, Jon: Verfassungsgesetzliche Staatsstrukturbestimmungen, Stuttgart und Berlin 1967

Conrad, Hermann: Einleitung zu: Vorträge über Recht und Staat von Carl Gottlieb Svarez (1746 - 1798), Köln 1960

Conze, Werner: Staat und Gesellschaft in der frührevolutionären Epoche Deutschlands, in: Historische Zeitschrift, 186. Band, 1958, S. 1 ff.

Cooper, Duff: Talleyrand, Leipzig 1936

Crocker, Lester: Rousseau et la voie du totalitarisme, in: Rousseau et la philosophie politique, Paris 1965, S. 89 ff.

Dahrendorf, Ralf: Die angewandte Aufklärung. Gesellschaft und Soziologie in Amerika, München 1963

— Gesellschaft und Demokratie in Deutschland, München 1968

Dard, Emile: Napoleon und Talleyrand, Paris 1935

Dempf, Alois: Sacrum Imperium. Geschichts- und Staatsphilosophie des Mittelalters und der politischen Renaissance, München 1962

— Die Politik des Thomas von Aquin, in: Respublica christiana, hrsg. von P. von Sivers, München 1969, S. 73 ff.

Dennert, Jürgen: Ursprung und Begriff der Souveränität, Stuttgart 1967

Denzer, Horst: Moralphilosophie und Naturrecht bei Samuel Pufendorf, München 1972

Determann, Christian: Artikel „Georg Jellinek", in: Staatslexikon, 4. Band, 6. Aufl., Freiburg 1969, Sp. 626 ff.

Deutsch, Karl W.: Diskussionsbeitrag, in: Max Weber und die Soziologie heute, Verhandlungen des 15. deutschen Soziologentages, Tübingen 1965, S. 138 ff.

— Politische Kybernetik. Modelle und Perspektiven, Freiburg 1969

Díez del Corral, Luis: Doktrinärer Liberalismus, Neuwied und Berlin 1964

Dilthey, Wilhelm: Das natürliche System der Geisteswissenschaften im 17. Jahrhundert, in: Gesammelte Schriften, 2. Band, 5. Aufl., Stuttgart und Tübingen 1957, S. 90 ff.

Doeberl, Ludwig: Maximilian von Montgelas und sein Prinzip der Staatssouveränität beim Neubau des „Reiches Bayern", in: Die Entstehung des modernen souveränen Staates, hrsg. von Hanns Hubert Hofmann, Köln und Berlin 1967, S. 273 ff.

Dolmatowsky, A. M.: Der Parlamentarismus in der Lehre Benjamin Constants, in: Zeitschrift für die gesamte Staatswissenschaft, 63. Band, 1907, S. 599 ff.

Dreitzel, Horst: Protestantischer Aristotelismus und absoluter Staat. Die „Politica" des Henning Arnisaeus, Wiesbaden 1970

Droz, Jacques: Histoire des doctrines politiques en France, Paris 1948

Easton, David: A Systems Analysis of Political Life, New York 1965

Eggebrecht, Hans Heinrich: Das Handwörterbuch der musikalischen Terminologie, in: Archiv für Begriffsgeschichte, Band 12, 1968, S. 114 ff.

Ehmke, Horst: Karl von Rotteck, der „politische Professor", Karlsruhe 1964

— Grenzen der Verfassungsänderung, Berlin 1953

— „Staat" und „Gesellschaft", in: Festgabe für Rudolf Smend, hrsg. von Konrad Hesse u. a., Tübingen 1962, S. 23 ff.

Elbe, Joachim: Die Wiederherstellung der Gleichgewichtsordnung durch den Wiener Kongreß, in: Zeitschrift für ausländisches öffentliches Recht und Völkerrecht, Band IV, 2, 1934, S. 226 ff.

Ellul, Jacques: Histoire des Institutions, 5 Bände, 6. Aufl., Paris 1969

Ellwein, Thomas: Das Erbe der Monarchie in der deutschen Staatskrise, München 1954

Engisch, Karl: Auf der Suche nach Gerechtigkeit. Hauptthemen der Rechtsphilosophie, München 1971

Entrèves, Alexander Passerin d': The medieval contribution to political thought, New York 1959

Epstein, Klaus: The genesis of German conservatism, Princeton 1966

Eucken, Rudolf: Geschichte der philosophischen Terminologie, Leipzig 1879

Evers, Hans-Ulrich: Die Reine Rechtslehre als individualistisches Extrem, in: Zeitschrift für Politik, Band 9, 1962, S. 62 ff.

Fabre-Luce, André: Benjamin Constant, Paris 1939

Faller, Franz: Die rechtsphilosophische Begründung der gesellschaftlichen und staatlichen Autorität bei Thomas von Aquin, Heidelberg 1954

Ferrero, Guglielmo: Reconstruction. Talleyrand à Vienne, Paris 1940

Fetscher, Iring: Rousseaus politische Philosophie, Neuwied 1960

Fijalkowski, Juergen: Die Wendung zum Führerstaat. Ideologische Komponenten in der politischen Philosophie Carl Schmitts, Köln und Opladen 1958

Fourastier, Jean: L'encyclopédie et la notion de progrès économique, in: Annales de l'université de Paris, Sonderheft Oktober 1952, S. 137 ff.

Forsthoff, Ernst: Der Staat der Industriegesellschaft, München 1971

Franke, Georg Herrmann: Das Zeitalter des Absolutismus und der Aufklärung (Geschichtliche Quellenhefte 6), Frankfurt, Berlin und Bonn 1963

Frauendienst, Werner: Christian Wolff als Staatsdenker, Berlin 1927

Friedrich, Carl J.: Law and dictatorship in the contrat social, in: Rousseau et la philosophie politique, Paris 1965, S. 77 ff.

— Die Legitimität in politischer Perspektive, in: Politische Vierteljahresschrift, Jg. 1960/61, S. 120 ff.

— Die Philosophie des Rechts in historischer Perspektive, Berlin, Göttingen und Heidelberg 1955

Fritzsche, Hans: Johann Caspar Bluntschli, in: Schweizer Juristen, hrsg. von H. Schulthess, Zürich 1945, S. 135 ff.

Funke, Gerhard: Maine de Biran. Philosophisches und politisches Denken zwischen Ancien Regime und Bürgerkönigtum in Frankreich, Bonn 1947

Gadamer, Hans-Georg: Begriffsgeschichte als Philosophie, in: Archiv für Begriffsgeschichte, Band 14, 1970, S. 137 ff.

— Wahrheit und Methode, 2. Aufl., Tübingen 1965

Gall, Lothar: Benjamin Constant, Wiesbaden 1963

— Der Liberalismus als regierende Partei, Wiesbaden 1968

Gallouédec-Genuys, Françoise: Le prince selon Fénelon, Paris 1963

Gaudu, Raymond: Essai sur la légitimité des gouvernements dans les rapports avec les gouvernements de fait, Paris 1913

Gauland, Alexander: Das Legitimitätsprinzip in der Staatenpraxis seit dem Wiener Kongreß, Berlin 1971

Gehlen, Arnold: Besprechung von Joh. Winckelmanns „Legitimität und Legalität", in: Deutsches Verwaltungsblatt, Jg. 1955, S. 577

Geiger, Theodor: Vorstudien zu einer Soziologie des Rechts, Neuwied 1964

Georgesco, Valentin: Essai d'une théorie générale des „leges privatae", Paris 1932

Gierke, Otto von: Johannes Althusius und die Entwicklung der naturrechtlichen Staatstheorien, 4. Aufl., Breslau 1929

— Labands Staatsrecht und die deutsche Rechtswissenschaft, in: Schmollers Jahrbuch, Band 7, 1883, S. 1097 ff.

Glasson, Ernest-Desiré: Histoire du droit et des institutions de la France, 8 Bände, Paris 1887 - 1903

Glum, Friedrich: Jean-Jacques Rousseau. Religion und Staat, Stuttgart 1956

Göhring, Martin: Montesquieu. Historismus und moderner Verfassungsstaat, Wiesbaden 1956

— Weg und Sieg der modernen Staatsidee in Frankreich, 2. Aufl., Tübingen 1947

Gough, J. W.: The social contract, 2. Aufl., Oxford 1957

Goyet, Thérèse: L'humanisme de Bossuet, 2 Bände, Paris 1965

Grabmann, Martin: Die Werke des hl. Thomas von Aquin, 2. Aufl., Münster 1931

Greiffenhagen, Martin: Das Dilemma des Konservatismus in Deutschland, München 1971

— Das Dilemma des Konservatismus in Deutschland, in: Konservatismus — Eine deutsche Bilanz, hrsg. von Grebing, Greiffenhagen u. a., München 1971, S. 7 ff.

Griewank, Karl: Der Wiener Kongreß und die europäische Restauration, Leipzig 1954

Grosser, Dieter: Grundlagen und Struktur der Staatslehre Fr. J. Stahls, Köln, Opladen 1963

Guillois, Antoine: Le salon de Madame Helvetius. Cabanis et les idéologues, Paris 1894

Gurian, Waldemar: Die politischen und sozialen Ideen des französischen Katholizismus 1789/1914, M.-Gladbach 1929

Hackenbroch, Michael: Gesellschaft und Recht bei Joseph de Maistre, Kölner Dissertation, 1964

Häfelin, Ulrich: Die Rechtspersönlichkeit des Staates, 1. Teil, Tübingen 1959

Haering, Theodor: Hegels Lehre von Staat und Recht, Stuttgart 1940

Hahn, Manfred: Bürgerlicher Optimismus im Niedergang. Studien zu Lorenz Stein und Hegel, München 1969

Hamilton, Bernice: Political thought in sixteenth-century Spain, Oxford 1963

Hammerstein, Gerhard: Die Entwicklung des Naturrechtsgedankens in der katholischen Rechtsphilosophie des 19. Jahrhunderts, Freiburger jur. Dissertation, maschschr. 1950

Hartmann, Nicolai: Ethik, 3. Aufl., Berlin 1949

Hartung, Fritz: Der aufgeklärte Absolutismus, in: Die Entstehung des modernen souveränen Staates, hrsg. von Hans Hubert Hofmann, Köln und Berlin 1967, S. 158 ff.

— Deutsche Verfassungsgeschichte, 7. Aufl., Stuttgart 1959

Hasbach, Wilhelm: Die parlamentarische Kabinettsregierung, Stuttgart 1919

Hauser, Richard: Autorität und Macht, Heidelberg 1949

Hazard, Paul: La crise de la conscience européenne, Band 1, Paris 1935, deutsch: Die Krise des europäischen Geistes, Hamburg 1948

Heidegger, Martin: Holzwege, Frankfurt 1950

Heller, Hermann: Bemerkungen zur staats- und rechtstheoretischen Problematik der Gegenwart, in: Archiv des öffentlichen Rechts, Band 16, 1929, S. 321 ff.

— Hegel und der nationale Machtstaatsgedanke in Deutschland, Stuttgart 1921, Neudr. Aalen 1963

— Artikel „Der Staat", in: Handwörterbuch der Soziologie, hrsg. von Alfred Vierkandt, Stuttgart 1931, S. 608 ff.

— Die Souveränität, Berlin und Leipzig 1927

Henkel, Heinrich: Einführung in die Rechtsphilosophie, München und Berlin 1964

Hennis, Wilhelm: Amtsgedanke und Demokratiebegriff, in: Festgabe für Rudolf Smend, hrsg. von Konrad Hesse u. a., Tübingen 1962, S. 51 ff.

— Bemerkungen zur wissenschaftsgeschichtlichen Situation der politischen Wissenschaft, in: Gesellschaft, Staat, Erziehung, Jahrgang 1960, S. 205 ff.

— Verfassung und Verfassungswirklichkeit. Ein deutsches Problem, Tübingen 1968

Herzog, Ernst von: Geschichte und System der römischen Staatsverfassung, Band 1, Teil 1, Leipzig 1884

Hespe, Klaus: Zur Entwicklung der Staatszwecklehre in der deutschen Staatsrechtswissenschaft des 19. Jahrhunderts, Köln und Berlin 1964

Hesse, Konrad: Besprechung von Eberhard Schmidt-Aßmann, Der Verfassungsbegriff in der deutschen Staatsrechtslehre der Aufklärung und des Historismus, in: Der Staat, Band 7, 1968, S. 390 ff.

— Grundzüge des Verfassungsrechts der Bundesrepublik Deutschland, 5. Aufl., Karlsruhe 1972

Hesse, Konrad: Die normative Kraft der Verfassung, Tübingen 1959

von der Heydte, Friedrich August Freiherr: Die Geburtsstunde des souveränen Staates, Regensburg 1952

— Artikel „Legitimität", in: Staatslexikon, Band V, 6. Aufl., Freiburg 1960, Sp. 333 ff.

— Die Stellung Fénelons in der Geschichte der Staatstheorien, in: Fénelon. Persönlichkeit und Werk, hrsg. von Johannes Kraus und Joseph Calvet, Baden-Baden 1953, S. 307 ff.

Hinrichs, Ernst: Fürstenlehre und politisches Handeln im Frankreich Heinrichs IV., Göttingen 1969

Hippel, Fritz von: Zum Aufbau und Sinnwandel unseres Privatrechts, Tübingen 1957

Hirsch, Ernst E.: Macht und Recht, in: Juristenzeitung, Jg. 1962, S. 1 ff.

— Rationale Legitimierung eines Staatsstreiches als soziologisches Problem, in: Kölner Zeitschrift für Soziologie und Sozialpsychologie, Jahrgang 1965, S. 632 ff.

Historisches Wörterbuch der Philosophie, hrsg. von Joachim Ritter, Band 1 und 2, Darmstadt 1971/1972

Höss, Irmgard: Zur Genesis der Widerstandslehre Bèzes, in: Archiv für Reformationsgeschichte, Band 54, 1963, S. 198 ff.

Hofmann, Hans Hubert (Hrsg.): Die Entstehung des modernen souveränen Staates, Köln und Berlin 1967

Hofmann, Hasso: Legitimität gegen Legalität. Der Weg der politischen Philosophie Carl Schmitts, Neuwied und Berlin 1964

Hofmann, Rupert: Logisches und metaphysisches Rechtsverständnis, München und Salzburg 1967

Hollerbach, Alexander: Auflösung der rechtsstaatlichen Verfassung?, in: Archiv des öffentlichen Rechts, 85. Band, 1960, S. 241 ff.

— Ideologie und Verfassung, in: Ideologie und Recht, hrsg. von Werner Maihofer, Frankfurt 1969, S. 37 ff.

Holtzendorff, Franz von: J. C. Bluntschli und seine Verdienste um die Staatswissenschaften, Berlin 1882

Holzamer, Karl: Die religiös-sittliche Erziehung des politisch verantwortlichen Menschen, in: Fénelon, Persönlichkeit und Werk, hrsg. von Johannes Kraft und Joseph Calvet, Baden-Baden 1953, S. 145 ff.

Hoppe, Alfred: Sprache und Denken, in: Philosophie und Kybernetik, hrsg. von Karl Steinbuch und Simon Moser, München 1971, S. 57 ff.

Horkheimer, Max und Theodor W. *Adorno:* Dialektik der Aufklärung, 2. Aufl., Frankfurt 1969

Huber, Ernst Rudolf: Deutsche Verfassungsgeschichte seit 1789, Stuttgart, Band I, 1957, Band II, 1960

— Friedrich Christoph Dahlmann und die deutsche Verfassungsbewegung, Frankfurt 1937

— Nationalstaat und Verfassungsstaat, Stuttgart 1965

Huber, Ernst Rudolf: Reich, Volk und Staat in der Reichsrechtswissenschaft des 17. und 18. Jahrhunderts, in: Zeitschrift für die gesamte Staatswissenschaft, 102. Band, 1942, S. 593 ff.

— Verfassungsrecht des Großdeutschen Reiches, Hamburg 1937

Huber, Max: Die Staatsphilosophie von Joseph de Maistre im Lichte des Thomismus, Basel 1958

Imboden, Max: Johannes Bodinus und die Souveränitätslehre, Basel 1963

Janet, Paul: Histoire de la science politique dans ses rapports avec la morale, 2. Band, 5. Aufl., Paris 1925

Jhering, Rudolf von: Geist des römischen Rechts, 1. Band, 5. Aufl., Leipzig 1891

Jobst, Hans: Die Staatslehre Karl von Rottecks, in: Zeitschrift für die Geschichte des Oberrheins, 103. Band, 1955, S. 468 ff.

Johnson, Douglas: Guizot. Aspects of french History 1787 - 1874, London und Toronto 1963

Jonas, Friedrich: Geschichte der Soziologie, 4 Bände, Reinbek 1968/1969

Jouvenel, Bertrand de: Über die Staatsgewalt, Freiburg 1972

Kägi, Werner: Die Verfassung als rechtliche Grundordnung des Staates, Zürich 1945

Kaltenbrunner, Gerhard-Klaus: Der schwierige Konservatismus, in: Rekonstruktion des Konservatismus, hrsg. von Klaus Kaltenbrunner, Freiburg 1972, S. 19 ff.

Kaser, Max: Das altrömische ius, Göttingen 1949

— Lex und ius civile, in: Deutsche Landesreferate, zum 7. Internationalen Kongreß für Rechtsvergleichung in Uppsala, 1967, S. 1 ff.

— Römisches Privatrecht, 6. Aufl., München 1968

— Das römische Privatrecht, 1. Abschnitt, Das altrömische, das vorklassische und klassische Recht, München 1955

Kaufmann, Erich: Gesammelte Schriften, Band 1 - 3, Göttingen 1960

— Über den Begriff des Organismus in der Staatslehre des 19. Jahrhunderts, Heidelberg 1908

— Kritik der neukantischen Rechtsphilosophie, Tübingen 1921

— Das Wesen des Völkerrechts und die clausula rebus sic stantibus, Tübingen 1911

Kern, Ernst: Moderner Staat und Staatsbegriff, Hamburg 1949

Kern, Fritz: Gottesgnadentum und Widerstandsrecht, 2. Aufl., hrsg. von Rudolf Buchner, Münster und Köln 1954

Keyserling, Leonie von: Studien zu den Entwicklungsjahren der Brüder Gerlach, Heidelberg 1913

Kielmansegg, Peter Graf: Legitimität als analytische Kategorie, in: Politische Vierteljahresschrift, Jahrgang 1971, S. 367 ff.

Kimminich, Otto: Das Staatsoberhaupt in der parlamentarischen Demokratie, in: Veröffentlichungen der Vereinigung deutscher Staatsrechtslehrer, Heft 25, 1967, S. 1 ff.

— Deutsche Verfassungsgeschichte, Frankfurt 1970

Kirk, Russel: Lebendiges politisches Erbe. Freiheitliches Gedankengut von Burke bis Santayana 1790 - 1958, Zürich und Stuttgart 1959

Klein-Hattingen, Oskar: Geschichte des deutschen Liberalismus, 2 Bände, Berlin-Schöneberg 1911/1912

Klimrath: Über das französische Gesetz vom 10. April 1834, die Vereine betreffend, in: Kritische Zeitschrift für Rechtswissenschaft und Gesetzgebung des Auslandes, Jg. 1835, S. 44 ff.

Klug, Ulrich: Der Legalitätsbegriff, in: Deutsche Landesreferate zum V. Internationalen Kongreß für Rechtsvergleichung, Berlin 1958, S. 47 ff.

Kober, Heinz: Studien zur Rechtsanschauung Bismarcks, Tübingen 1961

Koerber, Eberhard von: Die Staatstheorie des Erasmus von Rotterdam, Berlin 1967

Kraft, Johannes: Prinzipien Talleyrands in der Außen- und Innenpolitik, Bonn 1958

Krippendorff, Ekkehard: Legitimität als Problem der Politikwissenschaft, in: Zeitschrift für Politik, 9. Jg., 1962, S. 1 ff.

Kröger, Klaus: Widerstandsrecht und demokratische Verfassung, Tübingen 1971

Krüger, Herbert: Allgemeine Staatslehre, 2. Aufl., Stuttgart 1966

Kutschera, Franz von: Sprachphilosophie, München 1972

Lacour-Gayet, G.: Talleyrand, 3 Bände, Paris 1928 - 1931

Laforgue, René: Talleyrand, l'homme de la France, Genf 1947

Lagarde, Georges de: La naissance de l'esprit laïque au déclin du moyen-âge, 2. Aufl., Paris, Band IV, 1962, Band V, 1963

Lamprecht, Karl: Deutsche Geschichte, 6. Band, Berlin 1904

Landmann, Max: Der Souveränitätsbegriff, Leipzig 1896

Lang, Eberhard: Zu einer kybernetischen Staatslehre, Salzburg und München 1970

Langner, Albrecht: Der Gedanke des Naturrechts seit Weimar und in der Rechtsprechung der Bundesrepublik, Bonn 1959

Larenz, Karl: Hegelianismus und preußische Staatsidee. Die Staatsphilosophie Joh. Ed. Erdmanns und das Hegelbild des 19. Jahrhunderts, Hamburg 1940

— Methodenlehre der Rechtswissenschaft, 2. Aufl., Berlin, Göttingen und Heidelberg 1969

— Das Problem der Rechtsgeltung, Berlin 1929

Lauris, G. de: Benjamin Constant et les idées libérales, Paris 1904

Lefebvre, Georges: La grande peur de 1789, Paris 1932

Le Gentre: Fénelons Glanz und Not, in: Fénelon, Persönlichkeit und Werk, hrsg. von Johannes Kraus und Joseph Calvet, Baden-Baden 1953, S. 9 ff.

Leibholz, Gerhard: Zur Begriffsbildung im öffentlichen Recht, in: Strukturprobleme der modernen Demokratie, 2. Aufl., Karlsruhe 1960, S. 260 ff.

Leiminger, Karl: Die Problematik der Reinen Rechtslehre, Wien und New York 1967

Lenk, Kurt: Ideologie, 2. Aufl., Neuwied und Berlin 1964

Lipps, Hans: Die Verbindlichkeit der Sprache, 2. Aufl., Frankfurt 1958

Litt, Theodor: Individuum und Gemeinschaft, 3. Aufl., Leipzig 1926

Lorenz, Kuno: Elemente der Sprachkritik, Frankfurt 1970

Lübbe, Hermann: Säkularisierung. Geschichte eines ideenpolitischen Begriffs, Freiburg und München 1965

Luhmann, Niklas: Legitimation durch Verfahren, Neuwied 1969

— Rechtssoziologie, Band 2, Hamburg 1972

Lyons, John: Einführung in die moderne Linguistik, München 1971

Maier, Hans: Ältere deutsche Staatslehre und westliche politische Tradition, Tübingen 1966

— Die ältere deutsche Staats- und Verwaltungslehre, Neuwied und Berlin 1966

Mannheim, Karl: Das konservative Denken, in: Archiv für Sozialwissenschaften und Sozialpolitik, Band 57, 1927, S. 68 ff., 470 ff.

Mauzi, Robert: L'idée du bonheur dans la littérature et la pensée française au XVIIIe siècle, Paris 1960

Mayer, Rodbertus: Vocabularium Codicis Justiniani I (Pars latina), Prag 1923, Neudr. Hildesheim 1965

Meier, H. G.: Artikel „Begriffsgeschichte", in: Historisches Wörterbuch der Philosophie, Band 1, Darmstadt 1971, Sp. 789 ff.

Meinecke, Friedrich: Die Tagebücher des Generals von Gerlach, in: Historische Zeitschrift, 70. Band, 1893, S. 52 ff.

— Weltbürgertum und Nationalstaat, 7. Aufl., München und Berlin 1928

Meisner, Heinrich O.: Die Lehre vom monarchischen Prinzip, Breslau 1913

Menzel, Adolf: Zum Problem „Recht und Macht", in: Zeitschrift für öffentliches Recht, Band V, 1926, S. 1 ff.

Messer, August: Wertphilosophie der Gegenwart, Berlin 1930

Messner, Johannes: Das Naturrecht, 6. Aufl., Innsbruck, Wien und München 1966

Michel, H.: L'idée de l'Etat. Essai critique sur l'histoire des théories sociales et politiques en France depuis la Révolution, Paris 1896

Miethke, Jürgen: Ockhams Weg zur Sozialphilosophie, Berlin 1969

Mitteis, Ludwig: Römisches Privatrecht bis auf die Zeit Diokletians, Leipzig 1908

Möbus, Gerhard: Die politischen Theorien im Zeitalter der absoluten Monarchie bis zur französischen Revolution, 2. Aufl., Köln und Opladen 1966

Mohl, Robert von: Die Geschichte und Literatur der Staatswissenschaften, 3 Bände, Erlangen 1855 - 58, Neudr. Graz 1960

Mols, Manfred Heinrich: Allgemeine Staatslehre oder politische Theorie?, Berlin 1969

Momdshian, Ch. H.: Helvetius, Berlin 1959

Mommsen, Theodor: Iudicium legitimum, in: Zeitschrift der Savignystiftung für Rechtsgeschichte, Romanistische Abteilung, Band XII, 1891, S. 267 ff., neu überarbeitet in: Gesammelte Schriften, 3. Band, Berlin 1907, S. 356 ff.

— Römisches Staatsrecht, 3 Bände, 3. Aufl., Neudr. Darmstadt 1952

Mommsen, Wolfgang J.: Max Weber und die Deutsche Politik 1890 - 1920, Tübingen 1959

Mornet, Daniel: Les origines intellectuelles de la révolution française, 2. Aufl., Paris 1947

Mühlmann, Wilhelm Emil: Max Weber und die rationale Soziologie, Tübingen 1966

— Aspekte einer Soziologie der Macht, in: Archiv für Rechts- und Sozialphilosophie, 40. Band, 1952/53, S. 84 f.

Müller, Friedrich: Entfremdung, Berlin 1970

— Korporation und Assoziation. Eine Problemgeschichte der Vereinigungsfreiheit im deutschen Vormärz, Berlin 1965

Muther: Christoph Besold, in: Allgemeine Deutsche Biographie, 2. Band, Leipzig 1875, S. 556 f.

Naves, Raymond: Voltaire et l'encyclopédie, Paris 1938

Neumann, Gerhard: Geschichte der konstitutionellen Theorie in der deutschen Publizistik von 1815 - 1838, Berliner phil. Dissertation, 1931

Oertzen, Peter von: Die soziale Funktion des staatsrechtlichen Positivismus, Göttinger jur. Dissertation, maschsch., 1953

Oestreich, Gerhard: Geist und Gestalt des frühmodernen Staates, Berlin 1969

— Ständetum und Staatsbildung in Deutschland, in: Der Staat, Band 6, 1967, S. 61 ff.

Ornstein, Hans: Macht, Moral und Recht, Berlin 1946

Pallain, G.: Le ministère de Talleyrand sous le Directoire, Paris (o. J.)

Parnham Brush, Elizabeth: Guizot in the early years of the orleanist monarchy, Illinois 1929

Pascal: Oeuvres complètes, Band 3, Paris 1931

Pernthaler, Peter: Das Staatsoberhaupt in der parlamentarischen Demokratie, in: Veröffentlichungen der Vereinigung deutscher Staatsrechtslehrer, Heft 25, 1967, S. 95 ff.

Petraschek, Karl: System der Rechtsphilosophie, Freiburg 1932

Picot, Gilbert: Cardin le Bret et la doctrine de la souveraineté, Nancy 1948

Piontkowsky, A. A.: Hegels Lehre über Staat und Recht und seine Strafrechtstheorie, Berlin 1960

Plessner, Helmut: Die verspätete Nation, Stuttgart 1959

Plöchl, Willibald: Das Legitimitätsproblem und das kanonische Recht, in: Zeitschrift für öffentliches Recht, Band 18, 1939, S. 1 ff.

Polin, Raymond: Analyse philosophique de l'idée de légitimité, in: L'idée de légitimité, Paris 1957, S. 17 ff.

Pouthas, Charles: Guizot pendant la Restauration: préparation de l'homme d'état, Paris 1923

Popitz, Heinrich: Prozesse der Machtbildung, Tübingen 1968

Prélot, Marcel: Histoire des idées politiques, 2. Aufl., Paris 1959

Pünder, Hermann: Der Reichspräsident in der Weimarer Republik (Demokratische Existenz heute, Heft 2), Frankfurt 1961

Quaritsch, Helmut: Artikel Legalität, Legitimität, in: Evangelisches Staatslexikon, Berlin und Stuttgart 1966, Sp. 1226 f.

— Staat und Souveränität, Band 1, Frankfurt 1970

Quint, Wolfgang: Souveränitätsbegriff und Souveränitätspolitik in Bayern, München 1971

Radbruch, Gustav: Rechtsphilosophie, 5. Aufl., hrsg. von Erik Wolf, Stuttgart 1956

Ranke, Leopold von: Französische Geschichte, Band 1, Wiesbaden 1957

Rapp, Sigrid: Das Werk des Enzyklopädisten Louis de Jaucourt, Tübinger phil. Dissertation, 1965

Redslob, Gustav: Die Staatstheorien der französischen Nationalversammlung von 1789, Leipzig 1912

Rehm, Hermann: Geschichte der Staatswissenschaft, Freiburg und Leipzig 1892

— Modernes Fürstenrecht, o. O. 1904

Reibstein, Ernst: Johannes Althusius als Fortsetzer der Schule von Salamanca, Karlsruhe 1955

— Die Anfänge des neueren Natur- und Völkerrechts, Bern 1949

— Volkssouveränität und Freiheitsrechte, hrsg. von Clausdieter Schott, 2 Bände, Freiburg und München 1972

Reininger, Robert: Wertphilosophie und Ethik, 2. Aufl., Wien und Leipzig 1946

Reisig, K.: Vorlesungen über lateinische Sprachwissenschaft, hrsg. von Heerdegen u. a., Band 2, Berlin 1888

Rensch: Adam Tanner, in: Allgemeine Deutsche Biographie, 37. Band, Leipzig 1899, S. 380 ff.

Rie, Robert: Das Legitimitätsprinzip des Wiener Kongresses, in: Archiv des Völkerrechts, 5. Band, 1955/56, S. 272 ff.

— Der Wiener Kongreß und das Völkerrecht, Bonn 1957

Riedel, Manfred: Aristoteles — Tradition am Ausgang des 18. Jahrhunderts, in: Festschrift für Otto Brunner, 1963, S. 292 ff.

— Der Begriff der „Bürgerlichen Gesellschaft“ und das Problem seines geschichtlichen Ursprungs, in: Studien zu Hegels Rechtsphilosophie, Frankfurt 1969, S. 135 ff.

— Bürgerliche Gesellschaft und Staat bei Hegel, Neuwied und Berlin 1970

— Einleitung zu: Friedrich Christoph Dahlmann, Die Politik, Frankfurt 1968, S. 7 ff.

Ritter, Gerhard: Die Dämonie der Macht, 6. Aufl., München 1948

— Die preußischen Konservativen und Bismarcks deutsche Politik, Heidelberg 1913

Ritter, Joachim: Hegel und die französische Revolution, in: Metaphysik und Politik, Studien zu Aristoteles und Hegel, Frankfurt 1969, S. 218 ff.

Röd, Wolfgang: Geometrischer Geist und Naturrecht. Methodengeschichtliche Untersuchungen zur Staatsphilosophie im 17. und 18. Jahrhundert, München 1970

Roellecke, Gerd: Der Begriff des positiven Gesetzes und das Grundgesetz, Mainz 1969

Rössler, H.: Artikel „Souveränität", in: Sachwörterbuch zur deutschen Geschichte, hrsg. von H. Rössler und G. Franz, München 1958, S. 1183 f.

Rombach, Heinrich: Substanz, System, Struktur, 2 Bände, Freiburg und München 1965/66

Rommen, Heinrich: Die Staatslehre des Franz Suarez S. J., Mönchengladbach 1926

Rosenbaum, Wolf: Naturrecht und positives Recht. Rechtssoziologische Untersuchungen zum Einfluß der Naturrechtslehre auf die Rechtspraxis in Deutschland seit Beginn des 19. Jahrhunderts, Neuwied und Darmstadt 1972

Rosenkranz, Karl: Georg Wilhelm Friedrich Hegel's Leben, Berlin 1844

Rosenzweig, Franz: Hegel und der Staat, 2 Bände, München und Berlin 1920, Neudr. Aalen 1962

Rothacker, Erich: Geleitwort, in: Archiv für Begriffsgeschichte, Band 1, 1955, S. 5 ff.

— Mensch und Geschichte, 2. Aufl., Bonn 1950

Rothfels, Hans: Bismarck und das 19. Jahrhundert, in: Schicksalswege deutscher Vergangenheit, hrsg. von Walther Hubatsch, Düsseldorf 1950, S. 236 ff.

Rowe, Constance: Voltaire and the state, New York 1955

Rüthers, Bernd: Die unbegrenzte Auslegung, Tübingen 1968

Rumpf, Helmut: Carl Schmitt und Hobbes, Berlin 1972

Ryffel, Hans: Grundprobleme der Rechts- und Staatsphilosophie, Neuwied und Berlin 1969

Sabine, George H.: A History of political theory, 2. Aufl., New York 1954

Salomon-Delatour, Gottfried: Moderne Staatslehren, Neuwied und Berlin 1965

Samwer, Sigmar-Jürgen: Die französische Erklärung der Menschen- und Bürgerrechte von 1789/91, Hamburg 1970

Sander: Julius Fröbel, in: Allgemeine Deutsche Biographie, Band 49, Leipzig 1904, S. 163 ff.

Sandweg, Jürgen: Rationales Naturrecht als revolutionäre Praxis, Berlin 1972

Sauer, Wilhelm: Grundlagen der Gesellschaft, Berlin-Grunewald 1924

Saumweber, Hermann: Untersuchungen über Legitimität und Legalität einer staatlichen Herrschaftsordnung, insbesondere im Bonner Grundgesetz im Hinblick auf Art. 79 III GG, Heidelberger jur. Dissertation, 1955

Saunders, Jason Lewis: Justus Lipsius. The philosophy of renaissance stoicism, New York 1955

Sauter, Johann: Die philosophischen Grundlagen des Naturrechts, Wien 1932

Scheuner, Ulrich: Die nationale Revolution, in: Archiv des öffentlichen Rechts, Band 63, 1933, S. 166 ff.

Schieder, Theodor: Diskussionsbemerkung, in: Joachim Ritter, Hegel und die französische Revolution, Köln und Opladen 1957, S. 67 ff.

— Staat und Gesellschaft im Wandel unserer Zeit, München 1958

Schilling, Otto: Die Staats- und Soziallehre des heiligen Thomas von Aquin, 2. Aufl., München 1930

Schindler, Dietrich: Verfassungsrecht und soziale Struktur, Zürich 1932

— Recht und Staat, in: Verhandlungen des Schweizerischen Juristenvereins, Jahrgang 1931, S. 219 a ff.

Schlie, Ulrich: Johann Stephan Pütters Reichsbegriff, Göttingen 1961

Schlosser, Joseph: Die Lehre vom Widerstandsrecht der Untertanen gegen die legitime Fürstengewalt bei den Katholiken des 16. Jahrhunderts, Bonner phil. Dissertation, 1914

Schmidt, Eberhard: Repräsentation und Revolution, München 1969

Schmidt-Aßmann, Eberhard: Der Verfassungsbegriff in der deutschen Staatslehre der Aufklärung und des Historismus, Berlin 1967

Schmitt, Carl: Das „allgemeine deutsche Staatsrecht" als Beispiel rechtswissenschaftlicher Systembildung, in: Zeitschrift für die gesamte Staatswissenschaft, 100. Band, 1940, S. 5 ff.

— Die Tyrannei der Werte, in: Säkularisation und Utopie, Ebracher Studien. Ernst Forsthoff zum 65. Geburtstag, Stuttgart 1967, S. 37 ff.

Schmittlein, Raymond: L'aspect politique du différend Bossuet - Fénelon, Baden-Baden 1954

Schnabel, Franz: Deutsche Geschichte im 19. Jahrhundert, 1. Band, Freiburg 1929

Schneider, Hans: Widerstand im Rechtsstaat, Karlsruhe 1969

Schneider, Hans Peter: Justitia universalis. Quellenstudien zur Geschichte des „christlichen Naturrechts" bei Gottfried Wilhelm Leibniz, Frankfurt 1967

Schneider, Peter: Ignaz Paul Vital Troxler und das Recht, Zürich 1948

— Ausnahmezustand und Norm. Eine Studie zur Rechtslehre Carl Schmitts, Stuttgart 1957

Schnur, Roman: Die französischen Juristen im konfessionellen Bürgerkrieg des 16. Jahrhunderts, Berlin 1962

Schömbs, Erwin: Das Staatsrecht Johann Jakob Mosers (1701 - 1785), Berlin 1968

Schoeps, Hans-Joachim: Die preußischen Konservativen, in: Rekonstruktion des Konservatismus, hrsg. von Gerd-Klaus Kaltenbrunner, Freiburg 1972, S. 181 ff.

Schopenhauer, Arthur: Die Welt als Wille und Vorstellung, 2 Bände, Leipzig 1844

Schulz, Gerhard: Die Entstehung der bürgerlichen Gesellschaft, in: Festschrift für Hans Rosenberg, hrsg. von Gerhard A. Ritter, Berlin 1970, S. 3 ff.

Sklair, Leslie: Die Soziologie des Fortschritts, München 1972

Sell, Friedrich C.: Die Tragödie des deutschen Liberalismus, Stuttgart 1953

Simson, Werner von: Die Souveränität im rechtlichen Verständnis der Gegenwart, Berlin 1965

— Zur Theorie der Legitimität, in: Festschrift für Karl Löwenstein, hrsg. von Henry Steele Commager u. a., Tübingen 1971, S. 459 ff.

Soboul, Albert: Jean-Jacques Rousseau et la révolution, in: Jean-Jacques Rousseau, hrsg. von der Société des édutes robespierristes, Gap 1968, S. 41 ff.

Sontheimer, Kurt: Politische Wissenschaft und Staatslehre, Freiburg 1963

Spaemann, Robert: Der Ursprung der Soziologie aus dem Geist der Restauration, München 1959

— Reflexion und Spontaneität. Studien über Fénelon, Stuttgart 1963

Spiegel, Albert: Die Möglichkeiten eines effektiven Schutzes der normativen Legitimität in der Demokratie, Freiburger jur. Dissertation, 1969

Spittler, Gerd: Probleme bei der Durchsetzung sozialer Normen, in: Die Funktion des Rechts in der modernen Gesellschaft, Jahrbuch für Rechtssoziologie und Rechtstheorie, Band 1, Bielefeld 1970, S. 203 ff.

Starobinski, Jean: L'invention de la liberté, Paris 1965

Stegmüller, Wolfgang: Hauptströmungen der Gegenwartsphilosophie, 2. Aufl., Stuttgart 1960

Sternberger, Dolf: Grund und Abgrund der Macht. Kritik der Rechtmäßigkeit heutiger Regierungen, Frankfurt 1962

— Nicht alle Staatsgewalt geht vom Volke aus, Stuttgart und Berlin 1971

Stieglitz, Alexandre de: De l'equilibre politique, du légitimisme et du principe des nationalités, Band 1, Paris 1893

Stintzing, Roderich von: Geschichte der deutschen Rechtswissenschaft, 2. Abt., München und Leipzig 1884

Stintzing, Roderich und Ernst *Landsberg:* Geschichte der deutschen Rechtswissenschaft, 3. Abt., 2. Halbb., München und Leipzig 1910

Stolleis, Michael: Staatsraison, Recht und Moral in philosophischen Texten des späten 18. Jahrhunderts, Meisenheim am Glan 1972

Suter, Jean-François: L'idée de légitimité chez Benjamin Constant, in: L'idée de légitimité, Paris 1967, S. 181 ff.

Theimer, Walter: Geschichte der politischen Ideen, 2. Aufl., München 1955

Tillich, Paul: Philosophie der Macht, Berlin 1956

Tischleder, Peter: Die Staatslehre Leos XIII., Mönchen-Gladbach 1925

— Ursprung und Träger der Staatsgewalt nach der Lehre des hl. Thomas und seiner Schule, Mönchen-Gladbach 1923

Truyol y Serra, Antonio (Hrsg.): Die Grundsätze des Staats- und Völkerrechts bei Francisco de Vitoria, 2. Aufl., Zürich 1957

Tsatsos, Themistokles: Zur Problematik des Rechtspositivismus, Stuttgart 1964

Ueberweg, Friedrich: Grundriß der Geschichte der Philosophie. Zweiter Teil: Die patristische und scholastische Philosophie, hrsg. von B. Geyer, 11. Aufl., 1928, Neudr. Darmstadt 1956

Valjavec, Fritz: Die Entstehung der politischen Strömungen in Deutschland 1770 - 1815, München 1951

— Geschichte der abendländischen Aufklärung, Wien und München 1961

Verdross, Alfred: Abendländische Rechtsphilosophie, 2. Aufl., Wien 1963

Vogel, Paul: Hegels Gesellschaftsbegriff und seine geschichtliche Fortbildung durch L. Stein, Marx, Engels und Lasall, Berlin 1925

Voigt, Alfred (Hrsg.): Der Herrschaftsvertrag, Neuwied 1965

— Johannes Althusius in Herborn und seine „Politica", in: 1050 Jahre Herborn, Herborn 1965, S. 40 ff.

Volz, Otto: Christentum und Positivismus. Die Grundlagen der Rechts- und Staatsauffassung Stahls, Tübingen 1951

Vontobel, Jacques: Johann Caspar Bluntschlis Lehre von Recht und Staat, Zürich 1956

Vossler, Otto: Rousseaus Freiheitslehre, Göttingen 1963

Wagner, Fritz: Der liberale Benjamin Constant, Münchener phil. Dissertation, 1932

Webster: The congress of Vienna, London 1963

von Weech: August Ludwig von Rochau, in: Allgemeine Deutsche Biographie, Band 28, Leipzig 1889, S. 725 f.

Weinacht, Paul-Ludwig: Staat. Studien zur Bedeutungsgeschichte des Wortes, Berlin 1968

Weis, Eberhard: Geschichtsschreibung und Staatsauffassung in der französischen Enzyclopädie, Wiesbaden 1956

Welzel, Hans: Naturrecht und materiale Gerechtigkeit, 4. Aufl., Göttingen 1962

— Die Naturrechtslehre Samuel Pufendorfs, Berlin 1958

Wendorf, Hermann: Die Ideenwelt des Fürsten Talleyrand, in: Historische Vierteljahresschrift, 28. Jg., 1934, S. 335 ff.

Wengler, Wilhelm: Fragen der Faktizität und Legitimität bei der Anwendung fremden Rechts, in: Festschrift für Hans Lewald, Basel 1953, S. 615 ff.

Westphal, Otto: Welt- und Staatsauffassung des deutschen Liberalismus, München und Berlin 1919

Wheaton, Henri: Histoire des progrès du droit des gens en Europe depuis la paix de Westphalie, Leipzig 1841

Wieacker, Franz: Privatrechtsgeschichte der Neuzeit, 2. Aufl., Göttingen 1967

Wiedemann, Wilhelm: Friedrich Murhard und der Altliberalismus, in: Zeitschrift des Vereins für hessische Geschichte, Band 55, 1926, S. 1 ff.

Wienholtz, Ekkehard: Normative Verfassung und Gesetzgebung, Freiburg 1968

Wilhelm, Th.: Die englische Verfassung und der vormärzliche deutsche Liberalismus, Stuttgart 1928

Wilhelm, Walter: Zur juristischen Methodenlehre im 19. Jahrhundert, Frankfurt 1958

Willi, Hans-Ulrich: Die Staatsauffassung Edmund Burkes (1729 - 97), Winterthur 1964

Winckelmann, Johannes: Die Herrschaftskategorien der politischen Soziologie und die Legitimität der Demokratie, in: Archiv für Rechts- und Sozialphilosophie, Jg. 1956, S. 381 ff.

— Gesellschaft und Staat in der verstehenden Soziologie Max Webers, Berlin 1957

— Legitimität und Legalität in Max Webers Herrschaftssoziologie, Tübingen 1952

— Max Webers Verständnis von Mensch und Gesellschaft, in: Max Weber, Gedächtnisschrift der Ludwig-Maximilian-Universität München, hrsg. von Karl Engisch u. a., Berlin 1966, S. 195 ff.

— Die verfassungsrechtliche Unterscheidung von Legitimität und Legalität, in: Zeitschrift für die gesamte Staatswissenschaft, 112. Band, 1956, S. 164 ff.

Windelbandt, Wilhelm und Heinz *Heimsoeth:* Lehrbuch der Geschichte der Philosophie, 15. Aufl., Tübingen 1957

Winkelmann, Therese: Zur Entwicklung der allgemeinen Staats- und Gesellschaftsanschauung Voltaires, München und Leipzig 1916

Winters, Peter Jochen: Die „Politik" des Johannes Althusius und ihre zeitgenössischen Quellen, Freiburg 1963

Witt, Henriette de: Guizot dans sa famille et avec ses amis, 2. Aufl., Paris 1880

Wlassak, Moritz: Römische Prozeßgesetze, 1. Abteilung, Leipzig 1888

Wolf, Erik: Griechisches Rechtsdenken, Bd. 2, Frankfurt 1952

— Große Rechtsdenker der deutschen Geistesgeschichte, 4. Aufl., Tübingen 1963

— Grotius, Pufendorf, Thomasius. Drei Kapitel zur Gestaltgeschichte der Rechtswissenschaft, Tübingen 1927

— Das Problem der Naturrechtslehre, 3. Aufl., Karlsruhe 1964

Wolzendorff, Kurt: Der Polizeigedanke des modernen Staates (Abhandlungen aus dem Staats- und Verwaltungsrecht, Heft 35), Breslau 1918

— Staatsrecht und Naturrecht in der Lehre vom Widerstandsrecht des Volkes gegen rechtswidrige Ausübung der Staatsgewalt, Breslau 1916, Neudr. Aalen 1968

Woodward, Ernest L.: Three studies in european conservatism, London 1963

Würtenberger, Thomas: Die Legalität, in: Festschrift für R. Laun, hrsg. von D. Constantopulos und H. Wehberg, Hamburg 1953, S. 607 ff.

Wundt, Wilhelm: Grundriß der Psychologie, 15. Aufl., Leipzig 1922

Zehntner, Hans: Das Staatslexikon von Rotteck und Welcker, Jena 1929

Ziegenfuss, Werner: Jean Jacques Rousseau, Erlangen 1952

Zippelius, Reinhold: Allgemeine Staatslehre, 4. Aufl., München 1973

— Geschichte der Staatsideen, München 1971

— Das Wesen des Rechts, 2. Aufl., München 1969

Zweig, Egon: Die Lehre vom pouvoir constituant. Ein Beitrag zum Staatsrecht der französischen Revolution, Tübingen 1909

Beiträge zur Politischen Wissenschaft

1 **Möglichkeiten und Grenzen begrifflicher Klarheit in der Staatsformenlehre.** Von Priv.-Doz. Dr. E. Küchenhoff. XIX, 958 S. in zwei Teilbänden. 1967. DM 148,—

2 **STAAT.** Studien zur Bedeutungsgeschichte des Wortes von den Anfängen bis ins 19. Jahrhundert. Von Dr. P. L. Weinacht. 263 S. 1968. DM 48,60

3 **Wertrelativismus und Wertbestimmtheit im Kampf um die Weimarer Demokratie.** Zur Politologie des Methodenstreites der Staatsrechtslehrer. Von Dr. W. Bauer. 462 S. 1968. DM 56,—

4 **Politikwissenschaft und Pädagogik.** Studien über den Zusammenhang von Politik und Pädagogik. Von Dr. H. Bußhoff. 174 S. 1968. DM 28,60

5 **Von der Reichskanzlei zum Bundeskanzleramt.** Eine Untersuchung zum Problem der Führung und Koordination in der jüngeren deutschen Geschichte. Von Dr. S. Schöne. 254 S. 1968. DM 44,60

6 **Das Dollfuß-Regime in Österreich** in geistesgeschichtlicher Perspektive unter besonderer Berücksichtigung der „Schöneren Zukunft" und „Reichspost". Von Dr. H. Bußhoff. 324 S. 1968. DM 53,60

7 **Die Demokratie als Gesellschaftssystem.** Vom Sinn und Ziel der Geschichte. Soziologische Theorie der Evolution. Von Dr. K.-H. Folkers. 412 S. 1968. DM 49,60

8 **Thomas Hobbes und der Puritanismus.** Grundlagen und Grundfragen seiner Staatslehre. Von Dr. W. Förster. 243 S. 1969. DM 49,80

9 **Die Zufälligkeit der Nationen** und die Inhaltlosigkeit der internationalen Politik. Von Prof. Dr. W. Sulzbach. 170 S. 1969. DM 29,60

10 **Phasen der Entkolonialisierung.** Eine Analyse kolonialpolitischer Relikte in Afrika auf der Grundlage historischer Prozesse in Ghana und der Elfenbeinküste. Von Dr. K. Binder-Krauthoff. 185 S. 1970. DM 39,80

11 **Die ontologisch-aristotelische Politikwissenschaft und der Rationalismus.** Eine Untersuchung des politischen Denkens Aristoteles', Descartes', Hobbes', Rousseaus und Kants. Von Priv.-Doz. Dr. J. Dennert. 382 S. 1970. DM 63,60

12 **Die Integration eines Kontinents als Problem: Amerika, Europa.** Von Prof. Dr. Ch. E. Weber. 96 S. 1971. DM 19,80

13 **Der Euphemismus in der politischen Sprache.** Von Dr. E. Leinfellner. 177 S. 1971. DM 39,60

14 **Robert Michels.** Vom sozialistisch-syndikalistischen zum faschistischen Credo. Von Dr. W. Röhrich. 198 S. 1972. DM 39,—

15 **Die offiziellen Organe der ostdeutschen Landsmannschaften.** Ein Beitrag zur Publizistik der Heimatvertriebenen in Deutschland. Von Dr. H.-J. Gaida. 336 S. 1973. DM 68,—

16 **Subventionen als Instrument der Lenkung und Koordinierung.** Von Dr. G. Kirchhoff. 319 S. 1973. DM 58,60

D U N C K E R & H U M B L O T / B E R L I N